敦煌本 六祖壇經

鄭 性 本 譯註

민족사

차 례

9장 傳法偈와 法統說

10장 壇經의 流通

〈일 러 두 기〉

① 본 校訂 敦煌本 六祖壇經의 底本으로는 敦煌縣博物館所藏(077號本)을 사용하였다.

② 甲本으로는 大英博物館所藏(S. 5475號本)을 사용하였다.

③ 乙本으로는 北京大學所藏(北. 8024號本, 岡字 48號本)을 사용하였다.

기타 參照本으로는

楊曾文, 校訂本(敦煌博物館所藏, 077號本) – 楊曾文 校寫,『敦煌新本 六祖壇
       經』(上海古籍出版社, 1993년)

鈴木大拙, 校訂本(S. 5475號本) – 鈴木貞太郎, 公田連太郎 校訂,『燉煌出土 六
       祖壇經』(東京, 森江書店, 1934년)

石井修道, 校訂本(S. 5475號本 및 惠昕本) – 石井修道,「惠昕本『六祖壇經』의
       研究」(『駒澤大學佛敎學部論集』第11號, 1977년, 11월)

田中良昭, 校訂本(崗字 48號本) – 田中良昭,「敦煌本『六祖壇經』諸本의 硏究 –
       特に新出의 北京本의 紹介 –」(『松ヶ岡文庫』第5號, 1991년)

柳田聖山主編,『六祖壇經諸本集成』(京都, 中文出版社, 1976년)

駒澤大學禪宗史硏究會編著,『慧能硏究』(東京, 大修館書店, 1978년)

六祖慧能 肖像

駒澤大學 禪宗史研究會 編著, 『慧能研究』 (東京, 大修館書店, 1978년)
口繪에 無垢居士 張九成의 六祖大鑑禪師贊을 수록하고, 資料篇 제3장,
72에는 六祖大鑑禪師贊의 원문이 수록되어 있다.

【원 문】六祖大鑑禪師贊

無垢居士 張九成

達磨西來 遞相故大, 傳到此老 大而又大. 三乘十二分敎 龍宮海
藏, 八萬四千餘卷, 到這漢前, 不消一唾. 十信, 十住, 十行, 十回
向, 等覺 妙覺, 到這漢面前, 不當一枚. 多年獵果 養得五箇虎子,
橫行四海, 向大唐國裡, 日本國裡, 新羅國裡, 抛尿撒屙. 直得 乾
坤漆黑, 日月奔忙, 須彌岌崒, 四海揚波. 慢調絲竹, 打箇小坐. 看,
渠面嘴大, 似三家村裡田舍兒. 而其用處, 猶如鳥風黑雨. 天雷閃
電, 霹靂聲中, 䖟蠓撥剌, 拖去一大猛火. 咄. 甚閑公事.

無垢此贊 洞見祖師敗缺, 宜爲叢林點眼藥.
慶元戊午, 華藏 宗演識.

【번 역】육조대감 선사를 찬하다

　달마대사가 인도에서 중국으로 선법을 전하니 역대 조사들이 서
로 서로 전하여 성행하였는데, 이 노인(육조)에게 전래되면서 더욱
더 성대하게 되었다. 삼승 십이분교는 용궁의 바다에 저장[海藏]하
고, 경전이 팔만 사천 여권이 되지만, 지금 여기, 이 노인(육조)의
면전에서는 침 한 방울도 뱉지 못한다. 보살도의 수행으로 十信과
十住, 十行, 십회향과 등각, 묘각의 경지를 체득할지라도, 지금 여
기, 이 노인의 면전에서는 어느 하나도 해당되지 않는다. 다년 간

사냥하고 과일 먹으며, 다섯 마리 호랑이(제자)를 길렀는데, 그들이 사해(四海)를 종횡으로 누볐으니, 대당나라에서, 일본에서도, 신라에서도 오줌을 싸고, 똥을 누며 냄새를 천하에 풍겼다. 곧바로 하늘과 땅이 칠흑처럼 어둡고, 해와 달이 분주하게 달아나는 경지를 체득하면, 수미산이 높이 솟고, 사해(四海)에 파도가 몰아치며, 여유롭게 거문고 가락[絲竹]을 연주하며, 자기 본분사에 살고 있다. 이노인을 잘 보게! 그의 얼굴과 주둥이[嘴]는 마치 세 집이 모여 사는 시골 농부처럼 생겼다, 그러나 그의 지혜작용은 마치 세찬 바람에 먹구름을 불러오고, 하늘에 우뢰와 번갯불이 번쩍이며, 뇌성벽력이 울리는 가운데, 피리 불며 크게[一大] 맹렬한 불길을 이끌고 간다. 쯧쯧! 공사다망한 가운데 한가한 말만 했군!

무구 거사의 이 찬은 혜능조사의 특징[敗缺]을 통찰한 것이다. 바라 건데 총림의 수행자들은 정법의 안목을 구족하는 점안의 안약으로 삼기 바란다.

경원(慶元) 무오년(戊午年; 1198)에 화장사에서 종연(宗演)이 쓰다.

【해 설】

* 이 글 가운데 오개호자(五箇虎子)는 선종의 오가(五家) 종파를 지칭하는 말이고, 포요철아(抛尿撒屙)는 걸림 없이 자유자재로 선풍을 펼치게 된 모습을 표현한다.
수미급합(須彌岌峇)의 급합(岌峇)은 산이 높은 모습을 형용한 말인데, 여

기서는 向上의 대기(大機)를 펼친 것으로 向上一路, 上求菩提를 말한다.

慢調絲竹의 죽사(竹絲)는 관현악기를 연주하는 것이며,

三家村裡는 세 집밖에 없는 산골 마을이다. 선어록에는 七家村裡라고도 한다.

필률(觱篥)은 가로로 된 피리이며, 발자(撥刺)는 한 곡조 멋있게 연주하는 것이다.

* 장구성의 찬문은 육조 혜능 선사의 가풍과 그의 얼굴 모습에 대한 특징도 자유롭게 표현한 것이라고 종연(宗演) 선사는 칭찬하고 있다.

인간의 모습과 본래면목, 본지풍광을 예리한 통찰력의 눈으로 개성 풍부하게 특징을 여실하게 관찰한 표현이라고 할 수 있는데, 장구성의 찬문에 의거하여 송대 이후에 육조 혜능 선사의 頂相과 초상화가 그려졌다고 할 수 있다.

무구 거사 장구성은 남송 초기에 太常博士가 된 유명한 인물인데, 간화선의 대성자인 大慧宗杲(1089~1163) 선사를 참문하고 無垢居士라는 거사호를 받았다.

둔암종연(遯庵宗演) 선사 역시 대혜종고 선사의 법통을 이은 선승이며, 그의 어록도 전한다. 이러한 인연으로 육조 혜능 선사의 초상화[頂相]는 대혜 문하의 선승들에 의해 전래된 것이다.

* 『혜능연구』 資料篇 제3장, 72 六祖大鑑禪師贊 一卷 (~ 1198)에 대하여 다음과 같이 해설하고 있다.

본서 책머리에 口繪로 실은 '六祖大鑑禪師贊'은 일본 博多 聖福寺(臨

濟宗 妙心寺派)에 소장하고 있는 혜능의 頂相으로 張九成이 贊을 한 글과 慶元 4년(1198) 宗演이 메모 한 글[識語]이 있다. 장구성은 紹興의 進士로 太常博士이다. 大慧宗杲 선사를 참문하고 무구 거사라는 거사 호를 받은 格外의 거사로서 『般若心經註』를 쓴 사람이다.

宗演 선사도 대혜종고 선사의 법을 이은 선승으로 常州 華藏 遯庵宗演 선사라고 하며, 『속전등록』 등에 그의 전기를 전한다.

또한 京都 大德寺 眞珠庵에 소장된 혜능의 頂相에도 이와 똑같은 장구성의 찬문과 종연의 識語가 있으며, 이 두 자료 모두 일본의 중요 문화재로 지정되었다.

＊ 당나라 시대의 고승 감진(鑑眞, 688~763) 대화상이 일본에 왔는데, 『唐大和尙東征傳』이라는 자료에 육조 혜능 선사에 대하여 다음과 같은 기록을 전한다.

감진대 화상은 이곳에서 한 철(봄)을 머물다 소주를 향해 출발했다. 성을 지나 멀리 전송하였으며 강에서 배를 타고 칠백여 리 지나 소주 선거사에 도착하여 삼일 간 머물렀다. 소주 관청의 관리가 다시 대화상을 법천사(法泉寺)로 인도하였다. 이곳은 바로 당나라 측천무후가 혜능 선사를 위해 지은 사찰이다. 혜능 선사의 영상(影像)이 지금 현재도 있다.

(대화상은) 뒤에 개원사로 옮겼으며, 보조 선사는 여기서 대화상을 사직하고 영북을 향하여 명주 아육왕사로 갔다. 이때가 당나라 현종의 천보 9년(750년)이다. (大和上住此一春, 發向韶州, 傾城送遠, 乘江七百餘里. 至韶州禪居寺, 留住三日. 韶州官人 又迎引入法泉寺, 乃是則天爲

慧能禪師造寺也. 禪師影像, 今現在. 後移開元寺, 普照師從此辭大和上,
向嶺北去, 明州阿育王寺, 時歲 天寶九載也.)

1장 因 緣

1. 首 題

南宗頓教*最上大乘*摩訶般若①波羅蜜經*,
六祖慧能②大師*於韶州大梵寺*施法壇*經. 一卷.
兼授③無相戒*.

2. 편집자

弘法弟子法海集記

【校 訂】 底本. 甲本은 首題가 同一함. ① 底本에는 「波若」② 底本. 甲本 「惠能」으로 기록. 「惠」字는 「慧」로 통일함. 그리고 본문 중의 「惠能」이나 「定惠」「智惠」의 경우도 「慧能, 定慧, 智慧」로 고침. ③ 底本. 甲本 모두 「受」字. 본문 중에 「受戒」나 「傳受」는 「授戒」「傳授」로 고침.

【번 역】 남종 돈교(頓教) 최상의 가르침[大乘]인 마하반야바라밀경과 육조 혜능 대사가 소주 대범사의 계단에서 베푸신 설법집 한 권 및, 대중들에게 무상계(無相戒)를 수계(授戒)하신 설법의 기록.
불법을 널리 홍포하기 위해 제자 법해(法海)가 대사의 설법을 모아 기록하다.

【해설 및 역주】

　＊ 돈황본 『육조단경』에만 이렇게 긴 제목을 붙이고 있다. 底本인 敦
煌縣博物館本이나 S. 5475號本 모두 똑같다. 北京本(北. 8024호본)에도
『南宗頓敎最上大乘壇經』一卷이라고 제목을 붙이고 있다.

　고려 시대 知訥(1158∼1210)의 『壇經』 跋文(1207년 作)에도 『法寶記
壇經』一卷이라는 제목과 曹溪 5세인 회당안기(晦堂安其) 선사, 즉 慈
眞圓悟國師(1215∼1286)가 고려 고종 44년(1257)에 기록한『壇經重刊
跋』에「法寶記壇經 是曹溪六祖說見性成佛決定無疑法」이라는 긴 제목
이 보인다. 이러한 제목으로 볼 때 보조지눌이 본『단경』은 慧昕本 계통
이라고 간주된다.

　그리고 이와 같은 돈황본 『육조단경』의 긴 제목은 神會의 어록인
『南陽和尙頓敎解脫禪門直了性壇語』나『曹溪大師傳』의 본래제목인
『唐韶州曹溪寶林山國寧寺六祖慧能大師傳法宗旨, 并高宗大帝勅書, 兼賜
物改寺額 及大師印可門人, 并滅度時六種瑞相 及智藥三藏懸記等傳』이라
는 긴 제목의 전례를 답습한 것이라고 볼 수 있다.

　＊ 南宗 : 神秀系의 북종에 대한 혜능계의 남종 돈교의 법문을 말한다.
남종은 혜능의 제자 하택신회(荷澤神會) 선사가 최초로 주장한 남종선
의 명칭[宗名]이다. 북종 신수와 그의 문도가 낙양, 장안, 숭산 등 양쯔강
북쪽 지방을 중심으로 교화를 펼친 것에 대하여, 혜능이 양쯔강 남쪽 소
주(韶州) 지방을 중심으로 활약한 것에 유래된 지리적 명칭이다.

　신회가 唐 玄宗의 開元 18년, 19년, 20년(732년) 활대(滑臺)의 대운사
(大雲寺)에서 무차대회(無遮大會)를 개설하고 북종선의 문제점을 비판
하는 종론(宗論)을 제기하면서 비롯되었다. 신회가 제기한 당시 宗論의
기록이 최근 돈황에서 발견된『보리달마남종정시비론(菩提達摩南宗定

是非論)』이다. 그 밖에 돈황에서 발견된 신회의 어록에 『남종하택선사문답잡징(南宗荷澤禪師問答雜徵)』一卷, 『남종사정오갱전(南宗邪正五更轉)』, 『남종찬(南宗讚)』 등 남종이란 宗名이 붙여진 것이 많다. 남종은 신회에 의해서 처음으로 이루어진 혜능계의 선법을 말한다.

즉 『보리달마남종정시비론』에 「보리달마 남종의 一門에 대하여 천하의 학도자들이 잘 알지 못하고 있다. 남종을 잘 알고 있다면 나는 말하지 않는다. 오늘 남종에 대하여 말하는 것은 천하의 학도자들에게 그 옳고 그름을 판단하기 위한 것이며, 천하의 학도자들에게 그 종지를 확정하기 위한 것이다.(菩提達摩南宗一門 天下更無一解, 若有解者, 我終不說. 今日說者, 爲天下學道者. 辨其是非. 爲天下學道者, 定其宗旨.『神會和上遺集』 263쪽, 293쪽)」라고 주장하고 있다.

또 다음과 같이 대답하고 있다. 「원 법사가 질문했다. '무엇 때문에 보적 선사가 남종이라고 주장하는 것을 인정하지 않습니까?' 신회 화상이 대답했다. '신수 화상이 살아 있을 때 천하의 학도자들이 신수와 혜능이 두 대사를 남종의 혜능, 북종의 신수라고 하여 천하에 잘 알려지게 되었다. 이로 인하여 南宗 北宗이 만들어진 것이다. 보적 선사는 사실 옥천사 신수 문하의 학인으로, 혜능이 있던 소주에는 간일도 없는데 오늘날 제멋대로 남종이라고 주장하는 것은 인정할 수 없다.'(遠法師問, 何故不許, 普寂禪師 稱爲南宗. 和尙答. 爲秀和尙在日, 天下學道者. 號此二大師, 爲南能北秀, 天下知聞, 因此號, 遂有南北兩宗. 普寂禪師, 實是玉泉學徒. 實不到韶州. 今日妄稱南宗. 所以不許. 앞의 책, 288쪽)」

또한 종밀의 여러 저술에도 신회의 주장을 그대로 계승하여 다음과 같이 기록하고 있다. 종밀의 『裴休拾遺文』(一名『禪門師資承襲圖』)에 「天寶初에 하택 선사가 낙양에 들어가 남종의 돈교 법문을 크게 전파하면서, 신수 선사의 문하는 '法統이 방계(傍系)이며, 法門은 점교(漸敎)'라는 사실을 드러냈다. 이렇게 남북 二宗이 성행하게 되었는데 그때 사람들이 그 종파의 다름을 구별하도록 남종 북종이라는 이름이 이로부터 비롯된 것이다.(天寶初荷澤入洛, 大播斯門, 方顯秀門下. 師承是傍, 法門是漸. 旣二宗雙行, 時人欲揀其異故, 標南北之名, 自此而始.『續藏經』110권 434b)」

또 「남종은 즉 조계대사가 달마 대사의 종지를 받은 이래로 몇 대에 걸쳐서 가사와 불법을 서로 전승한 근본 종파이다. 뒤에 신수가 북쪽 지방에서 크게 점교를 홍포하였기에 북종에 대한 남종이라고 한 것이다.(南宗者 卽曹溪能大師, 受達摩言旨已來. 累代衣法相傳之本宗也. 後以神秀於北地. 大弘漸敎, 對之故曰南宗.『續藏經』110권 433d)」라고 기록하고 있다. 또『圓覺經大疏鈔』제1의 下卷에도「禪遇南宗者, 和尙所傳, 是嶺南曹溪能和尙宗旨也. (『속장경』14권 222d)」라고 밝히면서 여러 곳에서 남종에 대하여 언급하고 있다.

[* 남종에 대한 기타 자세한 점은 鄭性本, 『中國禪宗의 成立史 硏究』(민족사, 1991년), 499쪽 이하 참조 바람.]

* 돈교(頓敎) : 하택신회가 북종선의 교설을「점교(漸敎)」라고 비판하면서 남종의 가르침이 돈교라고 주장한 것으로, 신회의 어록인『남양화상돈교해탈선문직요성단어(南陽和尙頓敎解脫禪門直了性壇語)』에서 최초로 언급했다.

돈황본『육조단경』의 제목도 신회의 어록인『壇語』에서 발전된 것이라고 할 수 있는데,『단경』의 33, 34, 35, 38단 등, 여러 곳에서 남종의 입장을「頓敎法」혹은「頓敎法門」이라고 강조하고 있다. 남종 돈교의 내용은「頓悟, 頓悟見性, 直了性」이다.

종밀의 『원각경대소초(圓覺經大疏鈔)』 제3권 上에도 다음과 같이 강조한다. 「卽順南宗者. 達摩大師 以心傳心, 正用斯教. 若不指一言, 以直說 卽心是佛. 心要何由可傳, 故寄無言之言, 直詮言絶之理教, 亦明矣. 南宗禪門, 正是此教之旨. 北宗雖漸調伏, 然亦不住名言, 皆不出頓教. 故云順禪宗也」(『속장경』 14권 263c) 종밀은 화엄 五教判 頓教의 입장에 선종을 配當시키고 있다.

頓漸의 문제는 축도생(竺道生; 355~434)이 처음 教判으로 주장했으며『楞伽經』 제1권 「一切佛語心品」에 四漸四頓의 설명이 있고, 종밀의 『都序』에도 인용하고 있다.

＊ 最上大乘 : 원래 『금강반야경』에 「수보리야 간략히 요점을 말하면 이 심경(心經)의 지혜는 가히 중생심으로 생각할 수도 없고 가히 측량할 수도 없는 무변한 공덕을 지니고 있으니, 여래가 대승을 발원한 사람에게 설한 법문이요, 최상승을 발원한 사람에게 설한 법문이다.(須菩提 以要言之, 是經, 有不可思議, 不可稱量, 無邊功德. 如來 爲發大乘者說, 爲發最上乘者說.『大正藏』 19권, 750下)」라는 일절에 의거한 말이다.

『法華經』 「藥草喩品」과 『首楞嚴經』 제7권에도 「최상승결정성불(最上乘決定成佛)」이라는 말이 보인다.

이러한 경전의 법문을 남종 돈교의 선사상으로 수용하고 강조한 사람이 신회이다. 신회의 어록인 『남종정시비론(南宗定是非論)』을 一名 『돈오최상승론(頓悟最上乘論)』이라고 하며, 『신회어록』에서도 大乘과 最上乘과의 차이점을 다음과 같이 주장하고 있다.

「예부시랑(禮部侍郎) 소진(蘇晉)이 질문했다. '무엇이 대승이고, 무엇이 최상승입니까?' 신회 화상이 대답했다. '보살승(菩薩乘)은 대승이고 불승(佛乘)이 최상승이다.' 질문. '대승과 최상승은 어떤 차이가 있습니까?'

대답. '대승보살이 보시바라밀을 행할 때 三輪淸淨(三事)함을 관찰[觀]하고, 다섯 바라밀도 이와 같이 실행하는 것을 대승이라고 한다. 최상승이란 다만 본성이 공적하여 三事(三輪淸淨)의 자성이 공함을 알고 또다시 관찰한다는 의식도 일으키지 않으며, 또한 육바라밀 역시 이와 같이 실행하는 것을 최상승이라고 한다.'」(『신회화상유집』112쪽)

신회가 대승보살의 보시바라밀은 베푸는 사람과 물건, 받는 사람, 이 셋이 모두 청정[三輪淸淨]하여 진여본체[本體]가 본래 공적(空寂)한 사실을 관찰하는 것이며, 나머지 다섯 바라밀의 실천도 이와 같이 수행하는 보살도이다. 최상승(最上乘)은 三事(三輪淸淨)가 본래부터 自性空임을 알고, 또다시 관찰하는 마음도 일으키지 않으며, 나머지 육바라밀의 수행도 이렇게 실천하여 만행(萬行)을 모두 구족하도록 하는 것이다.

『유마경』 「보살품」에 「觀하지 않는 것이 보리(깨달음)이다. 그것은 온갖 대상과의 관계가 끊어진 것」이라고 설하는 대승불교의 실천 정신에 의거한 것이다.

신회가 「공적한 진여 본체[空寂體上]에 본래 반야의 知(지혜)가 있다」고 설한 것처럼 그는 「三事가 본래 自性이 空한 사실을 아는 반야의 지혜[知]」를 새롭게 강조하면서 이를 남종 돈교의 내용인 최상승법문이라고 설했다. 그가 강조하는 「知之一字 衆妙之門」이라는 반야의 지혜도 이러한 남종의 최상승선을 단적으로 대변한 것을 알 수 있다.

신회가 『금강경』을 선양하면서 이를 남종 돈교의 소의경전으로 삼고, 최상승이란 말을 남종 돈교의 종지라고 강조했다. 예를 들면 신회의 청탁으로 만든 왕유(王維)의 『육조능선사비명(六祖能禪師碑銘)』(『全唐文』327권)을 비롯하여 『역대법보기』 등에서도 신회가 남종돈교를 강조한 사실을 전한다.

이러한 신회의 설법은 돈황본 『단경』의 首題나 尾題에도 「南宗頓教最上大乘 …」이라고 강조하고 있다. 『단경』의 28단에도 「最上法을 修行하면 決定코 成佛하여 …」라고 하며, 30단에는 『금강경』에 의거하여 「이 最上乘法은 大智 上根人을 위하여 설한 것」이라고 하고 있다. 또 45단에는 智常이 小, 中, 大, 最上乘 四乘의 法義를 질문하자 혜능이 최상승을 「萬法을 모두 다 통달하고 萬法의 行을 모두 다 갖추어 일체의 모든 존재를 여의지 않고, 오직 法의 모양을 여의고, 짓더라도 얻는 바가 없는 것이 최상승이다. 乘은 行한다는 뜻이다」라고 설하고 있다.

* 摩訶般若波羅蜜 : 범어 Maha Prajna Paramita(위대한 반야지혜의 완성)의 音譯이다.

돈황본 『단경』에서는 『금강경』의 입장을 계승하여 돈황본 『단경』의 혜능 설법이 반야바라밀의 법을 설하는데, 제26단~29단에서는 반야바라밀의 의미를 자세히 설하고, 30단에서는 『금강경』의 공덕을 강조하고 있다.

남종 돈교의 최상승의 내용이 마하반야바라밀법임을 수미의 제목에서 밝힌 것은 남종이 최상의 대승불교임을 강조한 것이다. 달마로부터 비롯된 혜능계의 남종이 수당대에 형성된 하나의 종파불교가 아니라 대승불교의 모든 사상을 통합하여 선의 실천으로 계승하고 있는 불교의 정통임을 강조한다.

* 六祖慧能大師 : 중국선종의 초조인 보리달마의 정법을 상승한 선종의 제6대 조사. 혜능을 선종의 제6대 조사라고 주장한 최초의 자료가 신회의 『보리달마남종정시비론』(732년 作)이며, 신회의 부탁을 받고 왕유가 지은 『육조능선사비명』(761년 이전에 성립)이다.

그리고 敦煌出土(石井本) 『신회어록』(792년경 作)의 「혜능전」, 『歷代法寶記』(775년경 作)의 「육조혜능전」, 『조계대사전』(781년 作)을 거쳐 돈황본 『육조단경』에서는 혜능의 자서전과 설법집으로 편집하고 있다. 말하자면 「육조혜능 대사」란 신회의 남종 독립과 스승인 혜능의 육조현창운동 이후에 붙여진 호칭이다. 이에 대한 자세한 내용은 정성본, 『중국선종의 성립사 연구』 499쪽 참조 바람.

* 소주(韶州) 대범사(大梵寺) : 소주는 현재 중국 廣東省 曲江縣 지방이며, 대범사라는 사찰은 역사적인 자료에 언급된 기록이 없다. 아마도 『단경』의 작자가 임의로 만들어 낸 혜능의 활동 무대가 되는『단경』상의 사찰로 간주된다.(永井政之,「韶關大鑑寺考 … 韶州大梵寺와의 관계를 둘러싸고 …」,『宗學硏究』 제33號, 1991년 3월 참조.)

그런데 후대의 자료 『광동통지(廣東通志)』 제229권에는 다음과 같은 기록이 있다.

「소주 곡강현의 보은 광효사는 강 서쪽에 있다. 당나라 현종 개원 2년에 종석이라는 스님이 창건하고 개원사라고 했으나, 또 이름을 바꾸어 대범사라고 하였다. 자사인 위우(韋宙)가 육조 혜능 대사를 청하여 단경을 설한 곳이다. 송나라 숭녕 3년에 칙소로 전국의 모든 군에 숭녕사를 건립했고, 정화중에는 천녕사라고 바꾸었다. 소흥 3년에 휘종황제가 향화를 올리고 신봉하여 사액을 하사하시니 보은 광효사라고 하였다.(韶州府 曲江縣 報恩光孝寺 在河西. 唐開元二年 僧宗錫建, 名開元寺. 又更名 大梵寺. 刺史韋宙 請六祖說壇經處. 宋崇寧三年, 詔諸州建崇寧寺, 政和中改天寧寺. 紹興三年 專奉徽宗香火 賜額曰 報恩光孝寺)」

당대의 대범사(大梵寺)가 다름 아닌 현재의 보은 광효사라고 주장하고 있다. 그리고 자사 위주가 육조 혜능을 초청하여 『단경』을 설한 곳이라고 전하는 것은 후대에 『단경』의 서품에서 주장한 말을 그대로 의용한 것이므로 역사적인 사실로 믿기는 어렵다.

24

그리고 광효사는 당대의 법재(法才)가 지은『광효사예발탑기(光孝寺瘞髮塔記)』(676년 作?)에 의하면 혜능이 홍인의 법을 받고 남쪽으로 내려와 이곳에서 처음으로 수계(授戒)받은 곳으로 전하며, 혜능이 삭발한 머리카락을 받들어 탑을 세우게 되었다는 기념탑의 비문이 남아 있다.

또한 광효사는 현재 혜능의 예발탑(瘞髮塔)과 혜능의 육신상(肉身像)을 봉안하고 있는 곳이라고 한다. 광효사에 대한 자세한 연구는 羅香林『당대광효사여중인교통지관계(唐代光孝寺與中印交通之關係)』(香港中國學社, 1960년) 참조.

* 계단(戒壇) : 송대(宋代) 찬녕(贊寧)의『대송승사략(大宋僧史略)』상권「입단득계(立壇得戒)」條(『大正藏』54권 238쪽 中)에 자세히 언급하고 있다. 「壇」은 曼茶羅(Mandara)의 번역어로 「륜원구족(輪圓具足)」이라고 번역하며, 밀교에서 修法할 때 「壇場」을 높이 쌓아 올리기 때문에 壇이라고 한다.

중국 계단의 시초는 건강(建康) 남림계단(南林戒壇)이다. 『출삼장기집』14권,『고승전』제3권 「구나발마전(求那跋摩傳)」에 의하면 구나발마는 宋의 원가(元嘉) 8년(431) 중국의 기원사(祇洹寺)에 머물며 『菩薩戒經』을 번역했다고 한다. 『佛祖統紀』 제36권에 다음과 같이 전한다.

「원가(元嘉) 11년(434) 구나발마가 남림사 계단에서 僧尼에게 수계한 것이 중국불교 계단의 시작이다. 그때에 사자국에서 비구니 8명이 오고, 얼마 되지 않아 비구니 철색라 등 3명이 와서 열 명의 대중[十衆]이 되었다. 그래서 곧 승가발마를 계사로 초청하여 경복사의 비구니 혜과 등에게 남림사 계단에서 비구 비구니 二衆이 거듭 구족계를 수계하니 300여 명이 출가 득도하였다.(元嘉 十一年 求那跋摩, 於南林寺, 戒壇. 爲僧尼授戒.爲 震旦戒壇之始. 時師子國 比丘尼八人來. 未幾復有尼鐵索羅三

人至. 足爲十衆. 乃請僧伽跋摩爲師. 爲景福寺尼慧果等. 於南林戒壇依二
衆, 重受具戒 度三百餘人. 『大正藏』49권 344下)」

원가(元嘉) 11년(434)에 구나발마가 남림사에서 계단을 세우고 승니
에게 수계한 사실을 최초로 전하는 기록이다. 당(唐)나라 도선(道宣)
율사의 『계단도경(戒壇圖經)』에는 남림사의 계단 이외에도 많은 계
단을 소개하였다.

특히 선종에서는 의봉(儀鳳) 元年(676) 광주 광효사에서 혜능이 구족
계를 받았다는 기록과 이에 얽힌 이야기가 있다.

그리고 선종에서 보살계를 수계한 기록은 『릉가사자기』 도신전에
도신의 저술로 『菩薩戒法』 一本이 있었다고 전하고, 북종의 신수도
낙양, 장안에서 궁녀들에게 보살계를 수계하였다는 기록이 있다. 북종
계의 자료인 『大乘無生方便門』의 처음(序部)에는 「사홍서원, 삼귀의,
서원, 참회」로 체계 있게 선종의 보살계 수계의식이 최초로 정립되어
있다. 이어 신회 어록 『남양화상돈교해탈선문직료성단어(南陽和尚頓
敎解脫禪門直了性壇語)』의 序部에도「발보리심, 예불, 참회」로 이어
지는 보살계의 수계의식이 거행된 사실을 전한다.

돈황본 『단경』의 제목에서 계단이란, 당시 북종선과 남종선에서 널
리 실행되는 보살계 수계의식을 받아들여 혜능이 소주 대범사에서 도속
(道俗) 대중들에게 보살계를 수계하며 선종의 가르침(법문)을 펼치게 된
무대의 배경을 설명한 것이다.

돈황본 『단경』에서 보살계는 23단의 「사홍서원」, 24단의 「무상참
회」, 25단의 「무상삼귀의」, 26단의 「무상계」 등이다. 무상계(無相
戒)는 무상심지계(無相心地戒)로서 『단경』의 독창적인 점이며, 남종
돈교의 心地法門 위에 선종의 보살계 수계 설법집이 『단경』의 무상계

이다.(정성본,「돈황본 『육조단경』과 心地法門」 참조.)

　『단경』은 육조 혜능이 소주 대범사 계단에서 道俗 대중들에게 무상
계의 수계와 남종 돈교의 종지를 설한 성전으로서의 의미를 부여하기
위한 제목으로 볼 수 있는데, 분명한 점은 신회의 『단어』에서 착안하여
발전시킨 조사의 설법집을 『단경』이라고 이름 붙인 것이다.

　당(唐) 도선(道宣; 596∼667)은 건봉(乾封) 2년(667) 72살에 율학연구
의 총결산의 의미로 영감을 얻어 계단을 창립하고 『관중창립계단도
경병서(關中創立戒壇圖經幷序)』(『大正藏』 45권 807上)와 『중천축사
위국기원사도경서(中天竺舍衛國祇洹寺圖經序)』(『大正藏』 45권　882
中)를 지었다. 도선율사의 계단 구성은 모두 천축(인도)의 기원정사
계단에 의존하였다고 하는데 그것은 모두 도선율사가 꿈속[夢中]에서
받은 감통(感通)에 의거한 것이라고 한다.

　도선의 계단도경(戒壇圖經)은 『단경』의 제목과 실로 비슷하며 또한
「經」이라고 칭하고 있음이 주목된다. 『단경』의 작자가 이것을 의식한
것으로 간주해 볼 필요가 있다.

　참고로 돈황에서 발견된 많은 경전의 변문(變文; 설화집) 가운데 『태
자성도경』이란 책도 동시대의 자료로 주목된다.

　『단경』의 제목 가운데 가장 중심이 되는 것은 역시 「육조 혜능 대사
가 소주 대범사에서 법을 베푼 단경」이라는 말인데 여기서 「시법단경(施
法壇經)」은 주목해야 할 말이다. 「施法」이란 施行, 즉 널리 일반인들에게
공개적으로 법문을 베푸는 것이 正法의 보시이며 開堂 說法의 의미이다.

　* 無相戒 : 무상심지계를 말한다. 돈황본 『단경』의 무상계는 제23
단∼26단이며, 36단에는 「무상죄멸송(無相罪滅頌)」 등을 전한다. 원래
무상계는 선종의 새로운 보살계 수계를 말하는데, 無相이란 말은 『금

강경』의 「무릇 모양이 있는 것은 모두 허망한 것이다. 만약 모든 모양을 모양이 아닌 것으로 본다면 여래를 보리라.(凡所有相 皆是虛妄, 若見諸相非相 卽見如來)」, 「만약 물질로서 나를 보거나 음성으로 나를 구하는 사람은 사도를 행하는 것이니, 여래를 볼 수 없으리라.(若以色見我 以音聲求我 是人行邪道 不能見如來)」라는 설법에 의거한다.

도선이 집성한 四分律宗에서 비구 250계, 혹은 비구니 350계 등은 악행을 금지하는 계율[禁止制的]의 조목[相]을 세운 것에 대하여 선종의 무상심지계(無相心地戒)는 일체 중생이 본래 자성이 청정하고 지혜로 작용하는 사실을 토대로 하여 자서자도(自誓自度), 자수자수(自授自受)케 하는 자각적인 보살계이다.

＊法海 : 돈황본 『단경』에는 혜능의 설법을 기록[集錄]한 십대제자의 한 사람으로 등장시키고 있다. 그의 이름은 돈황본 『단경』의 본문 중 2단, 3단, 45단, 47단, 50단, 51단, 53단, 54단, 58단, 60단 등에 보이며 혜능에게 衣法의 전수와 傳法 등에 대한 질문자로 등장시키고 있다.(이는 마치 『금강경』의 수보리 역할과 같다.)

선종의 문헌에 법해라는 이름은 石井本 『신회어록』의 혜능전에 최초로 보인다. 「先天二年(713) 팔월 삼일에 이르러 갑자기 문인들에게 말했다. '나는 장차 큰길을 가련다.' 제자인 법해 스님이 질문했다. '스님 이후에 스님의 불법을 이은 상승자가 있습니까? 이 가사는 왜 전하지 않습니까?'」

이 일단은 돈황본 『단경』 51단에 응용되었는데, 『역대법보기』는 법해 대신 현해(玄楷)와 지해(智海)로 기록되었으며, 『조계대사전』에는 신회로 기록하고 있다.

『전등록』 제5권 혜능의 문하에 「소주 법해 선사는 곡강현의 사람이다.」라고 하면서 「혜능에게 나아가 卽心是佛에 대한 질문을 하여 혜능의 설법 게송을 듣고 信受하였다」라는 불분명한 전기를 싣고 있다. 그리고 편집자는 「壇經云. 門人法海者 卽禪師是也」라고 注記하고 있다.

『전등록』에 그가 곡강현 출신이라는 기록도 돈황본 『단경』의 60단에 「(法海) 화상은 본래 소주 곡강현 사람이다」라는 기록에 의거한 것이며 모두 『단경』에서 언급한 법해의 전기를 벗어나지 못하는 것처럼, 그는 처음부터 『단경』의 작자에 의해 등장된 인물이기 때문에 역사적인 인물이 아님을 알 수 있다.

『송고승전』 제6권 「당오흥법해전(唐吳興法海傳)」(『大正藏』 50권 738下)에 「釋法海 字文允, 姓張氏, 丹陽人, 少出家于鶴林寺……」라는 기록이 있는데, 여기의 법해(法海)는 분명히 牛頭宗의 학림현소(鶴林玄素; 668~752)의 문인이다. 일찍이 柳田聖山 씨는 여기의 법해(法海)가 『단경』의 찬술자라고 주장하고, 『단경』의 古本은 우두종의 작품이라고 추측한 바가 있다.(『初期禪宗史書의 硏究』 187~189쪽, 195~203쪽 참조)

또 『송고승전』 14권 「양주용흥사법진전(揚州龍興寺法眞傳)」(『대정장』 50권 796下)에는 法眞이 입적할 때 모인 사람으로 담일(曇一), 영일(靈一), 鶴林寺의 법려(法勵), 法海 등의 이름이 보인다.

이화(李華)의 『윤주학림사고경산대사비명(潤州鶴林寺故徑山大師碑銘)』(『全唐文』 320권)에 학림현소(鶴林玄素)의 입적을 기록한 뒤에 門人 法勵, 法海의 이름이 보이며, 특히 법해는 현소의 문인으로 묘탑을 시봉하며 스승의 유훈을 잘 받들었다고 기록하고 있다.

『全唐文』 제915권에는 「法海 字文允 俗姓張氏, 丹陽人. 一云 曲江人. 出家鶴林寺, 爲六祖弟子. 天寶中 預揚州法眞律師講席 …」이라고 기

록하고, 그의 작품으로『육조대사법보단경약서(六祖大師法寶壇經略序)』를 싣고 있다. 여기 법해의 약전은『송고승전』의 법해전과 법진전, 그리고 『전등록』의 법해전을 참고하여 후대에 새로 만든 것이기 때문에 믿을 만 한 자료가 아니다.

종밀(宗密)의 『배휴습유문(裴休拾遺文)』(『中華傳心地禪門師資承襲圖』) 에는 신회의 제자로서 「西京 法海」라는 이름을 언급하고 있지만 자세한 점 은 알 수 없다. 이것은 아마도 앞에서 언급한『신회어록』의 혜능전에 등장 한 혜능의 문인 법해를 지칭하고 있는 것인지도 모른다.

3. 序 言

慧能大師於大梵寺*講堂中, 昇高座, 說摩訶般若波羅蜜法*, 授①無 相戒*. 其時座下僧尼道俗一萬餘人, 韶州刺史韋璩*②及諸官僚③三十 餘人, 儒士 三十餘人④, 同請大師說摩訶般若波羅蜜法.

刺史遂令門人僧法海*集記, 流行後代. 與學道者, 承此宗旨, 遞相傳 授, 有所依約, 以爲稟承, 說此壇經.

【校 訂】 ① 底本. 甲本에는 「受」字. 惠昕本에 의거 고침. ② 底本에 는 「韋處」. 惠昕本에 의거 고침. ③ 底本. 甲本에는「寮」字. 惠昕本에 의거 고침. ④ 底本에는「儒士餘人」. 惠昕本에 의거 고침.

【번 역】 혜능 대사가 대범사 강당의 높은 단상에 앉아서 위대한 지혜 의 완성을 이루는 법문을 하고, 무상계라는 대승보살계를 수계하였다. 그때의 법석에는 비구, 비구니, 출가 재가의 신자 일만여 명이 한 자리

에 모였다. 소주의 지사(知事)인 위거(韋據)와 여러 관료들 30여 명을 비롯하여 유가(儒家)의 선비 30여 명이 모두 함께 혜능 대사께 위대한 지혜의 완성을 이루는 법문을 설해 주실 것을 간청하였다.

소주 지사 위거는 문인인 법해 스님에게 혜능 대사의 설법을 모두 모아 기록하게 하여 후대에 널리 유행하도록 하였으며, 불법을 수행하는 사람들 모두가 함께 이 종지를 이어 받아서 서로서로 전수케 하고 의거하게 하며, 품승하도록 하고 이 『단경』을 설했다.

【해설 및 역주】

『단경』의 序品에는 혜능이 소주 대범사에서 『단경』을 설하게 된 인연과 목적 등을 기록하고 있다. 『금강경』 서품에서 붓다가 경을 설하게 된 인연을 서술하고 있는 형식을 그대로 채용하고 있다.

어떠한 인연과 목적으로 혜능이 『단경』을 설하게 된 것인가?

「설차단경(說此壇經)」이라고 『단경』이란 제목부터 제시하는 것은 작자에 의한 작품으로 만들어진 것임을 단적으로 나타내는 것이다.

〔누가〕 혜능이 〔언제, 어디서〕 소주 대범사 강단에서 〔어떻게〕 승니도속 1만여 명과 자사 및 관료 30여 명과 유교 선비 30여 명의 간청으로 〔무엇을〕 마하반야바라밀법과 무상계를 수계하고, 남종의 종지인 『단경』을 설함. 〔왜〕 남종의 종지를 품승하고 유통하도록(『금강경』의 유통과 같이).

* 대범사 : 앞의 단(1단)의 註 6) 참조.
* 마하반야바라밀법 : 앞의 단 註 4) 참조.
* 무상계 : 앞의 단 註 8) 참조.
* 소주자사(韶州刺史) 위거(韋據) : 소주(韶州)는 중국 廣東省이며 자

사(刺史)는 중앙에서 파견된 순찰사[巡察使(知事)]인데, 당시엔 정착한 지방의 호족으로 독립된 실권을 가졌다.

『단경』의 36단, 37단에 보이는 使君(刺史의 속칭) 역시 위거를 말하는데 사실 단경에 등장되고 있는 위거에 대해서는 전혀 알 수가 없다.

위거라는 이름은 石井本 『신회어록』 혜능전에 「전중승 위거가 (혜능 선사의) 비문을 지었다. 개원 7년에 이르러 어떤 사람이 비문을 지워버렸기 때문에 별도로 비문을 지어 비석에 새겼는데, 그곳에는 육대 조사들이 사자 간에 법을 서로 전한 사실과 가사를 전수한 까닭 등을 간략히 서술하고 있다. 그 비문은 지금 조계에 있다.(殿中丞 韋璩造碑文. 至開元七年被人磨改. 別造文報鐫. 略敍六代師資相授 及傳袈裟所由. 其碑今見在漕溪.)」라는 일단에 최초로 보인다.

『역대법보기』 혜능전에서는 위의 기록을 계승하여 다음과 같이 언급한다.

「太常寺丞韋璩造碑文. 至開元七年被人磨改 別造碑, 近代報修. 侍郎宋鼎撰碑文.」

『조계대사전』에도 「殿中侍御史韋璩 爲大師立碑, 後北宗俗弟子武平一,開元七年 磨卻韋璩碑文, 自著武平一文.」(『慧能研究』 53쪽)이라고 기록하고 있다.

돈황본 『육조단경』의 작자는 이상의 기록과 같이, 혜능의 비문을 찬술한 인물로 등장하고 있는 위거를 소주 자사로 바꾸어서 혜능에게 법을 청하는 인물로 하고 있다.

혜능의 비문을 마멸시켰다는 이야기는 신회의 『남종정시비론』에서 주장한 내용을 『조계대사전』에서 인용한 것이다. 여기서는 비문의 작자를 언급하지 않으며, 비문의 마멸 사건도 북종 공격을 위한 신회의 주장으로 사실이라고 믿기 어렵다. 또한 위거가 혜능의 비문을 찬술하였다는 말도 믿기 어렵고, 조계에 있다는 혜능 비문의 존재 그 자체도 의심스럽다.

비문의 작자로 등장시킨 위거의 벼슬도 『신회어록』에서는 「殿中丞韋璩」, 『역대법보기』에서는 「太常寺丞韋璩」, 『단경』에서는 「韶州刺史韋璩」라고 하는데 그 역시 실존 인물로 볼 수 없으며, 당대의 명문인 위씨 가문의 인물로 가탁한 것으로 보인다.

참고로 『단경』에 등장하는 인물들이 모두 실존 인물로 보이지만 단경의 작자가 단경상의 등장인물로 재편한 것이기에 실존의 역사적인 인물로 이해하면 안 된다. 마치 『삼국지』와 『三國志演義』, 원효와 소설 『원효대사』처럼, 작가의 구상에 의해 만들어진 역사소설 속의 등장인물을 실제 역사상의 인물로 오해하면 안 되는 것과 같다.

* 門人 法海에게 혜능의 설법을 기록하게 했다.

『단경』의 전체적인 구성에서 볼 때 작자의 구상에 의한 작품인 것이다. 혜능의 구법이야기, 반야바라밀다의 법문과 보살계 수계설법, 남종 돈교의 종지를 설하고 문인들이 참문한 기록, 단경을 설하는 목적과 단경의 품승과 남종 종지의 유통 등에 대한 기록을 문인 법해가 편집한 형식으로 만든 작품이다.

편집자인 법해는 단경의 작자가 만들어 낸 인물이다. 작자는 단경에서 혜능의 설법을 직접 듣고 참문한 법해라는 제자를 등장시켜 혜능의 설법을 기록하게 한 것은 위대한 조사의 출현과 『단경』 설법이라는 현장감이 넘치는 역사적인 사실성을 제시하고자 한 것이다. 즉 독자들에게 역사적인 기록이라는 사실을 본대로 들은 대로 그대로 생생하게 전달하는 효과를 몇 배로 증가시키기 위한 구상임을 알 수 있다.

혜능이라는 역사적인 인물이 조사로 출현하게 된 사실에 대한 기록 문학 형식을 살리고자 한 것이다. 혜능이 처음 설법하면서도 자신의 지난 과거를 회상하면서 불법과의 인연과 황매산 오조 홍인 대사를 만나 불법을 깨닫고 육조가 된 이야기를 설하도록 하고 있는 형식도 역사적인 사실감이 넘치는 효과를 얻기 위한 것이다.

이러한 단경의 문학 형식이 선종어록의 구성 형식에 지대한 영향을 미치고 있다.

2장 求法이야기

4. 혜능이 금강경을 듣다

能大師言, 善知識*, 淨心念摩訶般若波羅蜜法. 大師不語, 自淨心神. 良久乃言, 善知識, 靜聽,① 慧能慈父*, 本貫范陽*②, 左降遷流嶺南*, 作新州*百姓③. 慧能幼少, 父又④早亡. 老母孤遺, 移來南海, 艱辛貧乏, 於市賣柴*.

忽有一客買柴⑤, 遂領慧能, 至於官店*. 客將柴去, 慧能得錢. 却向門前, 忽見一客, 讀金剛經. 慧能一聞, 心明便悟*.

乃問客曰, 「從何處來, 持此經典.」

客答曰, 「我於蘄州⑥黃梅縣東馮墓山, 禮拜五祖弘忍和尚*. 見今在彼門人, 有千餘衆*. 我於彼聽見, 大師勸道俗, 但持金剛經一卷, 即得見性, 直了成佛*.」

慧能聞說, 宿業有緣, 便卽辭親*, 往黃梅馮墓山, 禮拜五祖弘忍和尚*.

【校 訂】① 底本. 甲本에는 「淨」字. ② 底本, 甲本에는 「本官范楊」이나, 『神會語錄』惠昕本 『壇經』·『祖堂集』 등에는 한결같이 「本貫范陽」이라고 함. ③ 底本. 甲本에는 「作」字 없음. 惠昕本에 의거 첨가함. ④ 底本에는 「亦」字. 惠昕本에 의거 고침. ⑤ 底本에는 「賣柴」로 誤記됨. ⑥ 底本에는 「新州」로 誤記됨. 甲本에 의거 고침.

【번 역】혜능 대사가 말했다. 「여러분! 청정한 마음으로 마하반야바라밀의 법문[法]을 사유하시오!」 대사께서는 잠시 말씀을 중단하고, 스스로 정신[心神]을 가다듬고 차분히 침묵하신 뒤에 다시 말했다.

「여러분! 조용히 잘 들으시오! 나의 부친은 본관이 범양[河北省의 北部] 사람이었는데 좌천(左遷)되어 영남의 신주 백성으로 살게 되었습니다. 부친은 내가 어렸을 때 일찍 돌아가셨고, 노모와 외로운 나(慧能)

는 남해로 이사 와서 간신히 가난 속에 나무를 시중에 내다 팔면서 궁핍하게 살았습니다.

어느 날 어떤 손님이 나의 땔나무를 사 주었습니다. 그 손님은 나를 관청에서 경영하는 여관[官店]으로 데리고 갔습니다. 그 손님은 땔나무를 가지고, 나는 돈을 받고 문을 향해서 막 돌아 나오려고 하는데, 그때 갑자기 어떤 객스님이 『금강경』 독송하는 인연을 만나게 되었습니다.

나는 처음 듣는데도 마음이 맑아지고 곧 깨닫게 되었습니다. 그래서 그 객스님에게 물었습니다. '어디서 오셨기에 이 경전을 독송하십니까?'

그 객스님은 말했습니다. '나는 기주(蘄州) 황매현의 동쪽 빙모산에 계시는 오조 홍인 화상의 가르침을 받았습니다. 지금 그곳에는 홍인 화상의 문하에 천 명이 넘는 대중이 수행하고 있습니다. 나는 그곳에서 홍인 대사가 출가 재가의 여러 대중들에게 권유하기를 만약 『금강경』 한 권만 열심히 수지 독송하면 견성(見性)하여 곧바로 성불하게 된다는 말씀을 들었습니다.'

나는 그 객스님의 말을 듣고, 지난 숙세에 불법과의 인연이 있었음을 알게 되어 곧바로 모친을 하직하고 황매의 빙모산으로 달려가 오조 홍인 화상을 찾아뵙고 예배를 올리게 되었습니다.」

【해설 및 역주】

이상의 一段은 『조당집』 제2권 「第三十三祖 慧能傳」에 그대로 전하고 있다. 아마도 초기의 『단경』을 응용한 『보림전』의 혜능전을 계승한 것으로 간주된다.

특히 『금강경』을 매개로 하여 혜능으로 하여금 숙세의 불법을 일깨

위 줌과 동시에 오조 홍인과의 인연으로 연결시켜 주는 동기를 제시하는 작자의 구상은 뛰어난 문학성이 돋보인다. 또한『금강경』은 북종선의『능가경』에 대한 남종선의 사상적인 근거로 하고 있다.

* **善知識** : 범어 kalyana-mitra로서 좋은 친구라는 의미. 정법을 설하여 중생들을 불도에 들게 하며 해탈케 하는 사람. 혹은 불도의 인연을 맺어 주고 심어 주는 선각자를 말한다.

* **慧能의 父** : 돈황본 『단경』과 『신회어록』에서는 이름을 언급하지 않으나 뒤에 『조당집』권2 혜능전에는 부친의 이름을 「행도(行瑫)」라고 최초로 기록하고 있다. 행도라는 이름은『조계대사전』에서 혜능이 입적한 뒤에 혜능의 가사를 지킨 제자의 이름으로 처음 보인다.

* **范陽 盧氏** : 현재 하북성 정홍현 남쪽 40리의 지역인데 이곳은 원래 산동성 명문 노씨 일족의 근거지로 유명하다.(築山治三郎,『唐代制度史の研究』제2장「山東貴族과 科擧官僚」참조)

노(盧)는 원래 춘추시대 제나라의 지명으로, 산동성 임평현의 서남지방이다. 『萬姓統譜』제11권에 의하면 제나라 태공의 후예가 山東省 齊南府 長淸縣의 盧城에 살면서 노(盧)씨 성으로 사용하게 되었다고 한다.

가장 오래된 자료인 왕유(王維)의『육조능선사비문(六祖能禪師碑文)』에는 혜능의 본관(本貫)에 대한 명확한 기록이 없고 「화하(華夏)지방[地]」이라고 말하고 있다. 『신회어록』 혜능전에는 그의 선조가 범양인이라고 하는데, 돈황본 『단경』과 『조당집』 등 이후의 자료에서는 혜능의 부친 본관을 범양이라고 하고 있다. 혜능의 성을 노씨라고 기록한 자료는 왕유가 쓴 『혜능의 碑文』이며, 그의 본적지를 범양이라고 주장한 자료는 『신회어록』이다.

범양은 하북성 순천부의 지명인데 산동성 동창부 윤주에도 범현이 있다. 무슨 관계가 있는 것으로 보인다.

당대의 유명 인사는 범양 출신으로 노씨 성을 가진 사람이 많다. 예를 들면 노장용(盧藏用)(『唐書』123권, 『舊唐書』94권), 노경량(盧景亮)(『唐書』 164권), 노상(盧商)(『唐書』182권, 『舊唐書』176권), 노군(盧群)(『唐書』147권, 『舊唐書』140권) 등으로, 노씨 성은 산동 일대의 명문 귀족 가문이다.

＊嶺南 新州 : 현재 廣東省 新興縣이다. 영남은 五嶺의 남쪽 廣東, 廣西의 兩省을 말하며 당시의 유배지였다. 그래서 『단경』에서 그의 부친이 좌천(左遷)되었다고 말했다.

혜능의 출신지에 대하여 기록하며 분명하게 지명을 언급하지 않고 있다.

『신회어록』 혜능전에서는 「속성이 노(盧)씨로서 선조는 범양인이다. 부친의 관직이 영남 밖에 근무하게 되어 신주에 거주하였고, 나이 22살에 동산의 홍인 대사를 참례하게 되었다.(俗姓盧 先祖范陽人也. 因父官嶺外. 便居新州. 年二十二 東山禮拜忍大師)」라고 기록하고 있으며, 『역대법보기』와 『조계대사전』도 거의 이와 같고 돈황본 『단경』은 이 일단을 응용한 것으로 본다.

혜능이 스스로 자기를 신주백성이라고 말하게 하는 것은 일반 서민 출신임을 작가가 강조하고자 한 것이다.

＊매시(賣柴) 및 『금강경』의 독송을 듣는 인연을 전하는 자료는 돈황본 『육조단경』이 최초이다. 변방 영남의 신주에서 태어나 문화적인 혜택을 전혀 받지 못하고 무지하게 살고 있는 모습, 땔나무를 시장에 팔면서 간신히 어렵고 궁핍하게 살아가는 혜능의 어린 시절의 모습을 묘

사하고 있다. 나무를 팔러 시장에 나가게 되어 어느 객스님이 독송하는 『금강경』과의 만남을 통하여 단번에 깨닫게 된 이야기. 이러한 불법과의 인연을 매개로 황매산 오조 홍인 대사와의 인연을 맺게 하고 방앗간에서의 노동과 신수의 깨달음의 노래로 조사의 心印을 얻게 되어 육조의 지위를 계승하게 되는 드라마틱한 이야기로 전개된다.

『육조단경』의 이야기를 『조당집(祖堂集)』이 그대로 계승하여(아마 『보림전』의 기록을 이어받았으리라) 『단경』의 기사보다 더욱 발전시키고 있다.

그때 혜능의 나무를 산 사람이 安道誠이며, 『금강경』을 독송한 사람이라고 하는 것은 『조당집』에서만의 주장이다.

혜능과 『금강경』의 인연도 돈황본 『단경』이 최초이다. 선종과 『금강경』은 신회에 의해 최초로 강조되었다. 남종선의 소의경전으로 정착된 것도 북종선의 『능가경』에 대항하는 남종선의 사상적인 근거로 제시했기 때문이다.

돈황본 『단경』 이전에 성립된 혜능에 대한 초기 자료인 왕유의 『慧能碑文』과 『조계대사전』에는 혜능과 『열반경』의 관계를 언급하지만 『금강경』과의 관계는 전혀 언급되지 않았다. 혜능전에 「바람과 깃발(風과 旗)」의 이야기도 『역대법보기』와 『조계대사전』에는 보이는데, 돈황본 『단경』에서는 전혀 언급되지 않고 있다.

아마 『금강경』의 사상을 강조하기 위해 북종선의 『능가경』과 비슷한 사상인 『열반경』의 정신을 생략한 것으로 볼 수 있겠다.

후대, 송대에 편집된 『천성광등곡(天聖廣燈錄)』 제7권 혜능전에는 혜능이 처음 『금강경』의 법문 「應無所住 而生其心」을 듣고 깨닫게 되었다고 최초로 주장하고 있다. 이것은 이후에 재편된 『육조단경』에 그대로 채용된 것으로 볼 때, 돈황본 『육조단경』은 원초의 모습을 그대로 전하고 있음을 알 수 있다. (* 초기선종과 『금강경』에 대해서는 정성본, 『중국선종의 성립사 연구』 참조.)

　* 官店 : 당대에 관청에서 전국 각주에 설치한 상점[酒店]이나 여관이다. 『舊唐書』 제49권 「食貨志」 下에 「會昌六年九月,　勅楊洲等八道州府, 置權麴, 并置官店沽酒, 代百姓納權酒錢 并充資助軍用」 라는 기록이 보인다.

　* 慧能一聞 心明便悟 : 경전의 법문을 한 번 듣고 마음이 맑고 깨끗해져 중생심의 無知와 無明에서 벗어나 곧바로 진실을 깨닫고 지혜의 안목이 열리게 된 것을 말한다. 돈황본 『단경』(11단)에 「慧能一聞, 言下便悟」라고 하고 『금강경해의』의 서문에도 「宿植上根者 一聞便了」 (『慧能硏究』 419항 참조)라는 구절이 보인다.

　석정본 『신회어록』의 혜능전에도 「言下證」, 「言下便證」, 「言下便悟」 등의 말이 보이며, 『금강경해의』에도 「言下成佛」(『혜능연구』 440項), 「言下卽佛」(同 442, 445項)이라고 하는 것처럼, 불법의 대의를 깨닫고 정법의 안목을 구족하게 된 상황을 나타낸 말이다. 경전의 법문을 듣고(如是我聞) 불법의 대의와 현지를 돈오(頓悟)하여 불지견의 안목을 갖춘 것이다. 『단경』에서 언급하는 「직료성불(直了成佛)」과 같은 의미이다.

　* 蘄州 黃梅縣 東馮墓山 五祖弘忍和尚 : 五祖 弘忍 선사의 선원[道場]을 말한다. 동빙모산은 동산으로 홍인의 스승인 도신(580~651)이 개창한 쌍봉산(雙峰山)의 동쪽 산을 말한다. 그래서 홍인의 법문을 동산법문이라고 하며 쌍봉산의 동산을 『讀史方輿紀要』 제76 「蘄州黃梅縣條」에 의하면 빙무산이라는 기록도 있다.

『능가사자기』, 『신회어록』, 『역대법보기』 등에서는 한결같이 빙무산(馮茂山)으로 기록하는데, 憑母山이라고도 기록하고 있고, 또 돈황본 단경에서만은 빙묘산(馮墓山)이라고 기록하고 있다. 자세한 점은 정성본, 『중국선종의 성립사 연구』 199항 이하 참조.

　＊ 門下 千餘衆 : 『속고승전』 제26권 도신전에는 문하에 500여 명이 있다고 하고, 『능가사자기』 홍인전에는 그의 문하에 많은 사람이 모이는 것을 「월유천계(月愈千計)」라고 표현하고 있다. 물론 이러한 기록이 실수가 아님은 사실이지만, 돈황본 『단경』은 아마도 이러한 기록을 참조하여 홍인 선사 문하에 선원의 많은 수행자들이 운집하여 번창한 사실을 전하려고 한 것이다.

　＊ 卽得見性 直了成佛 : 見性은 見佛性으로 번뇌 망념의 중생심을 자각하고 불성을 깨달아 체득한다는 의미이다. 자신이 지혜의 눈으로 직접 확인하고 체험을 통해서 철저히 사실을 확신하는 것이다. 見은 마음으로 깨달아 보는 지혜의 작용이다. 이러한 남종선의 見佛性의 선사상은 『열반경』 제25권에서 설하는 「요요견불성(了了見佛性)」 등, 대승불교 경전에서 설하는 불성사상이 남종 돈교법문의 배경이 되고 있다. 불성사상은 반야의 공사상을 설한 이후의 4세기경에 새롭게 종합한 대승불교 사상이다. 자각의 주체이며 지혜와 인격의 당체로 일체개공의 사실을 깨닫는 근본 법체를 말한다. 견성의 체험을 선종에서는 「돈오견성」이라고 하고 이러한 체험의 완성을 「직료성불(直了成佛)」 혹은 「돈오성불」이라고 한다.

　直了는 『신회어록』에서 최초로 「直了性」이라고 주장된 頓悟의 입장으로, 단번에 불성을 깨닫는 것이다. 『남종정시비론』에 「우리 六代의 大師는 모두 한결같이 單刀直入, 直了見性이라고 말할 뿐, 점차적이고 단계적인 점교를 설하지 않았다.」라고 강조하고 있다. 홍성사본 『육조단경』제1절에도 「大師是日 說頓教法 直了見性無碍」라고 설한다.

 * 사친(辭親) : 혜능이 나무를 팔아 노모를 봉양하며 간신히 살다가 『금강경』 한 구절을 듣고 곧바로 황매산으로 구법의 길을 떠났다는 드라마틱한 이야기이다. 돈황본 『단경』은 그의 모친에 대한 처우에 대해서는 언급이 없으나 『조당집』에는 安道誠이 노모의 의복과 식량대금으로 은 일백 냥을 제공하였다고 기록하고 있다.

 『조계대사전』에는 혜능이 어릴 때 양친이 모두 죽었다는 데 반하여, 돈황본 『단경』에서는 혜능이 나무를 팔아 노모를 봉양하면서도 불법을 최우선으로 하였기 때문에 노모와 이별하고 황매산으로 떠나는 혜능의 구법의지와 정신이 『단경』에서 전하는 혜능의 강렬한 인상이라고 하겠다.

 * 禮拜五祖弘忍和尙 : 『조계대사전』에는 혜능이 혜기 대사(惠紀大師)가 『투타경(投陀經)』 읽는 소리를 듣고 경전의 의미를 깨닫고, 헛되이 앉아 있음을 한탄하고 혜기 대사의 권유로 홍인 대사를 참문할 것을 결심한다. 혜기 대사는 물론 『투타경』에 대해서도 전혀 알 수 없으며, 『조계대사전』만의 주장이다. 그리고 혜능이 咸亨 5년(674) 나이 34살에 황매산 오조 홍인 대사를 참배하였다고 한다.

 석정본 『신회어록』 혜능전에는 혜능의 나이 22살에 홍인을 참배하였다고 한다.

5. 弘忍和尙과의 만남

 弘忍和尙, 問慧能曰,「汝何方人, 來此山禮拜吾. 汝今向吾邊, 復求何物*.」

慧能答曰, 「弟子是嶺南人, 新州百姓*, 今故遠來, 禮拜和尚, 不求餘物, 唯求作佛法①.」

大師遂責慧能曰, 「汝是嶺南人, 又是獦獠*, 若爲堪作佛*②.」

慧能答曰, 「人卽有南北, 佛性*卽無南北, 獦獠身與和尚不同, 佛性③有何差別.」

大師欲更共議, 見左右在傍邊, 大師更便不言. 遂發遣慧能, 令隨衆作務*.

時有一行者, 遂差④慧能於碓坊, 踏碓*八箇餘月.

【校 訂】 ① 底本. 甲本에는「佛法作」. ② 底本에는 「若未爲堪作佛法」. 甲本에 의거 고침. ③ 底本. 甲本에는 「姓」字. ④ 底本에는 「著」字. 甲本에 의거함.

【번 역】 홍인 화상이 혜능에게 물었다. 「그대는 어디 사람이기에 이 산까지 찾아와서 나에게 예배를 하는가? 그대는 지금 나한테서 또 어떤 것을 구하려고 하는가?」

혜능이 대답했다. 「제자는 영남 사람으로, 신주의 백성입니다. 지금 일부러 이렇게 멀리 찾아와서 화상께 예배를 올리는 것은 다른 것을 구하려고 하는 것이 아니옵고, 오직 부처가 되는 가르침만을 배우고자 할 뿐입니다.」

대사는 드디어 나(혜능)를 나무라며 말했다. 「그대는 다름 아닌 영남 사람이 아니냐! 또한 갈료(獦獠: 짐승과 같은 놈)로서 어떻게 감히 부처가 되겠다고 하는가!」

나는 대답했다. 「사람의 출신지로는 남쪽과 북쪽[南北]의 구분이 있습니다만, 불성은 남북의 구분이 없습니다. 오랑캐[獦獠]의 몸인 저와 화상의 신분은 비록 같지 않습니다만, 불성은 어찌 차별이 있겠습니까?」

대사는 다시 함께 의논하고 싶었으나 좌우 주위에 여러 사람이 있음을 보시고 더 이상 말씀을 하시지 않았다. 드디어 나(혜능)를 밖으로 내 보내어 대중과 같이 노동[作務]을 하도록 하였다.

그때에 한 행자가 나를 방앗간으로 데리고 갔고, 나는 방앗간에서 여덟 달이 넘도록 디딜방아를 찧었다.

【해설 및 역주】

* 이 일단은 석정본 『신회어록』 혜능전에 다음과 같이 전하는 기록을 소재로 하고 있다.

「나이 22살에 동산의 홍인 대사를 찾아뵈었다. 이때 홍인 대사는 대사에게 질문했다. '그대는 어디 사람이며 무슨 일로 나에게 예배를 하고 어떤 물건을 구하려고 하는가?' 혜능 대사가 말했다. '제자는 영남의 新山에서 올라 왔습니다. 화상께 예배드림은 오직 부처가 되기를 구할 뿐 다른 것을 구하려고 하지 않습니다.' 홍인 화상이 말했다. '그대는 다름 아닌 영남의 오랑캐[獦獠]가 아닌가? 어찌 감히 부처가 되려고 하는가?' 혜능 대사는 말했다. '오랑캐[獦獠]의 불성과 화상의 불성은 어떤 차이가 있습니까?' 홍인 화상은 혜능의 이 말에 정말 기특한 인물로 생각했다. 그래서 그와 함께 더 이야기를 나누고 싶었지만 여러 사람들이 주위에 있어 드디어 나를 밖으로 내 보내어 대중들과 함께 작무에 힘쓰도록 하였다. 그래서 혜능은 대중과 더불어 디딜방아 밟는 일을 8개월 동안 하였다.」

이 일단은 『역대법보기』 혜능전, 『조계대사전』에도 그대로 인용되었고, 돈황본 『육조단경』에서 문학적으로 새롭게 단장되었다. 그러나 중요한 점은 이상의 선종 역사서의 기록은 역사적인 인물의 전기를 제삼자가 객관적으로 기록하였지만, 돈황본 『단경』에서는 혜능이 자기의 지난날을 회상하면서 이러한 구법의 사실을 자기의 입으로 직접 말하게 하고 있다. 독자로 하여금 더욱 진지하고 사실성이 넘치는 구도 이야기로 전달하고자 하는 작자의 의도가 보인다.

이 이야기는 뒤에 『조당집』 홍인장과 『송고승전』 제8권 혜능전 등에 그대로 인용되어 혜능전의 중요한 한 생애로 전하고 있다.

* 何物 : 物은 生命, 살아서 생명 활동하는 존재, 즉 중생을 말하며, 또한 一物과 같이 心性(自性, 實相, 法性, 佛性)을 지칭하는 말로 사물의 본체, 핵심을 말한다. 어떤 물건이란 어떤 존재(중생)를 구체적으로 지시하여 그 존재의 근원적인 생명작용을 추궁하는 질문이다.

『조당집』 18권 앙산혜적전에 다음과 같은 혜능과 신회의 문답을 전한다. 「그대는 듣지 못했는가? 육조가 조계에서 설법하기를 '나에게 한 물건[一物]이 있으니 본래 이름도 없고, 머리도 꼬리도 없고, 나와 남의 구별도 없고, 안과 밖도 없고, 물건도 아니다.'라고 하고, 다시 대중들에게 질문하기를, '이것이 어떤 물건인가?'라고 하니 대답이 없었다. 이때 신회라는 어린 사미[小師]가 대답하기를 '신회는 이 물건을 알고 있습니다.' 육조는 '이 주둥이를 깐 사미야! 안다면 무슨 물건이라고 하는가?' 신회는 말했다. '이것은 부처의 근본[本源]이며 신회의 불성입니다.' 그러자 육조는 주장자로 사미를 때리며 말했다. '내가 너에게 본래 이름도 없다고 했는데, 어째서 근본 불성이라고 이름을 붙이는가?'」

『전등록』 제5권 남악회양장에 「회양이 처음 육조 혜능을 참문했을 때 육조 혜능이 '어떤 물건이 이렇게 왔는가?'라고 질문하자, 회양이 '설사 한 물건이라고 말해도 옳지 않습니다[說似一物卽不中]'라고 대답했다. 후대에 재편된 『육조단경』에 혜능의 心偈가 「本來無一物」로 바뀐

것도 조사선의 주장을 채용한 것이다.(『보림전』의 주장)

『洞山어록』에도 「동산 선사가 태(泰)수좌와 함께 동짓날 과일을 먹으면서 질문했다. '여기에 한 물건[一物]이 있으니 위로는 하늘을 떠받치고, 아래로는 땅을 지탱하고 있다. 어둡기는 칠흑 같고 항상 작용하고 있으며, 작용하는 그 틀 속에도 들어(갇혀) 있지 않는다. 말해 보게나, 그 한 물건[一物]은 어느 곳을 통과하고 있는가?' 태수좌가 말했다. '작용하고 있는 그 틀 가운데를 통과하고 있습니다.' 선사는 옆에 있는 승려에게 명령하기를 '과일과 탁자를 치워라!'라고 명했다.(『조당집』6권 동산장)」

이 일단은 지눌의 『절요』에 인용되고 있는데, 태수좌가 한 물건[一物]을 실체로 보고 있는 삿된 견해에 대하여 동산 선사는 과자공양 받을 자격이 없다고 치우라고 지시했다.

『선가구감』에도 「여기 한 물건[一物]이 있는데 본래부터 한없이 밝고 신령스러우며, 일찍이 생기는 일도 없고 소멸하는 일도 없으며[不生不滅] 무엇이라고 이름 붙일 수도 없고, 형상으로 그려서 제시할 수도 없다. 그 한 물건이란 어떤 물건인가[一物者何物]」 라고 문제를 제시하고 있다.

* 嶺南人 新州百姓 : 현재 중국의 廣東省 新興縣. 영남은 五嶺의 남쪽 광동, 광서의 兩省을 말하고 당시 이곳은 유배지(流謫地)였다. 그래서 『단경』에서는 그의 부친이 좌천되어 이곳에 살게 되었다고 하며 혜능이 스스로 자기를 신주백성이라고 말하는 것은 독서인도 아니고 문화인도 아닌 짐승과 같은 천민 출신임을 작자가 강조하려는 것이다.

* 갈료(獦獠) : 중국 남방에 살고 있던 민족으로 북쪽 사람들이 남쪽 사람들을 멸시하는 말이다. 『山海經』에 갈(獦)은 갈저(獦狙)로서 이리[狼]와 비슷한 짐승이며, 료(獠)는 서남쪽의 오랑캐[西南夷]를 말한다. 『역대법보기』에는 「新州 獠」라고 하고, 『조당집』에는 「렵료(獵獠)」라

고 기록한다.

옛날 중국에서는 독서인[士大夫]만을 인간 취급하고 그 외는 모두 짐승 취급을 하였다. 홍인이 혜능을 짐승과 같은 오랑캐[獦獠]라는 모욕적인 말로 매도하는 것은 변방민족에 대한 지식인의 중화사상에서 나온 것이지만, 혜능이 「불성은 차별이 없다[佛性無差別]」라는 평등사상으로 갈료 출신의 행자 신분으로 달마계 선종의 정법을 체득하여 제육조가 된 혜능의 입장을 한층 더 돋보이게 하고 있다.

 * 作佛 : 成佛과 같은 말로 보살이 無明 번뇌를 모두 근본적으로 벗어나 참된 불법을 깨닫고 正覺을 이루는 것. 『법화경』「상불경보살품」에 「나는 결코 당신들을 가벼이[輕視] 보지 않습니다. 당신들은 반드시 부처[作佛]가 될 분이기 때문입니다.」라고 하며 『대지도론』62권에도 「반야바라밀은 능히 사람으로 하여금 부처가 되도록[作佛] 한다. 반야를 헐뜯는 죄는 무엇과 비교할 수가 없다.」라고 설한다.

『전등록』5권 남악회양전에 마조도일이 부처[作佛]가 되려고 좌선하고 있을 때, 남악회양이 좌선하여 부처를 이루고자 하는 것은 기왓장을 갈아서 거울을 만들려고 하는 것과 같이 불가능한 것이라고 비판하는 이야기를 전한다.

『임제록』(13~38)에도 「여러분 만약 부처[作佛]가 되고자 한다면 만물의 경계에 끄달리지 말라. 망심이 일어나면 여러 가지 법이 일어나고 망심이 없어지면 여러 가지 법이 없어진다. 一心에 妄心이 일어나지 않으면 만법이 허물이 없는 것이다.」라고 설하고, 현수법장의 『화엄오교장(五敎章)』1권에 「한 생각의 망념이 일어나지 않으면 부처라고 할 수 있다(一念不生 卽名爲佛)」라고 설한다.

 * 佛性 : 범어로는 buddata로서 如來藏, 覺性이라고 번역한다. 부처의

본성품. 특성(性質), 부처의 本性, 부처(覺者)가 될 수 있는 가능성을 말하고, 대승불교에서는 이 불성이 일체의 모든 중생에게 구족되어 있다고 설한다.

『열반경』제35권 「가섭보살품」에 「一切衆生 悉有佛性」이라고 설하며,『여래장경』,『승만경』,『능가경』,『불성론』,『보성론』,『대승기신론』 등에도 여래장, 불성사상을 설한다. 사실 불성사상은 남종선의 사상적인 기반이다. 견성성불(見性成佛)이나 돈오견성(頓悟見性)은 모두 대승불교의 불성사상을 토대로 하며 선종에서는 부처가 되는 본성, 종자로 보기보다는 부처의 지혜 그 자체로 본다. 부처의 지혜 그 자체인 불성을 본래 그대로의 깨달음을 실행하는 수행이라고 한다.

『임제록』 등 조사선에서 설하는 불성의 전체작용(全體作用)은 반야의 지혜로 본분사를 실행하는 법문이다.

＊作務 : 선원의 일상생활의 노동을 말한다.『고승전』제5권 도안(道安)전에 도안이 밭에서 3년간 노동에 힘쓴 이야기를 전하고, 『능가사자기』에는 홍인이 노동을 하여 대중들에게 공양한 사실을 전한다. 선종교단에서는 단순한 사원의 노동[作務]에서 발전하여『선원청규』에서 보청법(普請法)을 제정하여 전 대중이 자급자족의 경제생활을 영위하는 생산노동에 의무적으로 참여해야 하는 규칙을 설정하였다.

＊行者 : 출가 수행자로서 견습(見習)의 의미이다. 정식으로 출가하기 이전, 사미가 되기 이전의 혜능도 노행자라고 불렀다. 불법수행의 예비자.

＊踏碓(답대) : 혜능이 홍인 문하에서 디딜방아를 찧는 노동을 최초로 언급한 자료는 왕유의 『혜능선사비문』인데, 8개월이라는 시간은 『신회어록』에서 처음으로 언급한 말이다.

혜능이 오조 홍인의 문하에서 행자의 신분으로 디딜방아를 찧는 노동

에 힘쓰고 수행하게 한 것은, 혜능이 위대한 존재임을 사람들이 모르게
하기 위한 것이다.

이 이야기는 혜능의 구법정신을 표현한 것으로 후대의 중국불교에서
는 노행자 혜능이 짊어진 돌을 답대석(踏碓石)이라고 전한다.(『中國佛
敎史蹟』 참조) 또 『조당집』 6권 동산양개장(2~85)에는 혜능이 황매산
홍인의 문하에서 8개월 간 디딜방아를 찧은 이야기를 소재로 한 선문답
을 싣고 있다.

6. 홍인이 대중에게 心偈를 지어 제출하도록 하다

五祖忽於一日, 喚門人盡來. 門人集已①.

五祖曰,「吾向汝說, 世人生死事大*. 汝等②門人, 終日供養*, 秖求福田*, 不求
出離*生死苦海*. 汝等自性迷, 福門何可求. 汝等總且, 歸房自看, 有智慧③者,
自取本性般若之智*④, 各作一偈*呈吾. 吾看汝偈, 若悟大意者, 付汝衣法*, 稟爲
六代*. 火急作*.」

【校 訂】 ① 底本. 甲本에는 「集記」. ② 底本. 甲本에는 「汝汝」. ③
底本에는 「智事」. 甲本에는 「知惠」. ④ 底本에는 「知」字.

【번 역】 오조 화상은 갑자기 어느 날 수행자들을 모두 불러 모았다.
수행자들이 모이자 오조 화상은 말했다.

「내가 그대들에게 항상 말했다. 세상 사람들은 번뇌 망념이 일어나
고 번뇌 망념이 죽는 생사윤회에서 해탈하는 일이 가장 중대한 일이라
고. 그런데 그대들은 하루 종일 부처님께 공양이나 올리고, 단지 복전만

추구하고 있을 뿐, 생사의 고해(苦海)를 벗어나 사바세계에서 해탈하려고는 하지 않는다. 그대들 각자 스스로의 자성이 미혹한데 복전(福田)을 닦는 수행으로 어떻게 자신을 구제할 수가 있겠는가? 그대들은 모두 지금 곧 각자 자기 방으로 돌아가 스스로 자기 자신을 잘 살펴보도록 하라. 불법의 대의를 깨닫고 정법의 지혜(안목)를 체득한 사람은 자기 본성의 반야지혜로써 각자 깨달음의 노래[心偈]를 한 수 지어 나에게 제시하도록 하라. 내가 그대들의 깨달음의 노래를 살펴보고 만약에 불법의 대의를 깨달은 사람이 있으면 그에게 가사와 불법을 부촉하고 품승(稟承)하도록 하여 제육대의 조사로 삼으리라. 서두르고 서둘러라!」

【해설 및 역주】

* 生死事大 : 生死는 生老病死로서 중생심의 번뇌 망념으로 生死에 윤회(輪廻)하는 고통을 말한다. 생사의 문제는 지극히 중대한 일이며 생사윤회의 고통에서 어떻게 해탈할 것인가? 이 문제가 가장 큰 일이라고 설한다. 生死事大라는 말은 『신회어록』(49단)에 중천축국의 범승(梵僧)인 가라밀다삼장의 제자인 강지원(康智圓)이 신회 화상에게 질문한 가운데 「生死事大 念念無常」이라는 말이 최초로 보인다.

돈황본 『단경』에 홍인이 문인들에게 최초로 한 말인데, 이후로 선종에서는 구법의 절실한 의미로서 지극히 중요시하고 있다. 『조당집』3권 일숙각[一宿覺(玄覺)]화상전에 영가현각이 혜능에게 「生死事大 無常迅速」이라고 말했다. 선불교에서 생사는 생사해탈의 문제를 의미하며 자기 본분사를 해결하는 자신의 己事究明의 일대사, 본분사를 해결하는 과제로 널리 사용하고 있다.

송대의 『대혜어록』제23권에도 「진실로 생사의 문제는 지극히 중대한 일이며 無常은 신속하니 자기의 본분사를 밝히지 못했다면, 종사를 참문하여 생사의 속박을 해결하도록 해야 한다.(本爲 生死事大 無常迅速, 已事未明, 故參禮宗師 求解生死之縛)」라고 설한다.

선불교에서 생사해탈은 心法의 생사해탈이다. 마음에 일어나는 번뇌 망념을 生, 마음에 일어난 번뇌 망념이 없어지는 것을 死 혹은 滅이라고 한다. 경전에 「諸行無常 是生滅法 生滅滅已 寂滅爲樂」이라는 말과 『대승기신론』에 「번뇌 망심이 일어나면 여러 가지 의식의 대상경계[法]가 일어나고, 번뇌 망심이 없어지면 여러 가지 의식의 대상경계가 없어진다.(心生卽 種種法生, 心滅卽 種種法滅)」라는 말은 心法의 生死心, 生滅心을 말한다.

* 供養 : 불법승 삼보와 혹은 제불보살에게 음식물[食物]이나 향과 꽃[香花], 과일[果實], 오곡[米穀], 청정수[淸水] 등을 올리는 기도수행이며, 그 공덕의 가피와 감응을 받으려고 기대하는 하는 일[回轉]이다. 이러한 공양기도에는 사원의 법당과 승당 등을 장식하는 경공양(敬供養)과 독경 예배, 찬불 찬탄 등의 행공양(行供養), 그리고 음식, 의복 등을 권하는 이공양(利供養) 등이 있다.

『연화면경』 卷上과 『증도가』 등 선어록에는 四事供養(음식, 의복, 臥具, 醫藥)에 대하여 언급하고 있다.

『법화경』「법사품」에는 「花, 香, 瓔珞, 末香, 塗香, 燒香, 繪蓋幢, 衣服, 伎樂, 合掌」의 십종공양을 설하기 때문에 『법화경』을 『십종공양경(十種供養經)』이라고도 한다. 『대승의장』 14권에도 십종공양을 설한다. 「身공양(부처의 色身에 공양하는 것)·支提공양(부처의 佛殿[靈廟]에 공양하는 것)·現前공양(눈앞의 佛身이나, 부처의 靈廟에 공양)·不現前공양(눈앞에 나타나지 않은 부처나 부처의 靈廟에 공양하는 것)·自作공양(자신이 부처나 부처의 靈廟에 공양하는 것)·他作공양(남

으로 하여금 부처나 부처의 영묘에 공양하는 것)·財物공양(衣食香花
및 일체의 보물, 장엄 등의 재물을 부처나 支提, 塔廟, 舍利 등에 공양하
는 것)·勝공양(① 오로지 종종의 공양을 설치하며, ② 純淨信心으로 공
양하며, ③ 廻向心中에 공양 설치하는 것 등의 세 가지가 있다.)·無染공
양(心無染으로 일체의 허물을 여의고, 재물 無染으로 非法의 허물을 여
의는 것 두 가지가 있다.)·至處道공양(佛果는 바로 이르는 곳에 있는
것이다. 즉 이 공양의 실행이 佛果의 경지에 이른 것이기 때문에 이렇게
말한다.)」

　＊ 福田 : 범어로 punya-ksetra이며 福의 수확을 부여하는 밭이라는
의미로 良田이라면 良田일수록 수확이 많다. 성자(聖者)도 良田에 비유
하여 그 복덕(福德)이 훌륭하고 뛰어난 良田이라면 信者가 베푼 공양[種
子]은 수십 배로 증가되어 수확이 많게 된다는 의미에서 聖者를 복전
(福田)이라고 한다.

　『대지도론』30권에도 「세간에 많은 福田이 있다고 하지만 부처는
第一福田이다.」라고 하면서 부처의 복전(佛田)을 강조하고 있다. 부처는
중생들에게 한량없는 복을 생산하고 제시하는 田地이기 때문이다.

　또한 佛法僧 三寶에 공경 공양함으로써 福果를 얻을 수 있기에 福田이
다. 『청정도론(淸淨道論)』제7권에 「세간의 無上의 福田이란 일체 세
간에 다양한 복이 증장(增長)하는 곳이다. 비유하면 왕과 대신의 쌀과 보
리가 성장하는 곳이 왕의 미전(米田), 왕의 맥전(麥田)이라고 하는 것처
럼, 승가는 일체세간의 모든 복이 증장하는 곳이다. 승가에 의해 세간에
서 여러 가지 이익과 안락을 일으키는 여러 복이 증장하기 때문에 승가는
세간의 無上 福田이다.」라고 설한다.

　여기 『단경』에서는 금생에 종교적인 선행을 쌓아 내생에 좋은 과보

를 얻으려고 하는 것이다. 복전은 그러한 관계를 경작지[耕地]와 경작행위(耕作行爲)에 비유한 발상이다.(『維摩經』 제자품 참조)

　＊ 出離 : 생사고해에서 윤회하는 미혹의 세계를 벗어나 이탈(離脫)하는 것으로 번뇌 망념의 속박에서 벗어나 해탈의 경지에 도달하는 것. 선불교에서는 정법의 안목을 구족하여 번뇌 망념을 자각하여 스스로 자력으로 생사고해에서 해탈하도록 한다.

　『단경』 10단에도 「오조 홍인이 신수의 게송을 문인들에게 외우도록 지시하고, '이 게송의 의미를 깨닫는 사람은 곧 견성할 것이며, 이 게송에 의거하여 수행하면 곧 해탈[出離]할 것이다.」라고 설한다.

　『전등록』 제28권, 마조도일 선사의 설법에도 「부처는 능인(能仁)이며, 지혜가 있어 뛰어난 방편으로 능히 일체 중생의 의혹의 그물을 타파한다. 유무(有無) 등에 대한 상대적인 차별심의 속박을 여의고[出離], 凡聖이라는 분별심의 妄情을 모두 없애며, 사람[人]과 法도 모두 함께 텅 비워 버린다.」라고 설하고 있다.

　선도(善導)의 『관경의소(觀經義疏)』에 「自身은 현재 이 죄악(罪惡) 生死의 凡夫이니, 광겁(曠劫)으로부터 지금까지[已來] 항상 침몰하고 항상 생사고해(生死苦海)에 유전(流轉)하여 해탈[出離]의 인연이 없었다.」라고 설한다. 범부의 자각에서 생사해탈[出離]의 인연을 체득한 체험의 깊이에서 종교의 차이가 있다. 선도가 여기서 정토문을 세운 출리인연(出離緣)은 자신의 죄 많은 인간의 죄의식을 자각하여 발심하고 참회하지 않으면 안 된다고 강조하는 수행이다.

　＊ 生死苦海 : 범부가 생사윤회에 왕래하는 삼계를 바다에 비유하여 三界苦海라고 한다. 三界 중에 欲界는 음욕(淫慾)이나 식욕(食慾) 등의 욕망이 지배하는 세계이며, 色界는 물질이 지배하는 세계, 無色界는 心

識에 의해서 심묘(深妙)한 禪定이 실행되는 세계를 말한다.

『단경』에서 홍인이 설한 법문을 예로 들어 천상의 지극한 복[至福]을 얻을지라도 육도에 있는 한 윤회를 면할 수가 없는 것이다. 불법의 본질은 생사윤회에서 해탈하는 것이라고 설한다.

* **本性般若之智** : 각자의 불성, 본성에 구족된 반야의 지혜를 깨닫는 것. 『열반경』에 일체 중생이 모두 불성을 구족하고 있다고 하고, 『화엄경』 35권 「보왕여래성기품」에 「불자여! 여래의 지혜, 無相의 지혜, 무애(無碍)의 지혜는 중생의 身中에 구족하고 있는데, 단지 우치한 중생은 전도(顚倒)된 생각에 뒤덮여서 그러한 사실을 알지도 못하고, 깨달아 체득하지 못하여 信心을 일으키지 않고 있다.」라고 설한다. 80권 『화엄경』 51권 「여래출현품」 등에도 똑같은 법문을 설하고 있다.

* **一偈** : 게송(偈頌)은 gatha. 음송[頌]이나 시(詩)로 읊은 법문이다. 자신이 불법의 대의를 체득하여 깨달음의 지혜로 읊은 하나의 법문이기에 깨달음의 노래, 심게(心偈)라고 한다. 정법의 안목으로 읊은 오도송(悟道頌), 정법게(傳法偈), 투기게(投機偈) 등은 선문학의 새로운 장을 제시한다.

* **衣法** : 달마 대사가 혜가(慧可)에게 불법을 깨닫도록 하고 正法眼目을 구족한 인가의 증명으로 한 벌의 가사를 전수하였으며, 그 달마의 가사는 혜가 — 승찬 — 도신 — 홍인에게 전래되었고, 홍인도 제육대의 상승자를 선발하려고 제자들에게 心偈를 하나씩 지어 보도록 명령한 것이다. 제자들이 지은 깨달음의 노래, 심게(心偈)를 보고 정법안목을 구족한 제자에게 달마로부터 전래된 가사와 함께 선법[佛法]을 부촉하려는 것이다. 이러한 정법의 인가증명으로 제시한 전의설(傳衣說)은 신회의 『보리달마남종정시비론』에서 처음으로 주장되었으며, 이러한 소재를

응용하여 『단경』에서는 혜능의 구법과 전법 상승의 드라마틱한 소재로 활용하고 있다.

　＊ 六代 : 중국 선종의 전법계보를 초조 보리달마를 제1대로 삼고, 5대 홍인이 6대 조사를 선발하는 이야기로 화재를 삼고 있다.

　＊ 火急急 : 甲本인 S. 5475호본 『단경』에는 「火急作」으로 기록하는데, 같은 의미이다. 즉 급히 서두르고 빨리 서두르라는 말이다.

7. 대중은 心偈를 짓지 않다

　門人得處分＊, 却來各至自房, 遞相謂言,「我等不須澄① 心用意作偈, 將呈和尙. 神秀＊上座＊, 是敎授師＊②, 秀上座得法後, 自可依止. 偈③不用作.」
　諸人息④心, 盡不敢呈偈.
　大師堂前有三間房廊＊, 於此廊下供養, 欲畵楞伽變相＊⑤, 幷畵五祖大師 傳授衣⑥法＊, 流行後代爲記. 畵人盧⑦珍 看壁了, 明日下手.

【校 訂】① 底本. 甲本에는 「呈」字. 惠昕本에 의거 고침. ② 底本에는 「故受師」. 甲本에 의거 고침. ③ 底本. 甲本에는 「請」字. 鈴本校訂本에 의거 고침. ④ 底本에는 「識」字. 甲本에 의거함. ⑤ 底本. 甲本에는 「相」字 없음. 鈴本校訂本에 의거함. ⑥ 底本에는 「於」字. 甲本에 의거함. ⑦ 底本에는 「唐」字. 甲本에 의거함.

【번 역】 수행자들은 오조 홍인 화상의 지시를 받고 각자 자기 방으로 돌아와 서로서로 말하기를 「우리들이 마음을 가다듬고 애써서 깨달음의 노래, 심게(心偈)를 지어 오조 화상께 올릴 필요는 없다. 신수 상좌

는 우리들의 교수사(敎授師)가 아닌가. 신수 상좌가 오조 화상의 불법을 이어받은 뒤에 우리들은 신수 상좌를 의지하여 수행하면 되니까 굳이 애써서 깨달음의 노래, 심게(心偈)를 지을 필요는 없다.」라고 말하면서 사람들은 마음을 푹 놓고 모두 한결같이 깨달음의 노래, 심게(心偈)를 지어 제시하려고 하지 않았다.

오조 홍인 대사가 거처하는 조사당 앞에는 삼간방의 복도[回廊]가 있는데, 이 복도의 벽에 『능가경』 변상도(楞伽變相圖)와 아울러 오조 대사가 달마 대사 이후로 역대 조사들이 전해 받은 가사와 불법을 전수받은 사실을 그림을 그려 공양하고, 또 그러한 사실을 후대에 널리 전하고자 그림을 그리려고 하였다. 그래서 이미 화가인 노진(盧珍)이란 사람이 와서 그림 그릴 벽을 살펴보고, 드디어 내일부터 그림 작업을 시작하려고 하던 참이었다.

【해설 및 역주】

* 處分 : 당대의 속어(俗語)로서 분부, 명령, 지시 등의 의미.

* 神秀 : 신수(606~706). 『단경』의 작자는 신수의 존재를 홍인 문하의 교수사(敎授師)로 등장시키지만, 육조 혜능을 출현시키는 조역자로 취급하고 있다. 그러나 사실 역사적인 인물로서 신수 선사는 홍인 문하의 대표적인 수제자로서 형주(荊州), 옥천사(玉泉寺)에서 불법을 펼쳤으며, 측천무후(則天武后)의 大足 元年에는 측천무후의 초청으로 90살의 노구(老軀)로 황궁의 법당에서 설법[入內說法]한 당대 최고의 선승이다. 『능가사자기』에 의하면, 신수 선사는 종려나무로 만든 가마를 타고 장안과 낙양의 二京을 왕래하였는데 가마에 앉은 채로 왕궁에 入內하며, 낙양, 장안 兩京을 교화하여 兩京法主 三帝國師(則天武

后, 中宗, 睿宗)가 된 고승이다. 그리고 입적하자 국장(國葬)으로 용문(龍門)에서 장례하고 대통 선사(大通禪師)라는 시호를 하사하였다. 장열(張說)이 「대통선사비」(『전당문』 231권)를 지었다. 신수에 대한 자세한 전기는 『전법보기』와 『능가사자기』, 『구당서』 方伎傳 등의 신수전에 자세히 전한다.

* 上座 : 홍인 문하의 법좌에서 최고 위치에 있는 사람.

* 敎授師 : 계율용어로 출가 수계 후 10년이 지난 승려로서 후배 수행승들을 지도하는 승려.

* 三間房廊 : 건물의 기둥 사이의 벽간(壁間)이 셋이나 되는 크기의 복도를 말한다.

* 心偈 : 불법의 대의를 깨달아 체득한 정법의 안목으로 읊은 지혜의 법문, 즉 반야의 지혜로 읊은 깨달음의 노래.

* 楞伽變相 : 『능가경』의 변상도(變相圖)를 말한다. 『능가경』은 『속고승전』 제16권 혜가전에 처음 달마 대사가 혜가에게 수여한 경전이라고 하면서 초기 선종에서는 『능가경』을 중시하는 경향이 있었다. 따라서 『능가경』을 전수하는 선종의 집단이 형성되었고, 북종선에서도 『능가사자기』라는 선종의 전등사서(傳燈史書)가 만들어졌다. 초기 선종에서의 『능가경』은 구나발타라가 번역한 4권 『능가경』이 중심이 되었는데, 경전의 내용은 반야에서 유식사상, 불성사상을 집대성한 대승불교 발전기를 대표하는 대승경전의 하나이다.

『능가경』의 변상도란 경전의 내용을 한 폭의 그림으로 나타내려고 한 것인데, 『능가경』 변상도에 대한 기록은 다른 곳에서 찾아볼 수가 없다. 돈황의 석굴에서 볼 수 있는 것처럼, 아마도 당시 중국에서 「유마경변상도」, 「관음경변상도」, 「법화경변상도」, 정토변상도인 「아미타정토변상도」 등 대승경전의 변상도가 널리 알려지면서 이와 같은 경향의 그림이 많이 만들어졌다.(張彦遠,『歷代名畵記』제3권 참조)

『단경』의 작자는 이러한 시대적인 분위기를 참조하여 처음으로 「능가경변상도」를 그릴 것을 주장하고 있다.

후대에 『단경』의 영향을 받아 五代의 작품으로 간주되는 「능가경변상도」가 돈황의 막고굴(莫高窟) 제61窟 西壁 南側에 그려져 있다. 그 일부를 동국대학교 편,『중국대륙의 문화』제3권 (1990년 11월) 187쪽에 사진으로 소개하고 있다.

이 「능가경변상도」는 석가모니가 능가산(楞伽山)에서 설교하는 내용을 담고 있는 『능가경』의 이야기를 묘사하고 있다. 일반적으로 대부분의 경전들이 추상적인 논리로 전개하기 때문에 설화적인 내용이 결핍되어 있어 이 벽화의 제작자는 경전에서 설하는 몇 개의 비유를 선택하여 형상화시켜 그려 넣었다.

 * **五祖大師傳授衣法** : 『단경』의 작자가 달마로부터 오조 홍인까지 전래된 傳信의 가사와 선법의 전래사를 벽화로 그려서 전법의 사실과 선법의 전등 역사를 후대에 길이 전하고 널리 알리려고 한 것. 즉 달마로부터 전래된 선법과 가사를 전하여 인가증명으로 삼은 전의부법설(傳衣付法說)이 역사적인 사실임을 강조하기 위해 그림(벽화)으로 그리려고 한 것이다. 여기서 『단경』의 작자는 홍인의 입을 빌려서 뒤에 전개되는 육조 혜능에게 전의부법의 사실을 미리 강조하기 위한 준비 방책으로 볼 수 있다.

 * **畵人 盧珍** : 화가 노진이라는 사람에 대해서는 전연 알 수가 없다. 사실 『단경』의 작자가 등장시킨 인물이기 때문이다. 『능가사자기』 홍인장에 안주 수산사의 벽에 홍인의 제자 현색(玄賾)이 화가 노자산(盧

子産)에게 홍인의 초상화를 그린 사실을 전하는데, 『단경』의 작자가 이것을 응용한 것으로 볼 수 있다. 즉 노자산의 탈화(脫化)가 노진(盧珍)이라고 할 수 있다.

돈황본 『단경』 9단에서는 「供奉 盧珍」이라고 하는데, 공봉은 관직의 이름이다. 당나라 시대에는 한 가지 뛰어난 기능[一技能]이나 예능[一藝]이 있는 사람을 궁중에서 선발하여 內廷에 나아가 근무하도록 하였다. 한림공봉(翰林供奉)도 그 가운데 하나이며 한림(翰林)은 예문관(藝文館)이다.

8. 神秀가 心偈를 지음

上座神秀思惟, 諸人不呈心偈, 緣我爲教授師. 我若不呈心偈, 五祖如何得見我心中見解深淺. 我將心偈, 上五祖呈意, 求法卽善,[①] 覓祖不善, 却同凡心奪其聖位*. 若不呈心偈[②], 終不得法. 良久思惟, 甚難甚難.

夜至三更, 不令人見, 遂向南廊下, 中間壁上, 題作呈心偈, 欲求衣法. 若五祖見偈, 言此偈語, 若訪覓我, 我見和尙, 卽云是秀作. 五祖見偈, 若[③]言不堪, 自是我迷, 宿業障重, 不合得法. 聖意*難測, 我心自息.

秀上座 三更於南廊中間壁上, 秉[④]燭題作偈. 人盡不知. 偈曰,

身是菩提樹*, 心如明鏡臺*.

時時勤拂拭, 莫使有塵埃.

【校 訂】 ① 底本. 甲本에는 「卽善求法」. 惠昕本에 의거 고침 ② 底本. 甲本에는 「偈」字 欠. 惠昕本에 의거 첨가함. ③ 底本에는 「若」字 欠. 惠昕本에 의거함. ④ 底本에는 「事」字. 甲本에 의함.

【번 역】 신수 상좌는 깊이 생각했다. 「모든 사람들이 깨달음의 노래를 화상께 올리지 않는 것은 내가 교수사(敎授師)이기 때문이다. 내가 만약 깨달음의 노래를 올리지 않는다면 오조 화상께서 어떻게 내 심중의 얕고 깊은 견해를 살필 수가 있겠는가? 나는 반드시 심게(心偈)를 지어 오조 화상께 올리어 나의 의지를 제시해야 한다.

불법을 구하는 것은 옳은 일이나, 조사의 지위를 탐하는 것은 옳지 못한 일이다. 이것은 도리어 범부의 마음으로 저 성스러운 지위[聖位]를 탈취하려는 것과 같지만 만약에 내가 심게(心偈)를 지어서 오조 화상에게 올리지 않는다면 끝내 불법을 전해 받을 수가 없다.」

이렇게 한참을 깊이 생각하니 참으로 어렵고 어려운 일이다. 깊은 밤 삼경에 이르러 다른 사람들이 눈치 채지 못한 틈을 타서, 드디어 남쪽 복도(回廊) 밑 중간 벽에 깨달음의 노래를 적어서 가사와 불법[衣法]을 구하려고 결심했다. 만약 오조 화상께서 내가 지은 심게(心偈)를 보시고, 나의 게송에 대하여 언급하면서 만약 나를 찾는다면, 나는 오조 화상을 찾아뵙고, 곧바로 「이 게송은 제[神秀]가 지은 것입니다.」라고 말하리다.

오조 화상께서 내가 지은 심게(心偈)를 보시고, 만약에 「이 정도의 게송으로는 조사의 가사와 불법을 전수 받을 수가 없다」고 하면, 그것은 내가 미혹하고 숙업(宿業)의 장애가 무거워, 진실로 불법을 전수받을 인연(능력)을 갖추지 못했기 때문이다. 성인의 경지[聖意]는 측량키 어려우니 나도 더 이상 쓸데없는 생각은 하지 말자.

신수 상좌는 한밤중에 남쪽 복도[回廊] 밑 중간 벽에 촛불을 들고, 자신이 지은 깨달음의 노래, 심게(心偈)를 적었는데, 이러한 사실을 아는 사람은 아무도 없었다. 그의 게송(偈頌)은 다음과 같다.

몸은 바로 깨달음의 근본[菩提樹]이요,
마음은 명경의 토대[明鏡臺]와 같네.
때때로 부지런히 털고 닦아서,
티끌과 먼지가 묻지 않도록 할지니.

【해설 및 역주】

이 일단은 신수가 심게(心偈)를 짓기 전의 심중의 갈등(葛藤)을 『단
경』의 작자가 묘사한 것이다. 특히 범부의 마음으로 성위(聖位)를 구하
려는 일단의 표현은 당시 홍인 문하의 대표자인 신수의 견해가 오랑캐
[獦獠]인 노행자 혜능의 경지에 미치지 못한 점을 드러내려고 하는 작자
의 의도가 보인다.

　* 聖位 : 三賢十聖이라고 하는 것처럼, 十地 이상의 보살을 聖者라고
한다. 여기서는 조사의 경지를 체득한 정법의 지혜를 표현한다.

　* 聖意 : 聖意는 불도를 깨달아 체득하여 정법의 안목을 구족한 제불
조사[聖者]의 마음작용이다. 조사의 경지를 聖意라고 표현하면서 범부의
경지인 신수의 차원에서는 측량하기 어렵다고 표현하는 것이다. 『단
경』의 작자는 조사의 경지를 성위로, 조사의 깨달음의 경지를 성의로 표
현하고 있다. 정성본, 『중국선종의 성립사 연구』 829쪽 이하 참조.

　* 身是菩提樹 : 북종계의 선 문헌인 『대승무생방편문』에 「마음과
경계[心色]를 모두 함께 여의면 즉 한 물건[一物]도 없다. 이것이 大菩提
樹이다.」라고 하고, 또 『大乘五方便 北宗』에 「몸이 고요[身寂]하면 곧
이것이 菩提樹이다.」라는 말이 있다. 붓다가 보리수 아래서 깨달음을 얻
었다고 하는 菩提樹를 전제로 하는 말인데, 보리수는 菩提, 발보리심과

같이 깨달음을 말한다.

돈황본 『大乘要語』에 신수의 心偈와 똑같은 일절이 있다.

「보살의 청량한 달은 필경 공의 세계에 노닐고, 중생심의 얼음이 깨끗하나 깨달음의 그림자로 비친다. 몸은 바로 보리수요, 마음은 명경대이다. 때때로 잘 털어서 먼지가 끼지 않도록 하라.(菩薩淸凉月, 遊於畢竟空, 衆生心氷淨, 菩提影現中, 身是菩提樹, 心是明鏡臺, 時時拂力下, 不備若塵埃. 『大正藏』85권 1206下)」

신수의 심게(心偈)는 징관(澄觀)의 『화엄경수소연의초』제21권에 돈점(頓漸)을 논하면서 대통신수의 「시시근불식(時時勤拂拭), 막견야진애(莫遣惹塵埃)」와 혜능의 게송 「명경본래정(明鏡本來淨), 하용불진애(何用拂塵埃)」를 인용하는데, 징관은 돈황본 『단경』을 인용한 것으로 간주된다. 종밀의 『배휴습유문(禪門師資承襲圖)』에도 돈황본 『단경』 신수의 심게를 그대로 인용하고 있다.

* 心如明鏡臺 : 마음을 거울에 비유하는 예는 많다. 『능가경』 제3권 게송에 「心鏡」이라고 하고, 40권 『화엄경』 제12권에도 「마음은 청정한 명경과 같으니 중생의 심상을 비추지 않는다. 자아의 심왕의 거울은 청정하여 마음의 근원을 분명하게 비춘다.(心如淨明鏡, 不鑑於心想, 我王心鏡淨, 洞見於心源)」(『大正藏』10권 717上)」라고 설한다.

거울[靈鏡]의 작용을 무심(無心)한 불심(佛心)의 지혜작용에 비유한다. 거울의 작용은 사물을 밝게 비추는 것이며, 제법의 실상을 있는 그대[如如]로 無心하게 비춘다. 또한 어떠한 사물이든지 차별하지 않고[無差別], 사물이 거울 앞에 나타나거나 나타나지 않아도 항상 언제나 비추는 작용을 하고 있다.

9. 弘忍은 神秀를 인가하지 않았다

神秀上座, 題此偈畢, 却歸房臥, 並無人見.

五祖平旦, 遂喚盧供奉*來南廊下畫楞伽變. 五祖忽見此偈, 請記.

乃謂供奉曰,「弘忍與供奉錢三十千, 深勞遠來, 不畫變相也. 金剛經*云, 凡所有相, 皆是虛妄. 不如留此偈, 今迷人誦. 依此修行, 不墮三惡道*①. 依法修行*, 有大利益.」

大師遂喚門人盡來, 焚香偈前. 衆人見已, 皆生敬心. (大師曰),「汝等盡誦此偈者方得見性, 依此修行, 即不墮落.」

門人盡誦, 皆生敬心, 喚言,「善哉.」

五祖遂喚秀上座於堂內問,② 「是汝作偈否. 若是汝作, 應得我法.」

秀上座③言,「罪過*, 實是神秀作. 不敢求祖位④, 但願和尙慈悲, 看弟子有少智慧, 識大意否」

五祖曰,「汝作此偈見解, 只到門前, 尙未得入*. 凡夫依此偈修行, 即不墮落. 作此見解, 若覓無上菩提, 即不可得. 要入得門, 見自本性. 汝且去, 一兩日思惟, 更作一偈來呈吾. 若入得門, 見⑤自本性, 當付汝衣法」

秀上座去數日, 作偈不得.

【校訂】① 底本에는 「道」字 欠. 惠昕本에 의거 첨가함. ② 底本. 甲本에는「門」字. ③ 底本에는 「座」字 欠. 甲本에 의거함. ④ 底本에는 「祖位」二字 欠. 甲本 및 惠昕本에 의거함. ⑤ 底本에는 「見」字 欠. 甲本에 의거함.

【번역】 신수 상좌는 깨달음의 노래, 심게(心偈)를 적어 놓고 곧 자기 방으로 돌아와 잠자리에 들었다. 이러한 사실을 아는 사람은 아무도 없

었다.

오조 화상은 이튿날 아침 드디어 화가인 노공봉(盧供奉)을 불러 남쪽 복도 벽에 『능가경』의 변상도를 그리게 하였다. 오조 화상은 문득 신수가 지은 게송이 적혀 있음을 보고 읽어 보았다. 그리고는 화가 노공봉(盧供奉)에게 말했다. 「나는 공봉(供奉)에게 돈 삼만 냥을 드리어, 이렇게 멀리서 오시게 한 수고에 보답하려고 합니다. 그러나 『능가경』의 변상도는 그리지 않도록 하겠소. 『금강경』에도 대개 형상이 있는 것은 모두 허망한 것이다.」라고 말씀하셨소.

여기 이 게송을 그대로 두고 미혹한 사람들에게 모두 외우도록 하고, 이 게송에 의거해서 수행하도록 하여 삼악도(三惡道)에 타락하지 않도록 하는 것이 오히려 낫겠소. 정법[法]에 의거해서 수행하는 사람은 크게 생사에 해탈하는 이익이 있을 것이오.

대사는 드디어 수행자들을 불러 모아놓고 신수가 적어 놓은 게송 앞에 향을 사르고, 대중들이 이 게송을 보고 모두 공경심을 일으키도록 하였다.

그리고 대사는 말했다. 「그대들이 모두 이 게송을 외우면 반드시 견성(見性)하게 되며, 이 게송에 의거해서 수행하면 삼악도에 타락하지 않는다.」

수행자들이 모두 이 게송을 외우고, 한결같이 공경심을 일으키면서 '야! 훌륭하다.'라고 고함쳤다.

오조 화상은 드디어 신수상좌를 조사당 안으로 불러서 물었다. '이 게송은 그대가 지은 것인가? 만약 이 게송을 그대가 지은 것이라면 응당히 나의 선법을 전수받을 것이다.'

신수 상좌가 말했다. '죄송합니다. 사실 이 게송은 제가 지은 것입니다. 그러나 감히 조사의 지위를 넘보려고 한 것은 아닙니다. 화상께서는 자비를 베푸시어 제자에게 약간의 지혜가 있어 불법의 대의를 파악할 수 있는 식견이 있는지 살펴봐 주시기를 원할 뿐입니다.'

오조 화상은 말했다. '그대가 지은 이 게송의 견해는 단지 깨달음의 문전에 이르렀을 뿐, 아직 문 안으로 들어서지는 못했다. 범부는 이 게송을 의지해서 수행하면 타락하지는 않는다. 그러나 이 게송의 견해로는 위가 없는 불법의 대의를 체득하기는 불가능하다. 만약에 깨달음의 경지에 득입(得入)하기 바란다면, 자기의 본성을 깨달아야 한다. 그대는 돌아가서 한 이틀 동안 잘 사유하여 다시 게송을 한 수 지어서 나에게 제시하도록 하라! 만약에 깨달음의 문에 들어 자기의 본성을 깨닫게 되면 반드시 그대에게 가사와 불법[衣法]을 부촉하리라.'

신수 상좌는 며칠이 지나도 깨달음의 노래를 짓지 못했다.

【해설 및 역주】

* 盧供奉 : 供奉의 관직에 있는 화가 盧珍.

* 金剛經 : 『금강경』에 「대개 형상이 있는 것은 모두 허망한 것, 만약 모든 형상을 대상경계의 형상으로 보지 않는다면 곧 여래를 친견하리라.(凡所有相 皆是虛妄 若見諸相非相 則見如來)」(『大正藏』8권 749上)라고 설한다.

『능가경』의 변상도와 달마로부터 전래된 가사와 선법[衣法]의 역사적인 사실을 벽화에 그리는 유상(有相)의 종교에서 『금강경』의 사상을 토대로 한 무상(無相)의 종교로 전향하고 있다. 『단경』의 작자는 북종의 『능가경』에서 남종의 『금강경』으로 소의경전이 전향되는 사상적인 변화를 홍인의 입을 빌려서 처리하고 있는 것이다.

정성본, 「『돈황본 육조단경』과 심지법문」 참조.

* 三惡道 : 육도에 윤회하는 중생의 세계 가운데서도 가장 나쁜 지옥, 아귀, 축생의 세계이다.

* 依法修行 : 정법에 의거하여 수행해야 한다는 말이다. 오조 홍인이 화가를 불러와서 글자나 변상도, 그리고 달마로부터 전해온 조사들의 衣法을 전수한 사실을 그림으로 그려서 학인들에게 교훈으로 삼고자 한 사실에 대한 자각적인 입장이라고 하겠다. 전법상승의 법계와 「능가경 변상도」라는 그림에 의거한 수행보다 『금강경』의 게송과 같이 불법에 의거하여 수행하는 것이 무상법문의 정법에 의거한 수행이라는 사실을 자각시켜 주는 일단이라고 하겠다.

依法수행은 『단경』 44, 45, 51단 등에서도 한결같이 강조하고 있다.

『대반열반경』 제6권 「여래성품」 제4에는 불법의 네 가지 의지[四依]를 다음과 같이 주장한다. 「진여법[法]에 의거하고 사람에 의지하지 말며, 진여의 지혜가 작용하는 뜻[義]에 의지하고 사람의 말[語]에 의지하지 말며, 진여의 방편지혜[智]에 의거하고 사람의 인식[識]에 의거하지 말며, 공덕을 회향하는 요의경(了義經)에 의거하고 불요의경(不了義經)에 의거하지 말라」(『大正藏』 12권 401中)고 설한다. 불요의경이란 지혜와 자비의 공덕을 회향하지 못한 것이다. 『능가경』 제4권에도 「여러 보살마하살은 진여법의 지혜가 여법하게 작용하는 뜻[義]에 의거해야 하며, 언어 문자에 의거하지 말아야 한다.」고 설한다.

기타 『유마경』 법공양품, 『대지도론』 제9권, 『성실론』 제2권, 『달마어록』에는 「理法에 의거할 것인가, 그렇지 않으면 사람에 의지할 것인가?」라고 반문하며, 『전법보기』 서문에도 「法不依人, 義不依語」라고 설한다.

이러한 설법은 『아함경전』에서 설하는 「自燈明, 法燈明」을 한층 더 발전시켜 대승경전에서 정리한 것이다. 『장아함경』 제2권 「유행경」에 「반드시 자신에게 귀의해야 하며, 법에 귀의해야 하며, 다른 것에 귀의하지 말아야 한다.」라고 설하고, 『중아함경』 「구묵목건련경(瞿默目犍連經)」에 「우리들은 사람에 의거하지 않고, 법에 의거한다.」라고 설한다.

* 罪過 : 겸손의 말로 부끄럽다[참괴(慙愧)]와 같은 뜻이다. 여기서는 「죄송합니다」라고 한 말.

* 지도문전 상미득입(只到門前 尚未得入) : 신수의 경지는 깨달음의 문전에 도달했을 뿐, 아직 入門하지 못했다는 의미이다.

10. 慧能이 心偈를 짓다

有一童子*於碓坊邊過, 唱①誦此偈. 慧能及一聞, 知未見性, 卽識大意.
能問童子, 「適來誦者是何言偈.」
童子答. 「你不知大師言生死事大, 欲傳衣法, 令門人等各作一偈, 來呈吾看, 悟②大意卽付衣法, 稟爲六代祖. 有一上座名神秀, 忽於南廊下, 書無相偈*一首, 五祖令諸門人盡誦. 悟此偈者, 卽見自性, 依此修行, 卽得出離*.」
慧能答曰, 「我此踏碓, 八箇餘月, 未至堂前. 望上人引慧能, 至南廊下, 見此偈禮拜. 亦願誦取, 結來生緣, 願生佛地.」
童子引能, 至南廊下③. 能卽禮拜此偈, 爲不識字, 請一人讀. 慧能聞已, 卽識大意. 慧能亦作一偈, 又請得一解書人, 於西間壁上題著, 呈自本心. 不識本心*, 學法無益, 識心見性, 卽悟④大意. 慧能偈曰,
菩提本無樹*, 明鏡亦無臺.

佛性常清淨*, 何處有塵埃.

又偈曰,
心是菩提樹, 身爲明鏡臺.
明鏡本清淨, 何處染塵埃.

院內徒衆, 見能作此偈, 盡怪. 慧能却入碓坊.
五祖忽來廊下, 見慧能偈, 卽知識大意. 恐衆人知.
五祖乃謂衆人曰,「此亦未得了.」

【校 訂】① 底本에는 「此」字. 甲本에 의거함. ② 底本에는 「吾」字. 甲本에 의거함 ③ 底本에는 「下」字 欠. 甲本에 의함. ④ 底本. 甲本에는 「吾」字.

【번 역】한 동자가 방앗간 옆을 지나면서 신수가 지은 심게(心偈)를 큰 소리로 외웠다. 나는 이 게송을 듣는 그 순간, 이 심게는 아직 견성(見性)하지 못한 사람의 견해(안목)로 불법의 큰 뜻[大意]을 완전히 체득하지 못한 입장에서 지은 것임을 알았다.

나는 동자에게 물었다. 「지금 외운 것은 어떤 게송인가?」

동자는 대답했다. 「당신은 아직 모릅니까? 홍인 대사께서 말씀하시기를 '생사윤회에서 해탈하는 일은 큰일이다.' 라고 설하고, 가사와 법을 전한다하면서, 문인들에게 각각 깨달음의 노래[心偈]를 한 수씩 지어서 나에게 제시하라고 지시했어요. 불법의 대의를 깨달은 사람에게 가사와 불법을 부촉하고 품승케 하여 제6대의 조사로 삼으리라고 했습니다. 그런데 갑자기 신수 상좌라는 사람이 남쪽 복도에 무상게(無相偈) 한 수를 적어 놓았습니다. 오조 화상은 여러 수행자들에게 모두 이 게송을 외우도록 지시하고, '이 게송의 의미를 깨달은 사람은 곧 자기의 본성(本性)을 깨달아 체득할 것이며, 이 게송을 의거하여 수행하면 곧 삼계의 고해(苦海)를 벗어나 해탈할 것이다.'라고 말씀했습니다.」

나는 말했다. 「나는 여기서 8개월이 넘도록 방아를 찧고 지냈지만 아직 한 번도 오조 화상이 계시는 조사당 앞에는 가 본 적이 없소. 바라건대 그대는 나를 남쪽 복도에 데리고 가서 이 게송을 친견하고 예배할 수 있도록 해 주시오. 또한 바라건대 나도 이 게송을 외워서 내생(來生)에 좋은 인연을 맺고, 정토에 왕생(往生)할 수 있는 소원을 드리고 싶소.」

동자는 나를 남쪽 복도까지 데리고 가 주었다. 나는 곧 신수의 게송에 예배했다. 그러나 글자를 모르기 때문에 글자를 읽을 줄 아는 사람에게 그 게송 읽어 주기를 간청했다. 나는 그 게송 읽는 소리를 듣고 즉시 그 게송의 대의(大意)를 알았다.

나 역시 하나의 게송을 지어서 글을 쓸 줄 아는 사람에게 부탁하여 서쪽 벽에다 적게 하여 나의 본심(本心)을 제시했다. 본심을 알지 못하면 불법을 배워도 이익될 것이 없고, 본심을 알고 성품을 체득해야 불법의 대의를 깨달아 안목을 구족할 수 있다.

혜능이 다음과 같이 게송을 읊었다.

깨달음은 본래 나무가 없는 것, 명경 역시 받침이 없다.
불성은 항상 청정한 것인데, 어느 곳에 티끌[塵埃]이 있다고 하는가?

또 한 수의 게송을 지었다.

마음은 바로 깨달음의 근본이요, 몸은 명경의 받침대이다.

명경은 본래 청정한 것, 어느 곳에 티끌[塵埃]이 더럽힐 수 있으랴?

사원의 대중들은 내가 지은 깨달음의 노래[心偈]를 보고는 모두 의아하게 생각했다.

나는 가만히 물러나 방앗간으로 돌아갔다.

오조 화상이 갑자기 복도에 와서 내가 지은 게송을 보시고, 곧 내가 불법의 대의를 알고 있다는 사실을 아셨다. 그러나 대중들이 그러한 사실을 눈치 챌까 염려하여, 오조 화상은 곧 대중들에게 「이 게송 역시 아직 완전한 것이라고 할 수 없다.」라고 말했다.

【해설 및 역주】

＊ 童子 : 사원에 들어가 아직 삭발 구족계를 받지 못한 사람으로 승려의 수행을 습득하는 자로 행자와 같다. 소년 수행자로서 童行이라고 한다.

＊ 無相偈 : 『금강경』에 서 설한 無相의 법문에 의거한 게송이다.

단경의 제목에 授無相戒, 無相心地戒 등을 수여하는 『육조단경』의 근본사상이다. 홍인이 『금강경』에서 설한 「범소유상 개시허망」의 구절을 인용하여 「능가경변상도」를 그려 형상으로 보이는 유상(有相)의 종교를 퇴치시키고 있는 것처럼, 무상(無相)의 지혜를 체득한 심게(心偈)를 남겨두도록 한 것이기 때문에 무상게라고 한 것이다.

＊ 出離 : 『단경』 제6단의 주기를 참조.

＊ 本心 : 여기서 말하는 本心은 진여본심이다. 단경에는 「識心見性」이라고 하고, 見性과 같은 의미이다. 『단경』18단에도 「識自本心 是見本性」이라고 하고, 21단과 32단에도 「菩薩戒經云 我本源自性淸淨, 識心見性, 自成佛道. 卽時豁然 還得本心」이라고 설한다.

72

本心은 홍인의 『수심요론』에 「나는 그대들이 스스로 本心을 알기 바랄 뿐이다.」 혹은 「모두가 本心을 알고 일시에 성불하기를 바란다.」라고 설하고 있다.

『신회어록』(12단)에 「신족(神足) 스님이 물었다. '진여의 본체는 本心이기 때문에 푸른색, 노란색이라는 모양이 없는데, 어떻게 진여의 본체를 알 수 있습니까?' 신회 화상이 대답했다. '우리의 마음은 본래 공적하여 망념이 일어나는 것을 깨닫지 못하고 있다. 만약 망념이 일어난 사실을 자각하면 망념은 저절로 없어진다. 이것이 곧 마음을 아는 것[識心]이다.'」라고 설했다.

本心은 『반야경』에서 설하는 무자성이며 필경공(畢竟空)인 자성청정심을 말한다. 중국선종에서는 본래 번뇌 망념이 없는 無心으로 표현한다. 혜능이 「본심을 알지 못하면 불법을 배워도 이익이 없으며, 마음을 알고 견성을 하면 곧 불법의 대의를 깨닫게 된다.」라고 설하는 것처럼, 여기서 불법의 大意란, 진여본심은 필경공(畢竟空)이며 무자성(無自性)이며 자성청정심이란 사실을 깨닫는 것이다. 혜능의 게송에 「佛性常清淨」이라는 말은 그러한 사실을 단적으로 읊은 것이다.

* 菩提本無樹 : 신수 게송을 통렬하게 비판한 말인데, 앞의 신수 게송이 없이는 혜능의 게송은 의미가 없다. 혜능의 게송은 신수의 게송을 비판하기 위해 『단경』의 작자가 의도적으로 만든 것이다. 말하자면 북종선의 사상을 비판하면서 남종의 선사상이 뛰어남을 문학적으로 나타내기 위해 게송으로 표현한 것이다. 혜능의 게송은 『금강경』에서 설하고 있는 無相의 실천사상에 토대를 두고 있다.

* 佛性常清淨 : 불성은 본래 자성청정심, 진여무념인데, 진여자성이 항상 청정한 사실을 말한다. 여기서 常清淨은 티끌을 제거하여서 깨끗하

게 된 상태가 아니고, 본래 청정한 것이기 때문에 불성을 自性淸淨이라고 한다. 불성은 無自性이기에 청정하다. 淸淨은 空이며, 본래 아무것도 없는 텅 빈 것이다.

후대에는 혜능의 게송 전구(轉句)가 「본래무일물」로 바뀌는데, 그 취지는 이미 여기에 엿보인다.

* 혜능의 두 번째 게송 가운데 앞의 두절은 신수의 게송과 거의 같은 내용이며, 뒤의 두 구절은 혜능의 심게(心偈) 뒷 구절과 같다.

* 心偈의 인용과 변용(變容). 本來無一物과 『단경』의 유통.

『조당집』권2 홍인장에는 돈황본 『단경』의 혜능 구법이야기를 그대로 수록하고, 신수와 혜능의 心偈를 다음과 같이 전한다.

신수의 게송 — 身是菩提樹 心如明鏡臺 時時懃(勤)拂拭 莫使(遣)有塵埃
혜능의 게송 — 身非菩提(菩提本無)樹 心(明)鏡亦非臺 本來無一物 何處有塵埃
               * ( ) 안은 『조당집』18권 혜적장에서 인용함.

여기서 주목되는 점은 혜능의 게송이 돈황본 『단경』에는 두 개로 전하는데, 하나의 게송으로 만들어진 것과 전구가 「本來無一物」로 바뀐 점이라고 하겠다. 아마도 『보림전』에서 변용된 것이 아닌가 생각되는데, 현재 『보림전』 9권, 10권이 결여되어 이러한 사실을 확인할 수가 없다.

이렇게 변용된 혜능의 심게는 황벽의 『완릉록』(『대정장』48권 385中), 『동산록』(『대정장』47권 524中), 『전등록』15권 동산장(『대정장』51권 322下), 『종경록』31권(『대정장』48권 594下) 등에 인용되는 것으로 볼 때, 『보림전』 홍인장이나 혜능장에서 돈황본 『단경』에서 만들어진 혜능의 심게 二首를 하나의 게송으로 재편함과 동시에 전구를 「본래무일물」로 바꾼 것이라고 볼 수 있다.

11. 혜능이 홍인의 선법을 전수받음

五祖夜至三更, 喚慧能堂內, 說金剛經*. 慧能一聞, 言下便悟*①. 其夜受法*, 人盡不知, 便傳頓敎及衣*, 以爲六代祖. 將衣爲信稟, 代代相傳, 法卽②以心傳心*, 當令自悟.

五祖言,「慧能, 自古傳法*③, 氣如懸絲④, 若住此間, 有人害汝, 卽須速去.」

【校 訂】① 底本에는 「吾」. 甲本에는 「伍」字. ② 底本. 甲本에는 「卽」字 欠. 惠昕本에 의거 첨가함. ③ 底本에는 「去」字. 甲本에 의거함. ④ 底本에는 「玆」字. 甲本에 의거함.

【번 역】홍인 화상은 깊은 밤[三更]에 나(혜능)를 조사당 안으로 불러 『금강경』의 법문을 설했다. 나는 한 번 듣고 언하(言下)에 곧바로 법문의 대의(大意)를 깨달았다. 그날 밤에 오조 홍인 화상으로부터 정법을 전수받았는데 이러한 사실을 아는 사람은 아무도 없었다. 그리고 곧 돈교(頓敎)의 법문과 가사를 전해 받고 선종의 제6대 조사가 되었다.

(달마 대사로부터 전래된) 가사를 제6대 조사가 된 신표(信標)로 삼고, 대대로 서로 전하여 품승(稟承)하게 했다. 불법은 즉 불심의 마음

과 마음으로 서로 전하지만, 반드시 불법을 스스로 깨달아 정법의 안목을 구족하게 한다.

오조께서 말했다. 「혜능아! 예로부터 불법을 전할 때마다 목숨이 실로 실낱같이 위험하다. 만약 그대가 이곳에 머문다면, 어떤 사람이 그대를 해칠지도 모르니, 그대는 지금 즉시 이곳을 떠나도록 하라!」

【해설 및 역주】

*『金剛經』의 법문을 설함 : 북종의 『능가경』에서 남종의 『금강경』으로 소의경전이 바뀌고 『금강경』의 법문에 의거하여 불법의 대의를 깨달아 체득하도록 하고 있다. 『단경』의 작가는 혜능이 지난날 남해에서 나무를 팔러 갔을 때 어떤 객스님이 읊은 『금강경』의 한 구절을 인연으로 하여 홍인을 참문하게 되었고, 비로소 홍인 화상으로부터 『금강경』의 법문을 통한 불법의 근본대의를 전수받고 정법을 깨달아 체득하게 되었다.

이러한 육조단경의 소재는 이미 『신회어록』 오조홍인화상전에 전하고, 『신회어록』에는 홍인 화상과 혜능이 3일 밤낮을 함께 이야기했다고 전하며, 또 달마장에는 달마가 『금강경』 한 권을 혜가에게 주면서 곧바로 성불하도록 설했으며, 전법의 인가증명으로 가사를 수여하였다고 기록하고 있다.

남종선이 『금강경』을 소의경전으로 천명하고 있는 것은 신회의 『보리달마남종정시비론』에서 처음으로 강조했다.

* 一聞 言下便悟 : 혜능이 불법의 대의를 돈오한 사실을 표현한 것. 남종의 돈교 법문의 내용을 혜능이 오조 홍인의 법문을 듣고 곧바로 체득한 사실로서 밝히는 것이다. 북종은 점교로서 방편법문을 제시하고 있

76

지만, 남종은 돈교로서 불법의 대의[玄旨]를 언하(言下)에 곧바로 깨닫고(돈오) 번뇌 망념이 없는[無念] 진여본성의 경지에서 반야의 지혜로 보살도의 공덕행을 실행하도록 한다. 『단경』 4단의 주석 참조.

  * 頓法과 가사 : 남종 돈교의 법문인 최상승 마하반야바라밀법을 『금강경』에 의거하여 깨닫고 정법을 전수하고 있다. 그리고 정법을 전수한 신표로 달마로부터 전해 받은 가사를 수여하여 제6대 조사로 삼고 있다.

  * 受法 : 불법을 전수받은 내용이다. 불법은 정법, 진여법의 지혜를 깨달아 체득하는 자각의 종교이기 때문에 혜능이 오조 홍인 선사의 선법을 전수받고 육대의 조사가 된 근거이다.

  * 衣將爲信(의장위신) : 달마 대사가 전한 가사로서 전법의 사실을 신표(信標, 印可證明)로 삼는 것. 이러한 전의설(傳衣說)을 최초로 제시한 신회의 『보리달마남종정시비론』에 다음과 같이 설한다.

  「원 법사가 질문했다. '이상하군요. 법이 가사에 있습니까? 왜 가사를 가지고 전법을 삼고 있습니까?'

  신회 화상이 대답했다. '법이 비록 가사에 있는 것은 아니지만, 대대로 상승된 사실을 가사를 전하여 신표로 삼으며, 불법을 홍포하는 사람[弘法者]으로 하여금 정법을 품승(稟承)하도록 하고, 불법을 배우는 사람들이 정법의 종지(宗旨)를 알게 하여 잘못됨이 없도록 함이다.'」

  『하택대사 현종기(荷澤大師顯宗記)』에도 「가사로서 전법의 신표로 삼는다. 정법은 바로 가사의 근본이 되는 것이니 오직 가사와 정법[衣法]을 서로 전하는 것이지 다른 법이란 없다. 안으로는 깨달은 마음을 전하고 본심에 계합한 것을 인가하며, 밖으로는 가사를 전하여 종지(宗旨)를 나타내는 것이다.」라고 읊고 있다.

  신회의 이러한 주장은 『조계대사전』, 『보림전』, 『조당집』, 종밀의

『도서』, 『배휴습유문』 등 많은 선 문헌에 인용되고 있다.

* 以心傳心 : 스승과 제자가 법을 전하는 것은 心法으로, 스승과 제자가 각자 불법의 대의를 깨달아 정법의 안목을 구족한 스승의 불심과 제자의 불심이 지음(知音)관계가 되어 이심전심으로 전하는 것이다.

* 自古傳法 氣如懸絲(자고전법 기여현사) : 예로부터 정법을 전한 조사들은 모두 한결같이 법난(法難)을 받아 목숨이 실낱처럼 위태로웠다.

기(氣)는 기식(氣息)으로 목숨, 생명과 같은 말이다. 인도의 제24조 사자존자(師子尊者)가 북천왕(北天王) 미라굴에 의해 살해되었고, 보리달마와 혜가가 교학불교도들의 비난을 받고 독약을 마시고 살해된 이야기, 삼조 승찬(僧璨) 대사가 北周의 파불(破佛)에 피신한 사건 등이 있다.

『후한서(後漢書)』 81권에 「臣은 적들에게 포위되어 목숨이 실낱같고 머리카락 같다.(孫福言茂曰, 臣爲賊所圍, 命如絲髮)」라고 한다.

『신회어록』 「보리달마장」에 달마 대사가 혜가에게 말했다. '나는 중국[漢地]에서의 인연은 다 되었다. 그대도 후대에 이 어려움[難]을 면하기 어려울 것이다. 제6대에 이르면 법을 전하는 사람의 목숨이 실낱과 같이 위태로울 것이다.'라고 하였다.

『조계대사전』(49단)에도 신회가 혜능에게, '전법의 가사는 왜 부촉하지 않습니까?'라고 질문하자, 혜능은 '이 가사와 전법자의 목숨이 단명하기 때문이다.'라고 대답했다. 문도들이 '왜 가사와 전법자가 단명입니까?'라고 질문하자, 혜능은 다음과 같이 말한다. '내가 이 가사를 가지고 있을 때 세 번이나 자객이 와서 나의 목숨을 취하려고 했다. 나의 목숨이 마치 실낱[懸絲]과 같았다. 아마도 후대에 전법인(傳法人)은 손상될 수 있기에 가사를 부촉하지 않는다.'라고 대답하고 있다.

종밀의 『원각경대소초』 권3의 下, 「홍인전」에는 이것을 달마의 예언

[懸記]이라면서 육대 이후에 목숨이 실낱과 같이 된다고 전한다. 『조당집』 제2권 「홍인장」에 「홍인 선사는 혜능에게 말했다. '나는 삼 년 후에 입적한다. 그대는 잠시 교화를 하지 말라. 진실로 그대를 해칠 것이다.'라는 홍인의 예언으로 잠시 은거할 것을 권하고 있다.」

12. 혜능이 남쪽으로 떠남

能得衣法, 三更發去. 五祖自送能至①九江驛*, 登時*便別.
五祖處分*,「汝去努力. 將法向南, 三年*勿弘此法. 難起已②後, 弘化善誘. 迷人若得心開, 與悟無別.」
辭違已了, 便發向③南.

【校 訂】 ① 底本에는 「生」字. 甲本에는 「於」字. ② 底本. 甲本에는 「在」字. 惠昕本에 의거 고침. ③ 底本에는 「向」字 欠. 甲本에 의거, 첨가함.

【번 역】 혜능이 오조 화상으로부터 가사와 불법을 전수받고 한밤중 (三更)에 출발하였다.
오조 화상은 직접 혜능을 전송했는데, 어느새 구강역(九江驛)에 이르게 되었다. 이때 곧바로 헤어지면서 오조 화상은 지시[處分]했다.
「그대는 가서 노력하라! 장차 불법이 남쪽으로 향하게 되었으니, 3년 동안은 이 불법을 홍포하려고 하지 말라. 어려운 일[難]을 만나게 될 것이니, 어려운 일[難]이 지난 뒤에 널리 중생들을 잘 인도하도록 하라. 어리석은 사람이라도 만약 지혜의 안목이 열리면 깨달음에는 차별이 없다.」

작별의 인사가 끝나자 곧 남쪽을 향해 출발했다.

【해설 및 역주】

　＊ 九江驛 : 江州의 숙소. 당시는 양자강의 북쪽 기슭에 있었다.『조당
집』12권 「용광화상전」에 '어떤 것이 황매의 일구[黃梅一句]입니까?'라
는 질문에 '지금은 어떠한가?'라고 말했다. 그러면 '어떻게 소식을 통합
니까?'라고 하자, '九江의 길이 끊겼다.'라는 선문답이 화제로 등장했다.

　＊ 登時 : 그때, 곧바로. 『조당집』5권 「대전화상전」에 「이때 삼평
이 시자가 되어 배후에 있었다.(登時 三平造侍者. 在背後)」라고 하고,
『역대법보기』에도 「제자는 복이 있어 곧바로 근심이 없었다.(弟子有
福 登時無憂)」라는 말이 있다.

　＊ 處分 : 지시하다. 명령하다. 처치(處置)와 같은 의미이다.

　＊ 三年間 : 홍인 화상이 혜능에게 3년 간 불법을 홍포하고 중생교화를
하지 말 것을 주의 주는데, 후대의 자료에서는 홍인 화상이 자신의 죽음
을 예고한 의미로 받아들이고 있다.

　『조당집』2권 홍인장에 「홍인이 밤중[三更]에 노행자를 조사의 처소
로 불러 이름을 혜능이라 바꾸고, 가사를 전해 주면서 불법을 전한 신표
로 삼고, 전법게를 설한 뒤에, '내가 3년 뒤에 열반에 들 것이다. 그대는
당분간 법을 펴지 말라. 그대를 해치는 자가 있을까 걱정이다.」라고 말
한다.

13. 혜명이 대유령에서 법을 구함

兩月中間, 至大庾嶺*. 不知向後有數百人來, 欲擬捉慧能, 奪衣法. 來至半路, 盡總却迴. 唯有一僧, 姓陳名惠順*, 先是三品將軍*, 性行粗惡, 直至嶺上, 來趁把著. 慧能卽還法衣. 又不肯取, 言,「我故遠來求法, 不要其衣.」能於嶺上, 便傳法①惠順. 惠順得聞, 言下心開. 能使惠順卽却向北化人.

【校 訂】① 底本에는 「法」字 밑에 「買」字 있음. 甲本에 의거 없앰.

【번 역】약 두어 달 걸려서 대유령(大庾嶺) 고개에 도착하였다. 내가 떠나온 뒤에 수백 명이 쫓아와서 나를 붙잡아 가사와 불법[衣法]을 탈취하려고 했던 사실을 나는 알지 못했다. 내 뒤를 반쯤까지 뒤쫓아 오다가 중간쯤에 모두 되돌아갔다고 한다.

그러나 유일하게 진혜순(陳惠順)이라는 한 스님은 끝까지 쫓아왔다. 그는 일찍이 삼품(三品) 장군 출신으로 성품과 행동이 거칠고 난폭한 사람이었다. 그는 곧바로 대유령 고갯마루까지 쫓아와서 나를 붙잡았다.

나는 곧바로 가사[法衣]를 그에게 건네주었다. 그런데 그는 가사를 받으려 하지 않고,「내가 이렇게 멀리 뒤쫓아 온 것은 법을 구하기 위한 것이지, 그 가사를 필요로 한 것은 아니다.」라고 말했다.

혜능은 대유령 고갯마루에서 곧 혜순에게 정법을 전수했다. 혜순은 나의 법문[法]을 듣고는 언하(言下)에 깨닫고 지혜의 안목이 열렸다. 나는 혜순에게 북쪽으로 되돌아가 북쪽지방 사람들을 교화하도록 했다.

【해설 및 역주】

여기서도 『신회어록』 혜능장의 다음과 같은 일단에 의거하고 있다.
「대중 가운데 한 명은 사품(四品)장군이었는데 관직을 버리고 불도에
들어온 사람이었다. 그의 속성은 진(陳)씨, 이름[字]은 혜명(慧明)인데, 오
랫동안 홍인 대사의 밑에서 수행했지만 깨닫지 못했다. 그는 홍인 대사
의 이 말을 듣고 곧장 새벽에 두 배나 빠른 걸음으로 혜능의 뒤를 추적
하여 대유령에서 만나게 되었다. 혜능 대사는 두렵고 위급하여 신명(身
命)이 위태롭게 된 두려움에 가지고 있던 가사를 혜명에게 건네주자 혜
명 선사가 말했다. '나는 본래 가사를 구하기 위해 온 것이 아닙니다. 홍
인 대사께서 떠나올 적에 어떤 말씀이 있었습니까? 제발 나를 위하여 설
명해 주시오.' 혜능 선사는 자세히 심법(心法)을 설했다. 혜명 선사는 혜
능이 심법(心法)을 설하는 법문을 듣고 깨달아 합장하고 공손히 인사[頂
禮]를 올리고는 급히 혜능에게 대유령을 넘어가도록 했다. 그 후에도 많
은 사람들이 쫓아와서 혜능의 뒤를 추적했다.」

　*『조당집』 제2권 홍인화상전에도 『신회어록』 혜능전과 『단경』의
혜능 구법이야기와 똑같은 내용을 자세하게 전하는데, 대유령에서 혜능
이 혜명에게 본래면목(本來面目)을 깨닫도록 '不思善 不思惡'의 법문을
설했다고 다음과 같이 전한다.

　「혜명 상좌가 말했다. '가사와 발우[衣鉢] 때문에 온 것이 아닙니다.
법을 구하러 왔습니다. 행자께서 오조 화상을 하직할 때 오조께서 어떤
비밀의 말씀[密語]과 비밀의 뜻[密意]이 있었습니까? 저에게 말씀해 주
십시오.' 행자는 혜명 상좌의 뜻이 간절함을 보고 곧 그에게 말했다. '조
용히 생각하고 조용히 생각하되, 선(善)도 생각하지 말고, 악(惡)도 생각
하지 말라. 진실로 이와 같이 선과 악에 대한 분별심의 망념이 일어나지

않는 혜명 상좌의 본래면목을 자각하라.' 혜명 상좌가 다시 질문했다. '비밀의 말과 비밀의 뜻은 지금 말씀하신 그것뿐입니까? 아니면 그 밖의 다른 뜻이 있습니까?'

  '내가 이제 그대에게 분명하게 말했으니 비밀이 아니다. 만일 그대가 자기의 본래면목을 스스로 체득하면 비밀은 도리어 그대에게 있는 것이다.' …(略)… '제가 비록 황매에서 머리는 깎았으나 실로 종승(宗乘)의 면목은 얻지 못했는데, 이제 행자께서 지시해 주신 법문으로 깨달아 체득할 불법의 도리를 알았으니, 마치 사람이 물을 마심에 차고 따스함을 스스로 아는 것[冷暖自知]과 같습니다. 지금부터는 행자께서 이 혜명의 스승이십니다.' 그리고는 이름을 도명(道明)이라고 고쳤다.」

  * 大庾嶺 : 강서성(江西省) 남안부(南安府) 대유현(大庾縣)의 남쪽 25리에 있는 산인데 강서(江西)와 광동(廣東)에 걸쳐 있는 산으로 예로부터 이 산의 남쪽을 영남(嶺南), 북쪽을 영북(嶺北)이라고 했다. 산 정상[山上]에 매실(梅實)이 많아서 매령(梅嶺)이라고도 하며 달리 태령(台嶺), 유령(庾嶺)이라고도 한다. 『大明一統志』58권, 『讀史方輿紀要』83권·88권, 『大淸一統志』255권 등 참조.

  * 陳惠順 : 『신회어록』「혜능장」에는 진혜명(陳慧明)이라고 하고, 『조계대사전』, 『역대법보기』 등에도 한결같이 혜명(慧明)이라고 한다. 『조당집』제2권 홍인장에는 혜능의 법문을 듣고 도명(道明)이라고 이름을 고치고 원주(袁州) 몽산(蒙山)에서 교화했다고 전한다. 『송고승전』제8권에는 「당원주몽산혜명전(唐袁州蒙山慧明傳)」을 수록하고 있다.

  * 三品將軍 : 九品官의 제3에 해당하는 장군(武將). 『신회어록』, 『조

계대사전』, 『역대법보기』 등에는 四品장군이라고 한다. 후대의 자료에는 惠明의 선조가 삼품장군이라고 하나 이것은 잘못된 것으로 혜순(惠順)이 출가하기 전의 직책이다.

3장 説 法

14. 혜능의 법문 — 반야의 법을 설함

慧能來於此地, 與諸官僚*道俗, 亦有累劫之因. 教是先聖*所傳, 不是慧能
自知. 願聞先聖教者, 各須淨心聞了. 願自除迷, 如先代悟.(下是法*)①.

慧能大師喚言, 善知識*. 菩提般若之智*, 世人本自有之. 卽緣心迷,
不能自悟. 須求大善知識示道見性.

善知識. 愚人智②人, 佛性本亦無差別*. 只緣迷悟, 迷卽爲愚, 悟卽成智.

【校 訂】 ① 「下是法」 三字. 底本. 甲本에는 小文字로 씀. ② 底本. 甲
本에는 「知」字.

【번 역】 내(혜능)가 이 땅[韶州]에 오게 된 것은 역시 여러 관료 및
도속들과 과거 전생에 많은 인연이 있었기 때문이다. 내가 설하는 불법
의 가르침은 바로 옛 성현들과 조사들이 전해 주신 법문이지 내가 임
의대로 주장하는 말이 아니다.

원하건대 부처님과 조사들의 법문을 듣는 사람은 각자 반드시 맑고
깨끗한 마음으로 듣도록 하시오. 여러분들 각자가 스스로 미혹함을 제
거하고 제불 조사들과 똑같이 깨달음을 체득하게 되기를 바랍니다.

— 이후부터는 혜능의 설법이다.(下是法) —

혜능 대사가 거듭 말했다. 「여러분! 깨달음[菩提]의 반야지혜는 세
상 사람들이 본래부터 각자 구족하고 있지만 마음이 미혹하기 때문에
스스로 깨닫지 못하고 있는 것이다. 반드시 훌륭한 선지식을 찾아가서
지도를 받고 각자의 본성을 깨닫도록 해야 한다.

여러분! 어리석은 사람이나 지혜 있는 사람이나 불성은 본래 차별이

없다. 단지 어리석음과 깨달음에 따라서 다르다. 본성이 미혹하면 어리석고, 본성을 깨달으면 지혜를 이루는 것이다.」

【해설 및 역주】

* **此地官僚** : 『단경』의 序品(3단)에 소주 대범사 강단에 모인 소주자사 위거(韋據) 및 여러 관료들을 말한다.

* **先聖** : 『단경』의 후부에서 언급하는 과거 七佛, 서천 28조, 동토 6대 조사들의 가르침을 말한다. 여기서는 혜능이 이러한 역대 제불 조사들의 불법을 전해 받은 역사적 · 사상적인 배경을 밝히는 말이다.

『전등록』14권 석두(石頭)화상전에도 「나의 법문은 과거의 제불[先佛]이 전수한 것이다.」라고 언급하고 있다.

* **下是法** : 이하 혜능의 설법이라고 편집자가 주기한 말이다. 앞의 3단에서 여기까지는 혜능이 대범사 강단의 법좌에 올라서 설법하게 된 인연을 시작으로 자신이 지난날을 회상하면서 오조 홍인의 문하에서 수행하고 홍인의 불법과 가사를 전해 받고 제6대의 조사가 된 경위를 자서전 형식으로 설한 것이다.

즉 남종 돈교 종지의 역사와 자기에게 전해진 불법의 유래를 밝히고 이제부터 남종 돈교의 종지와 법문을 설한 육조 혜능 선사의 설법을 기록한 것이라고 『단경』의 편집자가 주기한 말이다.

* **善知識** : 범어, kalyana-mitra. 올바른 친구. 좋은 벗이란 의미. 좋은 친구로서 자신의 입장을 잘 이해해 주는 사람. 지혜와 덕을 구족한 훌륭한 스승으로 정법의 인연을 맺어 주는 사람이다.

* **菩提般若智** : 발심 수행으로 깨달아 체득한 진여본심은 반야의 지혜가 실행된다. 깨달음의 반야지혜는 깨달아서 처음으로 나타나는 것이 아니고, 불성에 본래 구족된 지혜이다. 『단경』30단에도 「그러므로 본

성에 본래부터 반야의 지혜가 있어 스스로 지혜를 작용하여 비추어 관하는 것이며 문자를 빌리지 않는다는 사실을 알 수 있다.(故知本性自有般若之智, 自用智慧觀照. 不假文字.)」 또는 「중생의 본성에는 반야의 지혜가 있다.(衆生本性 般若之智)」라고 설한다. 『단경』14단, 43단에서도 설한다.

『화엄경』51권 「여래출현품」에 「한 사람의 중생도 여래의 지혜를 구족하지 않은 자가 없지만, 단지 망상으로 전도되고 집착하여, 이것을 증득하지 못할 뿐이다. 만약 중생이 망상을 여읜다면 일체지(一切智), 자연지(自然智), 무애지(無碍智)는 곧바로 현전하게 된다.」라고 설한다. 화엄경의 법문은 종밀의 『原人論』과 『都序』, 보조지눌의 『節要』 등 선승들의 법문에도 많이 인용하고 있다.

60권 『화엄경』 제35권 「보왕여래성기품」에도, 「여래의 지혜는 걸림이 없는 무애(無碍)의 지혜이며 중생의 몸 가운데 구족되어 있다. 중생이 전도되어 이를 알지 못하기 때문에 이러한 사실도 믿지 않는다.」라고 설하고 있다. 『법화경』에 일체중생이 모두 성불한다는 「一切皆成」도 같은 의미이다.

* 佛性無差別 : 『단경』 제5단에 혜능이 홍인 화상을 참문하고 갈료(獦獠)의 불성과 화상의 불성이 차별이 없다고 말한 것과 같은 입장이다. 혜능은 먼저 불성의 입장과 불성에 구족된 반야의 지혜를 강조하고, 이러한 반야의 지혜를 실행하도록 각자 불성을 깨달아 체득할 것을 설하고 있다.

15. 定慧가 둘이 아닌 이치

善知識, 我此法門*, 以定慧爲本. 第一勿迷言定慧*①別. 定慧②體一不二, 卽定是慧體, 卽慧是定用, 卽慧之時定在慧, 卽定之時慧在定.

善知識, 此義卽是定③慧等*. 學道之人作意, 莫言先定發慧*, 先慧發定, 定慧各別. 作此見者, 法有二相*, 口說善, 心不善, 定慧④不等. 心口俱善, 內外一種, 定慧卽等. 自悟修行, 不在口諍*. 若諍先後, 卽是迷人, 不斷勝負, 却生法我, 不離四相*.

【校 訂】 ①, ② 底本. 甲本에는 「惠定」. 惠昕本에 의거 고침. 「定慧体不一不二.」 甲本에는 「不」字 없음. ③ 底本. 甲本에는 「定」字欠. 惠昕本에 의거 첨가함. ④ 底本. 甲本에는 「惠定」. 惠昕本에 의거 고침.

【번 역】 여러분! 내(혜능)가 설하는 남종 돈교의 법문은 선정과 지혜로서 근본을 삼는다. 가장 중요한 것은 자신이 미혹하여 선정과 지혜가 각기 다른 것이라고 말하지 말라. 선정과 지혜의 본체는 하나이며 둘이 아니라는 사실이다.

즉 선정은 바로 지혜의 본체이며, 또한 지혜는 바로 선정의 지혜작용이다. 지혜가 작용할 때 선정은 지혜에 있고, 또한 선정이 지혜작용을 할 때 지혜는 선정에 있다. 여러분! 이것은 곧 선정과 지혜가 같다는 사실을 의미한다.

불도[道]를 수행하는 사람은 자기 마음대로 생각하여, 먼저 선정을 닦아야 지혜가 발휘되는 것이며, 또 먼저 지혜가 있어야 선정을 수행할 수 있으며, 선정과 지혜가 각기 다른 것이라고 말하지 말라!

이와 같은 견해를 짓는 사람은 대상경계의 사물[法]에 두 가지 모양[二相]이 있는 차별심으로 보고 있는 것이다. 입으로 착함[善]을 말하면서 마음이 착하지 못하면 지혜와 선정이 같은 것이 아니다. 마음과 입이 모두 착하여, 마음 안과 밖이 하나로 한결같이 되어야 선정과 지혜가 곧 같게 된다.

불법은 각자 스스로 깨닫고 수행하는 것이지 입으로만 논쟁하는 데 있지 않다. 만약 선정과 지혜가 어느 것이 앞이고 어느 것이 나중인 것이라고 논쟁하는 사람이 있다면 진실로 어리석은 사람이다. 승부(勝負)의 마음을 끊지 못하고서 도리어 자기의 주장이[法我] 옳다고 한다면, 아상(我相), 인상(人相), 중생상(衆生相), 수자상(壽者相)의 네 가지 자아의식[四相]에서 벗어나지 못한다.

【해설 및 역주】

* 我此法門 : 혜능이 설한 남종 돈교의 법문이며, 『단경』29단 등에도 자주 언급하고 있다. 『능가사자기』 신수장에 신수 선사가 측천무후(則天武后)의 초청으로 궁중[入內]에서 설법할 때, 측천무후가 '전해 받은 법은 누구의 종지인가?'라고 질문했을 때, 신수 선사는 '기주(蘄州) 동산법문을 이었습니다.'라고 대답했고, 또 '무슨 경전에 의거(依據)하는가?'라고 묻자, 신수 선사는 '『문수설반야경(文殊說般若經)』의 일행삼매(一行三昧)에 의거합니다.' 라고 대답하는 일단의 대화를 전제로 하고 있다.

* 法門 : 제불세존이 설한 불법의 가르침과 정법의 설법. 『법화경』 방편품에 제불세존은 불지견(佛知見)으로 불법(진여법)을 개시(開示)하

여 일체중생이 각자 불지견(정법의 안목)을 구족하여 불법의 지혜를 스스로 깨달아 체득하도록 설했다. 『증일아함경』 10권(『대정장』 2권 593中), 『법화경』 1권(『대정장』 9권 9中), 『화엄경』 1권(『대정장』 9권 396中) 등에서 설한 법문을 참조.

특히 법문은 『유마경』의 「불이법문」, 「불가사의해탈법문」과 대승경전에서 설하는 「팔만사천법문」, 그리고 『육조단경』의 「심지법문」 등이 있다. 마조의 설법에 「불어심(佛語心)을 종지로 삼고 무문(無門)을 법문으로 한다(佛語心爲宗, 無門爲法門)」라고 하며, 황벽의 『완릉록』에도 「無爲法門」이라는 말이 있다. 『석씨요람』卷中 「法門」(『大正藏』 54권 285下) 참조.

팔만사천법문의 이 숫자는 초기경전이 『長老偈(Theragatha)』 1024에 「나는 붓다로부터 팔만이천의 가르침을 받았습니다. 또한 수행자들로부터 이천의 가르침을 받았습니다. 이렇게 해서 팔만사천의 가르침이 실행되었습니다.」(일본 岩波文庫本 192쪽)라고 보인다.

『유마경』 「보살품」에 「八萬四千 諸煩惱門」(『대정장』 14권 553下)과, 『대지도론』 제1권에 「八萬四千 法藏」이라는 말이 보인다.

＊定慧 : 『육조단경』에서는 남종 돈교의 법문으로 삼학일치, 정혜일체의 정신을 설하고 있다. 불교의 전통적인 교리나 철학적인 삼학설을 부연한 것이 아니라 상당히 현실적이며 실천적인 대승보살정신을 집약하고 있다.

사실 남종 돈교 법문의 골격은 선정과 지혜[定慧]의 문제에 일관된다고 할 수 있다. 계정혜(戒定慧) 三學으로 정리된 불교의 가르침은 북종선의 선사상에 전통적인 교학체계를 충실하게 계승해 왔다. 계율에 의해 선정이, 선정에 의해 지혜가 체득되는 것으로 이러한 계정혜 삼학의 순서를 벗어나서 깨달음을 얻을 수 없다.

그러나 남종선의 선구자인 하택신회의 설법과 『육조단경』에서는 이러한 전통적인 계정혜 삼학의 순서와 질서를 완전히 파괴하고 삼학일체(三學一體), 혹은 정혜일치(定慧一致)의 선법을 주장한다.

『단경』 43단 지성(志誠)이 참문하는 일단에서 육조 혜능이 설하는 남종의 三學說은 대표적인 남종 돈교의 삼학 설법이다.

* 體用 : 主體와 作用. 體用의 사고는 중국불교의 중요한 논리로 승조의 『조론』, 『삼론종』 등 반야학의 논리체계로서 사용되었으며, 선불교에서는 불성의 체와 용[體用], 불성의 전체작용(全體作用) 등으로 강조하고 있다. 선사상도 이러한 불성의 체용 논리에 의해 발전되었다.

예를 들면, 북종선은 불성의 체와 용을 정직하게 나란히 평등으로 보고 있다. 즉 천태종의 교학처럼 체용의 수평적인 논리체계를 정확히 인정하고 있지만, 신회의 남종선은 見性, 見性成佛을 강조하면서 불성(佛性)의 본체[體] 가운데 불성의 지혜작용[用]을 포용시키고 있다.

마조도일(馬祖道一) 선사의 조사선에서 作用卽性이라고 설한 법문처럼 불성의 지혜작용 가운데 불성의 본체를 포용시켜 지혜작용에 중심점을 강조하고 있다.

조사선의 선승들이 대기대용(大機大用)이나 불성의 전체작용(全體作用) 작용즉성(作用卽性)이라고 설하는데, 體와 用이 하나가 되지 않으면 실천이 불가능하다. 用은 使用, 利用, 應用처럼, 일상생활의 매사에 적응하여 지혜로 작용하는 것인데, 활발하게 지혜의 생명으로 작용하는 그곳에 불성의 본체[體]가 포용되고 있다는 사실이다. 결국 최후에는 작용하는 그 가운데 작용의 본체[主體]를 보려고 하는 그것까지 없어져 작용그 자체에 철저하게 되도록 하는 것이다.

* 定慧等 : 定慧一致, 定慧等義, 定慧等學, 定慧俱等, 定慧一等, 定慧一體, 定慧雙修, 止觀雙修와 같은 말로 신회는 『단어』(20)단에서 다음과 같이 주장한다.

「무주(無住)의 경지는 바로 진여본심이 적정(寂靜)한 것이며, 적정의 본체를 곧 선정[定]이라고 한다. 그 적정의 본체 상에 자연지(自然智)가 있어 능히 본래 적정의 본체를 아는 것을 지혜[慧]라고 한다. 그래서 선정과 지혜[定慧]는 같다. 경전에서 '고요함[寂上]에 비춤[照]이 있다.'라고 설한 것은 이 뜻과 같다. 진여의 무주심은 반야 知의 작용을 여의지 않고, 반야 知도 무주심의 묘용을 여의지 않는다. 마음을 아는 것이 무주이며, 또다시 다른 知가 없다.

『열반경』에 말씀하시길, '선정이 많고 지혜가 적으면 無明이 증장하고, 지혜가 많고 선정이 적으면 삿된 견해[邪見]가 증장한다. 선정과 지혜가 동등할 때 불성을 분명히 깨닫는 것이다.'라고 한다. 지금 무주처에 이르게 하여 곧 知를 세우고, 마음의 공적함을 아는 것이 바로 작용처인 것이다.」(『신회화상유집』 237쪽)

 * 先定發慧 : 계·정·혜, 三學에 대하여 선정이 먼저이고 지혜가 뒤라는 사고는 인도불교의 기본입장이다. 천태학이나 북종선에도 계승되어 주장되고 있다. 물론 중국에서는 지혜를 먼저라고 주장하는 한편도 있어 두 사상을 체계화하지만 혜능은 그 모두를 거부한다.

특히 선정과 지혜를 하나로 보는 것은 『신회어록』에도 인용한 것처럼, 『열반경』 제30권에, 「定이 많고 慧가 적으면 무명(無明)이 증장(增長)하고, 定이 적고 慧가 많으면 번뇌(煩惱)가 증장(增長)한다. 선정과 지혜가 동등할 때 비로소 분명히 불성을 깨닫는다.」(『대정장』 12권 547上)라고 하고 있다.

* 法有二相 : 선정과 지혜는 사실 하나인데, 이것을 두 가지로 나누어서 별개로 본다면 차별 분별심에 떨어지게 된다. 어떤 사물[法]을 두 가지 모습(모양)이 있는 차별심으로 보려는 것과 같은 의미이다.

* 不在口諍 : 定慧不一과 不二(一體)의 法論은 북종과 남종의 선사상의 입장을 말하는데, 사실 북종이 남종을 비난한 사실은 없다. 『단경』의 편자는 신회의 북종 공격까지도 비판의 대상으로 하고 있는 듯하다. 『단경』 40, 50, 51단에서도 주의를 주고 있다. 무쟁삼매(無諍三昧)에 대해서는 『금강경』과 『단경』 50단의 주기를 참조.

* 勝負心 : 自他, 長短, 등의 상대적인 대립과 차별의식.『단경』 40단에도 「다툼은 승부하는 마음이니 불도와 위배된다.」라고 하며, 『금강경 해의』의 「무승부심」(『혜능연구』 462쪽) 『임제록』(13~42)에 「그대들이 좀 아는 것이 있으면 타인을 경멸하고 지식을 과시하여 승부를 다투는 아수라가 된다. 그래서 我相, 人相의 無明으로 지옥에 떨어지는 죄업을 증장시키게 된다.」라는 말이 있다.

* 法我 : 人我의 상대적인 말로 의식의 대상경계의 사물에 실체가 있으며 관계나 조건이 변화하더라도 어떠한 영향을 받지 않고, 항상 그 실체와 동일성을 지속하면서 고집하는 잘못된 사고이다. 『대승기신론』에서는 자아의 사견에 집착하는 人我見과 의식의 대상경계에 집착하는 法我見이란 말로 설한다.

* 四相 : 『금강경』에 의거한 법문인데, 자아의 주관적인 사고와 의식으로 我相, 人相, 衆生相, 壽者相이 있다고 주장하는 중생심의 삿된 견해이다. 일체의 모든 존재[法]는 我空, 法空으로 自性의 실체가 없이 空한 사실을 잘못 알고 있다. 경전에서 일체개공이라는 불법의 본질을 망각하고 있기 때문에 전도된 것이다.

『금강경해의』에 「四相이 있으면 바로 중생이요, 四相이 없으면 곧 바로 부처이다.」(『혜능연구』, 427쪽), 「四相이 없으면 곧 法眼은 명철(明徹)하다.」(同, 431쪽), 「四相이 없으면 이것을 실상이라고 하며, 이것을 불심이라고 한다. 그래서 일체의 모든 자아의식의 중생심[諸相]을 여읜 경지를 諸佛이라고 한다.」(同, 442쪽)라고 했다.

또 四相을 「무상한 것을 항상 존재하는 것으로 보고, 괴로움을 즐거움으로 보고, 不淨한 것을 깨끗한 것으로 보고, 실체가 없는 것을 실체[我]가 있는 것으로 본다.」는 네 가지 잘못된 견해를 가리키는 경우도 있다.

16. 一行三昧의 법문

一行三昧*者, 於一切時中行住坐臥*, 常行直①心*是. 淨名經云*, 直②心是道場, 直心是淨土. 莫行心諂曲*, 口說法直, 口說一行三昧, 不行直③心, 非佛弟子. 但行直心④, 於一切法上, 無有執著, 名一行三昧. 迷人著法相*, 執一行三昧, 直言⑤坐不動, 除妄不起心*, 卽是一行三昧.

若如是, 此法同無情, 却是障道因緣*. 道須通流, 何以却滯. 心不住法, 道卽通流⑥. 住卽被⑦縛. 若坐不動, 是維摩詰*不合呵舍利弗, 宴坐林中.

善知識. 又見有人敎人坐看心淨*, 不動不起, 從此致⑧功. 迷人不悟, 便執成顚倒. 卽有數百般, 如此敎道者, 故知大錯.

【校訂】 ① 底本. 甲本에는 「眞」字. ② 底本. 甲本에는 「眞」字. 『維摩經』 菩薩品에 의거 고침. ③, ④ 底本에는 「眞」字. ⑤ 底本 「眞心」. 惠昕本에 의거 고침. ⑥ 底本. 甲本에는 「心在住卽通流」. 惠昕本

에 의거 고침. ⑦ 底本. 甲本에는 「彼」字. ⑧ 底本. 甲本에는 「置」字.

【번 역】 진여일심으로 일념(一念)의 경지에 이르도록 하는 일행삼매(一行三昧)는 걷거나, 머무르거나, 앉거나, 눕거나 하는 行住坐臥의 일상생활을 언제나 본래의 직심(直心)으로 사는 것을 말한다. 『유마경(淨明經)』에 「본래 직심(直心)이 바로 깨달음의 도량[道場]이요, 본래 직심(直心)이 곧 정토(淨土)」라고 설한다.

마음으로는 거짓으로 아첨하고 삐뚤어진 생각을 하면서 입으로만 정법[法]의 올바름만 설하지 말라. 입으로 일행삼매(一行三昧)를 설하면서 본래 직심(直心)으로 실행하지 않는다면 이것은 부처님의 제자가 아니다. 오직 본래 직심(直心)으로 행동하여 일체의 모든 대상경계의 사물[法]에 집착하지 않는 것을 일행삼매(一行三昧)라고 한다.

그러나 미혹한 사람은 대상경계의 사물[法]의 형상에 고집하고, 또한 일행삼매라는 말에 집착하여, [본래 직심(直心)이란] 앉아서 움직이지 않는 것이며, (또한) 중생심의 망심(妄心)을 제거하고, 망심을 일으키지 않도록 하는 것이 일행삼매라고 주장하고 있다.

만약 일행삼매가 이와 같고, 이렇게 일행삼매를 설하는 것은 사람을 목석(木石)과 같은 무정물(無情物)이 되도록 하는 것이니, 이것은 도리어 불도 수행을 장애하는 인연이 된다. 도(道)란 반드시 두루 통(通)하여 언제 어디서나 유통되어야 한다. 어찌 한 곳에 정체(停滯)해서야 되겠는가? 마음이 어느 한 곳에도 머무르지 않으면 이것은 마음의 지혜작용이 통(通)하여 유통되고 있는 것이며, 마음이 어느 한 곳에라도 머문다면 이것은 대상경계에 속박된 것이다.

만약 앉아서 움직이지 않는 것이 올바른 일행삼매(一行三昧)의 수행이라면, 유마힐(維摩詰)이 숲속에서 좌선[宴坐]하는 사리불(舍利佛)을 꾸짖은 것은 옳은 일이라고 할 수 있겠는가?

여러분! 또한 어떤 사람은 수행자들에게 '앉아서 좌선하게 하며, 마음작용을 잘 살펴[看]보도록 하고, 마음의 청정한 경지를 잘 살펴보게[看心看淨]하며, 마음이 움직이지도 말고, 망심이 일어나지 않도록' 수행하게 한다. 미혹한 사람은 진실을 깨닫지 못하고[不悟] 곧 이러한 좌선 수행에 집착하여 잘못[顚倒]된 사람이 수백 명이나 되고 있다. 이와 같이 불법을 가르치는 사람은 크게 잘못된 것인 줄 알아야 한다.

【해설 및 역주】

이 일단은 『조당집』 제2권 혜능장에 혜능의 설법으로 인용하고 있다.

* 一行三昧 : 범어 ekavyuha-samadhi. 법계일상(法界一相)의 진여(眞如)지혜로 평등하게 관찰[觀]하는 삼매인데, 일상삼매(一相三昧), 진여삼매(眞如三昧)라고도 한다. 『문수설반야경』에서는 다음과 같이 설한다.

「일행삼매의 경지를 체득하고자 한다면 반드시 청정하고 깨끗한 곳[空閒]에서 모든 산란된 망상을 버리고 의식의 대상경계의 여러 형상을 취하지 말고, 마음은 一佛이 되어 오로지 부처의 명호(名字)를 칭명(稱名)하도록 하라. 제불이 상주하는 곳[方所]에 단정히 마주 앉아 일불(一佛)의 지혜로 일념 일념이 상속하게 하며 일념 가운데 능히 과거, 현재, 미래의 제불을 친견하도록 해야 한다.」(『대정장』 8권 731中)

『대승기신론』에 「법계가 一相인 줄 아는 것이 제불 법신이 중생의 몸과 더불어 평등하여 둘이 없는 경지를 일행삼매라고 한다.」라고 설한다. 『왕생요집』에는 「진여법계는 평등일상이라고 관하여 진실 그대로의 실상을 관찰하는 삼매」(『대정장』 84권 56中)라고 한다.

일행삼매는 『대승기신론』 천태의 『마하지관』 등에 응용되어 중국 종파불교의 실천에 많은 영향을 주었다. 특히 정토종에서는 염불을 통한 일행삼매와 사조도신(四祖道信)의 법문에서 일행삼매의 좌선수행으로 깨달음의 경지를 체득하는 선법을 제시했다.

선불교에서는 도신 선사에 이어 신회가 『신회어록』 여러 곳에서 남종선의 입장으로 일행삼매를 강조하는데, 『단경』은 신회의 법문을 응용하고 있다. 정성본, 『중국선종의 성립사 연구』 224쪽 이하 참조.

* 行住坐臥 : 걷고, 서고, 앉고, 눕는 네 가지로 인간의 일상생활의 일체행위 모두를 말한다. 천태지의(天台智顗)는 行과 坐의 두 가지 행위에 맞추어서 『마하지관』에 常坐, 常行, 半行半坐, 非行非坐의 四種三昧를 확립했다. 영가현각은 『증도가』에 「行도 또한 선, 坐도 또한 선, 어묵동정(語默動靜)에 심체(心體)는 평안하다」 라고 읊었다.

* 直心 : 직심은 진여 본심. 솔직하고 정직한 본심으로 중생심의 분별심, 차별심 없는 본심으로 平常心, 無心과 같은 의미이다. 『유마경』 불국품에 「직심이 곧 깨달음이니 허망한 가식이 없기 때문이다.(直心是道場 無虛假故)」 라고 설한다. 『대승기신론』에 신심을 성취하는 발심으로 세 가지 가운데 첫째 직심(直心)이니 올바로 진여법을 자각[念]하는 이것이 직심이다.

* 淨明經云 : 『유마경』 「보살품」의 말(『대정장』 14권 542下, 538中). 淨名은 維摩의 意譯.

* 行心諂曲(행심첨곡) : 자기 자신을 남에게 잘 보이려고 과시하는 마음으로 일종의 열등감, 질투심과 대조를 이룬다.

* 法相 : 자아의식의 중생심으로 의식의 대상경계의 사물과 존재의 형상(法)에 대하여 어떤 고정관념으로 모양과 특징을 분별하는 것. 法相은 法性에 상대어인데, 唯識法相과 같이 대상경계의 사물이나 존재[法]를

분석하고 분별하는 것이다. 『금강경』에 「만약 자아의식으로 의식의 대상경계의 법상(法相)을 취하면 아상, 인상, 중생상, 수자상에 집착하게 된다.(若取法相 卽着我人衆生壽者)」라고 설한다.

  * 坐不動 除妄不起心 : 일행삼매를 좌선수행으로 앉아서 움직이지 않고 번뇌 망념을 제거하고 번뇌 망심을 일어나지 않게 하는 것으로 착각하는 것은 북종선에서 강조하는 좌선방편의 수행법을 비판하는 말이다.

  북종선은 좌선의 방편 수행으로 마음에 일어나는 번뇌 망념을 털어 없애고 청정한 불성을 살펴보도록 하는 불진간정(拂塵看淨)과 번뇌 망념이 일어나지 않도록 하는 심불기(心不起)와 염불기(念不起)의 좌선 수행을 강조하고 있다. 종밀의 『원각경대소초』 권3의 下에는 북종선을 점교(漸敎)라고 평하면서 「육진의 번뇌 망념을 떨쳐버리고 청정한 본심을 살펴보는 좌선 수행과 대승경전의 방편법문으로 경전의 법문을 통달하게 한다.(拂塵看淨 方便通經)」라고 북종선의 사상을 요약 설명하고 있다.

  북종선의 자료인 『북종오방편』의 세 번째 방편문은 『유마경』에 의지하여 불가사의해탈 경계를 나타낸다고 하면서, 「잠깐 망심이 일어나는 것을 속박이라고 하고, 망심이 일어나지 않는 것을 해탈이라고 한다.(謂瞥起心是縛, 不起心是解)」라고 설한다.

  * 此法同無情 却是障道因緣 : 앉아서 움직이지 않고 망상을 제거하고 망심이 일어나지 않도록 가르치는 것은 목석(木石)과 같이 무정(無情)이 되도록 하는 가르침이며, 이것은 도리어 불도 수행을 장애하는 인연이 된다고 북종선의 좌선수행을 비판한다. 돈황본 『단경』20단에도 「看心看淨 却是障道因緣」이라고 하고 있다.

  돈황본 『육조단경』 19단과 33단에 「여러 가지 사물에 대하여 생각을 하지 않고 망념을 모두 없애려고 하지 말라.」라고 한다. 번뇌 망념의 마음을 끊어 없애 버리려는 마음이 도리어 번뇌 망념이 되고 불도를 장애하는 것이 되기 때문이다.

『전등록』 28권 아호대의(鵝湖大義) 선사의 법문[垂誠]에도 「쓸데없이 형체를 잊고, 또 마음[妄心]을 없애 버리려고 하지 말라. 이것은 고치기 어려운 선병이며 가장 깊은 병이다.」 라고 설한다.

좌선 수행은 청정한 불심을 깨닫고 지혜로운 생활을 하는 것인데, 번뇌 망념을 없애는 좌선수행으로 불심의 지혜가 없는 중생심의 사심(死心)이 되도록 해서는 안 된다. 무념(無念)과 무심(無心)은 중생심의 번뇌 망념이 없는 청정한 진여본심을 말하는 것이지, 지혜가 죽은 중생의 사심(死心)이 되도록 하는 것이 아니다. 고목선(枯木禪)이 되고 사심이 되는 선병(禪病)은 후대에 「노파가 선승의 암자를 태워 버린 이야기(婆子燒庵)」 라는 공안으로 비판하고 있다.

* 維摩詰 : 『유마경』 「제자품」에 유마힐이 숲속에서 좌선[宴座]하고 있는 사리불을 비판한 이야기를 다음과 같이 싣고 있다. 「사리불이여! 그렇게 앉아 있는 것만이 좌선이 아니다. 올바른 좌선이란 중생의 삼계(三界)에서 몸과 마음을 나타내지 않아야 하는 것이요, 번뇌 망념이 없는 선정[滅盡定]의 경지에서 일어나지 않고 온갖 제불의 위의(威儀)를 실행하는 것이 올바른 좌선이요, 불도의 지혜[道法]를 버리지 않고 모든 범부의 일을 나투는 것이요, 마음이 안에 머물지도 않고 또한 밖에도 머물지 않는 것이 올바른 좌선이요, 모든 견해를 움직이지 않고도 37가지 불도의 수행법[道品]을 닦아 실행하는 것이 올바른 좌선이요, 번뇌를 끊지 않고 열반에 드는 것이 올바른 좌선이요, 이렇게 좌선하는 사람을 부처님은 인가합니다.」

『신회어록』과 『단경』에서는 유마힐이 사리불의 좌선을 비판한

『유마경』의 법문을 인용하여 북종의 좌선법을 비판하고 있다. 사실 유마힐이 말한 좌선[宴座]은 대승불법의 좌선사상을 대변하고 있는 말이다. 그래서 유마경을 대승의 선경(禪經)이라고 한다.

신회는 『신회어록』에 다음과 같이 설한다.

「만약 앉아서 마음을 응집하여 선정에 들게 하고, 마음의 움직임을 멈추어 청정함을 살펴보게 하고, 마음을 수섭(收攝)하여 안으로 증득하도록 한다면 이것은 깨달음을 장애하는 것이며, 진여의 지혜와 상응할 수가 없으니, 어찌 가히 해탈하는 일이 앉아 있는 곳에서 이루어진다고 할 수 있으리오. 만약 앉아서 좌선하는 것이 옳다고 한다면 사리불이 숲 속에서 연좌를 하고 있을 때 유마힐에게서 '삼계(三界)에 몸과 마음[身意]을 나투지 않는 것이 바로 연좌(宴坐)이다'라는 비판을 받지 않았을 것이다. 언제 어디서나 진여는 번뇌 망념이 없다는 사실[無念]을 깨닫는 사람은 신상(身相)을 대상으로 보지 않고 심상(心相)도 의식의 대상으로 보지 않는 것을 올바른 지혜라고 한다.」(『신회화상유집』133頁)

『신회어록』에는 「좌선의 정의」와 『보리달마남종정시비론』 등 여러 곳에서 수시로 유마힐이 사리불을 비판한 예를 인용하여 북종선의 좌선이 잘못되고 어리석은 사람의 가르침이라고 비난하고 있다.

[* 호적(胡適), 『신회화상유집』, 117쪽, 287쪽 및 정성본, 『중국선종의 성립사 연구』, 530쪽 이하 참조.]

* 有人敎人 坐看心看淨 : 북종선의 좌선법을 『단경』에서도 看心看淨으로 요약해서 비판하고 있는데, 신회의 북종 비판을 계승한 것이다. 『보리달마남종정시비론』에 「북종의 보적 선사나 항마장 선사는 사람들에게 가르치기를 '마음을 집중하여 선정에 들게 하고, 마음의 움직임을 멈추어 마음의 청정함을 살펴보게[看] 하며, 마음을 일으켜 밖을 관찰하

게 하고, 마음을 수습하여 안으로 깨닫도록 하라'고 설하는 것이 중심 교문입니다. 그런데 신회 선사는 어째서 좌선도 시키지 않고 또한 북종선과 같은 선법도 설하지 않고 도대체 무엇을 좌선으로 하고 있습니까?」라는 질문에 신회는 다음과 같이 대답한다.

「만약에 사람들에게 좌선하도록 하고, 마음을 집중시켜 선정에 들게하고, 마음의 움직임을 멈추어 마음의 청정함을 살펴보게 하고, 마음을 일으켜 밖을 관찰하게 하고, 마음을 수습하여 안으로 깨닫도록 하라고 한다면 이것은 보리(깨달음)를 장애하는 일이 된다. 지금 坐란 망념이 일어나지 않는 것을 坐라고 하고, 선(禪)이란 본성을 깨달아 친견하는 것을 선이라고 한다. 그래서 사람들에게 앉아서 마음을 멈추고 선정에 들도록 가르치지 않는다. 만약 저 북종선의 가르침이 옳다고 한다면, 유마힐은 사리불의 연좌를 꾸짖지는 않았을 것이다.」(『신회화상유집』287쪽)

『단경』16단에서 혜능의 법문으로 설한 일행삼매 법문은 신회가 북종선을 비판한 이러한 설법을 응용한 것임을 알 수 있다.

17. 등과 등불의 비유

善知識, 定慧猶如何等. 如燈光*. 有燈卽有光, 無燈卽無光. 燈是光之體, 光是燈之用. 名卽有二, 體無兩般. 此定慧法, 亦復如是.

【번 역】 여러분! 선정과 지혜를 무엇에 비유할 수 있겠는가? 비유하자면, 마치 등(燈)과 등불[光]과 같다. 등이 있으면 즉 등불이 있고, 등이 없으면 등불도 없다. 등은 등불의 주체요, 등불은 등의 작용[用]인 것이다.

이와 같이 이름은 둘이지만 본체는 둘이 아니다. 여기서 말하는 선정과 지혜의 법문도 역시 이와 마찬가지이다.

【해설 및 역주】

* 燈光 : 『단경』 15단에서 설하는 정혜일치의 부연 설명으로, 정혜일치를 등과 등불(燈光)의 비유로 설명하는데 이 일단 역시 신회의 『단어』에서 설한 법문을 인용한 것이다.

신회의 『단어』(25단)에 다음과 같이 정혜일치를 주장하고 있다.

「경전에서 '도법(道法)을 버리지 않고 범부의 일을 나타내는 것이 연좌이다.'라고 했다. 여러 가지 세간의 일을 하면서도 그러한 일에 망념을 일으키지 않는 것이 선정과 지혜를 함께 닦는 것이며, 선정과 지혜는 서로 떨어질 수 없는 것이다. 선정은 지혜와 다르지 않고, 지혜는 선정과 다르지 않다. 마치 등과 등불[燈光]이 서로 떨어질 수 없는 것과 같다. 즉 등(燈)에 대하여 말하면, 등은 빛의 주체(主體)이며, 빛에 대하여 말하면 빛은 등의 작용이다. 빛으로 볼 때도 등과 다른 것이 아니며, 등으로 볼 때도 빛과 다른 것이 아니다. 즉 빛[光]일 때에도 등과 떨어질 수 없고, 등일 때에도 빛과 떨어질 수 없다. 즉 빛에 있을 때는 곧 등이요, 등에 있을 때는 곧 빛이다. 정혜도 역시 이와 같다. 즉 선정에 있을 때는 바로 지혜의 주체(主體)요, 지혜에 있을 때는 바로 선정의 작용인 것이다. 즉 지혜에 있을 때는 선정과 다르지 않고, 선정에 있을 때도 지혜와 다르지 않다. 즉 지혜에 있을 때는 그대로가 선정이요, 선정에 있을 때는 그대로가 지혜인 것이다. 지혜에 있을 때 더 이상 지혜라고 말할 수도 없고, 선정에 있을 때도 더 이상 선정이라고 말할 수가 없다. 이것이 선정과 지혜의 쌍수(雙修)로서 서로 떨어질 수 없는 것이며, 최

후의 二句는 바로 유마힐이 묵연하게 곧바로 不二法門을 깨닫는 것을 말한 것이다.」(『신회화상유집』243쪽)

이 일단은 선종에서 등과 등불[燈光]의 비유로 정혜일치를 설하는 최초의 설법인데, 『단경』의 정혜쌍수(定慧雙修)와 燈光의 비유는 이것을 응용한 것이다. 『종경록』97권(『대정장』48권 941上)에는 남악혜사(南嶽慧思) 선사의 말로서 정혜와 등광의 비유가 인용되고 있는데, 그 내용은 신회의 『단어』에다 『유마경』「제자품」의 「道法을 버리지 않고 범부의 일을 나타낸다.」라는 말에 대한 설명을 인용한 것이다.

징관(澄觀)의 『연의초(演義鈔)』제34권에 신회의 설법을 다음과 같이 인용하고 있다. 「수남(水南; 신회) 선지식이 말했다. '진여본체[本體]의 지혜작용[作用]을 知라고 하고 지혜작용의 진여본체를 寂이라고 한다. 마치 등에 있을 때는 곧 빛이요, 빛에 있을 때는 곧 등인 것이다. 등은 본체요 빛은 작용인데, 둘이면서도 둘이 아닌 것이다. 반야의 지(知)라는 한 글자가 미묘한 방편지혜를 실행하는 관문[知之一字 衆妙之門]이라고 설한 말 역시 수남(신회) 화상의 말이다.'」(『대정장』36권 262上) 즉, 제불여래의 불지견이 일체의 방편지혜를 실행하는 안목이라는 의미이다.

『돈오요문』卷上에도 「선정과 지혜가 똑같음을 해탈이라고 한다.(定慧等者卽名解脫也)」라고 주장하면서 밝은 거울[明鑑]과 만상의 사물이 밝은 거울에 비추어진 영상(照像)의 비유로 설하고 있다.

4장 坐禪의 定義

18. 法에는 頓漸이 없다

善知識, 法無頓漸*, 人有利鈍. 迷卽漸勸,① 悟人頓修*. 識自本心, 是見本性*, 悟卽元無差別*, 不悟卽長劫輪廻*.

【校訂】 ① 漸勸은 頓修에 相對的인 말. 「漸次로 힘쓰며 修行하는 것.」

【번 역】 여러분! 불법에 돈(頓)과 점(漸)의 구분이 있는 것이 아니고, 그 불법을 실천하는 사람들에게 영리함[利根]과 우둔함[鈍根]의 차이가 있을 뿐이다. 어리석은 사람들에게는 단계적인 수행을 권하지만, 불법의 대의를 깨달아 정법의 안목을 구족한 사람은 곧바로 발심 수행한다[頓修].
자기 본심(本心)을 깨달아 아는 것이 바로 본성(本性)을 깨달아 친견하는 것이다. 본성을 깨달으면 본래부터 차별이 없고, 본성을 깨닫지 못하면 영원히[長劫] 번뇌의 생사망심(生死妄心)에 윤회하게 된다.

【해설 및 역주】

* 法無頓漸 : 『단경』 41단에도 이와 똑같은 주장이 보인다. 달마의 『이입사행론』 (18단)에도 「道를 닦고 도를 깨달아 체득하는 데, 느림[遲]과 빠름[疾]이 있는가? 라는 질문에 卽心으로 깨닫는 사람은 빠르고, 발심과 수행을 거듭하는 사람은 느리다고 대답한다. 또 영리(利根)한 사람은 본심[卽心]이 바로 지혜가 작용하는 道라는 사실을 알지만, 우둔[鈍根]한 사람은 곳곳에서 道를 대상에서 찾고 구하면서도 본심이

지혜로 작용하는 도리[道處]를 알지 못한다.」라고 설하고 있다.

  * 疾遲(질지) : 깨달음을 깨달아 체득하는 일이 빠르고 느린 것. 돈황본 『단경』 37단, 41단, 42단 등에도 언급하고 있다. 『신회어록』 18단(『신회화상유집』 120쪽), 석정본 『신회어록』 37단, 40단과 종밀의 『도서』 등에도 언급한다.

  * 小根人 大根人 : 신심과 수행근기가 크고 적은 사람을 분류한 것인데, 소승의 수행자와 대승의 보살 수행자, 혹은 영리한 근기[利根]와 운둔한 근기[鈍根]로도 분류한다. 『단경』 18단, 31단, 32단에도 언급하고 있다.

  * 頓漸 : 돈교(頓敎)와 점교(漸敎)이다. 돈점(頓漸)이라는 교판적인 말은 축도생(竺道生)과 동문 혜관(慧觀)의 돈점 교판 논쟁에서 처음으로 사용하면서 중국불교의 교판을 논한 대표적인 말이 되었다. 천태의 교판에서도 사용하고 있지만, 선불교에서는 남종선을 주창한 하택신회와 육조 혜능의 시대에 최초로 사용하여 일반화되었다.

  『신회어록』과 『단경』 41단에서는 북종선을 점교(漸敎)로 남종선을 돈교(頓敎)로 규정하고, 남종 돈교의 내용을 돈오견성, 돈오현지라고 하고, 북종의 점교는 좌선수행과 방편통경이다. 즉 『기신론』, 『유마경』, 『화엄경』 등 5종의 대승경전을 통하여 불법의 대의를 통달하게 하는 방편통경(方便通經)의 법문이다. 북종선의 교설로 전하는 돈황본 『대승무생방편문』은 5종의 대승경론으로 오방편문을 설정하여 선법을 설하고 있다.

  선불교에서 말하는 頓(돈)은 '단번에', 漸(점)은 '점차적으로' '단계적으로'라는 의미이다. 頓을 '빨리' '신속히', 漸을 '천천히' '느리게'라고 시간적으로 빠르고[疾] 느리게[遲]라고 이해하면 안 된다. 따라서 돈오는 수행의 단계나 방편과 조건을 무시하고 진여 본심과 일념상응(一念相

110

應)하여 곧바로 진여본심을 깨달아 체득하는 수행이고, 점수·점오는 처음부터 방편을 빌려서 점차적으로, 단계적으로 수행하여 정법의 안목과 깨달음[正覺]의 지혜를 향상시키는 수행 구조를 말한다.

돈오는 번뇌 망념에서 불성을 깨닫고, 범부의 경지를 단번에 뛰어 넘는 논리상의 초월을 의미하는 말이다. 번뇌와 보리, 생사와 열반을 모두 동시에 초월하여 진여본심을 회복하는 대승불교의 수행구조인 것이다. 『화엄경』의 「初發心時 便成正覺」이나, 『증도가』의 「一超直入如來地」라는 말은 불지견으로 번뇌 망념을 자각하는 발심수행으로 단번에 불성을 깨닫고 진여본성을 회복하는 修證一如의 수행이다. 즉 중생심을 불심으로 전환하는 돈오의 논리적인 구조를 대변하고 있다.

漸修나 漸悟는 단계적인 계단을 밟아서 높은 곳으로 오르는 것처럼, 한 단계 한 단계 깨달음의 경지를 단계적으로 향상시키고 심화해 가는 수행이다. 이러한 점수와 점오에 대하여 어떤 인연과 계기를 만나 단번에 불성을 깨닫고, 철저하게 대오[大悟徹底]하는 것을 돈오라고 한다.

선수행의 깨달음은 진여본성의 지혜로 행동적·체험적·직관적인 파악이 돈오에서 이루어지는 것이다. 즉 번뇌 망념을 자각하는 수행으로 근원적인 진여본심을 회복하는 것을 돈(頓)이라고 하고, 중생심의 번뇌 망념을 방편적인 지혜로 퇴치하는 단계적인 수행을 점(漸)이라고 하는 것은 불법수행의 구조적인 차이를 가리키는 말이다. [* 정성본, 「초기 중국선종사에 있어서 頓漸의 문제」(『보조사상』 제4집. 1990년 10월) 참조.]

 * 頓修 : 돈황본 『육조단경』 43단에도 「자성을 깨달아 체득하는 것은 돈수이기에 단계적인 점차의 수행이 없다.(自性頓修 無有漸次)」라고 설하고, 『조당집』 14권 분주(汾州)화상전에 「언하에 곧바로 불도를 깨달아 체득하니 또다시 단계적인 점차의 수행이 없다.(言下便悟 更無漸

次)」라고 설한다. 「自性을 단번에 깨닫는 것[頓修]이기에 단계적인 점차(漸次)가 없다.」라는 말의 頓修는 頓悟와 같은 말이다.

조사선의 선구자인 마조 선사나 임제 선사의 설법에서도 「불도를 깨달아 체득하는 지혜는 점차의 수행이 필요하지 않다.(道不用修)」라고 하고, 「진여본성은 수행도 깨달아 증득한 것도 없다.(無修無證)」라고 설한다. 자성이 청정한 불성은 수행하여 청정하게 닦을 필요도 없고, 깨달아 증득해서 마음 밖에서 구해 얻을 대상도 없다는 사실을 단적으로 주장하는 말이다. 자성이 청정한 불성을 단번에 깨닫는 것을 돈오, 또한 닦음이 있다고 설하는 돈수(頓修)라는 표현은 선사상에서 보면 문제가 되지만, 修證이 不二이기 때문에 돈수는 돈오와 같은 말이다.

징관(澄觀)의 『연의초(演義鈔)』21권에는 「돈오점수(頓悟漸修), 돈수점오(頓修漸悟), 돈수돈오(頓修頓悟), 점수점오(漸修漸悟)」 4종류를 제시하고, 북종선 대통신수의 심게(心偈)인 「시시근불식(時時勤拂拭), 막견야진애(莫遣惹塵埃)」를 돈수점오에 배당하고, 남종선 육조 혜능의 심게(心偈)인 「명경본래정(明鏡本來淨) 하용불진애(何用拂塵埃)」를 돈수돈오에 배당시키고 있다.

징관은 『화엄경행원품소』에 「돈수점오」에 대한 해석을 세우지 않고 있는데, 종밀은 이 항목도 첨가하고 있다. 종밀의 『도서』, 『원각경대소초』권3하 참조.

『종경록』36권에 「돈오점수는 깊이 불법의 교리에 조화 있는 말이고, 돈오돈수는 진실로 종경(宗鏡)에 합당한 말이다. 명경(明鏡)이 본래 청정한데 어디에 티끌 먼지가 있을 수 있는가? 이것은 육조가 곧바로 본성을 나타내어 북종의 점수를 타파한 것이다.(頓悟漸修 深諧敎理, 頓悟頓修 正當宗鏡. 明鏡本來淨, 何用拂塵埃. 此是六祖 直顯本性, 破其漸

修.)」라고 설한다.

  * 自識本心 自見本性 : 돈황본 『육조단경』 10단, 14단, 21단, 32단, 33단
등에도 언급하고 있다. 『수심요론』 12단, 15단에 「나는 곧바로 그대가
스스로 자기의 본심을 알고 체득하기를 바란다.(吾直望得汝自識本心 是故
能勸如是)」라고 하고, 또 「바라건대, 모두 본심을 알고 一時에 성불하기
를 바란다.(願皆識本心 一時成佛 開者努力)」라는 법문에 의거했다.

  『신회어록』에는 식심(識心)을 다음과 같이 설하고 있다. 「신족(神
足) 스님이 질문했다. '진여의 본체가 바로 본심이며 또한 푸른색 노란색
[靑黃]의 형색이 없는데 어떻게 알아야 합니까?' 신회 화상이 대답했다.
'우리의 마음은 본래 공적하여 망념이 일어남을 깨닫지 못합니다. 만약
망념이 일어남을 깨닫는 사람은 망념과 깨달음이 모두 함께 없어지는 것
이니 이것이 곧 마음을 아는 것입니다.'」(『신회화상유집』 118쪽)

  * 了了見性 : 분명히 불성을 친견하고 깨닫는 것. 『열반경』 20권 「범
행품」에 「또 다시 원하옵건대 모든 중생이 영원히 모든 번뇌를 타파하
고 분명하게 불성을 깨달아 마치 妙德과 같이 되기를 바랍니다.(復願諸
衆生, 永破諸煩惱 了了見佛性, 猶如妙德等)」라는 게송에 의거한 것이다.

  * 識心達本 : 『중본기경』 상권에서 설한 게송의 일절인데, 『찬집
백연경』 제10권에 「일체의 모든 법은 인연이 空하면 주체가 없다. 망
심을 쉬고 마음의 근원을 통달해야 출가 사문이라고 할 수 있다.(一切
諸法中 因緣空無主, 息心達本源, 故號爲沙門)」라고 설한다. 이 게송은
천태의 『차제법문』 권3의 하, 『사십이장경』, 『조당집』 제1권 석가모
니불장, 『마조어록』 등 선 문헌에 많이 인용되고 있다.

  * 還得本心 : 『유마경』 제자품의 말이다. 『단경』 21단, 32단에도
「卽時豁然 還得本心」이라고 인용하고 있다. 『조당집』 3권 혜충 국사

장에도 「識得本心」이라고 설하며 돈오견성의 입장을 말한다.

　＊悟卽元無差別(오즉원무차별) : 깨달음이란 차별 분별의 중생심에서 절대 무차별의 경지인 불심을 체득하는 것이다. 이것은 마치 번뇌 망념의 숲에서 본래의 자기 집으로 되돌아가는 귀가, 귀명과 같은 수행 구조이다.

　＊長劫輪廻(장겁윤회) : 불교의 윤회설은 心法의 윤회설이다. 중생의 마음에서 번뇌 망념이 일어남을 生, 일어난 번뇌 망념이 없어지는 것을 滅(死)이라고 한다. 즉 생사윤회에 허덕이는 것으로, 중생의 마음속에서 번뇌 망념이 끊어지지 않아서, 지옥ㆍ아귀ㆍ축생의 세계에 허덕이며 오랫동안 벗어나지 못하는 번뇌 망념의 중생심을 표현한 말이다.

19. 無念, 無住, 無相, 無縛의 법문

　善知識, 我此①法門, 從上已來, 頓漸皆立, 無念*爲宗, 無相*爲體, 無住*爲本. 何名無相. 無相者②. 於相而離相.

　無念者, 於念而不念. 無住者, 爲人本性, 念念不住, 前念, 今③念, 後念, 念念相續*. 無有斷絶, 若一念斷絶, 法身卽離色身, 念念時中, 於一切法上無住, 一念若住, 念念卽住, 名繫縛. 於一切法上, 念念不住, 卽無縛也. 此是④以無住爲本.

　善知識, 外離一切相, 是無相⑤. 但能離相, 性體淸淨, 是以無相爲體. 於一切境上不染, 名爲無念. 於自念上離境, 不於法上生念⑥. 莫百物不思*, 念盡除却, 一念斷卽死⑦, 別處受生*.

　學道者用心, 莫不識法意*. 自錯尙可*, 更勸他人迷. 不自見迷, 又謗經法. 是以立無念爲宗, 卽緣迷人於境上有念, 念上便起邪⑧見. 一切塵

勞妄念從此而生.

然此敎門立無念爲宗, 世人離境, 不起於念.

若無有念, 無念亦不立*. 無者無何事, 念者念⑨何物. 無者離二相諸塵勞*, 念者念眞如本性*⑩. 眞如是念之體, 念是眞如之用. 自⑪性起念, 雖卽見聞覺知, 不染萬境, 而常自在. 維摩經云*, 外能善分別諸法相, 內於第一義而不動.

【번 역】여러분! 내가 설하는 남종의 법문은 달마 대사 이후의 조사들이 모두 돈교와 점교로서 건립하였다. 진여본성이 청정하여 본래 망념이 없다는 무념(無念)을 제시하여 종지로 하였고, 일체의 형상이 없는 무상(無相)으로 진여 본체(本體)를 삼고, 대상경계에 집착하지 않는 무주(無住)의 반야지혜를 근본으로 하고 있다.

무상(無相)이란 어떤 것인가? 무상이란 의식의 대상경계의 사물 형상[相]을 보지만, 그 사물의 형상에 집착하지 않는 것이다.

무념(無念)이란 진여본심의 지혜로 중생심의 망념을 자각[念]하는 가운데 중생심의 번뇌 망념이 없는 경지이며, 무주(無住)란 사람의 본성이 언제나 일념 일념에 의식의 대상경계의 사물에 집착하지 않는 것을 말한다. 찰나 이전의 일념[前念]과 지금의 일념[今念]과 이후의 일념[後念]이 서로서로 상속되어 진여일심의 지혜가 단절(斷絶)되지 않는 것이다.

만약 찰나의 일념이 단절되면 진여법신[法身]의 지혜는 곧 색신(色身)을 떠나게 된다. 찰나의 일념 일념이 일체 의식의 대상경계(사물)에 집착하지 않는 것이다. 만약 찰나의 일념이라도 의식의 대상경계(사물)에 집착하면 일념 일념이 곧 집착하게 되는 것이니, 이것을 대상경계(사물)에 속박된 계박(繫縛)이라고 한다.

일체의 대상경계[法]에 대하여 일념 일념이 집착하지 않으면 의식의 대상경계에 속박되는 일이 없다. 이것이 곧 의식의 대상경계에 집착하지 않는 무주(無住)로써 근본을 삼는 것이다.

수행자 여러분! 마음 밖으로 일체의 모든 사물의 형상[相]을 보면서도 사물의 형상에 집착하지 않는 것이 무상(無相)이다. 다만 의식의 대상경계의 형상에 집착하지 않는다면 진여본성은 항상 청정하다. 그러므로 무상으로 진여 본체를 삼는 것이다.

일체 의식의 대상경계에 집착하여 번뇌 망념으로 오염되지 않는 것을 진여는 망념이 없는 무념(無念)의 경지라고 한다. 스스로 망념을 자각하여 차별의 대상경계를 여의었기 때문에 의식의 대상경계의 사물[法]을 상대할지라도 번뇌 망념이 일어나지 않는다.

여러 가지 많은 대상경계의 사물[百物]에 대해서 사념(思念)하지 않으려고 하지 말고, 또한 모든 번뇌 망념을 모두 없애 버리려고 하지 말라. 일체의 사념을 모두 다 제거해 버리고, 일념(一念)이 단절되면 진여본심의 지혜작용이 죽어 버리고 또 다른 번뇌 망념이 일어나게 된다.

불도[道]를 배우는 사람은 주의하여 불법의 올바른 의미[法意]를 잘 알지 못하는 일이 없도록 해야 한다. 자신이 불법의 의미를 잘못 아는 것은 그런대로 괜찮다고 할지라도, 다른 사람들을 미혹하게 해서야 되겠는가? 자기 스스로 미혹하여 불법의 진실을 깨닫지 못하고 심지어 경전의 법문을 비방(誹謗)하고 있다.

그래서 무념(無念)을 제시하여 종지로 삼는 것이다. 즉 미혹한 사람은 대상경계의 사물에 고정관념을 일으키며, 그러한 고정관념의 사고에서 곧 잘못된 사견(邪見)을 일으키므로 일체의 번뇌[塵勞]와 망념이 여기에서 생긴다. 그래서 남종의 돈교 법문에서는 무념을 제시하여 종지로 삼는다. 세상 사람들이 잘못된 사견을 여의고, 번뇌 망념을 일으키지 않도록 하는 것이다. 만약 마음에 번뇌 망념이 없다면 무념이라는 방편 법문을 새롭게 내세워 제시할 필요도 없다.

그런데 여기서 없다[無]고 함은 무엇이 없다는 것이며, 자각[念]한다는 것은 또한 무엇을 자각한다는 말인가?

없다[無]고 하는 것은 (주관과 객관 두 가지 모양) 상대적인 차별심과 일체의 모든 번뇌 망념[塵勞]을 여읜다는 것이고, 자각한다는 것은 진여본성[眞如]을 자각하는 것이다. 진여는 곧 자각[念]의 본체가 되는 것이요, 자각하는 것은 바로 진여의 지혜작용인 것이다. 진여자성이 자각하여 의식의 대상경계의 사물을 보고[見], 듣고[聞], 자각하여 알지[覺知]만, 일체의 모든 의식의 대상경계에 오염되지 않고 언제나 청정하며 자유자재하다.

『유마경』에 「마음 밖으로 능히 모든 대상경계의 사물[法]의 형상을 불지견(佛知見)으로 잘 판별하면서도, 마음 안으로 진여본심[第一義]은 움직이는 일이 없다.」라고 설했다.

【해설 및 역주】

* 無念 : 『대승기신론』에 「心性은 본래 번뇌 망념이 없는 무념(無

念)이기에 불변(不變)이라고 한다. 一法界를 깨달아 체득하지 못했기 때문에 마음이 진여와 상응하지 못하고, 홀연히 번뇌 망념(妄念)이 일어나는 것을 무명(無明)이라 한다.」라고 하며, 또 경전의 말을 인용하여, 「만약 중생이 능히 망념이 없는 무념(無念)을 관찰[觀]하는 자는 즉, 불지(佛智)를 향한다고 하기 때문에…」라고 설하고 있다.

하택신회의 『돈오무생반야송(頓悟無生般若頌)』에 「중생심의 망념이 없는 무념을 종지로 삼고, 조작이 없는 무작(無作)을 근본으로 삼으며, 진공(眞空)을 본체로 삼고, 묘유(妙有)를 지혜작용으로 삼는다. 대개 진여는 망념이 없는 본래 무념이며 중생심의 사량 분별과 생각[想念]으로 능히 알 수 있는 경지가 아니다. 진여실상은 망념이 없는 무생(無生; 空)이니 어찌 망심의 마음을 일으켜서 능히 알 수 있으리오.(無念爲宗, 無作爲本, 眞空爲體, 妙有爲用. 夫眞如無念, 非念想能知, 實相無生, 豈生心能見)」라고 설한다. 또 『단어』에도 「다만 스스로 진여본체가 적정하여 空하며, 소유함이 없음을 알기에 역시 머물고 집착함이 없음이 마치 허공과 같아 두루하지 않는 곳이 없기에 이것을 제불의 진여 법신이라고 한다. 진여는 바로 무념의 본체이기 때문에 그래서 무념을 세워 종지로 삼는다. 만약 무념을 깨닫는 자는 비록 견문각지(見聞覺知)를 구족하나 항상 공적하다.」라고 설하고 있다.

종밀의 『도서』 하택종을 논한 곳에도 「반야의 지(知)는 또한 無念無形이니, 누가 我相이니 人相이니 분별할 것인가? 모든 형상[相]이 空한 것임을 깨달으면 마음은 자연히 無念이 된다. 망념이 일어나면 망념이 일어난 것을 깨달아야 한다. 망념이 일어난 사실을 깨달으면 망념은 없어지게 되니 수행의 묘문(妙門)은 오직 여기에 있다. 그래서 비록 만행을 갖추어서 수행할지라도 오직 무념을 종지[無念爲宗]로 삼는 것이다.」라

118

고 설한다. 종밀의 『배휴습유문』, 『원각경대소초』 등에 자주 언급하고 있다. 돈황본 『단경』 33단에도 無念의 수행에 대한 법문이 있다.

 * 無相 : 진여 법성은 번뇌 망념이 남도 없고 멸함도 없는 불생불멸이기에 생멸의 변천이 없다. 『금강경』에 「무릇 모양이 있는 것은 모두 허망한 것. 만약 모든 대상경계의 형상을 대상으로 분별하거나 집착하지 않는다면 곧 여래를 친견하리라.(凡所有相 皆是虛妄 若見諸相非相 卽見如來)」의 입장이다. 또 「일체의 모든 자아의식의 법상을 여읜 경지가 제불.(離一切諸相 卽名諸佛)」(『大正藏』8권 750中)이라고 설한다. 『열반경』제30권에 「무상이란 속박됨이 없는 것이며, 무박이란 집착함이 없는 것이다.(無相者 名爲無縛, 無縛者 名爲無着)」(『대정장』12권, 546中下)라고 설하는 것처럼, 열반적정의 진여가 바로 無相의 경지이다.

 신회의 『단어』에 「일체중생은 본래 無相이다. 지금 형상이라고 말하는 것은 모두 중생의 妄心이니 만약 마음에 망심이 없으면[無相] 곧바로 불심이다.」라고 설하고, 『신회어록』에도 「일체중생의 마음이 본래 無相이다. 무상이란 중생의 妄心이 없는 것이다.」라고 설한다.

 『육조단경』에서는 제목과 9단, 19단, 22단, 「무상심지계」35단의 「무상죄멸송」 등에서 무상의 법문을 설하는데, 『금강경』의 무상설법에 의거한 것이다. 『금강경』 서문에 「『금강경』은 無相을 종지로 삼고, 無住를 본체로 삼으며, 妙有를 작용으로 삼는다.」라고 하고, 『금강경해의』에 「이 경(금강경)의 뜻은 집착하지 않는[無着] 無相의 실천행이다. 불가사의라고 말하는 것은 무착 무상의 실천행을 찬탄하여 능히 아뇩다라삼먁삼보리를 성취하는 것이다.」라고 해설하고 있다.(『혜능연구』 440쪽, 446쪽, 448쪽 등 참조)『무심론』의 서문에도 언급하고 있다.

 * 無住 : 자성을 가지지 않고 어떤 사물[法]에도 집착[住着]하지 않는 것

이며, 마음을 어디에도 고정시키지 않고 텅 비우는 空의 실천이다. 『금강경』에 「應無所住 而生其心」이라는 無住相을 설하고, 『유마경』 「관중생품」에 「무주의 근본(진여본심)에서 일체법을 건립한다.(從無住本 立一切法)」(『大正藏』 14권, 547下), 「깨달음은 고정된 처소가 없다. 그래서 얻음도 없는 것이다.(菩提無住處 是故無有得者)」라고 설한다.

『신회어록』에는 「無住」에 대한 설법이 많은데, 『단어』에 다음과 같이 설한다. 「예를 들면 새가 허공을 나는 것처럼, 만약 새가 허공에 머문다면 반드시 추락할 위험이 있다. 수행자가 무주의 마음을 배우고 만약에 마음을 의식의 대상경계[法]에 머무르게 한다면 집착[住着]인 것이며, 거기서 해탈할 수가 없다. 경(유마경)에도 설하고 있다. 다른 병이 없어도 오직 공병(空病)이 있으니 空에 집착하는 病이다. 망심을 텅 비우도록 설한 공의 법문 또한 텅 비워야 하는 것(空)이니, 空의 법문 역시 비우지 않으면 안 된다.」(『신회화상유집』 236쪽). 또 「만약 망념이 일어나면 곧바로 망념인줄 깨닫도록 하라. 망념을 깨달으면 바로 진여본성은 무주심(無住心)이 된다.」라고 설했다.(『신회화상유집』 249쪽)

종밀도 『원각경대소초』 1권 下에 「무주심(無住心)은 하택 대사가 설한 법문의 깊은 뜻(深意)이다.」라고 설하고 있다. 『전등록』 30권에 수록된 징관의 「답황태자문심요(答皇太子問心要)」에 「지도(至道)는 그 마음을 근본으로 하고, 심법(心法)은 무주(無住)를 근본으로 하며, 무주의 심체(心體)는 신령스러운 지혜작용(靈知)이 몽매하지 않는다.」라고 설하고 있다.

육조 혜능이 『금강경』의 「應無所住 而生其心」에 깨닫게 되었다는 말은 후대의 주장이다.

* **念念相續** : 일념 일념이 머무름 없이 一念의 자각적인 지혜로 상속되는 것이 마치 물 흐르는 것과 같다. 前念, 今念, 後念이 서로 이어져

끊어짐이 없고, 번뇌 망념이 개입되지 않는 것이다. 염념상속은 정념상속과 一向專念과 같은 의미이다. 40권 『화엄경』「보현행원품」(『대정장』10권 844下), 『대승기신론』(『大正藏』32권 576下) 등 참조.

『신회어록』에 다음과 같이 설한다. 「보살이 깨달음의 도를 향함에 그 마음이 일념 일념에 머무름이 없다. 마치 등불의 불이 서로서로 상속(相續)하는 것처럼, 자연스럽게 끊어짐이 없는 모습이 등(燈)에 새롭게 불을 붙이지 않는 것과 같다. 왜냐하면 모든 보살이 보리(깨달음)를 향해 나아감은 일념 일념[念念]이 상속하여 끊어짐이 없기 때문이다.」(『신회화상유집』136쪽). 『금강경해의』에 「선호념(善護念)이란 모든 학인이 반야의 지혜로 자신의 몸과 마음을 잘 보호하고 자각[護念]하여 중생심으로 증애(憎愛)의 차별심을 일으켜 밖으로 육진(六塵)의 대상경계에 오염되고 생사고해에 타락하지 않게 하며, 자기 마음 가운데 일념 일념을 바르게 자각하여[念念常正] 번뇌 망념의 삿된 망념이 일어나지 않게 하는 것이 자성 여래를 잘 호념하는 것이다.」라고 해설한다.

   * 莫百物不思 : 『단경』33단에도 「수백 가지 많은 사념(思念)을 일으키지 않으려고 하지 말라. 사념하는 사고를 끊어 버리려고 하는 그 생각이 곧 법박(法縛)이 되고, 한 쪽으로 치우친 편견(偏見)이 된다.(百物不思 常令念絶, 卽是法縛, 卽名邊見)」라고 설한다. 번뇌 망념을 제거하고 없애려는 마음이 오히려 번뇌 망념이 되고 삿된 편견이 된다. 정법의 안목이 없이 참선 수행하는 수행자의 禪病이며 心病이다.

   『선관책진(禪關策進)』에 인용하는 대의(大義) 선사의 법문에 「쓸데없이 의식의 대상경계의 형상을 없애 버리고, 번뇌 망심을 없애 버리려고[死心] 하지 말라! 이것은 고치기 어려운 선병이며 가장 깊은 심병이다.」라고 하고, 또 『전등록』28권 조주(趙州) 선사의 설법에도 「만약 부처님[空王]의 제자가 되고자 한다면, 중생의 심병(心病)이 되지 않도록 수행하라. 심병은 가장 고치기 어려운 병이다.」라고 설한다.

『전등록』제5권 신회화상전에 와륜(臥輪) 화상의 게송을 전한다.

「어떤 스님이 와륜 화상의 게송을 소개했다. '와륜은 재주[技倆]가 있어, 능히 백 천 가지 생각을 끊고, 경계에 대하여 망심이 일어나지 않으니 깨달음[菩提]이 나날로 증장한다.'

육조 대사가 이 게송을 듣고 말했다. '이 게송은 아직 심지(心地)를 밝히지 못한 것이다. 만약 이 게송에 의거해서 수행한다면 대상경계에 속박되는 계박(繫縛)이 더욱 심할 것이다.'라고 하며, 게송을 설했다.

'혜능은 재주가 없어 백 천 가지 생각을 끊지 않고, 경계에 대하여 마음을 자주 일으키니 깨달음이 어찌 증장(增長)할 수 있겠는가?'」

* 別處受生 : 중생이 육도에 윤회하는 다른 중생의 세계에 태어나게 되는 것을 말한다. 마음속에서 일어난 한 생각의 번뇌 망념이 없어지면 또 다른 번뇌 망념이 생기게 된다는 말로서 생사윤회를 반복하게 될 뿐이라는 의미이다. 불법의 근본 의미를 잘못 알고 수행하면 번뇌 망념의 생사윤회를 벗어나지 못한다는 의미로 설하고 있다. 일체의 모든 생각을 없애버리고, 번뇌 망념을 일으키지 않도록 하는 것이 도리어 번뇌 망념이기 때문이다. 올바른 불법의 의미를 체득해야 생사고해를 벗어날 수 있다.

* 莫不識法意 : 법의(法意)는 육진(六塵; 色聲香味觸法)의 法과 육근(六根; 眼耳鼻舌身意)의 意로도 볼 수 있으나, 본문 중에도 「經法을 비방한다.」라는 내용이 연결되어 있는 점으로 볼 때, 불법의 근본 의미[大意]로 보는 것이 옳다. 불법의 대의와 현지(玄旨)를 깨닫고 정법의 안목을 구족해야 여법하고 여실하게 중생심의 심병을 진단하고 처방하여 올바른 정법수행을 할 수 있다고 강조한 것이다. 『육조단경』9단, 44단,

45단, 51단 등에서 설하는 의법수행, 여법수행, 여실수행의 입장이다. 『열반경』 등에서 설하는 「法에 의거해야 한다.」는 말을 전제로 하고 있다. 『단경』9단의 주기 참조.

 * 自錯尙可 : 『능가경』 제2권에 「외도의 허망한 견해[外道妄見]와 정법을 비방하면 자기도 생사윤회에 타락하고 남도 타락하게 한다.」라고 하는 「자함함타(自陷陷他)」와 같은 말이다. 이 말은 『능가사자기』 구나발타라전과 화엄의 『망진환원관(妄盡還源觀)』에도 인용하고 있다. 홍인의 『수심요론』에는 「자신도 미치광이가 되고 남도 미치광이가 되니 생사윤회에서 해탈할 수가 없다.(自誑誑他 不脫生死)」라는 말이 있다.

 * 若無有念 無念亦不立 : 중생심의 번뇌 망념을 일으킨 사람에게 무념(無念)이라는 방편의 법문을 설하여 번뇌 망념을 텅 비우도록 설했지만, 번뇌 망념을 일으키지 않은 사람에게는 무념이라는 방편법문을 설할 필요가 없다. 진여 자성은 본래 번뇌 망념이 없는 무념이기 때문이다.

 『역대법보기』 무주(無住) 선사의 법문에도 「중생이 번뇌 망념[有念]을 일으키기 때문에 방편으로 무념의 법문을 설한 것이다. 번뇌 망념이 없으면 새롭게 무념을 주장할 필요도 없다.」(『대정장』51권 189下)라고 똑같은 취지로 설하고 있다.

 * 塵勞 : 마음을 피곤하게 하는 번뇌 망념. 중생의 마음은 끊임없이 번뇌 망념으로 진여본심이 오염되어 생사 망념에 유전하고, 피곤하게 한다. 진(塵)은 색성향미촉법의 육진(六塵)의 경계를 말하며, 안이비설신의의 육근(六根)이 육진의 대상경계를 인식하여 육식(六識)의 분별심을 일으켜 여러 가지 번뇌 망념의 고뇌를 발생하게 한다.

 『능가경』에 「육진의 대상경계에 진여 본심이 오염되었다.[진노소오

(塵勞所汚)」(『대정장』16권 489上)라고 했고, 『무량수경』에도 「진노구습(塵勞垢習)」(『대정장』12권 272上)이라고 했다. 돈황본 『단경』19단(2회), 25단, 28단, 29단(2회), 37단 등에도 언급하고 있으며, 『금강경해의』(『혜능연구』431쪽, 437쪽, 440쪽, 446쪽)에도 자주 언급하고 있다.

* 念者念眞如本性 : 念은 진여 본성을 자각[念]하는 것으로 찰나의 일념 일념[念念]으로 자각하는 것을 말한다. 一念이나 正念의 염념상속이나 염념해탈의 입장을 말한다. 석정본 『신회어록』(20단)에 사도왕과 신회의 문답 가운데 다음과 같은 일단이 있다.

「또 질문했다. '없다[無]고 함은 무슨 법이 없다는 것이며, 자각[念]한다고 함은 어떤 법을 자각한다는 것인가?'

(신회 화상이) 대답했다. '없다고 함은 상대적 차별심으로 두 가지를 분별하는 이법(二法)이 없다는 것이며, 자각한다고 함은 오직 진여를 자각할 뿐이다.'

또 질문했다. '자각하는 것과 진여는 어떤 차별이 있는가?'

대답했다. '역시 아무런 차별이 없다.'

질문했다. '이미 차별이 없다면 무엇 때문에 진여를 자각한다고 말하는가?'

대답했다. '말하자면 자각은 진여의 지혜작용이요, 진여는 자각의 본체이다. 이러한 까닭으로 무념을 제시하여 종지로 삼는 것이다. 무념의 본체인 진여본심은 비록 대상경계를 견문각지(見聞覺知)할지라도 항상 공적(空寂)할 뿐이다.'」

돈황본 『단경』은 이상의 『신회어록』의 문답을 혜능의 설법으로 재편한 것이다.

신회의 『현종기(顯宗記)』에도 「無念에서 자각한다는 것은 즉 진여

를 자각하는 것.(念者卽念眞如)」이라고 하고, 징관의 『연의초』34권에
도 똑같은 말을 전하고 있다. 『돈오요문』에는 「무념은 어떤 생각이
없다는 것인가? 무념이란 번뇌 망념[邪念]이 없는 것이며, 正念이 없다
는 것이 아니다.」라고 설한다.

 * 維摩經云 : 『유마경』「불국품」(『대정장』14권 537下)의 말로서
第一義는 진여 자성의 근본 당처를 말한다.

 『신회어록』44단에 남양태수 왕필(王弼)이 신회 화상에게 질문하는
가운데, 다음과 같이 신회가 인용하고 있다. 「또 질문했다. '어떤 것이
宗通입니까?' (신회 화상이) 대답했다. '단지 자성이 공적함을 깨닫고 또
다시 사물을 관찰[觀]하는 마음을 일으키지 않는 것이 종통이다.' 질문
했다. '설법할 때는 마음이 생멸심[生滅]에 떨어진 것이 아닙니까?' 대답
했다. '경전에 말하기를 능히 반야의 지혜(안목)로 제법의 법상(法相)을
잘 분별하지만 근본의 진여본심[第一義]은 움직이지 않는다고 했다.'」
(호적, 『신회화상유집』 148쪽)

 그 밖의 『신회어록』39단에 「菩提心 元來不動」과 같은 의미이다.

20. 좌선의 이치

 善知識, 此法門中坐①禪, 原不看②心, 亦不看淨*③, 亦不言不④動. 若言
⑤看心, 心元是妄, 妄如幻故, 無所看也. 若言看淨, 人性本淨⑥, 爲妄念
故, 蓋覆眞如, 離妄念, 本性淨. 不見自性本淨, 起心看淨, 却生淨妄. 妄
⑦無處所*, 故知看者却是妄也⑧. 淨無形相, 却立淨相. 言是功夫, 作此見
者, 障自本性, 却被淨縛*.

若修⑨不動*者, 不⑩見一切人過患*, 是性不動, 迷人自身不動, 開口卽說人是非, 與道違背. 看心看淨*, 却是障道因緣.

【校 訂】① 底本에는 「座」字. 甲本에 의거함. ②, ③ 底本. 甲本에는 「著」字. ④ 底本. 甲本에는 「不」字 欠. 惠昕本에 의거 첨가함. ⑤ 底本 「言」字 欠. 甲本에 의거 첨가함. ⑥ 底本에는 「體」字. 甲本에 의거 고침. ⑦ 底本. 乙本에는 「妄」字 欠. 甲本에 의거 첨가함. ⑧ 底本. 甲本에는 「看者看却是妄也」. 「看」 一字 삭제함. ⑨ 底本. 甲本. 乙本에는 「修」字 欠. 惠昕本에 의거 첨가함. ⑩ 底本. 甲本. 乙本에는 「不」字 欠. 惠昕本에 의거 첨가함.

【번 역】여러분! 남종 돈교의 이 법문에서 좌선(坐禪)은 원래 마음을 살펴보는 것이 아니며, 청정한 마음을 살펴보는 것도 아니며, 또한 마음이 동요되지 않는 경지가 되도록 하는 것도 아니다.

만약 마음을 살펴본다고 말하지만, 마음은 원래 허망한 것이며 허망한 것은 환화와 같이 실체가 없는 것이기 때문에 살펴볼 수 있는 대상이 없다.

청정한 마음을 살펴본다고 하지만, 사람의 본성은 본래 청정하다. 중생심의 번뇌 망념이 본래의 자성을 뒤덮어 버렸기 때문에 진여자성이 감추어져 있는 것이므로, 번뇌 망념을 여의면 자성은 본래 청정한 것이다.

진여 자성이 본래 청정한 그 사실을 깨닫지 아니하고, 망심을 일으켜 청정한 마음을 살펴본다고 하는 것은 도리어 청정함이라는 번뇌 망념을 일으키게 하는 것이다. 번뇌 망념이 일어나는 것은 정해진 장소가 없으므로 청정한 마음을 살펴본다는 그 마음이 다름 아닌 번뇌 망념이라는 사실임을 알 수 있다.

청정한 마음에는 의식의 대상경계에 형상이 없는데, 도리어 청정한 고정관념을 내세워 청정한 마음을 살펴보는 것이 수행공부라고 말하고 있다. 이와 같은 견해는 스스로 본성의 청정함을 장애하는 망념을 짓는 일이며 도리어 자신이 청정함이라는 번뇌 망념에 속박되는 것이다.

또한 마음이 동요되지 않도록 수행한다고 말하는데, 일체 다른 사람들의 잘못된 허물을 대상경계로 보지 않아야 진여자성이 동요되지 않는다. 어리석은 사람은 자신의 몸은 움직이지 않으면서, 입을 열면 곧 다른 사람들의 옳고 그름에 대해서 말하고 있으니 불도의 수행과 위배되는 일이다. 중생의 망심으로 마음을 살펴보고, 청정한 마음을 살펴본다고 한다면 이것은 도리어 불도 수행을 장애하는 인연이 되는 일이다.

【해설 및 역주】

* 不看心 不看淨 : 북종선의 좌선 수행으로 설하는 看心 看淨에 대한 비판인데, 『단경』 16단에서도 언급하고 있다. 북종선의 자료인 『대승무생방편문』 등에서 설하는 간심 간정의 선법을 『신회어록』(『신회화상유집』 151쪽)에서 다음과 같이 비판하는 일단에 의거하고 있다.

「질문. '무엇을 대승의 선정이라고 합니까?' 대답. '대승의 선정이란 마음을 쓰지[用心] 않고, 마음을 살펴보지[看] 않고, 고요함[靜]을 살펴보지 않고, 空을 관찰[觀]하지 않고, 마음을 대상경계에 집착[住]하지 않게 하고, 마음을 맑게 하지도 않고, 멀리 살펴보지도 않고, 가까이 살펴보지도 않고, 十方의 대상도 없고, 항복하지도 않고, 두려워하지도 않고, 분별함도 없고, 空에 빠지지도 않고, 적정함에 안주[住]하지도 않고, 일체의 망상이 일어나지 않는 것이 바로 대승의 선정이다.' … (略) …

질문. '무엇이 마음으로 살펴보지 않는 것입니까?'

대답. '마음으로 살펴본다고 하는 것은 바로 망상이니, 망상이 없으면 곧 이것이 살펴보지 않는 것이다.'

질문. '무엇이 청정한 마음을 살펴보는 것[看淨]이 아닙니까?'

대답. '더러움이 없으면 청정함도 없는 것, 청정함 역시 대상경계의 형상[相]이니 그래서 살펴보지 않는다.'」

또 『신회어록』에는 북종의 좌선을 四句의 격언으로 묶어서 다음과 같이 비판하고 있다.

「若有坐者 凝心入定 住心看淨. 起心外照 攝心內證者 此是障菩提 未與菩提相應, 何由可得解脫, 不在坐裏. 若以坐爲是. 舍利弗宴坐林間. 不應被維摩詰訶. 訶云 '不於三界現身意 是爲宴坐' 但一切時中 見無念者. 不見身相 名爲正定. 不見心相 名爲正惠」(『신회화상유집』 133쪽)

종밀의 『원각경대소초』3의下 (Z. 14-277.c~278.b), 『배휴습유문』 등에서는 『육조단경』 신수의 심게 등을 인용하여 북종선을 「불진간정(拂塵看淨), 방편통경(方便通經)」이라고 평가하고 있다.

* 妄無處所 : 망심이 일어나는 어떤 장소가 설정되어 있는 것이 아니라는 말이다. 『유마경』 「부사의품」에 「法無處所 若著處所 是則著處 非求法也」(『대정장』14권 546上)에 의거한 말이다. 『유마경』 「관중생품」에는 「깨달음은 고정된 주처가 없다.(菩提無住處)」(『대정장』14권 548下)라는 말이 있는데, 『전심법요』, 『임제록』(13~20) 등에 인용하고 있다. 번뇌 망념이나 중생심의 미혹함이 본래 환화와 같이 실체가 없는 것처럼, 보리(菩提) 또한 실체가 없다. 『임제록』에 「無明은 住處가 없다.」라는 말과 같다.

* 被淨縛 : 청정함이라는 고정관념에 사로잡혀 속박되는 것을 지적한 것이다. 자성이 청정한 불성을 살펴보려고 하는 마음이 중생심의 조작과

작의성이기 때문에 도리어 청정이라는 견해와 번뇌 망념에 집착되고 속박된 것이다.

돈황본 『단경』 16단에도 「집착하면 속박된다.(住卽被縛)」라고 한다. 선정을 닦으려는 마음에 속박된 것을 정박(定縛)이라고 『이입사행론』 56단에서도 지적하고 있다. 『유마경』 「문질품」에 「무엇을 속박이라고 하고 무엇을 해탈이라고 하는가? 선정의 맛에 집착하는 것이 보살의 속박이며, 방편으로 인간의 세상에서 중생을 구제하며 사는 것이 보살의 해탈이다.」(『대정장』 14권 545中)라고 설한다. 신회의 『단어』에 다음과 같이 중생심의 조작과 작의(作意)로서 좌선수행을 하는 북종선을 비판하고 있다.

「여러분 일체의 선악을 모두 함께 사량하지 말라. 마음을 응집[凝心]하여 대상경계에 머무르게[住] 하는 것도 옳지 않고, 또한 마음으로 마음을 직시(直視)하나 직시하는 곳에 머무르면 옳지 못하다. 눈을 내려 向下하면 곧 눈을 내려 向下하는 곳에 머무르는 것도 옳지 못하다. 중생심의 작의심(作意心)으로 망심을 수습하지 말라. 또한 멀리 보고[遠看], 가까이 보는 수행[近看]도 하지 말라. 모두 옳지 못한 것이다. 경전(『유마경』)에 '관찰하지 않는 것[不觀]이 바로 깨달음[菩提]이니 기억하는 망념[憶念]이 없기 때문이다.'라고 설한다. 즉 이것이 자성이 청정한 공적심[自性空寂心]인 것이다.」

『신회어록』(11단)에 「신회 화상이 학인들에게 질문했다. '지금 마음을 쓰는 것[用心]이라고 말한 것은 중생심의 작의(作意)인가, 부작의(不作意)인가? 만약 부작의라면 벙어리와 다름없고, 만약 작의라면 대상경계를 분별하는 유소득(有所得)이다. 대상경계를 분별하는 유소득이면 번뇌 망념에 속박된 것이다. 어떻게 해야 해탈할 수 있겠는가? 성문은 번뇌 망념을 텅 비우는 空을 수행하고 空에 안주하기 때문에 空에 속박된다. 선정을 닦고 선정에 안주한다면 선정에 속박되는 것이다. 만약 고요함을 수행하고 고요함에 안주한다면 고요함[靜]에 속박되는 것이고, 적정함을 수행하고 적정한 경지에 안주한다면 적정[寂]에 속박되는 것이다.'(和上問 諸學道者, 今言用心者 爲是作意, 不作意. 若不作意, 卽是聾俗無別. 若言作意, 卽是有所得. 以有所得者, 卽是繫縛故. 何由可得解脫. 聲聞修空住空, 卽被空縛. 若修定住定. 卽被定縛,若修靜住靜. 被靜縛, 若修寂住寂, 被寂縛.)」(『신회화상유집』 117쪽)

　*不見一切人過患 : 「不」字를 보충하여 읽는다. 다른 사람의 잘못이나 허물[過失]도 보지 않는 수행이다.

　사람이 남의 허물이나 잘못을 대상경계로 보고 번뇌 망념이 일어나면 외부의 대상경계를 분별하고 집착하는 번뇌 망념에 타락하게 되어 자기의 본성을 상실하게 된다. 그래서 마음의 동요가 일어나지 않도록 하는 부동(不動)의 수행을 강조하는 것이다. 진여본성이 여여하게 부동의 경지가 되는 참선 수행은 진여삼매의 지혜로 지금 여기, 자기 본분사를 실행하는 일이다.

　『법구경』 상권에 「남의 허물[過失]을 보지 말라. 타인의 행위나 혹은 옳지 못한 일을 보지 말라. 다만 자기의 한 일과 할 일을 보라.(不務觀彼. 作與不作, 常自省身, 知正不正)」(『대정장』 4권 563中)라고 설한다.

　돈황본 『단경』 38단에도 「常見在己過, 與道卽相當. … (中略) … 若眞修道人, 不見世間愚, 若見世間非, 自非却是左」라고 하고, 또 46단 「신회의 참문」에도 「천지인(天地人)의 과오나 허물[過罪]을 보지 않는다.」라고 見과 不見의 법문을 설하고 있다.

　『금강경의해』에 「사람의 나쁜 것을 보더라도 그 허물을 보지 말라.

(見人作惡 不見其過)」(『혜능연구』 428쪽, 443쪽)고 설하며, 『역대법보기』 無住장에 「다만 자기 자신을 위한 수행을 하며 다른 사람의 옳고 그름을 보지 않으며, 입과 마음으로 타인의 허물을 사량하지 않으면 삼업은 자연히 청정하게 된다.」라고 설한다.

『임제록』에도 「만약 진정한 수행인[學道人]이라면 세간의 허물을 보지 않으며, 정법의 안목을 구족하여 진정한 견해를 갖추는 일이 시급한 일이다.」라고 설하고 있다. 타인의 허물을 보지 말라는 말은 선불교의 윤리관과 인격 수행 및 인격형성의 필수적인 자경문이다.

 * 不動 : 돈황본 『육조단경』 19단에 인용되고 있는 것처럼, 『유마경』 불국품에 「밖으로 능히 모든 제법의 형상을 잘 분별할 수 있는 지혜가 있지만, 안으로 진여본심[第一義]에서 동요되는 일[不動]이 없다.」라고 설한다. 『단경』에는 『유마경』의 사상을 토대로 하여 진여본심이 일체의 차별 경계에 대하여 동요되지 않도록 하는 如如不動의 좌선수행을 제시하고 있다. 예를 들면, 『단경』 16단에 앉아서 몸이 움직이지 않는 것이 一行三昧가 아니라고 설하는 좌부동(坐不動)의 좌선수행을 비판하고 있다. 그리고 50단에는 혜능이 입적할 것을 문인들에게 알리자 법해(法海) 등 여러 제자들이 눈물을 흘리며 슬퍼했지만 오직 신회는 울지도 슬퍼하지도 않았다. 이때 신회는 어린 사미인데 선(善)과 불선(不善), 헐뜯음이나 명예 등의 분별심과 차별심에 마음이 동요되지 않는 경지[不動]를 체득했다고 인가하고 있다.

『육조단경』 51단에서 혜능이 20년 이후의 예언[懸記]으로 신회를 육조 혜능의 후계자로 지목하고 있는 것처럼, 신회는 『단경』에서 설하고 있는 남종의 선사상인 無念, 無住, 無相, 不動의 경지를 체득한 인물로 주목하고 있다.

『단경』50단에는 不動의 구체적인 실천 수행을 게송으로 읊고 있는데, 不動은 일체의 경계에 대하여 마음의 동요가 일어나지 않고, 중생심의 번뇌 망념이 없는 진여 무념(無念)의 경지를 말한다. 의상의 『법성게』에 「諸法不動本來寂」, 「舊來不動名爲佛」의 법문과 같은 의미이다.

* 看心看淨 : 북종선의 좌선수행법을 비판하는 말로 이미 『단경』16단에서도 언급했다. 마음의 청정함을 看하려고 하는 그 마음이 중생심의 작위성(作爲性)이며 조작된 망심으로 번뇌 망념이 된다. 따라서 청정한 마음을 보려고 하는 번뇌 망념의 망심이 도리어 자신의 본래 청정한 마음을 오염시키므로 깨달음을 장애하는 인연이 된다. 깨달음을 체득하고자 하는 목적의 마음[證悟之心]이나 깨달음을 기대하는 마음[待悟心]이 도리어 자신의 깨달음을 장애하는 망념이 된다.

마조도일 선사가 처음 부처가 되려고 좌선 수행하는 것은 기왓장을 갈아서 거울을 만들려고 하는 불가능한 사실과 똑같다. 불법의 대의와 현지를 깨달아 정법의 안목을 구족하지 못하고 좌선수행하면 헛된 시간 낭비가 되고 번뇌 망념만 증대할 뿐이다. 여래의 진여본심[因地]으로 여법수행, 여실수행이 가능하며, 중생심으로는 불법수행이 불가능하다.

21. 좌선의 정의

今記如*是, 此法門中何名坐①禪*. 此法門中一切無礙, 外於一切境界上, 念不起*爲坐②, 見本性不亂爲禪.

何名爲禪定. 外離相曰禪, 內不亂曰定. 外若著相, 內心卽亂. 外若離相, 內性不亂③. 本性自淨自④定, 祇緣境觸⑤, 觸卽亂, 離相不亂卽定. 外

離相卽禪, 內不⑥亂卽定. 外禪內定, 故名禪定.

維摩經云*, 卽時豁然, 還得本心*. 菩薩戒經云*, 本源自性淸淨⑦.

善知識, 見自性自淨, 自修自作, 自性法身, 自行佛行*, 自⑧作自成佛道*.

【校 訂】 ①, ② 底本. 甲本. 乙本에는 「座」字. ③ 底本. 甲本. 乙本에는 이 16字가 「外若有相, 內性不亂」 8字로 되어 있음. 惠昕本에 의거 고침. ④ 底本. 乙本에는 「日」字. 甲本에 의거 고침. ⑤ 底本에는 「解」字. 甲本에 의거함. ⑥ 底本. 甲本에는 「內外」. 「外」字는 惠昕本에 의거 삭제함. ⑦ 底本. 甲本에는 「經」字 欠. ⑧ 底本. 乙本에는 「自」字 欠. 甲本에 의거 첨가함.

【번 역】 지금 나는 그대들에게 분명히 여법하게 설한다. 남종 돈교의 법문에서 무엇을 좌선(坐禪)이라고 하는가? (남종 돈교의) 법문에서 좌선이란 일체의 대상경계에 걸림 없이 무애 자재한 것을 말한다.

즉 마음 밖으로 일체의 대상경계에 번뇌 망념이 일어나지 않는 것이 좌(坐)이며, 마음 안으로 자기의 본성을 깨닫고 산란하지 않는 마음을 선(禪)이라고 한다.

무엇을 선정(禪定)이라고 하는가? 마음 밖으로 모든 대상경계의 형상(形相)을 볼지라도 사물의 형상에 집착하지 않는 것을 선(禪)이라고 하고, 안으로 산란된 마음이 없는 것이 정(定)이다.

만약 마음 밖으로 사물의 형상에 집착하면 안으로 마음이 곧 산란하게 되고 흩어지게 된다. 만약 마음 밖으로 사물의 형상에 집착하지 않으면, 안으로 본성(本性)이 산란되지 않는다. 본성은 본래 스스로 청정하기 때문에 저절로 안정된다. 그러나 마음이 사물이나 형상을 보기 때문에 대상경계를 분별하고 집착하면 마음이 산란스럽게 된다. 대상경계의 사물[形相]에 집착하지 않으면 마음이 산란스럽지 않게 되니 이

것이 선정[定]인 것이다.

마음 밖으로 사물의 형상에 집착하지 않는 것이 禪이요, 안으로 마음이 산란되지 않는 것이 定이다. 마음 밖으로 선(禪)이요, 마음 안으로는 정(定)이기 때문에 선정(禪定)이라고 한다.

『유마경』에 「즉시에 곧바로 분명하게 본심을 깨달아 체득한다.」라고 설하고, 『보살계경』에도 「본래부터 자성은 청정하다.」라고 설했다.

여러분! 자기의 본성이 본래 청정함을 깨달아 체득하도록 하라! 각자 스스로 수행하여 부처의 지혜를 이루는 것이 자성의 법신이며, 각자 스스로 정법의 지혜를 실행하는 것이 부처의 덕행[佛行]이다. 각자 스스로 부처의 지혜를 체득하고, 스스로 불도를 이루도록 노력해야 한다.

【해설 및 역주】

＊ 今記如 : 지금 여기서 분명히 단언한다는 말. 여기서 記는 授記. 기별(記莂)과 같이 분명히 밝힌다는 의미이다.

＊ 何名坐禪 : 남종의 좌선의 정의를 설하는 일단으로, 『보리달마남종정시비론』에서 다음과 같이 주장하는 신회의 설법에 의거한 것이다.

「질문. '무엇을 좌선이라고 하는가?' 신회 화상이 대답했다. '만약 사람들을 앉게 하여 사람들에게 마음을 응집하여 선정에 들게 하고, 마음을 멈추어 마음의 청정함을 살펴보게[看] 하며, 마음을 일으켜 밖을 비추고, 마음을 수습하여 안으로 증득하게 하는 것은 바로 깨달음을 장애하는 인연이다.

지금 坐라고 하는 것은 망념이 일어나지 않는 것을 坐라고 하고, 지금 禪이라고 하는 것은 본성을 깨달아 친견하는 것을 禪이라고 한다. 그래서 사람들을 좌선하게 하여, 마음의 움직임을 멈추고 선정에 들도록 가

134

르치지 않는다. 만약 그러한 가르침이 옳다고 한다면, 유마힐은 사리불의 연좌(宴座)를 꾸짖지 않았을 것이다.'(何名坐禪, 和上答. 若敎人坐. (敎人)凝心入定, 住心看淨, 起心外照, 攝心內證者. 此是障菩提. 今言坐者, 念不起爲坐, 今言禪者. 見本性爲禪. 所以 不敎人坐身, 住心入定, 若指彼敎聞爲是者. 維摩詰 不應詞舍利弗宴坐)」(『신회화상유집』 287쪽)

석정본 『신회어록』 47단에도 「坐란 망념이 일어나지 않는 것을 坐라고 하고, 本性을 깨닫고 친견하는 것을 禪이라고 한다.」라고 설하고 있다. 신회가 북종선을 四句의 격언으로 묶어 비판하면서 남종의 새로운 좌선의 정의를 제시하는 것은 선불교의 역사에서 볼 때 획기적인 발전이다.

신회가 북종선 비판으로 만든 四句의 격언은 『임제록』에도 인용되고 있으며, 좌선의 정의를 『단경』에서는 혜능의 설법으로 재편하고 있다.

좌선의 정의는 돈황본 『三寶四諦問答』이라는 단편 자료와 『삼과법문(三窠法門)』, 『대승중종견해(大乘中宗見解)』 등과 같은 일반 불교 술어집에도 인용되는 것처럼 중국불교의 통설이 되었다.

또한 『역대법보기』에 「망념이 일어나지 않는 것이 선정의 문이다.(念不起是定門)」(『대정장』 51권 185中), 「곧바로 본성을 가리켜 본성을 깨닫고 불도를 이루는 것이다.(直指本性, 見本性卽成佛道)」(『대정장』 51권 189上)라는 말이나, 『돈오요문』에 「망념이 일어나지 않는 것이 禪이요, 본성을 깨닫는 것이 定이다.(妄念不生爲禪, 坐見本性爲定)」(『속장경』 110권 420d)라는 말도 신회의 법문을 계승하고 있다.

* 念不起 : 번뇌 망념이 일어나지 않는 염불기(念不起)란 심불기(心不起)와 같은 의미이다. 진여자성[佛性]은 본래 청정하여 번뇌 망념이 없는 무념이다. 그래서 번뇌 망념이 일어나지 않기 때문에 번뇌 망념이 없

어지지도 않는 불생불멸의 경지라고 한다. 자기의 본성을 친견하고 깨닫는 見本性은 본래 청정한 진여본성(眞如本性)을 자각하는 것이다.

『이입사행론』(P. 4795호 사본)에 「만약 본래의 마음에 번뇌 망심이 일어나지 않는다면 좌선할 필요가 있겠는가? 조작된 중생심의 번뇌 망심이 일어나지 않는다면 어찌 정념(正念)이 되려고 힘쓸 필요가 있겠는가?(若心不起, 何用坐禪, 巧僞不生 何勞正念)」라는 법문도 남종선의 입장과 같은 선사상이다.

* 維摩經云 : 『유마경』 「제자품」의 일절(『대정장』 14권 54上)로서, 돈황본 『단경』 32단, 『능가사자기』 도신장(『대정장』 85권 1289上), 『신회어록』 등에도 인용하고 있다.

* 卽時豁然 還得本心 : 『유마경』의 이 일절은 대승불교의 실천사상을 대변하는 법문이며, 남종의 돈오견성의 사상적인 배경으로 인용되고 있다. 見性은 번뇌 망념의 중생심에서 자성청정한 불성을 자각하는 것으로 중생심을 불심으로 전환하는 구조적인 논리이다. 이것은 마치 번뇌 망념의 숲 에서 본래청정한 불성의 집으로 되돌아가는 구조와 같다. 『십우도』에서 「본래의 근원으로 되돌아간다고 하는 '반본환원(返本還源)'은 이러한 돈오견성의 수행구조를 그림으로 그린 것」이다.

* 菩薩戒云 : 『범망경』 하권(『대정장』 24권 1003上)에 설한 말이다. 구마라집의 번역본으로 전하는 『범망경』 2권은 사실 중국 육조(六朝) 시대에 만들어진 위경(僞經)으로 간주되고 있다. 천태종의 개창자인 천태지의가 『범망경』을 대승보살계를 수계하는 근거로 사용하고 주석하였기 때문에 『보살계경』이라는 이름이 붙게 된 것이다. 여기에 인용된 부분은 下권의 첫머리에 비로자나불의 화신으로서 석가모니불이 적멸도량에서 성도하여 심지법문(心地法門)을 설하고, 「금강보계(金

剛寶戒)는 바로 일체제불의 본원이며, 일체보살의 본원이며 불성 종자로서, 일체중생이 모두 불성이 있다. … (略) … 이것은 바로 일체중생계(一切衆生戒)의 본원이며 자성청정(自性淸淨)한 것이다」라고 설한 일단의 법문에서 요약한 것이다. 『단경』32단에도 인용하고 있는데, 앞에서 인용한 『유마경』의 일절과 더불어 돈오견성의 사상적인 근거로 인용하고 있다.

　＊ 自行佛行 : 자신이 깨달아 진여법신의 지혜를 체득하면 행주좌와 일체의 모든 위의(行儀)가 그대로 부처의 행의(行儀)가 된다. 돈황본 『단경』에도 聖位, 聖意(8단, 34단), 佛位地(33단), 生佛(39단), 作佛(5단), 佛行(21, 44단), 眞佛(54단, 55단)이라고 표현하는 것처럼 成佛, 佛行을 강조하고 있다. 佛行과 作佛은 같은 의미이며, 自修·自作도 자신이 스스로 수행하여 부처의 지혜를 이룬다는 말이다.

　『돈오요문』(9단)에 다음과 같이 설하고 있다. 「질문, '어떤 것이 불행(佛行)입니까?' 대답. '일체 중생심의 행동[行]을 실행[行]하지 않는 것이 불행(佛行)이며, 역시 정행(正行)이며, 역시 성행(聖行)이다. 앞에서 언급한 것처럼, 유무(有無)나 증애(憎愛) 등을 분별하는 차별적인 행동을 하지 않는 바로 그것이다. 『대율경』제5권 보살품에 말한다. 일체의 聖人은 중생(衆生)의 언행[行]을 실행하지 않으며, 중생은 이와 같은 성인의 성스러운 품행[聖行]을 실행하지 않는다라고.'(問, 云何行佛行. 答, 不行一切行, 卽名佛行, 亦名正行 亦名聖行. 如前所說, 不行有無憎愛等是也. 大律卷五, 菩薩品云 一切聖人 不行於衆生行, 衆生不行如是聖行.)」

　여기서 말하는 「大律 卷五」의 인용은 『대집경』권2에 「일체의 성인은 중생심의 행동을 실행하지 않고, 중생은 이와 같은 성인의 성행(聖行)을 실행하지 않는다.」(『대정장』13권 11下)라고 설한 말을 인용한 것으로 보인다.

『돈오요문』에 「인욕이 불도(佛道) 수행의 근본이니, 인욕행을 실천하려면 먼저 아상(我相)과 인상(人相)이 없어야 한다. 어떠한 일이 있을지라도 이것을 마음에 받아들이지 않게 되면, 곧바로 그대가 진실로 깨달음의 지혜 법신이 되리라.(忍辱第一道, 先須除我人. 事來無所受, 即眞菩提身.)」라고 설하고 있는 것처럼, 일체의 有無와 憎愛, 아상·인상의 차별 분별심에 떨어지지 않은 진여본심의 경지에서 본분사를 실행하는 일체의 위의를 불행(佛行)이라고 한다.

『금강경해의』에 「自心으로 이 경을 독송하고 自心으로 경의 법문을 해득하며, 自心으로 무착(無着), 무상(無相)의 이치를 체득하여, 자신이 있는 곳에서 항상 불행(佛行)을 닦으며, 일념 일념의 마음[念念心]이 끊어져 단절[間斷]되지 않는 것이 곧 自心의 부처 지혜인 것이다. 그러므로 자신이 있는 그곳에 부처의 지혜가 있는 곳이 된다.」라고 해설한다.(『혜능연구』 439쪽)

  * **自作自成佛道** : 자각의 종교인 불교의 본질을 제시하고 있다. 앞의 『단경』 11단에서도 홍인이 혜능에게 법을 전하면서, 「이 법은 以心傳心으로 전하는 것이지만, 마땅히 스스로 깨닫도록 해야 한다.」라고 강조하고 있다. 「自修自作 自性法身」과 같은 내용이다.

홍인의 『수심요론』의 주장을 『능가사자기』 혜가장에는 다음과 같이 인용하고 있다.

「중생이 자신의 마음에 일어난 망심을 알고 스스로 자각하여 제도[自度]하는 것이지 부처가 중생을 제도하는 것이 아님을 알 수 있다. 부처가 만약 능히 중생을 제도한다면 과거에 무량한 항하사의 제불(諸佛)을 친견했음에도 불구하고 우리들은 어째서 성불을 하지 못했는가?」라고.

138

또 『돈오요문』 42단에도 다음과 같이 인용하고 있다. 「중생이 스스로 자신을 제도해야 하는 것이지 부처가 제도할 수 없다. 만약에 부처가 능히 중생을 제도한다면 과거의 제불은 마치 미진수와 같이 많았기 때문에 당연히 일체중생 모두를 제도해 마쳤을 것이다. 그런데 왜 우리들은 지금도 생사에 유랑하면서 성불을 하지 못하는가? 중생이 스스로 자신을 제도해야 하며, 부처가 제도할 수 없다는 사실을 분명하게 알아야 한다.」

남전(南泉) 화상의 「부처는 도(道)를 의식의 대상으로 알지 못하네, 나는 스스로 수행할 뿐이다.」라는 말도 같은 의미이다.

5장 無相戒 수계설법

22. 無相戒의 법문

善知識, 總須自聽①, 與授②無相戒*. 一時逐慧能口道*. 令善知識見自
三身佛*③.

於④自色身, 歸依淸淨法身佛*.

於自色身, 歸依千百億化身佛*.

於自色身, 歸依當身圓滿報身佛*. (已上三唱)⑤

色身是舍宅*, 不可言歸. 向者三身, 自在法性. 世人盡有, 爲迷不見.
外覓三身⑥如來, 不見自色身中三身⑦佛. 善知識聽. 與善知識說, 令善
知識於自色身, 見自法性有三身⑧佛. 此三身佛, 從自性上生.

何名淸淨法身佛. 善知識, 世人性本自淨, 萬法在自性⑨. 思惟一切惡
事, 卽行於惡行. 思量一切善事, 便修於善行. 知如是一切法, 盡在自性.
自性⑩常淸淨, 日月常明*, 只爲雲覆蓋, 上明下暗, 不能了見日月星辰,
忽遇惠風吹散, 卷盡雲霧, 萬像森⑪羅, 一時皆現.

世人性淨, 猶如淸天, 慧如日, 智如月, 智慧常明. 於外著境⑫, 妄念浮
雲蓋覆, 自性不能明. 故遇善知識, 開眞正法, 吹却迷妄, 內外明徹*, 於
自性中, 萬法皆現. 一切法在自性, 名爲淸淨法身.

自歸依者, 除不善心及不善行, 是名歸依.

何名爲千百億化身佛. 不思量性卽空寂*, 思量卽是自化. 思量惡法,
化爲地獄, 思量善法, 化爲天堂, 毒害化爲畜生, 慈悲化爲菩薩, 智慧化
爲上界*, 愚癡化爲下方*. 自性變化甚多, 迷人自不知見. 一念善, 智慧
卽生. 此名自性化身佛.

何名圓滿報身*⑬, 一燈能除千年闇*, 一智能滅萬年愚. 莫思向前*, 常
思於後*, 常後念善, 名爲報身. 一念惡, 報却千年善亡⑭, 一念善, 報却千
年惡滅. 無常已來後念善, 名爲報身, 從法身思量, 卽是化身, 念念善,

卽是報身.

自悟自修, 卽名歸依也. 皮肉是色身, 色身是舍宅⑮, 不言歸依也⑯. 但悟三身, 卽識大意*.

【번 역】 여러분! 모두 각자 내가 설한 법문을 잘 듣도록 하라! 그대들에게 무상계(無相戒)를 수계하도록 하리라.

모두 다함께 내(혜능)가 설한 법문을 복창하도록 하라! 여러분들이 각자 자기 색신에 구족한 삼신불(三身佛)을 친견(親見)하도록 하리라.

자기 색신에 구족한 청정 법신불(法身佛)에 귀의합니다.

자기 색신에 구족한 천백억 화신불(化身佛)에 귀의합니다.

자기 색신에 구족한 이 몸의 원만 보신불(報身佛)에 귀의합니다.

　　　(이상 삼신불을 세 번 복창함)

색신(色身)은 바로 집[舍宅]과 같은 것이니 귀의(歸依)할 대상이라고 할 수 없다. 자기 색신에 구족한 삼신(三身)은 각자 자기 진여 법성(法

性)의 지혜이다.

세상 사람들이 모두 다 각자 삼신불(三身佛)을 구족하고 있으면서도 미혹하여 그러한 사실을 깨닫지 못하고, 마음 밖으로 삼신(三身)의 여래를 찾으면서 자기 색신중(色身中)에 구족된 삼신불(三身佛)을 깨닫지 못하고 있다.

여러분! 잘 듣도록 하라! 그대들에게 삼신불에 대하여 설하리라. 지금 여러분들의 자기 색신(色身)에 구족된 진여 법성(法性)의 삼신불을 친견하도록 하리라. 이 삼신불은 그대들 각자 본성(本性)의 지혜로 출현하는 것이다.

무엇을 청정법신불(淸淨法身佛)이라고 하는가?

여러분! 세상 사람들의 본성은 본래 청정하며, 또한 일체의 만법(萬法)은 모두 자기의 본성의 작용에 있다. 일체의 나쁜 일을 사량(思量)하면 곧 나쁜 행동을 하게 되고, 또 일체의 착한 일을 사량하면 곧 착한 행동을 하게 된다. 이와 같이 일체의 모든 법(法)은 모두 자기 본성의 작용에 있다.

자기의 본성은 항상 청정하다. 태양과 달은 항상 밝게 비추고 있지만, 단지 구름에 덮이게[覆蓋]되면, 구름 위는 밝지만 구름 아래는 어두워 태양이나 달, 별들의 밝은 빛을 분명하게 볼 수 없다.

그러나 갑자기 지혜의 바람이 불어서 구름이나 안개[霧]를 모두 다 걷어 버리면, 삼라만상이 순식간에 드러나게 된다. 세상 사람들의 본성이 본래 청정한 것도 마치 맑은 하늘과 같다. 본성의 혜(慧)는 태양과 같고, 방편의 지(智)는 달과 같다. 본성의 지혜(智慧)는 항상 밝게 비추고 있지만, 마음 밖의 대상경계에 집착하는 번뇌 망념의 뜬구름[浮雲]에 덮여 있기 때문에 각자의 청정한 본성은 본래 구족한 밝은 지혜를 비출 수가 없다.

그래서 선지식을 만나 진실한 정법의 안목을 열고, 미혹한 중생심의 망념을 불어 없애 버리면 마음의 안팎[內外]이 분명하고 투철하면[明徹] 자기의 본성 가운데 일체의 만법이 모두 나타나게 된다. 일체법이 자기 본성의 지혜로 작용하는 것을 청정법신(淸淨法身)이라고 한다.

「스스로 귀의한다.」라고 설한 말은 착하지 못한 마음과 착하지 못한 행동을 없애고 본성으로 되돌아가는 것을 말한다.

무엇을 천백억화신불(千百億化身佛)이라고 하는가?

사람들의 마음은 무엇을 사량(思量)하지 않으면 자성은 텅 비어 공적(空寂)하지만, 무엇을 사량하면 곧바로 자신의 몸과 마음은 변한다.

자기 마음이 나쁜 일[惡法]을 사량하면 자신은 지옥으로 변하고, 자기 마음이 좋은 일[善法]을 사량하면 자신은 천당으로 변한다. 남을 해치는 마음[毒害]은 축생으로 변하게 하고, 자비스러운 마음은 보살로 변하게 하며, 지혜는 천상세계에 오르게 하고[上界], 어리석음[愚癡]은 지옥세계에 타락하게 한다[下方].

자성의 변화는 너무나 다양하지만, 어리석은 사람은 이러한 사실을 스스로 알지 못하고 있다. 일념(一念)의 착한 마음작용이 지혜를 이룬다. 이것을 자성의 화신불(化身佛)이라고 한다.

무엇을 원만보신불(圓滿報身佛)이라고 하는가?

하나의 밝은 등불이 천 년의 암흑을 없앨 수가 있으며, 하나의 지혜는 만 년의 어리석음을 소멸[破滅]할 수 있다. 지난 과거의 일을 사량분별하지 말고, 항상 지금 여기서 자기의 할 일을 사유(思惟)하라.

항상 지금 여기, 자신이 선행을 하는 것[後念]을 보신(報身)이라고 한다. 일념의 나쁜 악행에 따른 과보는 천 년 동안 쌓은 선행의 공덕도 없애 버린다. 또한 일념의 선행을 실행한 과보는 천 년 동안의 지은 악행의 죄업도 소멸시킨다.

찰나의 일념 일념이 무상하지만 항상 지금의 일념으로 선행(善行)하는 것을 보신(報身)이라고 한다. 진여법신[法身]이 사량(思量)하는 지혜를 따르는 것이 곧 화신이며, 일념 일념이 선행을 실천하는 것이 곧 보신(報身)이다.

자기 스스로 불법의 대의를 자각하여 정법의 안목을 구족하고, 스스로 발심하여 수행하는 것을 귀의(歸依)라고 한다.

육체의 피부와 살은 바로 색신(色身)이며, 색신은 바로 집[舍宅]과 같기 때문에 귀의할 곳(대상)이라고 할 수 없다.

단지 자기 색신에 구족된 삼신불(三身佛)을 깨달아야 불법의 대의(大意)를 알 수가 있다.

【해설 및 역주】

선불교의 보살계 수계의식은 북종의 『대승무생방편문』에서 사홍서원, 참회, 삼귀의 순으로 설하고 있으며, 신회의 『단어』도 이러한 북종선의 전례를 계승하고 있다. 여기 『단경』에서는 이러한 선종의 보살계 수계의식을 육조 혜능이 무상계(無相戒), 혹은 무상심지계(無相心地戒)의 법문을 도속(道俗)들에게 수계하는 형식으로 설법하고 있는 것이다.

진정한 대승보살계를 수계하는 것은 자기 스스로 제불의 본원력(本願力)을 실천할 서원(誓願)을 세우고 자기 스스로 수계(受戒)하는 자서수계(自誓授戒)이다. 『범망경』에도 「만약에 불자가 부처의 지혜가 소멸한 이후 중생심으로 발심 수행[好心]하여 보살계를 수지하고자 한다면, 부처나 보살의 형상(形像) 앞에서 스스로 맹세하며 계법(戒法)을 수지하도록 하라.」(『대정장』24권 1006下)라고 설한다.

또한 『보살영락본업경(菩薩瓔珞本業經)』卷下(『대정장』24권 1020下), 천태지의의 『보살계경의소(菩薩戒經義疏)』卷下(『속장경』59책 211a)에도 한결같이 「자기 스스로 서원을 세우고 스스로 수계하라.(自誓自受)」고 강조한다. 『점찰선악업보경(占察善惡業報經)』(『대정장』17권 904下)에도 보살의 삼취정계(三聚淨戒)를 스스로 서원하며 스스로 수계할 것을 설한다.

＊ 無相戒 : 『단경』의 제목에서도 언급하는 것처럼, 『육조단경』은 선불교의 대승보살계 수계의식을 남종 돈교의 설법집으로 제시하고 있다. 『단경』 22단, 23단, 24단, 25단의 설법이 보살계 수계의식에 해당된다.

자기 색신의 삼신불(三身佛)에 귀의하고, 대승보살도의 사홍서원(四弘誓願)과 무상의 참회 법문 등을 수계사인 혜능 대사의 선창에 따라서 3번씩 복창하는 수계법문은 지금의 보살계 수계 의식[授菩薩戒]과 거의 같다고 하겠다. (＊ 무상계에 대한 주석은 앞의 『단경』의 제목에서 언급한 것을 참조 바람.)

＊ 一時逐慧能口道 : 여기서 혜능이 '모두 다 함께 내가 설한 법문에 따라서 입으로 복창하도록 하라!'고 지시하면서 「이상삼창(已上三唱)」이라고 『단경』의 작자가 주기하고 있는 것처럼, 혜능은 독창적인 무상계 수계의식 법문을 설법으로 실행하고 있다.

삼창(三唱)은 혜능이 설한 수계법문의 설법을 스스로 3번 복창(復唱)하는 수계의식으로 자기 자신이 입으로 복창하고 마음으로 자각하여 수계법문의 내용과 똑같이 되도록 하는 구체적인 실천 수행이다.

3이라는 숫자는 삼구법문으로 설하는 것처럼, 1과 2라는 상대적 · 대립적 차별 경계를 모두 초월함과 동시에 진여 일심으로 포용한 절대적인 입장에서 자신이 복창하는 내용과 완전히 불이 일체가 되는 실천행이다. 또한 3번 복창한다고 해서 3번으로 끝나는 것이 아니라, 언제 어디서나 수시로 실행하고 끊임없이 반복하여 제시하고 자각하는 구체적인 수행이다.

무상계의 수계설법은 보살계 의식을 지도하는 삼사(三師)와 칠증(七證)의 증명법사도 없고, 계단(戒壇)을 장엄하는 장식도 없고, 형식을 존중하는 복잡한 수계의식의 권위도 없다. 단지 혜능의 설법으로 설한 법문에 따라서 대중이 복창하면서 무상계를 수계하는 것이다. 무상계는 자기 스스로 계율의 조목에 서원을 맹세하고 자기 스스로 자신을 제도하는 자각적인 자서자도(自誓自度)의 수계의식이다.

＊三身佛 : 여기 『단경』에서는 법신, 화신, 보신의 순서로 설하고 있는데, 이것은 일반적으로 설하고 있는 삼신설(법신, 보신, 화신)의 법문과 그 내용이 완전히 다르다. 부처의 삼신설(三身說)은 전진(前秦) 시대의 석도안(釋道安)이 육시행도(六時行道) 등 승려들의 수행생활법[僧制]을 제정하면서 처음으로 주장하여 오늘날까지 예불의식으로 실행하고 있다. 선원에서 식사할 때 삼세제불에 축원하는 십불명(十佛名)에도 처음 법신·보신·화신의 三身佛을 제시한다.

후기의 북종선 자료인 돈황본 『대승개심현성돈오진종론(大乘開心顯性頓悟眞宗論)』19단, 20단에도 삼신불에 대한 문답(問答)을 설한다. 일반적으로 삼신불의 청정법신불은 대일여래(大日如來)이며 천백억화신은 석가불, 그리고 당래보신(當來報身)은 미륵불로 해석한다. 당래(當來)는 장래(將來), 장차(將次), 차기(次期)의 의미이다.

『단경』에서 자기 색신에 구족한 삼신불을 깨닫도록 설하는 것처럼, 선불교에서는 자기 색신의 삼신불과 진여자성이 여법하게 지혜로 작용하는 진여법의 삼보(三寶)를 설한다. 이러한 선불교의 삼신불은 『대승기신론』의 귀경게(歸敬偈)에서 설하는 진여일심법에 의거한 법문이다.

『백장광록』에도 「法身實相佛, 報身佛, 化身佛」을 설하면서 삼신이 일체임을 강조한다. 『이입사행론』63단에는 『능가경』의 사종불설을 언급하고 있는데, 황벽의『전심법요』는 『이입사행론』의 법문을 계승하여 다음과 같이 삼신설을 설한다.

「부처는 삼신(三身)이 있다. 법신은 자성(自性)이 허통(虛通)한 진여법을 설한다. 보신은 일체 청정한 정법을 설한다. 화신은 육도(六道) 만행(萬行)하는 실천수행법을 설한다. 법신은 언어, 음성, 형상의 문자로써 구할 수 없고, 설할 것도 없고, 증득할 것도 없기에 자성이 텅 비어 허통한 것을 설할 뿐이다. 그래서 『금강경』에 '설법이란 자아의식을 텅 비운 공[無法]의 경지에서 설하는 법문이다.'라고 했다.

보신과 화신은 모두 중생의 근기에 따라서 감응으로 나투는 것이기에 설법하는 것 또한 시절인연의 일에 따르고, 중생의 근기에 부응하여 교화하는 일이기 때문에 모두 진법(眞法)이 아니다. 그래서 『금강경』에도 '보신과 화신은 진불(眞佛)이 아니며 역시 설법할 수가 없다.'고 했다.」

『임제록』에도 「그대가 조불(祖佛)과 다름이 없다는 사실을 알고자 한다면 단지 마음 밖을 향해서 불법을 추구하지 말라. 그대 一念의 마음에 청정한 지혜광명이 바로 그대 집안의 법신불이요, 그대 一念의 마음 가운데 분별이 없는 지혜광명이 바로 그대 집안의 보신불이요, 그대 一念의 마음 가운데 차별이 없는 지혜광명이 바로 그대 집안의 화신불이다. 이 삼종(三種)의 몸은 바로 지금 나의 눈앞에서 나의 설법을 듣는 사람(본래인)이다.」라고 설한다.

선불교에서는 삼신불을 객관적인 대상으로 설하지 않고 자기 자신의 진여본성의 지혜작용으로 실행되는 삼신불이라고 설한다.

* 法身佛 : 범어로는 dharma-kaya. 혹은 dharma-sarira. 法佛, 法身佛, 自性身, 法性身, 實佛과 동의어로서 진여자성의 지혜를 말한다. 대승불교에서는 궁극적인 절대의 진실을 말하며, 일체의 모든 존재는 그 진여본성의 지혜작용으로 나툰 것이라고 설한다. 부처의 三身은 대상경계의 사물과 형상이나 형체가 없는 진여법신의 지혜 그 자체로서 일체법의 근본이 되는 생명을 말한다. 진여법신의 지혜는 영원불변한 진실의 생명 그 자체로서 일체법의 근본이 되는 신체(身體)라고 설한다.

『대승기신론』에 「소위 말하는 깨달음이 지혜로 작용하는 뜻[覺義]은 마음의 본체[心體]가 중생심의 번뇌 망념을 여읜 경지이며, 번뇌 망념을 여읜 실상은 허공계와 같아서 두루하지 않는 곳이 없기에 법계일상[一相]이라고 한다. 즉 이것이 여래 평등법신(平等法身)이며, 이 법신의 지혜를 本覺이라고 한다.」(『대정장』 32권 576中)라고 설하고, 또 「오직 진여의 지혜를 법신이라고 한다.(唯眞如智 名爲法身)」라고 설한다.

기신론에서는 본각 진여의 지혜가 법계에 두루 편만(遍滿)하는 법성(法性), 이성(理性), 혹은 인간 각자의 신령스러운 지혜[靈智] 영각(靈覺)을 말한다. 또한 법신은 고정된 형상이 없다[法身無相]는 의미에서 무상(無相)은 진여본심의 입장에서 일체 평등(一體平等)한 경지이기에 중생심의 분별심과 차별상을 여읜 경지를 말한다. 『금강경』에 '이 진여법은 평등하여 높고 낮은 차별과 분별심이 없다.(是法平等 無有高下)'라고 설한다.

* 報身佛 : 범어 sambhoga-kaya. 진여본심, 즉 여래의 인위(因位)에서 지은 한량없는 원력과 수행의 과보로 이루어진 만덕(萬德)을 원만하게 구족한 불신(佛身)을 말한다. 보신(報身)은 자신이 수용하는 보신[自受用報身]과 타인과 함께 수용하는 보신[他受用報身]이 있다. 자신이 수용하

는 보신은 수행자 자기 자신만이 깨달아 증득한 법희선열(法喜禪悅)을 수용하는 향상문(向上門)의 법락(法樂)으로 다른 중생과 함께 하지 않는 보신이다.

타인과 함께 수용하는 보신은 자신이 깨달아 체득한 정법의 지혜와 안목으로 다른 사람(중생)들과 같이 법희선열의 법락을 향하문에서 공덕을 회향하며 중생을 제도한다.

* 化身佛 : 범어 nirmana-kaya. 중생들의 요청과 근기에 맞추어 몸을 나툰 응현(應現)한 신체(身體)라는 의미로 응신(應身), 혹은 화신(化身)이라고도 한다. 즉 중생들의 요구에 순응하여 중생의 입장이 되어서 방편지혜의 몸으로 출현하는 부처의 지혜(신체)이다. 중생을 구제하는 원력과 중생의 형상으로 변화한 몸[變化身]이 되어 방편의 지혜로 시절인연의 본분사를 실행하는 것을 말한다.

* 色身是舍宅 : 『단경』22단 끝부분에도 「육신이 바로 색신이며 색신은 바로 집이다.(皮肉是色身, 色身是舍宅)」라고 설하고, 『단경』37단에도 「색신은 성이요, 눈, 귀, 코, 혀, 몸은 성문이다.(色身是城 眼耳鼻舌身是城門)」, 「마음은 땅이요 불성은 왕이다. 불성이 있으면 왕이 있고, 불성이 가면 왕은 없다. 불성은 신심(身心)에 있으니 불성이 가면 신심도 파괴된다.(心卽是地, 性卽是王 性在王在, 性去王無, 性在身心存, 性去身心壞)」라는 법문이 있다.

육신(肉身)을 집[城 혹은 舍宅]으로, 불성(마음)을 집의 주인[城主]으로 보는 견해는 신심(身心)과 성심(性心)의 二元論에 떨어질 위험에 있는 사고(思考)라고 할 수 있다.

* 日月常明 : 홍인의 『수심요론』에 『심지경론』을 인용하여 「중생의 몸 가운데[衆生身中] 금강(金剛)과 같이 파괴되지 않는 불성이 있으

니, 마치 태양과 같이 그 본체는 밝고 원만하며, 그리고 광대무변하다. 그런데 단지 오음(五陰)의 두껍고 검은 먹구름에 뒤덮여서 병(甁) 속의 등불이 밖으로 밝은 빛을 비출 수가 없는 것처럼 가려 있을 뿐이다.」 (『대정장』 48권 377上)라고 설한다. 이와 똑같은 법문이 신수의 『관심론』에 인용하고 있으며, 여기 『단경』의 법문도 『수심요론』의 설법에 의거한 것이라고 할 수 있다.

* 惠風 : 진여 일심의 지혜 바람이 중생의 무명(無明) 먹구름을 걷어 버릴 수가 있다. 『단경』 31단에도 이와 똑같은 내용을 설한다. 혜풍(惠風), 혜풍(慧風)에 대하여 사용한 사례가 없으나 『화엄경』에 설하는 지혜의 바람[智風]과 같은 의미로 볼 수 있다. 80권 『화엄경』 51권에는 지풍(智風)에 대하여 다음과 같이 설한다.

「위대한 지혜의 바람이 있으니 능히 중생심의 망념을 소멸시키는 능멸(能滅)이라고 한다. 일체의 모든 보살의 번뇌와 습기를 능히 소멸할 수 있기 때문이다. 지혜의 바람을 교지(巧持)라고 한다. 교지는 근기가 미숙한 보살은 능히 번뇌 망념을 소멸시킬 수가 없기 때문에 큰 지혜의 바람으로 일체의 번뇌와 습기를 끊어 버린다. 불자여, 만약 여래의 선교방편[巧持]과 지혜의 바람이 없다면 무량한 보살이 모두 성문과 벽지불의 지위에 타락했을 것이다. 이러한 지혜의 바람이 있기 때문에 여러 보살들이 이승(二乘)의 경지를 초월하여 여래의 구경 지위에서 본분사를 실행할 수 있게 된 것이다.」 (『대정장』 10권 272中)

* 內外明徹 : 똑같은 말이 『단경』 22단, 33단, 37단에도 보인다. 마음의 안과 밖[內外]을 추구하는 분별심과 차별심에 타락하지 않고 진여본심으로 되돌아갈 때 내외명철(內外明徹)의 지혜를 체득할 수 있다. 『단경』 21단 좌선의 정의에서 「마음 밖으로 모든 형상을 여읜 것이 禪이

요, 마음 안으로 마음이 산란되지 않는 것이 定이다.」라고 설하는 남종선의 입장이다.

『유마경』 제자품에 다음과 같이 설한다. 「왜냐하면, 그 죄의 본성은 그들 자신의 마음 안에 있는 것도 마음 밖에 있는 것도, 또한 그 중간에 있는 것도 아니기 때문입니다. … (略) … 또 이 마음은 안에 있는 것도, 밖에 있는 것도, 또한 중간에 있는 것도 아닙니다. 마음이 그러하듯 죄의 본성도 또한 이와 같다. 또 『유마경』에 「心不住內 亦不在外 是爲宴坐」(『대정장』 14권 539下)라고 설한다.

『수능엄경』 제1권에 「아난이 말했다. 저는 일찍 들었습니다. 부처님이 사부대중[四衆]에게 '망심(妄心)이 일어나기 때문에 여러 가지 대상경계의 법이 일어나고, 여러 가지 대상경계의 법에 집착하기 때문에 여러 가지 망심이 일어납니다.'라고. 지금 생각하니 곧 생각하는 그 자체가 나의 心性이라면, 합하는 곳에 따라서 마음도 함께 있는 것이며, 마음 안이나 마음 밖이나 그 중간에 있는 것이 아닙니다.」라고 설한다.

여기 『능엄경』의 설법은 『대승기신론』과 『유마경』에서 설한 법문을 응용한 것이라고 할 수 있다.

* 上界 : 육도 윤회하는 가운데 인간과 천상계.

* 下方 : 下方世界로서 육도(六道)에 윤회하는 가운데서도 지옥, 아귀, 축생의 삼악도(三惡道)와 아수라(阿修羅)의 세계를 말한다.

* 性卽空寂 : 자성은 본래 청정하여 망념이 없는 진여무념(眞如無念)으로 無自性, 空한 경지이기에 공적심(空寂心)이라고도 한다.

* 此名自性化身佛, 何名圓滿報身 : 底本에는 이 일단이 없으나 앞뒤의 내용상으로 볼 때 있었던 말인데 필사자가 기록하면서 빠뜨린 것이 아닌가 생각된다. 여기서는 스즈끼(鈴木) 교정본과 홍성사본 『육조단

경』에 의거하여 보충했다.

　* 一燈能除千年闇 : 본질적으로 존재하지 않는 것을 비유한 말인데, 시간은 길고 짧음이 없고 그 본질이 문제라는 것이다. 이 비유는 담란(曇鸞)의 『淨土論註』에 「비유하면 마치 천 년이나 된 암흑의 방에 빛을 비추면 순식간에 곧바로 밝아진다. 천 년이라는 세월이 흘러가는 것은 아니다. 이것은 마음에 있는 것이지 인연에 있는 것이 아니다. 저 죄를 지은 사람이 번뇌 망상을 멈추면 번뇌에 의거하였기에 과보 역시 허망한 것이다.」(佛典講座本 218頁)」라는 비유가 있다.

　불종의 정각(淨覺)이 지은 『반야심경주(心經註)』의 「照見五蘊皆空」에도 다음과 같이 비유하고 있다. 「마치 천 년이나 오래된 어두운 실내에 유리와 칠보(七寶)가 있는데 어리석은 사람은 역시 알지 못하고, 악귀(惡鬼)와 육적(六賊)이 있다는 사실도 어리석은 사람은 알지 못한다. 사람이 깨달아 등불의 빛[燈光]을 한 번 비추면, 어두움은 모두 사라지고 밝은 광명이 보인다. 즉 이것은 물이 맑으면 구슬이 나타나게 되고, 먹구름이 없어지면 밝은 달이 빛나는 것과 같다.」

　여기서 말하는 장명(長明)은 본래의 깨달음[悟]을 말하고, 천 년의 어둠은 비롯함이 없는 중생의 무지(無知)와 무명(無明)을 비유한다.

　『대방등대집경』1권 「영락품(瓔珞品)」에 「선남자여, 비유하면 한 곳에 百年의 어두운 방이 있어도 하나의 등불로 능히 타파할 수 있다. 너희들도 마찬가지로 무량의 세월 가운데 무명의 어두움을 오늘 능히 타파하였으니, 마치 태양과 달의 보배로운 광명이 신심과 계율과 베풂에 거주하는 것과 같고, 지혜와 선정도 이와 같다. 선남자여, 그대들이 지금 부처님의 설법을 청하는 이 인연으로 그대들은 반드시 무명의 어둠을 타파하고 여러 중생들에게 지혜의 광명을 비추게 될 것이다.」(『대정

장』13권 4下)

　＊ 千歲闇 : 천 년간 계속된 암흑의 어두운 無明의 방인데, 이 비유는 『대보적경(大寶積經)』112권에 다음과 같이 보인다. 「비유하면 마치 천 년이나 오래된 어두운 방과 같이 일찍이 광명을 보지 못했지만, 만약 등불을 비춘다면 어떻게 되겠는가? 어둠이 생각하기를 내가 오래 여기 머무르며 떠나가지 않으려고 하겠느냐? 아닙니다. 세존이시여, 만약 등불이 비치면 어둠은 힘이 없으며, 가려고 하지 않아도 반드시 소멸됩니다. 이와 같다. 가섭이여, 백천만겁의 오랜 세월에 익힌 나쁜 죄업도 하나의 진실한 지혜로 관찰하면 모두 소멸된다. 그 등불의 밝음은 성스러운 지혜이며, 그 어둠은 모든 죄업이다.」(『대정장』 11권 634中)

　＊ 莫思向前 : 이전의 사고(생각)는 비본질적인 번뇌 망념을 가리킨다. 이 전의 번뇌 망념[前念]은 지금 그 번뇌 망념을 자각한 후념(後念)으로 이전의 망념이 저절로 끊어지게 되는 것이니, 또 다시 이전과 같이 번뇌 망념을 일으키지 말라는 주의이다. 전념(前念)인 번뇌 망념이나 과거의 망념과 잘못도 지금 망념을 자각한 후념으로 모두 소멸하기 때문에 망념의 자취나 흔적도 없는 것이 참된 참회이다.

　＊ 常思於後 : 後念은 前念의 망념을 자각한 마음[後念]으로, 向前에 대한 後念이기 때문에 미래의 생각이 아니라 사실 前念에 이은 지금 현재의 마음을 말한다. 前念이 번뇌 망념이기 때문에 後念은 번뇌 망념을 자각한 깨달음의 마음이다. 그래서 여기서도「前念에 대하여 생각하지 말고 항상 後念을 자각하라. 後念으로 자각하면 바로 보신(報身)이다.」라고 설한다. 우두법융(牛頭法融)의 『心銘』에도 「본체는 원래 텅 비고 현묘하다. 망념이 일어나고 망념이 없어짐에 앞뒤의 차별이 없으니, 후념(後念)의 자각으로 망념이 일어나지 않으면 전념(前念)의 망념은 저절

156

로 끊어진다.」(『대정장』51권 457下)라고 설한다.

 * 大意 : 불법의 大意와 玄旨를 말한다. 『단경』6단에 홍인이 대중들에게 반야의 지혜(안목)로 하나의 게송[心偈]을 지어서 제출하도록 지시하고, 그 심게를 통해서 불법의 대의를 깨달은 사람이 있으면 달마 대사의 가사와 선법을 부촉하여 육대의 조사로 삼겠다고 공포한다. 사실 『육조단경』은 불법의 대의를 체득하도록 혜능이 반야바라밀법을 설하고 진여본심이 무념(無念), 무상(無相), 무주(無住)의 지혜를 구족하고 있다는 사실을 혜능의 법문으로 설하고 있다. 진여법이 지혜로 작용하는 불법의 대의를 깨달아 체득하지 못하면 반야의 지혜나 정법을 바로 볼 수 있는 안목이 없는 것이다. 『단경』6단, 9단, 10단, 19단, 22단 등에서도 강조하고 있다.

23. 四弘誓願*을 발원함

今旣自歸依三身佛已, 與善知識, 發四弘大願. 善知識, 一時逐慧能道.
衆生無邊誓願度*.
煩惱無邊誓願斷.
法門無邊誓願學.
無上佛道誓願成.(三唱).
善知識,「衆生無邊誓願度」, 不是慧能度. 善知識, 心中衆生, 各於自身自性自度①. 何名自性自度*. 自色身中, 邪見煩惱, 愚癡迷妄, 自有本覺性. 只本覺性, 將正見*度. 旣悟正見, 般若之智, 除却愚癡迷妄, 衆生各各自度. 邪來正度②, 迷來悟度, 愚來智度, 惡來善度, 煩惱來菩提度. 如是度者, 是名眞度.

「煩惱無邊誓願斷」, 自心除虛妄.

「法門無邊誓願學」, 學無上正法.

「無上佛道誓願成」, 常下心行*, 恭敬一切*.

遠離迷執, 覺智生般若, 除却迷妄, 即自悟佛道成, 行誓願力.

【校 訂】 ① 底本에는 「度」字 欠. 甲本에 의거 첨가함. ② 底本. 乙本에는 「邪來正度」欠. 甲本에 의거 첨가함.

【번 역】 여러분들은 이미 스스로 자기 색신(色身)의 삼신불(三身佛)에 귀의(歸依)했다. 이제 여러분들과 함께 네 가지 큰 서원을 발원하도록 하겠다. 여러분! 모두 다 일시에 내가 설한 법문을 복창하도록 하라!

중생이 끝이 없지만, 중생 제도할 것을 서원합니다.

번뇌가 끝이 없지만, 번뇌 끊을 것을 서원합니다.

법문이 끝이 없지만, 법문을 수학할 것을 서원합니다.

위가 없는 불도를 이룰 것을 맹세코 서원합니다. (이상 세 번 복창함)

여러분! 「중생이 끝이 없지만, 중생 제도할 것을 서원합니다.」라고 하는 말은 내(혜능)가 중생들을 제도하는 것이 아니다. 여러분들 마음 가운데 중생들을 각자 자기 자신의 본성(本性)이 스스로 제도하는 것이다.

「자기 자신의 본성이 스스로 제도한다」라고 하는 것은 무슨 말인가? 자기의 색신 가운데 삿된 견해와 번뇌, 어리석음[愚癡]과 미혹한 망념[迷妄]은 본래(本來) 자각(自覺)의 본성을 지니고 있다. 단지 이 자각의 본성과 정견(正見)의 지혜로써 제도하는 것이다. 불법의 대의를 깨닫고 정견(正見)의 안목을 구족하여 반야의 지혜로써 어리석음과 미혹한 망념을 제거하면 중생을 각각 자신이 스스로 제도하는 것이다.

삿됨[邪]은 올바름[正]으로 제도하고, 미혹함은 깨달음[悟]으로 제도하며, 우치(愚癡)는 지혜로써 제도하고, 악업[惡]은 선행[善]으로 제도하고, 번뇌(煩惱)는 깨달음[菩提]으로 제도한다. 이와 같이 중생을 제도하는 것을 진실한 중생 제도라고 한다.

「번뇌가 끝이 없지만, 번뇌 끊을 것을 서원합니다.」라는 말은 자기 자신의 마음에 허망한 번뇌 망념을 제거하는 것을 말한다.

「법문이 끝이 없지만, 법문을 수학할 것을 서원합니다.」라는 말은 위가 없는 무상(無上)의 정법을 수학하는 것이다.

「위가 없는 불도를 이룰 것을 맹세코 서원합니다.」라는 말은 항상 자신의 마음을 낮추고, 일체의 모든 중생들을 공경하는 일이다. 어리석은 미혹과 대상경계에 집착하는 중생심을 멀리 여의고, 본성을 깨달아 반야의 지혜로써 미혹과 번뇌 망념을 없애면 곧바로 스스로 불법을 깨달아 불도를 이루는 것이니 서원의 힘이 실행된 것이다.

【해설 및 역주】

* 四弘誓願 : 불도를 수행하는 보살이 서원을 세우고 보살도를 실행해야 하는 네 가지 실천덕목이다. 『도행반야경』 제8권(『대정장』 8권 464 中)과, 『법화경』 권3 「약초유품」에 '해탈하지 못한 사람을 해탈하게 하며, 불법을 이해하지 못한 사람을 이해하게 하며, 안락하지 못한 사람을 안락하게 하며, 열반을 체득하지 못한 사람을 열반의 경지를 체득하게 한다.(未度者令度, 未解者令解, 未安者令安, 未涅槃者 令得涅槃)'라는 법문이 사홍서원의 원형으로 간주되고 있다.

중국 천태종의 천태지의(天台智顗)가 『석선바라밀차제법문(釋禪波羅蜜次第法門)』 권1의 上에서 『법화경』의 구절을 다음과 같이 해석하고 처음으로 「사홍서원」이라고 호칭하였다.

「소위 보리심을 발원한다고 설하는데, 보리심이란 즉 보살이 중도의 실천으로 올바른 지혜로써 제법의 실상을 관찰하며, 일체 중생을 연민하는 대비심을 일으키고, 사홍서원을 발원해야 한다. 사홍서원이란 첫 번째, 아직 제도하지 못한 중생을 제도하도록 한다. 다시 말하면 중생이 무변이지만 서맹세코 제도한다는 것이다. 두 번째, 불법을 이해하지 못하는 중생이 이해하도록 한다. 다시 말하면 번뇌가 무수히 많지만 맹세코 끊도록 하는 것이다. 세 번째, 평안을 얻지 못한 중생이 평안을 얻도록 한다. 다시 말하면 법문이 다함없지만 맹세코 불법을 알도록 하는 것이다. 네 번째, 아직 열반을 체득하지 못한 중생을 열반을 체득하도록 한다. 다시 말하면, 무상의 불도를 맹세코 이루도록 한다는 것이다.(所謂發菩提心. 菩提心者 卽是菩薩以中道 正觀以諸法實相, 憐愍一切 起大悲心 發四弘誓願. 發四弘誓願者, 一未度者令度 亦云 衆生無邊誓願度, 二未解者令解, 亦云. 煩惱無數誓願斷. 三未安者令安, 亦云. 法門無盡誓願知. 四未得涅槃令得涅槃, 亦云. 無上佛道誓願成.)」(『대정장』 46권 476中)

천태지의가 처음 제시한 「사홍서원」은 『마하지관』 제5권의 上, 『천태소지관』의 첫머리에 싣고 있으며, 또 삼론종(三論宗)의 대성자인 길장(吉藏)의 『법화의소』 제8권(『대정장』 34권 561上) 등에도 보인다.

당시 수당의 여러 종파불교에서는 보살계를 수계할 때 반드시 사홍서원을 발원하도록 한다. 선종에서도 북종의 『대승무생방편문』에 최초로 보이며, 돈황본 『육조단경』도 이러한 시대적인 경향에 따라서 혜능의 설법으로 싣고 있는 것이다. 이후에도 『보림전』의 가섭장, 『백장광록』 등에서도 강조하는 것처럼, 중국불교에 새로운 대승불교의 보살사상으로 널리 일반화되었다.

* 度 : 바라밀(paramita)로서 건너다, 완성이라는 의미. 생사 미망의

사바세계인 고해를 건너서 깨달음의 세계인 열반의 언덕에 이르게 된 것을 말한다. 度衆生은 度生, 혹은 度世라고도 한다. 六度(육바라밀), 得度, 濟度 등도 모두 같은 의미이다. 『대지도론』에서 말하는 지도(智度)는 반야바라밀(prajna-paramita)을 말하며 지혜의 완성을 의미한다.

* 自性自度 : 자기의 본성을 깨달아 반야의 지혜(안목)로써 자신의 마음속에 일어난 번뇌 망념의 중생심을 제도하는 것으로 견성성불을 의미한다. 즉 불성은 번뇌의 망념이 없는 청정하고 중생의 생멸심이 없는 불생불멸(不生不滅)로서 깨달음의 당체이다. 번뇌 망념의 중생심을 초월한 깨달음의 경지를 말한다. 홍인의 『수심요론』(『대정장』 48권 378中), 『능가사자기』 혜가장과 『돈오요문』 42단에도 언급하고 있다. 『단경』 21단의 주기 참조.

* 正見 : 팔정도의 하나로 올바른 지혜로서, 계정혜 三學과 육바라밀에서 강조하는 반야 지혜의 안목을 말한다. 『법화경』에서는 佛知見이라고 하며, 『금강경』에서는 如來, 悉知, 悉見이라고 한다. 임제 선사는 진정한 견해[眞正見解], 정법안목을 체득할 것을 강조하고 있는데 正見과 같은 의미이다. 조사선에서는 정법안장(正法眼藏)이라고 한다.

* 常下心行 : 항상 자신을 낮추고 마음을 겸허하게 갖는 인욕의 수행인데, 자아의식의 我相과 人相이 없어야 자신을 낮추는 下心의 보살행을 할 수 있다. 下心은 계율 용어로서 현장(玄奘)이 전한 『수보살계법』에 五想의 조목에서도 언급하며, 북종선의 자료인 『돈오진종론(頓悟眞宗論)』에는 다섯 가지의 下心을 다음과 같이 설하고 있다.

「① 맹세코 일체 중생 보기를 현성(賢聖)으로 간주하고 자신은 범부로 낮출 것. ② 맹세코 일체 중생 보기를 국왕(國王)으로 간주하고 자신은 백성으로 생각할 것. ③ 맹세코 일체 중생 보기를 스승[師僧]으로 생각하고 자신은 제자로 생각할 것. ④ 맹세코 일체 중생 보기를 부모와 같이 생각하고 자신은 아들딸로 생각할 것. ⑤ 맹세코 일체 중생 보기를 주인과 같이 생각하고 자신은 노비(奴婢)와 같이 낮출 것.」(『대정장』 85권 1281上)

* 恭敬一切 : 일체의 모든 중생을 공경하는 마음으로 보살행을 실천하는 것. 『법화경』 제6권 「상불경보살품」에 다음과 같이 전한다. 「이 비구는 눈에 보이는 비구, 비구니, 우바새, 우바이를 모두 공경 예배하고 찬탄하며 말하기를 "나는 당신들을 깊이 공경하고 가벼이 여기지 않습니다. 왜냐하면 당신들은 모두 보살도를 행하여 반드시 성불할 것이기 때문입니다."라고 말했다.」「또 사람들이 막대기나 기와, 돌멩이로 때리면 멀리 피해 달아나면서 오히려 큰 소리로 외치기를 "나는 당신들을 경만하게 여기지 않습니다. 그대들은 모두 다 성불할 것이기 때문입니다."라고 하였다.」 상불경보살은 일체의 모든 사람들을 두루 공경하고 자신을 낮추는 下心과 남에게 멸시와 천대를 받고도 인욕행을 하는 천대(賤待)의 수행으로 보살도를 실천하는 법화행자였다. 그래서 그를 「상불경보살」이라고 했다.

24. 無相 참회의 법문

今旣①發四弘誓願. 說與善知識無相懺悔*, 滅②三世罪障.

大師言, 善知識. 前念後念及今念*, 念念③不被愚迷染. 從前惡行,④ 一時自性若除, 卽是懺悔*. 前念後念及今⑤念, 念念不被愚癡染, 除却從前矯誑*,⑥ 雜心永斷, 名爲自性懺. 前念後念及今念, 念念不被疽疫*染. 除

却從前嫉妬*⑦心, 自性若除, 卽是懺.(已上三唱)

　善知識, 何名懺悔. 懺⑧者, 終身不作, 悔者, 知於前非, 惡業恒不離心, 諸佛前口說無益, 我此法門中, 永斷不作*, 名爲懺悔.

【校 訂】 ① 底本에는 「卽」字. 甲本에 의거 고침. ② 底本에는 「滅」字 欠. 惠昕本에 의거 첨가함. ③ 底本에는 「念」字 欠. 惠昕本에 의거 첨가함. ④ 底本에는 「前惡」을 「何西」로 기록. 甲本에 의거 고침. ⑤ 底本에는 「今」字 欠. 甲本에 첨가함. ⑥ 底本에는 「何矯誑」. 甲本 및 惠昕本에 의거 고침. ⑦ 底本. 甲本. 乙本에는 「疾垢」 鈴木校訂本에 의거 고침. ⑧ 底本. 甲本에는 「懺」字 欠. 惠昕本에 의거 첨가함.

【번 역】 지금 여러분들은 모두 네 가지 큰 서원을 발원하였다. 이제 여러분들에게 무상(無相)의 참회 법문을 설하여 삼세에 지은 죄의 업장[罪障]을 소멸하도록 하리라.

　혜능 대사가 말했다. 「여러분 전념(前念)과 후념(後念), 지금의 일념[今念], 일념 일념[念念]이 중생의 어리석음[愚痴]과 미혹(迷惑)에 타락하지 않고, 지금까지의 악행(惡行)을 일시에 자신의 성품에서 제거하면 이것이 곧 참회인 것이다.

　전념과 후념, 그리고 지금의 일념, 일념 일념이 어리석음은 중생심에 타락하지 않고, 지금까지의 거짓과 기만하는 망심[矯誑心]을 제거하여 영원히 차단한 것을 자성(自性)의 참회라고 한다.

　전념과 후념, 그리고 지금의 일념, 일념 일념이 시기와 질투하는 망심[痴妬]으로 타락하지 않고, 지금까지의 질투심[痴妬心]을 없앤다면 곧 이것이 참회인 것이다.(이상을 세 번 복창함.)

　여러분! 무엇을 참회라고 하는가? 뉘우침[懺]이라고 하는 것은 자기 자신의 몸이 죽을 때까지 마음에 번뇌 망념을 일으키지 않는 것[不作]

이요, 후회함[悔]이란 지금까지 자기 자신의 잘못을 깨달아 아는 마음이다. 자신이 마음으로는 항상 나쁜 행위[惡業]를 하면서, 제불여래 앞에서 입으로만 참회한다고 말해도 아무런 이익이 되지 않는다.

내가 설하는 남종돈교의 참회법문은 영원히 번뇌 망념을 차단하고 망념을 일으키지 않는 진여본심의 지혜를 참회라고 한다.」

【해설 및 역주】

* 선종의 보살계 수계의식으로서 북종선의 『대승무생방편문』과 신회의 『단어』(4단)에도 보인다. 『단어』에는 「각각 지심으로 참회하여 여러분들의 삼업을 청정하게 하리라!」라고 시작하고 있다. 여기 『단경』은 신회의 『단어』의 참회의식을 계승하고 있다.

* 無相懺悔 : 과거에 지은 나쁜 행위나 죄업뿐만 아니라 일반적으로 쉽게 범하기 쉬운 일체의 죄악을 본심의 근원에서 참회하는 것이다. 참회는 자기 자신이 지은 잘못을 뉘우치고 용서를 구하는 일이다. 『능가사자기』 도신장에는 다음과 같이 말한다. 「『보현관경』에서 설하고 있다. '일체업장[業障]의 바다는 모두 번뇌 망상으로 인해서 생기는 것이다. 만약 참회를 하고자 한다면 단정히 앉아 제법의 참된 실상(實相)을 자각하라.' 이것이 제일의 참회이며, 탐진치 삼독심이나 일체의 대상경계에 반연된 망심이나, 분별의식의 망심을 모두 함께 제거할 수가 있다. 부처의 지혜를 자각하는 마음작용이 끊어짐이 없이 상속한다면 홀연히 마음이 맑아져 대상경계에 반연된 중생심의 망념이 없어지게 된다.」

여기서 인용한 『보현관경』은 『불설관보현보살행법경』인데, 『법화경』의 보현품을 계승한 경전이다. 이 경은 보현의 행원, 혹은 관보현행(觀普賢行)의 하나인 참회의 법문을 강조하고 있으며, 특히 실상참회(實

164

相懺悔)를 설하는 점이 주목된다.

실상참회란 경전에서, 「일체 업장(業障)의 바다는 모두 망상으로 인하여 생긴다. 만약 참회하고자 한다면 단정히 앉아서 제법 실상을 사유하라. 모든 죄장이 서리나 이슬이 녹는 것처럼 녹여 버리는 것이 마치 지혜의 태양이 일체를 능히 소제하는 것과 같다.(一切業障海, 皆從妄想生, 若欲懺悔者, 端坐念實相. 衆罪如霜露, 慧日能消除, 是故應至心, 懺悔六情根)」(『대정장』 9권 393中)라고 설하고 있는 것처럼, 일체개공을 관찰하는 공관(空觀)의 수행이 기초가 되고 있다.

『신회어록』에는 다음과 같이 참회에 대한 문답이 있다.

「우두산 총(寵) 선사가 질문했다. '잘못[罪]을 참회하여 없애 버릴 수가 있습니까?' 신회 화상이 대답했다. '무념(無念)의 경지를 깨달은 사람은 업장이 저절로 생기지 않는다. 어찌 중생의 망심(妄心)을 움직여 달리 참회하여 죄를 없애려고 할 필요가 있겠는가? 망심을 없애려고 하는 그 마음이 죄업을 만드는 것이다.' 질문했다. '어째서 망심을 없애려고 하는 마음이 죄가 만들어지는 것입니까?' 대답했다. '번뇌가 일어나는 것[生]은 곧 없어지는 것[滅]이기 때문이다.'」

하택신회는 일체의 번뇌 망념이 없는 진여의 무념(無念)을 깨닫는 것이 참회라고 대답하고 있다.

『역대법보기』에서 무주(無住) 화상이 「만약 참회하고자 한다면 단정히 앉아 제법의 실상(實相)을 자각[念]하라. 진여의 무념(無念)이 즉 제법의 실상이다. 중생의 망념[有念]은 즉 허망(虛妄)한 것이니 참회하고 주문으로 축원하는 것도 모두 허망한 일이다.」라고 설하고 있다. 무주는 『보현관경』의 실상참회를 신회가 설한 무념(無念)의 법문으로 해설하고 있다.

『금강경해의』에도 「찰나 일념(一念)의 마음이 청정하면 죄업은 모두 제거된다.(一念心淨則罪垢悉除矣)」(『혜능연구』 423쪽 참조)라고 설한다. 『보림전』8권 방관(房琯)이 지은 삼조 승찬(僧璨) 대사의 비문에 다음과 같은 참회의 문답이 있다.

「(승찬은) 뒤에 혜가 선사를 친견하고 참회의 법문을 간청하였다. 혜가 선사는 '그대의 죄를 가져오너라!'라고 말했다. 승찬 대사가 '죄를 찾아도 찾아볼 수가 없습니다.'라고 말하자, 혜가 선사는 '내가 그대를 위하여 참회의 법문을 설해 끝마쳤다.'라고 말했다. 승찬 대사가 혜가 선사에게 말했다. '오늘 죄의 본성이 마음 안에도 있지 않고, 마음 밖에도 있지 않고, 그 중간에도 있지 않는다는 사실을 알았습니다. 그 마음은 본래 여여한 것처럼, 죄업의 허물[罪垢] 또한 그러합니다.'」

* 前念, 後念, 今念 : 돈황본 『육조단경』 19단, 24단, 28단에도 언급하고 있다. 前念은 이전의 일념이고, 後念은 前念을 이은 後念이기에 자각된 一念이며, 今念은 항상 지금의 一念이다. 사실 後念과 今念은 같은 의미이다. 念은 사유하는 思念이기도 하며, 찰나 찰나의 한 생각[一念]을 말한다.

또한 前念은 妄念, 後念은 깨달음을 말한다. 예를 들면,『대승기신론』에 「마치 범부가 前念에 나쁜 망념을 일으킨 사실을 자각(覺知)하였기 때문에 後念은 그 나쁜 망념이 일어나지 않도록 방지할 수 있는 것이다.(如凡夫人 覺知前念起惡故, 能止後念 令其不起.)」(『대정장』32권 576中)라고 했다.

돈황본 『육조단경』 28단에 「여러분 번뇌가 곧 보리이다. 前念이 미혹하면 곧 범부요, 後念에 깨달으면 곧 부처이다. 삼세의 제불이 이 깨달음 가운데서 출현했다.」라고 주장한다.

『금강경』에 과거, 현재, 미래, 三世心 不可得의 의미는 마음이 과거·
미래·현재의 그 어디에도 마음의 실체가 존재하지 않는 것처럼, 죄업 역
시 실체가 없다는 사실을 깨닫고 여법하게 아는 정법의 지혜가 참된 참회
인 것이다.

* 自性若除 卽時懺悔 : 자기 자신이 자기의 불성을 깨닫고 일체의 번
뇌 망념이 없다는 사실을 자각할 때 곧바로 참회가 된다는 말이다. 본래
자기 자신의 불성은 청정하여 일체의 번뇌 망념이나 잘못된 죄업의 실
체가 존재하지 않는다는 사실을 깨닫게 됨으로써 참된 참회가 된다는
것이다. 자성은 청정하여 일시적인 악행이나 망념에 관계없이 항상 깨달
음의 경지에서 자유롭게 지혜를 작용할 뿐이다.

* 矯誑心(교광심) : 자기 자신을 기만[僞瞞]하는 망심이다. 아직 깨달
아 체득하지도 못한 경지를 깨달아 체득했다고 생각하고, 아직 깨달음의
경지에 도달하지 못했으면서도 도달한 것으로 착각하여 자신을 속이는
기만심을 말한다.

* 疽疫(저역) : 甲本에는 「저질(疽疾)」로 되어 있다. 저역(疽疫)이나
저질(疽疾)이란 말은 모두 전염병이나 악성 종기를 의미하는 글자이다.
여기서 문장의 흐름으로 볼 때 이러한 의미는 맞지 않고, 뒤에 이어지는
문장이 「종전의 질투심(從前 嫉妬心)을 없애고,…」라는 문맥의 흐름에
서 고려해 볼 때 질투(嫉妬)를 의미하는 표현이라고 볼 수 있다. 질투라
는 말을 잘못 사경하면서 생긴 오류일지도 모른다.

* 痴妬(치투) : 자기를 기만하는 망심과는 달리 우월한 사람을 시기하
고 증오하는 망념을 일으키는 것이다. 자신의 열등감으로 남을 시기하고
질투하는 마음을 말한다.

* 永斷不作 : 終身不作과 같은 말로서 생애에 걸쳐서 영원히 자기의

본성에서 번뇌 망념을 일으키지 않는 것을 말한다. 단순히 도덕적인 악행뿐만 아니라 번뇌 망념을 일으키지 않는 깨달음의 수행생활을 하는 것이 남종의 참회법문이라는 입장이다. 신회는 본래 번뇌 망념이 없는 불성을 깨닫는 無念을 참회라고 했고, 보당종의 무주 선사도 無念이 다름 아닌 실상참회(實相懺悔)라고 설했다.

25. 無相 三歸依戒를 설함

今旣懺悔已. 與善知識, 授①無相三歸依*戒*. 大師言. 善知識.
歸依覺兩足尊*.
歸依正離欲尊*.
歸依淨衆中尊*.
從今已後, 稱佛爲師, 更不歸依邪迷外道. 願自三寶*, 慈悲證明*.(已上三唱)②
善知識, 慧能勸善知識, 歸依自性三寶③. 佛者覺也. 法者正也, 僧者淨也.
自心歸依覺, 邪迷不生, 少欲知足*, 離財離色, 名兩足尊.
自心歸依正, 念念無邪故, 卽無愛著, 以無愛著, 名離欲尊.
自心歸依淨, 一切塵勞妄念, 雖在自性, 自性不染著, 名衆中尊.
凡夫不④解, 從日至日, 受三歸依戒*. 若言歸佛, 佛在何處. 若不見佛, 卽無所歸. 旣無所歸, 言却是妄.
善知識, 各自觀察, 莫錯用意. 經中*只言, 自歸依佛, 不言歸依他佛*, 自性不歸, 無所依⑤處.

【校 訂】① 底本. 甲本에는 「受」字. ② 底本. 甲本에는 「已上三唱」四字 欠. ③ 底本에는「身三寶」. 惠昕本에 의거 고침. ④ 底本. 甲本. 乙本에는 「不」字 欠. 鈴木校訂本에 의거 첨가함. ⑤ 底本. 甲本. 乙本에는 「依」字 欠. 惠昕本에 의거 첨가함.

【번 역】지금 무상의 참회를 마쳤으니 여러분들에게 무상(無相)의 삼귀의계(三歸依戒) 법문을 설하여 수계하도록 하리라.

혜능 대사가 말했다. 수행자 여러분!

지혜와 복덕을 구족한 각성(覺性)에 귀의합니다.(歸依覺兩足尊)

일체 욕망을 여읜 자성의 정법에 귀의합니다.(歸依正離欲尊)

청정한 화합 대중인 보살 승가에 귀의합니다.(歸依淨衆中尊)

지금부터는 제불을 찬탄하며 스승으로 삼고, 다시는 다른 삿되고 미혹한 외도에 귀의하지 않겠습니다. 원하옵건대 자성의 삼보(三寶)는 자비로써 증명하소서. [이상(已上)의 법문을 삼창(三唱)함]

여러분 나(혜능)는 여러분들에게 자성의 삼보께 귀의하기를 권한다. 부처[佛]란 깨달음[覺]이요. 법(法)이란 올바름[正]이며, 승(僧)이란 청정함[淨]이다.

자기 본심의 정각에 귀의한다. 삿[邪]되고 미혹한 중생의 망심을 일으키지 않는다. 적은 욕심으로 만족할 줄 알아서 재물을 탐하는 마음을 여의고, 사물에 집착하는 중생의 망심을 여읜 것이 지혜와 복덕을 구족한 양족존(兩足尊)이다.

자기 본심의 올바른 정법에 귀의한다. 일념 일념에 삿된 망심이 없으므로 대상경계의 사물에 애착하지 않는다. 사물에 애착하지 않기 때문에 중생심의 욕망을 여읜 이욕존(離欲尊)이다.

자기 본심의 청정한 본성에 귀의한다. 일체의 번뇌 망심이 비록 자성에 있다고 할지라도 자성이 번뇌 망념에 오염되지[染著] 않는 것이 대중 가운데 존경받는 중중존(衆中尊)이다.

범부 중생은 이러한 불법의 도리(道理)를 깨닫지 못하고 언제나 매일 삼귀의계를 수지하기만 한다.

만약 부처에 귀의한다고 하지만, 부처가 어느 곳에 있는가? 만약 부처를 보지 못한다면 곧 귀의할 대상(곳)이 없는 것이다. 이미 귀의할 대상(곳)이 없다면 그러한 말은 도리어 허망한 소리가 된다.

여러분, 각자 스스로 정법의 지혜로 관찰하여 잘못된 마음작용이 되지 않도록 하라. 경전에도 오직 「스스로 자신의 부처에 귀의합니다.」라고 말하고 있을 뿐, 다른 부처님께 귀의한다고 말하지 않는다. 진여 자성에 귀의(歸依)하지 않는다면 귀의할 대상(곳)은 없다.

【해설 및 역주】

* 無相三歸依戒 : 삼귀의계는 불・법・승의 삼보에 귀의하여 불교교단의 一員이 되는 것으로 일반적으로 수계의식(授戒儀)이라고 한다. 지금 육조단경에서 혜능이 설하는 삼귀의 설법은 외형적인 교단의 의식이 아니고, 자기 본심의 불법승 삼보에 귀의하는 법문을 설한다. 불법승 삼보도 역시 自心을 자각(自覺)한 부처의 지혜, 정직(正直)하고 여법한 정법과 청정(淸淨)한 보살도의 지혜에 귀의하는 법문이다.

* 三歸依 : 불법승 삼보에 귀의하는 불교의 종교의식이 삼귀의인데, 『법구경』190偈에 「불법승에 귀의하는 자는 正智에 의해 네 가지 진리를 본다.」라고 설하고 『불본행집경』32권(『대정장』3권 802中)에는 불법승 삼보에 귀의하고 다음에 不殺生, 不偸盜, 不邪淫, 不妄語, 不飮酒의 오계를 받는 것이 불교 신도가 되기 위한 필수 조건이라고 설한다.

『위서석노지(魏書釋老志)』에는 불법승 삼보에 귀의하는 삼귀의를 유교에서 강조하는 군자(君子)의 삼외(三畏)에, 五戒를 인의예지신(仁義禮智信) 오상(五常)에 대비하고 있다.

『화엄경』 제6권 「정행품」에 삼귀의례를 다음과 같이 설하고 있다.

스스로 부처(여래)에 귀의합니다. 중생이 불법의 대도를 깨달아 무상의 대의를 체득하기 원합니다.(自歸於佛, 當願衆生, 體解大道, 發無上意)

스스로 여여한 지혜생명에 귀의합니다. 중생이 깊은 정법의 진실을 깨달아 바다와 같은 지혜를 구족하기 원합니다. (自歸於法 當願衆生, 深入經藏, 智慧如海)

스스로 정법을 수행하는 승가에 귀의합니다. 중생심을 잘 다스려 무애자재한 부처(여래)의 지혜를 실행하기 원합니다. (自歸於僧 當願衆生, 統理大衆, 一切無碍)(『대정장』 9권 430下)

『화엄경』 「현수보살품」에 「불법승에 대하여 깊이 청정한 신심을 일으키고 삼보를 경신(敬信)하기에 능히 보리심을 발할 수 있다. … (略) … 심심(深心)의 청정한 마음[淨心]은 파괴할 수가 없으며, 일체 제불을 공경하고 공양하고 정법과 성승(聖僧)을 존중하며 삼보를 경신(敬信)하기에 발심한다.」라고 설하며, 또 「신심은 불도의 근원이며 공덕을 이루는 모체[信爲道元功德母]로서 일체의 선근 공덕의 정법[善法]을 증장(增長)시키며, 일체의 모든 중생심의 의혹을 제멸(除滅)하고 무상의 불도[無上道]를 시현(示現)하고 개발한다.」라고 설한다.

북종의 『대승무생방편문』에는 「삼귀의」를 실행하는 의식을 전하는데, 신회의 『단어』에는 「과거, 미래, 현재의 제불께 경례(敬禮)를 올리고, 존법(尊法)의 반야 수다라장(修多羅藏)에 경례를 올리고, 제대보살(諸大菩薩)과 일체 현성승(賢聖僧)께 경례를 올린다.」라고 설했다.

* 兩足尊 : 두 발로 선 동물, 즉 인류를 말하는데, 인류 가운데 가장 존경하는 제불 세존을 말한다. 또한 지계(持戒)와 정혜가 원만하고, 지혜와 자비 복덕이 원만한 제불여래의 덕상을 말한다. 인간 붓다이며 불교의 교주인 석가세존에 대한 경의를 표명하는 말이다. 『법화경』1권 (『대정장』9권 6中).

* 離欲尊 : 중생심의 욕망과 탐욕심을 여읜 경지이다. 중생의 욕망세계[欲界]에서 일체의 욕망을 여읜 청정한 가운데 최상의 정법을 말한다. 불법의 정법[法]이 욕망을 여읜 이욕존(離欲尊)이라고 하는 것은 제불이 설한 정법의 가르침이 중생심의 생사윤회와 일체의 욕망을 여의고 해탈 열반의 경지에 인도하는 진실된 정법의 가르침이기 때문이다. 이러한 정법의 가르침을 매개로 하여 석가세존과 승가의 수행자들이 화합한 공동체를 만들 수 있게 된 것이 교단의 최초 모습이다.

* 衆中尊 : 보살 승가는 수행승들이 화합하는 공동체 가운데 최승인 것으로 和合尊이기 때문에 귀의한다. 승가는 불교의 교단으로 인간이 운영하는 집단·공동체 가운데 가장 이상적인 집단으로서 자비와 평등, 화합의 정신을 존중한다.

이와 같이 불교에서는 귀의의 대상이 어떤 특별한 초월적인 절대자가 아니라 인간의 생활에서 가장 이상적이고 모범적인 부처와 진리의 가르침과 화합승가의 공동체라고 하는 인간 중심의 사고에 근거를 두고 있다.

* 三寶 : 古來 三種의 사고가 있다.

① 一体三寶는 무상의 진리와 그 청정한 덕성과 화합의 덕행을 말한다. 『단경』에서 말하는 깨달음[覺]과 올바름[正法], 청정한 승가[淸淨] 셋이다. 혹은 覺性淸淨, 圓滿具足恒沙巧用, 巧用一味 등을 그 내용으로 하고, 요컨대 진여본심의 근본이 그 본체가 된다.

172

② 現前三寶는 제불여래와 여래가 증득한 정법과 여래의 정법을 배우는 사람을 말한다.

③ 住持三寶는 불상과 경전과 출가한 승려를 말한다.

돈황본 『삼과법의(三窠法義)』 등에 자세히 설하고 있다.

* 証明(証人) : 수계는 교단의 一員이 되는 입문의식이다. 교단 측에서는 이것을 받아들였다고 인증하는 것이 필요하다. 보통 수계의식은 3인의 수계법사와 7인의 증명법사를 세우지만, 『단경』에서는 자기 자신의 삼보를 증명법사로 하고 있는 점이 철저한 자서자도(自誓自受)의 수계의식을 강조하는 특색이다.

* 少欲知足 : 『기신론』, 『유교경』, 『무량수경』, 『법화경』 등 대소승 경전에 일관되게 강조하는 법문이다.

『법집요송경』 제3권 「원적품」에 「병이 없는 것이 제일 이익된 것이요, 만족할 줄 아는 것이 제일 부자요, 친함을 아는 것이 제일의 친구요, 열반적정이 제일의 법락(法樂)이다.(無病第一利, 知足第一富, 知親第一友, 圓寂第一樂)」(『대정장』 4권 790中)라고 설한다. 『유교경』에 「그대 비구들은 반드시 잘 알아라. 욕심이 많은 사람은 많은 이익을 구하기 때문에 고뇌 또한 많다. 욕심이 적은 사람은 구하는 것이 없고, 욕심이 없기 때문에 이러한 근심도 없다.(汝等比丘 当知多欲之人 多求利故 苦惱亦多 少欲之人 無求 無欲則 無此患)」라고 설한다.

* 凡人不解 ~ 受三歸依戒 : 어리석은 사람이 매일 사찰의 수계법회에 참석하여 의례적인 삼귀의 수계만을 수지하기만 하고, 참된 삼귀의를 실천하지 못하고 있는 점을 지적하고 있다. 또한 당나라 시대에는 사찰에 금전을 기부하여 수계법회에 대한 사례를 제공하는 안이한 경향도 있었다. 수계의식의 형식화, 의례화와 출가 수계에 대한 수수료로 받게

된 향수전(香水錢) 등은 그 극단적인 사례이다.

  * 經中 : 경전에서 오직 「自歸依佛」이라고만 강조하는 것은 아마도 60권 『화엄경』 제6권 「정행품」에 설하고 있는 삼귀의를 말한 것 같다. 『장아함경』 제2권 「유행경」에 「마땅히 자신에 귀의해야 하고, 법에 귀의해야 하며 다른 것에 귀의하지 말라.」(『대정장』1권 654上)고 하고, 『대반열반경』 제2장에서도 「그러므로 이 세상에 자신을 의지처인 섬[島]으로 삼고, 스스로를 의지처로 하며 타인을 의지처로 하지 말고, 법을 섬으로 하며 다른 것을 의지처로 하지 말아야 한다.」라고 설한다.

  이러한 경전의 법문이 「自燈明 法燈明」이다.

  * 不言歸他佛 : 『화엄경』에서 「自歸於佛, 法, 僧」이라고 설하는 것처럼, 自己佛을 귀의처로 하고 타불(他佛)은 귀의처로 하지 않는다는 입장이다. 『단경』53단에 「自佛是眞佛」이란 주장도 아울러 참조 바람.

174

6장 반야바라밀의 法門

26. 반야바라밀의 법문

今旣自歸依三寶, 總各各至心*, 與善知識, 說摩訶般若波羅蜜*法.

善知識, 雖念不解, 慧能與說, 各各聽.

摩訶般若波羅蜜者, 西國梵語, 唐言大智慧到彼岸①. 此法須行, 不在口念, 口念不行, 如幻如化*②. 修行者法身與佛等也.

何名摩訶*. 摩訶者是大, 心量廣大, 猶③如虛空*. 若空心禪*④, 卽落無記空*. 世界虛空⑤, 能含日月星辰, 大地山河, 一切草木, 惡人善人, 惡法善法, 天堂地獄, 盡在空中. 世人性空*, 亦復如是.

【校 訂】 ① 底本. 甲本. 乙本에는 「彼岸到」. 惠昕本에 의거 고침. ② 底本. 甲本. 乙本에는 「如如化」. 惠昕本에 의거 「幻」字 첨가. ③ 底本. 乙本에는 「由」字. 甲本에 의거 고침. ④ 底本. 乙本에는 「莫定心禪」. 甲本에는 「莫定心坐」. 惠昕本에는 「若空心靜坐」. 鈴木校訂本 「若空心坐」. ⑤ 底本. 甲本. 乙本에는 「世界虛空」 四字 欠. 惠昕本에 의거 첨가함.

【번 역】 지금 이제 자신의 삼보에 귀의하였으니 모두 각자 지극한 마음[至心]이다. 여러분들에게 마하반야바라밀(智慧의 完成)의 법문을 설하리라.

여러분! 비록 반야바라밀의 법문을 사유[念]한다고 할지라도 잘 이해하지 못한다. 내가 여러분들에게 이 법문을 설하니 각자 모두 잘 듣도록 하라.

마하반야바라밀은 인도[西國]의 범어(梵語)인데, 당나라 말로는 「대지혜로 피안의 열반에 도달한다」 라는 의미이다. 이 마하반야바라밀의

법문은 반드시 실천 수행하는 데 있지 입으로 외우는 데 있는 것이 아
니다. 입으로 외우며 실천 수행하지 않는 것은 마치 환화(幻化)와 같이
실체가 없는 허망한 것이며, 수행하는 사람은 진여법신의 지혜로 부처
와 똑같은 깨달음의 경지이다.

무엇을 마하라고 하는가? 마하란 크다[大]는 뜻이다. 진여 본심의 지
혜작용이 광대하여 마치 허공과 같은 경지이다. 허공처럼 텅 빈 마음
[空心]이 되어서는 안 된다. 이것은 곧 지혜가 없는 멍청한 무기공(無
記空)에 타락한 것이다.

허공은 능히 태양이나 달, 별[日月星辰]과 대지와 산하, 일체의 초목,
악인(惡人)이나 선인(善人), 악법(惡法)이나 선법(善法), 천당이나 지옥
도 모두 텅 빈 그 가운데 포용하고 있다.

세상 사람들의 본성도 허공처럼 텅 비우면 일체법을 모두 포용할
수 있다.

【해설 및 역주】

＊ 至心 : 근원적인 진여 본심의 경지에 이른 궁극적인 마음. 지극한
마음은 진여 一心으로 청정한 본심(本心)이다. 平常心, 眞實心, 直心, 信
心 등으로 표현되는 말과 같이 불심을 말한다. 『신심명』에는 至道라고
설하며, 정토교에는 순심(淳心), 『이입사행론』에 순박심(淳朴心), 一心
상속심(相續心)이라고 해석하고 있다.

＊ 摩訶般若波羅蜜 : Maha prajna paramita. 『단경』의 제목에서도 제
시한 것처럼, 남종 돈교의 법문이 『금강경』을 중심사상으로 설하고 있
는 마하반야바라밀의 법문이다. 혜능은 위대한 반야의 지혜를 완성하여
깨달음의 경지를 체득하는 반야지혜의 법문을 설한다.

혜능이 대법사 강단에 모인 대중들에게 무상계 수계법문을 마치고 이제부터 황매산 오조 홍인의 문하에서 배우고 전수받은 불법의 깊은 의미를 공개적으로 설법하는 것이다.

남종선의 사상적인 내용이 반야바라밀법이라는 주장은 신회의 『남종정시비론』에서 다음과 같이 설한 법문을 토대로 하고 있다.

「원 법사가 질문했다. '선사는 어떤 법을 닦으며 어떤 행을 실행합니까?' 신회 화상이 대답했다. '반야바라밀법을 수행하며, 반야바라밀법을 실행한다.' 원 법사가 질문했다. '어째서 다른 법문을 수행하지 않고 다른 법문을 실행하지 않고, 오직 반야바라밀법을 수행하고, 반야바라밀법을 실행합니까?' 화상이 대답했다. '반야바라밀법을 수학하면 능히 일체법을 다 포섭하고, 반야바라밀법을 실행하는 것이 바로 일체행의 근본이 된다. 금강반야바라밀은 최존(最尊), 최승(最勝), 제일(第一)의 법문이다. 중생심의 생멸(生滅)도 없고, 거래(去來)도 없으며, 일체 제불도 여기서 출현한다.'」

또 『신회어록』에는 다음과 같이 설한다.

「신회 화상이 '有無의 양변을 여의고 中道 또한 잊어버린다.'라고 설하는 법문은 바로 무념(無念)의 경지이다. 무념(無念)은 곧 일념(一念)이며, 一念은 곧 일체지(一切智)이다. 일체지란 즉 심심(甚深)한 반야바라밀의 지혜이며, 심심한 반야바라밀은 곧 여래선이다.」

* 如幻如化 : 환화(幻化)는 실체가 없이 허망한 것을 표현하는 말이다. 『금강경』에 「一切有爲法 如夢幻泡影, 如露亦如電 應作如是觀」이라고 설하고, 『대품반야경』 「序品」에도 「제법을 깨달아 이해[了解]하기를 환화(幻化)와 같이, 불꽃과 같이, 물속에 비친 달과 같이, 허공과 같이, 메아리와 같이, 건달바(신기루) 성(城)과 같이, 꿈과 같이, 그림자와 같이,

거울 속의 영상과 같이, 허깨비와 같이 해야 한다.」라고 설한다.

또 『소품반야경』 8권 「환청품」에 「설사 열반보다도 더 수승한 한 법문이 있다고 할지라도 나는 역시 환화와 같고 꿈과 같다고 설하리라. (設復有法過於涅槃, 我亦說如幻如夢)」고 했다.

환화는 요술쟁이[幻術師]가 나타내 보인 요술처럼, 실제의 의미와 실체가 없는 것으로 허공의 꽃[空華]과 같다. 그러나 인간은 실체가 없는 헛된 환화에 집착하여 실체가 있는 것으로 착각하고 있는 것을 지적하고 있다.

* 摩訶 : 크고, 많고, 수승하다[大, 多, 勝]는 세 가지 뜻이 있다고 한다. 『백장광록』에도 「반야바라밀은 자기의 불성으로, 마하연(摩訶衍)이라고 한다. 마하는 크다는 뜻이고, 연(衍)은 수레라는 뜻이다.」라고 설하고 있다.

* 虛空 : 범어. akasa. 阿迦舍라고 음역한다. 일체의 제법이 존재하는 공간의 의미이다. 공중은 텅 빈 공간으로 無의 별칭이기도 한데, 텅 비어 있어 공간을 차지하고 있는 자체의 물질이 없기 때문에 다른 사물이 존재하며 생명 활동하는 것을 방해하지도 않고, 또 방해받지도 않으며, 사물이나 마음, 일체 모든 법(존재나 사물)을 받아들이기 때문에 허공이라고 한다. 따라서 허공은 방해하지 않는 것을 특성(특징)으로 하고 있다.

불교의 경전에서 '마음은 허공과 같다.'라고 표현하고 있는 것처럼, 허공은 無邊, 無量, 無限과 遍滿과 無爲 등을 표현하는 비유로도 사용하고 있다. 허공 자체는 고정된 이름과 형상(모양), 색깔(빛깔), 맛, 느낌이 없지만 없는 것이 아니다. 일체의 모든 존재(사물)를 포용하면서도 모자람이 없다. 그래서 불교에서는 「여래의 법신은 허공과 같다.」라고 설하고, 「마음은 허공과 같다.(心如虛空)」라고 허공에 비유한다.

신회의 『단어』에도 「단지 스스로 진여 본체가 적정하고 空하며, 무소유로서 또한 집착함이 없고, 허공과 똑같이 일체처에 편만하지 아니함이 없다는 사실을 깨달으면 곧 제불의 진여법신(眞如法身)이다.」라고 설하고 있다.

『백장광록』에도 「마음이 허공과 같지만, 허공과 같다는 의식조차도 일으키지 않는다면 이 사람은 죄가 없다.」라고 하고, 또 「마음이 허공과 같고 어디에도 대상경계의 번뇌 망념에 오염되지 않으며, 허공과 같다는 의식조차 없는데 죄가 어디에 자리 잡고 있겠는가?」라고 설하는 것처럼, 마음을 허공과 같이 텅 비우도록 하는 空의 실천을 설한다.

남종선에서는 진여 無念, 조사선에서는 평상심, 無心의 실천으로 요약하고 있다.

* 空心禪 : 마음을 허공과 같이 비운다고 함은 중생심의 번뇌 망심을 비우는 것을 말한다. 진여본심의 깨달음과 방편지혜의 작용까지 없애 버리는 것이 아니다. 멍청한 마음으로 지혜가 없는 중생심을 『단경』에서는 공심선(空心禪)이라 하고, 무기공(無記空)에 떨어진 것이라고 한다. 『단경』27단에도 「또한 어리석은 사람은 마음을 텅 비우고 사념(思念)도 하지 않는 것을 大라고 하는데, 이 역시 옳지 못하다.」라고 지적하고 있다. 이러한 말은 이미 앞에서도 살펴본 것처럼, 『단경』16단의 一行三昧를 설한 곳에 「망상을 제거하고 망심이 일어나지 않도록 하는 것은 무정(無情)과 같도록 하는 것」이라고 지적하고, 또 19단과 33단에서 「백 천 가지 사물을 사념(思念)하지 않고, 망념을 모두 없애려고 하지 말라.」라고 주의하고 있는 점도 아울러 참고해야 한다.

* 無記空 : 무기(無記)란 범어 avyakrta이다. 1) 三性(善, 不善, 無記)

의 하나로, 善이나 不善도 아닌 것은 善이나 不善으로 기억하고 설명[記說]할 수가 없기에 이것을 무기(無記)라고 한다. 따라서 무기는 선악과 같은 과보를 받을 수 없다. 2) 자아[我]나 중생세간의 단견[斷]과 상견[常], 한 변(邊)과 무변(無邊), 몸[身]과 목숨[命], 하나[一]와 다름[異], 여래 입멸후의 존재에 대한 존재[有]와 무존재[無] 등과 같은 형이상학적인 문제를 불교에서는 해결이 불가능한 것으로 간주한다. 이러한 有無, 是非를 기억하고 설명하고 판정하지 않는 것을 무기라고 하는데, 이러한 억지설을 문제화하는 것을 금지하고 있다. 현실적이지 않고 지혜로운 생활에 도움이 되지 않는 형이상학적인 문제에 천착하는 것을 『전유경(箭喩經)』에서는 독화살의 비유로 경책하고 있다.

또한 여기 『단경』에서 설하고 있는 것처럼, 선불교에서 무기공(無記空)에 타락한 것은 안목이 없는 참선 수행자가 선병(禪病)에 걸린 것을 지적하고 있다. 이것은 허무의 경계에 빠져서 자각성(自覺性)이 결여되어 반야지혜의 작용이 없는 멍청하게 된 선병을 말한다. 신회의 『단어』에 「만약 반야의 知의 법문을 건립하지 않았다면 마음은 무기공(無記空)에 떨어지게 된다. 그래서 나는 知의 법문을 건립한 것이다.」라고 반야 지혜로 정법의 안목을 구족해야 한다는 입장에서 知의 철학을 건립한 법문이다.

『선가구감』에 「가끔 어떤 사람은 번뇌 망념을 단멸해 버린 공심[空心(斷滅空)]을 禪이라 하고, 무기공(無記空)을 道라고 주장하고, 일체를 모두 없애는 것으로 고견(高見)으로 삼고 있다. 이것은 지혜의 광명이 없는 깜깜(冥然)한 허무(頑空)에 떨어진 선병이 깊은 자이니, 지금 천하에서 선을 설하는 자들이 거의 모두가 이러한 선병에 떨어졌다.」라고 지적하고 있다.

즉 空에 타락한 수행자를 落空, 空病이라고 한다. 落空을 두려워하는 것은 空을 단순한 허무의 심연(深淵)과 완전한 허무의 동굴과 같은 것으로 이해하는 공포인 것이다. 그래서 『전심법요』에서도 「마음이 쏠려 있는 자는 감히 이 정법으로 입문하지 못한다. 空에 떨어져 머물 곳이 없는 것을 두려워하기 때문이다.」라고 설하고 있다.

* 世人性空 : 불성은 본래 空하다는 말이다. 『능가사자기』 「귀의송」에 「불성은 공하여 형상이 없고, 진여는 적적하여 말로 표현할 수 없다.(佛性空無相, 眞如寂不言)」라고 설한다. 불성과 空의 연결의 직접적인 출전으로는 『열반경』 제27권 「사자후보살품」에 '佛性 卽是第一義空'이라고 설한 법문이다.

『대승기신론』에 다음과 같이 설한다. 「수다라에 '세간의 제법은 필경 당체는 空한 것이다. 또한 열반 진여의 법도 필경 공한 것이며, 본래부터 스스로 공한 것으로 일체의 형상(모양)을 여읜 경지이다.'라고 설하는 것을 듣고, 집착을 타파하기 위함을 알지 못하기 때문에, 즉 진여 열반의 성품은 오직 공한 것이라고 말한다.(聞修多羅說, 世間諸法 畢竟體空, 乃至涅槃眞如之法 亦畢竟空, 從本已來自空. 離一切相. 以不知 爲破着故. 卽謂眞如涅槃之性, 唯是其空)」(『대정장』32권 580上)라고 설한다.

『조당집』1권 제4조 구류손불(拘留孫佛)의 전법게(傳法偈)는 다음과 같다. 「몸을 보고 실체가 없으면 바로 부처를 친견하는 것, 마음을 깨닫고 환화와 같음을 알면 바로 부처를 깨닫는 것, 신심을 요달하면 본성이 공하니, 이 사람은 부처와 무엇이 다르랴!」

27. 摩訶의 의미

　性含萬法*是大, 萬法盡是自性. 見一切人及非人*, 惡之與善, 惡法善法, 盡皆不捨*, 不可染著, 猶①如虛空*, 名之爲大. 此是摩訶②. 迷人口念, 智者心行③. 又有迷人, 空心不思*, 名之爲大. 此亦不是. 心量(廣)大, 不行是小. 若④口空說, 不修此行, 非我弟子*.

　【校 訂】 ① 底本. 甲本. 乙本에는 「由」字. ② 底本. 甲本에는 「摩訶行」. 乙本에 의거 고침 ③ 底本. 甲本. 乙本에는 「行」字 欠. 惠昕本에 의거 첨가. ④ 底本. 甲本. 乙本에는 「莫」字.

　【번 역】 자기의 본성이 일체 모든 만법을 포용하는 이것이 큰[大] 것이니, 일체 모든 만법 모두가 바로 자기 본성이다. 일체의 인간이거나 인간이 아닌 중생, 악과 선, 악법과 선법을 모두 다 내버리지도 않고, 또 그것에 집착[染著]하지도 아니한다. 본성의 마음이 마치 허공과 같기에 크다[大]고 한다. 이것이 바로 마하의 의미이다.
　어리석은 사람은 입으로 염송하지만 지혜 있는 사람은 본심으로 실행한다. 또 어리석은 사람은 마음을 텅 비워 아무것도 사념(思念)하지 않는 것을 크다고 하지만 이것 역시 옳지 않은 말이다. 마음작용의 능력이 크다고 할지라도 지혜를 실행하지 않으면 이것은 바로 작은[小] 것이다. 만약 입으로만 헛되이 설하고, 이 법문을 실행하지 않는 사람은 나의 제자가 아니다.

　【해설 및 역주】
　* 萬法 : 일체의 모든 존재와 사물을 통칭한 말로, 세간법과 출세간법

을 포용한 一切法을 말한다. 불교는 유심의 사상이기 때문에 만법이나 제법, 일체법은 진여일심으로 포용하고 있다. 그래서 萬有一體, 萬法一如, 萬法一心, 萬法唯心이라고 한다.

 * 非人 : 범어로 amanusya. 인간과는 다른 존재인 일체 중생을 말하고, 천상의 존재나 귀신(鬼神), 영혼(靈魂) 등을 총칭한다.

 * 不捨 : 선과 악, 범성에 대한 분별심과 차별심을 없애려고 하는 망심을 일으키지도 않는 것. 취사선택하는 분별심과 차별심을 일으키지도 않는 무심의 경지를 허공에다 비유한 것이다.

『유마경』 「제자품」에 사리불이 숲속에서 좌선할 때 유마힐이 와서 다음과 같이 말한다. 「도법(道法)을 버리지 않고 범부의 일을 실행하는 것을 연좌(宴座)라고 한다. 마음을 안에도 안주[住]하지 않고, 또한 밖에도 머무르지 않는 것을 연좌라고 한다.」라고 설하는 대승의 연좌(宴坐) 법문은 일체의 대상경계를 초월하여 진여본심의 지혜로 본분사를 실행하는 경지이다. 소승선은 중생심의 번뇌 망념과 미혹을 떨쳐버리고 깨달음을 추구하며, 시끄러운 곳을 버리고 조용한 산중을 선택하여 수행하며, 범부를 버리고 성인의 경지를 추구하는데, 『유마경』은 이러한 소승선을 비판하면서 대승의 선법을 설한다.

 * 虛空 : 26단의 허공에 대한 주기를 참조.

 * 空心不思 : 『단경』 26단의 무기공에 대한 주기를 참조.

 * 非我弟子 : 경전에 설하는 제불여래의 설법을 빌려서 쓴 말이다. 『법화경』「방편품」에 「사리불아, 만일 나의 제자들이 스스로 생각하기를 아라한이나 벽지불의 경지를 체득했노라 하면서, 부처나 여래의 교화하는 법문을 듣지도 못하고, 알지 못하니 이들은 제불의 제자도 아니요, 아라한도 아니요, 벽지불도 아니다.」라고 설한다.

불타는 입멸에 즈음하여, 「내가 멸도한다고 말하는 자는 나의 제자가 아니며, 내가 멸도하지 않는다고 말하는 자도 역시 나의 제자가 아니다.」라고 설했다. 『법화경』「여래수량품」에 「여래는 삼계에 윤회하는 중생의 실상을 참답게 알아, 생사를 초월하여 허망함도 없으며, 또 세상에 있지만, 멸도함이 없으니 진실도 아니고 허망함도 아니며, 같지도 않고 다르지도 아니하며, 삼계를 삼계 같지 않게 본다.」고 하고, 또 「그러므로 여래는 비록 멸도하지 않지만 멸도한다고 말한다.」라고 설한다.

28. 반야바라밀의 의미

何名般若. 般若是智慧. 一切①時中, 念念不愚②, 常行智慧, 卽名般若行*. 一念愚③卽般若絶. 一念智卽般若生*. 世人④心中常愚, 自言⑤我修般若. 般若⑥無形相, 智慧性卽是.

何名⑦波羅蜜. 此是西國梵音, 唐言到彼岸⑧, 解義離生滅. 著境生滅起, 如水有波浪*, 卽是爲⑨此岸, 離境無生滅, 如水承⑩長流, 故卽名到彼岸, 故名波羅蜜.

迷人口念, 智者心行. 當念時有妄, 有妄卽非眞有. 念念若行⑪, 是名眞有. 悟此法者, 悟般若法, 修般若行. 不修卽凡. 一念修行, 法身等佛.

善知識, 卽煩惱是菩提*. 前念迷卽凡*, 後念悟卽佛.

善知識, 摩訶般若波羅蜜*, 最尊最上第一, 無住無去無來, 三世諸佛從中⑫出, 將大智慧到彼岸*. 打破五陰煩惱塵勞, 最尊最上第一. 讚最上乘*法, 修行定成佛. 無去無住無來往, 是定慧等, 不染一切法, 三世諸佛從中出⑬, 變三毒*爲戒定慧.

186

【校 訂】 ① 底本. 甲本. 乙本에는 「切」字 欠. 惠昕本에 의거 첨가함. ②, ③ 底本. 乙本에는 「思」字. 甲本에 의거함. ④, ⑤ 底本. 甲本. 乙本에는 欠. 惠昕本에 의거 첨가함. ⑥ 底本. 甲本에는 「般若」二字 欠. ⑦ 底本에는 「何名般若」. 甲本에 의거 「般若」二字 삭제. ⑧ 底本. 乙本에는 「彼岸到」. 甲本에 의거 고침 ⑨ 底本. 甲本. 乙本에는 「於」字. 鈴木校訂本에 의거 고침. ⑩ 底本에는 「水」字. 甲本에 의거 고침. ⑪ 底本. 乙本에는 「若」字 밑에 「不」字 있음. 甲本에 의거 삭제함. ⑫ 底本. 乙本에는 「口」字. 甲本에 의거 고침. ⑬ 底本. 甲本. 乙本에는 「出」字 欠. 惠昕本에 의거 첨가함.

【번 역】 무엇을 반야라고 하는가? 반야는 지혜를 말한다. 일체의 모든 시간에 일념 일념으로 자각하여 어리석지 않고, 항상 지혜롭게 실행하는 것이 곧 반야행이다. 일념(一念)이 어리석으면 반야의 지혜는 곧 끊어지고, 일념이 지혜로우면 반야는 곧 생긴다. 세상 사람들은 마음이 항상 어리석으면서도 스스로 나는 반야를 실행한다고 말한다. 반야는 형상이 없으니 지혜의 본성이 바로 반야이다.

무엇을 바라밀이라고 하는가? 바라밀이란 말 역시 인도[西國]의 범어인데, 당나라 말로는 지혜로 저 피안에 도달하다[到彼岸]는 뜻이다. 그 말뜻을 알면 중생심의 생멸(生滅)을 여의지만, 언어의 대상경계에 집착하면 마음에 생멸심이 일어난다.

마치 물에 파도가 있으면 이것은 차안(此岸)에 있는 것과 같다. 의식의 대상경계를 여의면 마음에 생멸이 없으니 이것은 마치 물이 모두 흘러가 버린 것과 같아서 차안이 그대로 피안(彼岸)이 되는 것이다. 이것을 바라밀이라고 한다.

어리석은 사람은 입으로 염송(念誦)하지만 지혜 있는 사람은 오직 마음으로 실행한다. 입으로 염송할 때 망념이 있고, 망념이 생기면 진

실한 반야지혜가 없다. 일념 일념의 자각으로 반야를 수행하면 이것이
곧 진실된 반야 지혜가 작용하는 실재이다.

이 불법을 깨닫는 자는 반야의 법문을 깨닫게 되고, 반야의 지혜를 실
행하는 수행을 해야 한다. 반야의 지혜를 실행하지 않는 자는 곧 범부요,
일념으로 자각하여 수행하면 법신의 지혜는 부처의 경지와 똑같다.

여러분, 번뇌가 곧 깨달음[菩提]이다. 전념(前念)에 미혹하면 범부요,
지금의 후념(後念)에 깨달으면 부처이다.

여러분, 마하반야바라밀은 가장 존귀하고, 최상이고, 제일이니, 대상
경계에 집착하는 일[住]도 없고, 가고 오는 것도 아니다. 과거·현재·
미래의 삼세의 제불도 모두 반야의 지혜에서 출현하였다. 큰 반야 지혜
는 피안에 도달하고, 오음(五陰)의 번뇌 망념과 육진의 경계를 모두 타
파한다.

최존(最尊), 최상(最上), 제일(第一)이란 최상승인 반야의 법문을 찬
탄한 말이다. 최상승(最上乘)의 법문을 수행하면 틀림없이 부처의 지혜
를 이룰 수 있다.

여래는 가는 일도 없고, 대상경계에 머무르는 일도 없고, 또한 왕래
(往來)하는 일이 없다고 설하는 것은 바로 선정과 지혜가 하나로서 일
체 법에 오염되지 않는 경지이다.

과거·현재·미래의 삼세의 제불(諸佛)도 모두 반야의 지혜에서 출현
하셨다고 하는 말은 탐진치(貪瞋痴)의 삼독심(三毒心)을 변화시켜 계정
혜(戒定慧) 삼학(三學)을 본분사로 실행한 것이다.

【해설 및 역주】

* 般若行 : 『단경』16단, 28단, 30단, 33단 등에서 설하는 반야삼매
의 입장을 다시 강조한 것이다. 즉 16단의 一行三昧의 법문에서 '일행

삼매란 일체 시간의 행주좌와의 모든 행동에 항상 본래 직심을 실행하는 일이다.(一行三昧 一切時中에 行住坐臥 常行直心是)'라고 거듭 반복하고 있다.

  * **一念智卽般若生** : 찰나 一念의 자각적인 지혜는 반야의 지혜가 생성하는 것이다.

  * **如水有波浪** : 『능가경』제2권 게송에 「마치 강물이 다 흐르면 파도가 일어나지 않는 것처럼, 이와 같이 의식의 물줄기가 없어지면 여러 가지 분별의식이 일어나지 않는다.(如水大流盡 波浪則不起 如是意識滅 種種識不生)」(『대정장』16권 496中)

  차안(此岸)과 피안(彼岸)을 갈라놓은 강물의 흐름이 없어질 때 차안이 그대로 피안이 된다는 말은, 번뇌 망념의 물줄기가 차별 분별심으로 차안과 피안을 구분해 갈라놓았지만 강물이 없어지면 차안이 피안이 되고 차안과 피안의 구분이 없어진다는 것이다.

  『오성론(悟性論)』에도 다음과 같이 설한다. 「미혹할 때는 차안에 있고, 깨달으면 피안에 있다. 만약 마음이 공한 줄 알고 대상경계의 형상(모양)을 보지 않으면 미혹과 깨달음[迷悟]을 모두 함께 여읜다. 이미 미오(迷悟)를 모두 함께 여의면 역시 피안도 없다. 여래는 차안에 있지도 않고 피안에 있지도 않고, 물이 흐르는 그 가운데(中流)에도 있지 않다. 중류(中流)란 소승인이다. 차안은 범부이며 피안은 깨달음(보리)이다.」(『대정장』48권 372中)

  * **煩惱是菩提** : 『단경』42단에도 煩惱卽菩提, 生死卽涅槃이라는 말을 언급하고 있는데, 이 말은 대승불교 불이법문의 사상으로 대승 경전에 널리 설한다. 특히 『유마경』「제자품」에 유마힐이 사리불의 연좌를 비판하면서 「번뇌를 끊지 않고, 열반의 경지에 든다.(不斷煩惱入菩提)」라

고 설하고 있다.

『유마경』 등 대승경전에는 번뇌는 실체가 없고 본래 공한 것이라는 입장에서 설하지만, 범부는 번뇌가 공한 사실을 알지 못하고 그 번뇌를 끊으려고 한다. 이처럼, 본래 존재하지도 않은 것, 본래 공한 것인 번뇌에 집착되는 잘못을 타파하기 위해서 「煩惱卽菩提」라고 설한 것이다. 「生死卽涅槃」도 생사와 열반이 둘이 아닌 것처럼, 번뇌와 보리도 둘이 아니다.

여기서 「卽」은 본래 「同」과 같은 뜻이 아니다. 卽은 번뇌와 보리, 생사와 열반, 이 둘은 불이(不二)이고, 다름이 없다는 불이(不異)의 卽이며 不二一體인 상즉(相卽)을 말한다. 「衆生卽佛」도 같은 말이다. 불성에 번뇌가 일어나면 중생이요, 번뇌가 없어지면 부처인 것이다. 나무가 없으면 불을 피울 수가 없는 것처럼, 번뇌를 여의고 보리를 이룰 수가 없고, 물이 없으면 얼음을 얻을 수가 없고, 생사를 여의고 열반을 이룰 수가 없는 것이다. 중생을 떠나서 부처도 없는 것을 말한다.

* 前念迷卽凡 : 『단경』 22단에서도 언급하며 자각의 종교인 선수행의 본질을 설하는데, 前念은 망념이 일어난 것을 말하고 後念은 망념이 일어난 사실을 깨달은 지금의 일념[今念]이다. 前念의 미혹한 범부의 妄念을 깨달은 後念은 자각한 불심[聖者]의 지혜를 말한다.

이러한 선불교의 수행구조는 『대승기신론』 등에서 제시되었고, 『신회어록』에서 널리 강조하고 있다. 『남종정시비론』에 다음과 같이 주장한다. 「여러분, 수행할 때 마음에서 만약 망념이 일어나면 망념을 곧바로 깨닫도록[覺照] 하라. 망념이 없어지면 깨달음 또한 스스로 없어지니 이것이 무념(無念)의 경지이다.」 또 『단어』에도 「만약 망념이 일어나면 곧 망념을 자각하도록 하라. 망념도 자각도 모두 없어지면 곧 이것이 본성의 무주심(無住心)이다.」라고 설한다.

여기서 망념이 일어난 것은 前念이며, 망념이 일어난 사실을 자각하는 것은 後念인데, 망념과 자각, 전념과 후념과 언설의 자취나 흔적까지 모두 없어진 것이 진여본성으로 되돌아간 無念의 경지라고 설한다.

이와 똑같은 주장이 『신회어록』 16단에 신족(神足) 선사와의 문답에도 전하는데, 종밀은 신회의 설법을 계승하여 『도서』에 「망념이 일어나면 망념이 일어난 사실을 자각하라, 망념이 일어난 사실을 자각할 때 망념은 없어진다. 수행의 묘문은 오직 여기에 있다. 비록 수행에 만행을 갖춘다고 할지라도 오직 무념을 종지로 하는 것이다.(念起卽覺, 覺之卽無, 修行妙門 唯在此也. 故雖備修萬行 唯以無念爲宗)」라고 설한다. 종밀의 법문은 종색(宗賾)의 『좌선의』와 보조지눌의 『절요』 등에 많이 인용되고 있다.

* **摩訶般若波羅蜜** : 『금강경』 제8단, 12단, 29단의 취지를 묶은 것인데 신회의 법문을 그대로 인용하였다. 신회의 『남종정시비론』 32단에도 거의 같은 법문이 보인다.

「원 법사가 질문했다. '선사는 어떤 법을 수행합니까?' 신회 화상이 대답했다. '반야바라밀법을 수행하고 반야바라밀을 실천합니다.' 원 법사가 질문했다. '어째서 다른 법을 수행하지 않고, 다른 수행을 실천하지 않고 오직 반야바라밀법을 닦고, 반야바라밀법을 실천합니까?'

화상이 대답했다. '반야바라밀법을 수행하는 자는 능히 일체법을 다 포섭하며, 반야바라밀법의 실천은 일체행의 근본이다. 금강반야바라밀은 최존(最尊)이고, 최승(最勝)이며, 최제일(最第一)이다. 반야의 지혜는 생멸(生滅)도 없고, 거래(去來)도 없으며, 일체제불이 여기서 출현했다.'(遠法師問曰, 禪師修何法, 和上答, 修般若波羅蜜法, 行般若波羅蜜行, 遠法師問, 何以不修餘法, 不行餘行. 唯獨修般若波羅蜜法, 行般若波羅蜜行. 和上

答, 修學般若波羅蜜法者, 能攝一切法, 行般若波羅蜜行, 是一切行之根本, 金剛般若波羅蜜, 最尊 最勝 最第一, 無生無滅無去來, 一切諸佛從中出.)」 (『신회화상유집』296쪽)

＊最上乘 : 돈황본 『단경』 首尾의 제목을 비롯하여 17, 28, 30, 43단 등에서도 설하고 있다. 최상승이란 말은『금강경』에「여래는 대승의 수행자에게 설하고, 최상승의 수행자에게 설했다.(如來爲發大乘者說, 爲發最上乘者說.)」라는 말에 의거한 것이다.

『법화경』「약초유품」, 『수능엄경』제7권에 「최상승결정성불」이라고 설한다. 『화엄경』51권 「여래출현품」에 「보리심을 버리지 않고 무량의 생사 망념에 함께 거주하면서도 싫어하지 않고, 이승(二乘)의 경지를 초월한 것을 대승이라고 하며, 第一乘, 勝乘, 最勝乘, 上乘, 無上乘, 利益一切衆生乘이라 한다.」고 설한다.

신회가 『금강경』을 중요시한 것은 이 경의 법문이 최상대승의 제자들에게 설한 최상대승의 법문이기 때문이다. 『신회어록』에는 대승과 최상승의 차이를 문답으로 설하고 있으며, 『금강경』의 「應無所住 而生其心」에 대하여 「응무소주」는 본적(本寂)의 진여본체[體]에, 「이생기심」은 본지(本智)의 지혜작용[用]이라고 설한다.

『금강경』의 법문은 신회와 『단경』 이후의 선종에서는 『역대법보기』, 종밀의 『도서』 등의 저술에서 선불교의 대명사로 사용하였다. 『단경』의 제목에서 주기한 것을 참조 바람.

＊將大智慧到彼岸 : 『반야심경』에 「관자재보살이 반야바라밀다를 실천할 때에 오온이 모두 공한 것임을 알고 반야의 지혜로써 일체의 고액을 건너갔다.(皆空度一切苦厄 舍利子 色受想行識 是諸法空相)」라는 부분을 응용한 것.

192

* 三毒 : 탐진치의 삼독심. 신수의 『관심론』에 다음과 같이 설한다. 「일체 중생은 삼독(三毒)과 육적(六賊)으로 몸과 마음이 혹란되고 생사고해에 침륜하며, 육도(六道)에 윤회하여 여러 가지 고통을 받는다. … (略) … 만약 어떤 사람이 삼독과 육적의 근원을 끊어 버린다면 모든 악행의 흐름[衆流]은 멈추게 된다. 해탈을 구하는 자는 삼독을 전환시켜 삼취정계(三聚淨戒)로 하고, 육적을 전환시켜 육바라밀로 한다면 자연히 일체의 모든 고통에서 벗어날 수 있다.」(『대정장』 48권 367上)

『悟性論』에도 삼독을 전변하여 삼취정계(三聚淨戒)로 한다고 설한다.

29. 지혜의 작용

善知識, 我此法門, 從般若生①八萬四千智慧*. 何以故. 爲世人有八萬四千塵勞. 若無塵勞, 般若常在, 不離自性. 悟此法者, 即是無念, 無憶②, 無著*. 莫起雜妄, 即自是眞如性. 用智慧觀照, 於一切法, 不取不捨, 即見性成佛道*

【校 訂】① 底本. 甲本. 乙本에는 「般若生」 三字 欠. 惠昕本에 의거 첨가함. ② 底本. 甲本에는 「億」字. 乙本에 의거 고침

【번 역】여러분, 내가 설한 법문은 반야의 지혜를 체득하고 팔만사천의 방편지혜를 실행한다. 왜냐하면 세상 사람들은 팔만사천의 번뇌 망념[塵勞]이 있기 때문이다. 만약에 중생의 번뇌 망념이 없다면 반야의 지혜는 항상 자유자재하며 자기의 본성을 여의지 않는다. 이 반야의 법문을 깨달은 사람은 즉 번뇌 망념이 없고, 과거의 망념에 사로잡히는

일[憶念]이 없고, 의식의 대상경계에 집착하는 일도 없다.

자아의식의 중생심으로 잡다한 번뇌 망념을 일으키지 않으면 그대로
가 바로 진여 본성의 지혜이다. 반야의 지혜로 관찰[觀照]하여 일체 대
상경계의 사물[法]을 취(取)하지도 않고, 내버리지[捨]도 않는다면 곧
진여본성을 깨닫고 불도를 이룰 수가 있다.

【해설 및 역주】

* 八萬四千智慧 : 팔만사천이라는 숫자는 초기 경전인 『Thera-gatha.
佛弟子の告白』 1,024 게송에 다음과 같이 보인다. 「나는 붓다로부터
82,000의 가르침을 받았습니다. 또 수행자로부터 2,000의 가르침을 받았습
니다. 이렇게 해서 84,000의 가르침이 실행된 것입니다.」(中村 元, 『佛弟
子の告白』, 192쪽) 『유마경』 「보살행품」에 「팔만사천제번뇌문」이라
고 하고, 『신회어록』 「대승돈교송」에 「제존은 중생들에게 미묘한 방편
지혜의 힘을 무한히 펼쳐서 팔만사천의 가르침을 펼치고, 37도법을 열었
다.」라고 설한다.

『전심법요』 4단에는 「팔만사천의 법문은 팔만사천의 번뇌에 대한
중생교화를 위한 법문[教化接引門]이다.」라고 설하는데, 『단경』과 같
은 취지의 설법이다.

* 無念, 無憶, 無着 : 『단경』의 三句설법이다. 앞의 19단에서는 무념,
무상, 무주의 三句 법문을 설했다. 원래 삼구 설법은 『역대법보기』에
성도(成都) 정중종(淨衆宗)의 무상(無相) 선사가 「지난 일을 기억하지
말고[無憶], 번뇌 망념이 없이[無念], 망각함이 없도록[莫忘] 하라. 무억
(無憶)은 바로 戒요, 무념은 바로 선정이며, 막망(莫忘)은 바로 지혜이
다.」라고 설했다.

무상 선사의 삼구설법은 신회의 『단어』에서 강조하는 三學說을 계승하고 있다. 보당종(保唐宗) 무주(無住) 선사는 「無憶, 無念, 莫妄」의 삼구 법문을 설했는데, 종밀은 무상 선사의 「莫忘」을 「莫妄」으로 바꾸어 설했다고 지적하고 있다.

돈황본 『三寶四諦問答』에 「一은 無思, 二는 無念, 三은 無妄이다. 無思는 戒요, 無念은 定이며, 無妄은 慧이다.」라고 설하는 법문도 신회나 無相, 無住 선사의 삼구법문, 삼학설법과 비슷하다.

무억(無憶)의 내용은 無念과 같은데, 『유마경』 「보살품」에 「중생심을 실행하지 않는 것이 보리라고 하는 것은 억념(憶念)이 없기 때문이며, 망념을 차단하는 것이 보리라고 하는 것은 모든 견해를 여의었기 때문이다. 망념을 여읜 것이 보리라고 함은 모든 망상을 여의었기 때문이다.(不行是菩提 無憶念故. 斷是菩提 捨諸見故 離是菩提 離諸妄想故.)」(『대정장』 14권 542中)

또 『문수시리행경』에도 「만약 常住하는 법계라면 無憶, 無念이며, 無憶, 無念이라면 일체가 깨달음도 없고, 깨달음이 아닌 것도 없다.(若常住法界者 無憶, 無念, 無憶, 無念者, 一切無証, 無不証.)」(『대정장』 14권 513下)

* 見性成佛道 : 자기의 불성을 보고 깨달아서 불도를 이룬다는 의미이다. 見性成佛은 宋나라 승량(僧亮, 444~509)의 『열반경집해』 33권에 최초로 설하고 있다. 「승량이 말했다. '본성을 깨닫고 성불한다는 것은 본성이 곧 부처의 지혜가 되기 때문이다. 여래는 곧 법이며, 법은 곧 본성이 공한 것이고, 본성이 공한 것이 진여법이다. 진여법은 곧 불성이다.'(僧亮曰, 見性成佛, 卽性爲佛也. 如來卽法者. 法卽性空, 性空卽法, 法卽佛性也.)」(『대정장』 37권 490下)」

견성설은 하택신회의 남종선의 기본 사상인데, 돈황본 『단경』 21단에서 좌선의 정의로 제시하고 있는 것처럼, 번뇌 망념이 없는 청정한 불성을 깨닫는 것이 불도를 이루는 수행이다.

　돈황본 『제경요초(諸經要抄)』와 이후의 많은 선 문헌에서 한결같이 견성성불을 강조하고 있다. 특히 『전심법요』16단에서는 육조 혜능과 혜명 상좌가 대유령(大庾嶺) 고개에서 혜능이 「선도 사량하지 말고, 악도 사량하지 말라, 선악을 동시에 사량하지 않을 때에 혜명 상좌의 본래 면목을 제시해 보라.」는 말을 듣고 깨달은 뒤에, 「이제야 비로소 알았네. 조사가 서쪽에서 오셔서, 直指人心 見性成佛을 설한 뜻이 언설에 있지 않는다는 사실을.」이라고 말하고 있다. 이것이 달마로부터 비롯된 선종의 종지가 되었다.

30. 금강경의 공덕

　善知識, 若欲入甚深法界*, 入般若三昧*者, 直須修般若波羅蜜行, 但持金剛般若波羅蜜經一卷, 卽得見性, 入般若三昧. 當知此人, 功德無量. 經中分明讚嘆*, 不能具說. 此是最上乘*法, 爲大智上根人說*. 小①根智人, 若聞法, 心不生信.

　何以故. 譬如大龍, 若下大雨*, 雨於②閻浮提, 城邑聚落, 悉皆漂流*③, 如漂草葉. 若下大雨, 雨於大海, 不增④不減. 若大乘者, 聞說金剛經, 心開悟解. 故知本性自有般若⑤之智, 自用智慧觀照*, 不假文字.

　譬如其雨水, 不從天有, 元是龍王*於江海中, 將身引此水, 令一切衆生, 一切草木, 一切有情無情, 悉皆蒙潤. 諸水衆流, 却入大海, 海納衆水*, 合爲一體. 衆生本性般若之智, 亦復如是.

【校 訂】① 底本. 甲本에는 「少」字. ② 底本에는 「提」字. 甲本에는 「依」字. 惠昕本에 의거 고침. ③ 底本. 甲本, 乙本에는 「城邑聚落, 悉皆漂流」 8字 欠. 惠昕本에 의거 보충. ④ 底本에는 「曾」字. 甲本에 의거함. ⑤ 底本에는 「般若」를 「本性」으로 씀. 甲本에 의거 고침.

【번 역】 여러분, 만약 깊고 깊은 진여법계를 깨닫고 반야삼매에 들고자 한다면 올바른 반야바라밀의 법문을 수행하도록 하라. 단지 『금강반야바라밀경』 1권만 수지하면 즉시 본성을 깨달아 친견[見性]하고, 반야삼매에 들 수가 있다.

『금강경』을 수지한 사람의 공덕이 무량하다는 사실을 잘 알아야 한다. 경전에서도 분명히 찬탄하고 있는 것처럼, 경전을 수지하는 공덕을 모두 다 언설로 설명할 수가 없다. 이것이 바로 최상승의 지혜를 체득하는 법(法)이니 큰 지혜(大智)와 상근기 수행인들에게 설한 법문이다.

만약 소근기의 작은 지혜를 가진 사람이 이 경전의 법문을 들으면 마음에 신심이 일어나지 않을 것이다. 무엇 때문일까?

만약 큰 용이 큰 비를 염부제[閻浮提(陸上)]에 내리면 성[城邑]이나 촌락의 마을[聚落]이 모두 떠내려가는 모양이 마치 풀잎이 강물에 떠내려가는 것과 같다. 그러나 만약 큰비가 대해(大海)에 내리면 바닷물이 늘어나지도 줄어들지도 않는 것과 같다.

이와 같이 만약 대승의 수행자가 『금강경』을 설하는 법문을 들으면 마음이 열리고 불법의 진실을 깨닫게 된다. 그렇기 때문에 사람의 본성은 본래부터 스스로 반야의 지혜를 구족하고 있어 자기 스스로 반야지혜로 대상경계의 사물을 관찰하고 비추기 때문에 언어문자를 빌려서 사용할 필요가 없다는 사실을 알 수 있다.

예를 들면, 마치 저 빗물이 본래부터 하늘에 있었던 것이 아닌 것과 같다. 이 빗물은 원래 용왕이 강이나 바다에서 몸으로 물을 끌어올려 일체의 중생과 일체의 초목과 일체의 유정·무정 모두에게 비를 내려 윤택한 생명 활동을 하도록 실행하는 것이다. 그 모든 빗물의 흐름은 또다시 대해로 흘러가고 바다는 모든 빗물을 받아들여서 일체(一體)로 만든다. 중생의 본성인 반야의 지혜도 또한 이와 마찬가지이다.

【해설 및 역주】

* 甚深法界 : 진여본성의 지혜는 법계와 하나[法界一相]라는 법문인데, 진여법계는 본래의 입장에서 범부나 성인의 차별도 없이 본래 하나이다. 『사익경』 권1에서는 이것을 제법의 정성(定性)이라고 한다. 「망명이 말했다. '무엇을 제법의 정성(定性)이라고 하는가?' 범천이 말했다. '제법이 자성을 여의고, 욕망의 경계를 여의었기 때문에 정성(定性)이라고 한다.'(網明言, 何謂爲諸法正性, 梵天言, 諸法離自性, 離欲際, 是名正性)」(『대정장』 15권 36中) 북종의 『대승무생방편문』 제 四門에서는 『사익경』에 의거하여 일체존재의 본질을 밝히고 있다. 『반야심경』에도 관자재보살이 깊은 반야바라밀다를 행할 때라고 설한다.

* 般若三昧 : 『단경』 16단, 28단, 33단에도 강조하고 있다.

* 經中分明讚歎 : 『금강경』 제12단의 일단을 말한다. 「수보리야! 어디서나 이 경전의 사구 게송만이라도 설한다면 반드시 알라. 이 경전의 법문을 설하는 곳은 일체의 세간, 천상, 아수라 등이 모두 당연히 공양하기를 부처님의 탑묘에 공양하는 것과 같이 할 것이다. 어찌 하물며 어떤 사람이 능히 이 경전을 다 수지하고 독송함이겠는가. 수보리야, 반드시 잘 알아라. 이 사람은 최상이며, 제일 희유한 법을 성취하리라. 만약 이 경전이 있는 곳에는 곧 부처와 존중하는 제자가 함께하는 곳이라고 하겠다.」

* 最上乘 : 『단경』의 제목과 28단, 30단, 45단 등에도 언급하고 있다.
2 단 제목에서 注記한 말을 참조. 신회의 『남종정시비론』39단에서도
『금강경』의 구절을 인용하고 있다.

* 大智上根人說 : 『금강경』15단에 의거한 설법이다. 「수보리야, 긴
요하게 말하자면, 이 경전은 가히 중생심으로 생각할 수 없고, 가히 중생
심으로 측량할 수도 없는 무량무변한 공덕을 지니고 있으니, 여래가 대
승을 발원한 자에게 설한 법문이요, 최상승을 발원한 자에게 설한 법문
이다. 만약 어떤 사람이 능히 이 경전의 법문을 수지하고 외워서 널리
남에게 설법해 주는 사람이 있다면 여래의 지혜는 이 사람의 마음작용을
모두 다 알고, 모두 다 볼 수가 있어 헤아릴 수 없고, 일컬을 수 없고, 한
량없고, 상상할 수도 없는 공덕을 모두 다 깨달아 성취할 수 있다.」

* 大龍大雨 : 대용왕이 비를 내린다는 말은 『사익경』제6권에 「모든
대용왕(大龍王)이 염부제(閻浮提)에는 비를 내리지 않는다. 인색함이 있
어서가 아니라 그곳(염부제)에서는 큰비를 받아들일 수가 없기 때문이
다. 왜냐하면 큰 용[大龍]이 내리는 비는 마치 마차와 같다. 염부제에서
는 능히 수용할 수가 없다. 마치 그 비는 염부제의 도시[城邑]나 촌락의
마을[聚落], 산림이나 연못 등이 모두 다 떠내려가게 되는데, 마치 대추
나뭇잎이 강물에 떠내려가는 것과 같다. 그래서 큰 용이 염부제에는 비
를 내리지 않는다.」(『대정장』15권 91中)

『화엄경』제5권 「여래출현품」(『대정장』10권 269中), 『화엄경』
39권 「십지품」(『대정장』10권 206下) 등에서도 大龍이 비를 내리는
이야기를 설하고 있다.

* 龍王 : naga-raja 천룡팔부가 비를 내린다는 이야기는 여러 경전에
서 한결같이 설하는데, 용왕(龍王)은 용신(龍神)의 왕으로 바다나 강에

살고 있는 큰 뱀의 종류이며 뱀의 형상[蛇形]을 하고 있는 귀신(鬼神)이다. 원래 인도 원주민 사이에 실행된 뱀의 신을 숭배[蛇神崇拜]하는 것인데 불교에서 수용한 것이라고 할 수 있다.

　＊閻浮提 : 범어 Jambu-dvipa의 음역. 수미산의 남쪽에 펼쳐진 대지로 Jambu 나무가 무성한 언덕이라는 뜻인데, 현실의 인간세계. 즉 사바세계를 의미한다.

　＊城邑聚落悉皆漂流 : 底本에 없으나 『사익경』6권과 홍성사본 『단경』에 의거해서 보충한다. 지상에 큰비가 내려 큰 도시[都城]와 촌락의 마을 등 모든 곳이 빗물에 떠내려가는 비유이다. 즉 제불여래의 최상승 법문은 근기가 낮은 중생들이 이해하지 못해 수용하지 못하는 것이 마치 큰 용이 갑자기 큰비를 내리면 땅이 그 많은 빗물을 감당하지 못하는 것과 같다고 설했다.

　＊智慧觀照 : 『단경』의 14, 29, 30, 33, 43, 44단 등에도 강조하고 있는 말이다. 文字반야, 觀照반야, 實相반야의 삼종의 반야설 가운데 관조(觀照) 반야의 입장이다. 『대승의장』제10권 「삼종반야의」에 의하면 문자반야는 반야경전을 말하고, 관조반야(觀照般若)는 반야지혜로 일체 법을 관찰하는 것을 말하며, 실상(實相)반야는 지혜의 대상이 되는 진여실상이라고 설한다. 『신회어록』에도 윤주사마왕(潤州司馬王) 유림(幼琳)과의 문답이 있는데, 신회가 '반야바라밀의 본체는 不可得이다. 이것을 법으로 설할 수는 없다. 반야바라밀의 본체에는 본래의 지혜가 있어 불가득의 본체[體]를 조견(照見)한다.」라고 설한다.

　＊海納衆水 : 80권 『화엄경』51권에 대해(大海)는 능히 많은 빗물을 받아들일 수 있는 능력이 있기에 백 천의 강에서 흘러 들어오는 무량하게 많은 강물을 모두 다 받아들이지만 대해는 증감(增減)이 없다고 설하

고 있다. 법성진여(法性眞如)의 바다[海]도 옳고 그른 삿된 견해를 남김
없이 모두 다 받아들이지만 깨달음의 바다에서는 하나가 된다. 또한 마
음은 허공과 같이 무심하게 수용하고 깨달음의 경지에 함께 한다.

31. 근기가 작은 사람과 큰 智慧人

　小^①根之人[*], 聞說此頓教, 猶如大地草木根性自小^②者, 若被大雨一沃,
悉皆自倒^③, 不能增長. 小^④根之人, 亦復如是, 有般若之智, 與大智之人,
亦無差別.

　　因何聞法卽不悟. 緣邪見障重, 煩惱根深, 猶如大雲蓋覆於日[*], 不得
風吹, 日無能現. 般若之智, 亦無大小. 爲一切衆生, 自有迷心, 外修覓
佛[*], 未悟自性, 卽是小根人 聞其頓教, 不假^⑤外修. 但於自心, 令自本性
常起正見, 一切邪見煩惱塵勞衆生, 當時盡悟.

　　猶如大海納於衆流, 小水大水, 合爲一體[*], 卽是見性. 內外不住[*], 來
去自由, 能除執心, 通達無礙. 心修此行, 卽與般若波羅蜜經, 本無差別.

　【校 訂】 ①, ② 底本. 甲本. 乙本에는 「少」字. ③ 底本에는 「迷皆自
到」. 甲本. 惠昕本에 의거 고침. ④ 底本. 甲本. 乙本에는 「少」字. ⑤
底本. 甲本. 乙本에는 「信」字. 鈴木校訂本에 의거 고침.

　【번 역】 근기가 작은 사람이 이러한 남종 돈교의 법문을 듣는 것은
마치 뿌리가 약한 대지의 초목과 같다. 만약 큰비를 한 번 맞으면 모두
저절로 꺼꾸러져 성장할 수가 없다. 근기가 작은 사람도 이와 같이 반
야의 지혜를 구족하고 있는 점은 대지혜인과 똑같이 차별이 없다.

그런데 어째서 돈교의 법문을 듣고서도 곧 깨닫지 못하는가? 중생심의 사견(邪見)과 업장이 진여본심을 몇 겹이나 감싸고 있고, 번뇌 망념의 뿌리가 깊이 박혀 있기 때문이다.

마치 두꺼운 먹구름이 태양을 뒤덮고 있는 것과 같이 바람이 불지 않으면 태양이 나타나지 못한다.

반야의 지혜도 또한 크고 작음의 차별이 없지만 일체 중생이 스스로 미혹한 망심 때문에 마음 밖에서 헛되이 부처를 찾으므로 자기의 불성을 깨닫지 못하는 것이다.

즉, 근기가 작은 사람은 그러한 돈교의 법문을 들으면 신심으로 수지(信受)하지 않고 마음 밖에서 찾으려고 한다. 다만, 자기의 마음에서 자기의 본성이 항상 정견(正見)의 안목으로 일체의 삿된 견해와 번뇌 망념의 중생심을 즉시에 모두 자각하도록 해야 한다.

마치 큰 바다[大海]가 많은 강물을 모두 다 받아들여서 작은 강물이나 큰 강물을 모두 합쳐 일체(一體)가 되도록 하는 것이 바로 견성(見性)이다. 마음 안으로나 마음 밖, 어디에도 머무르지 않고 가고 옴에 항상 자유스러우며, 능히 집착하는 망심을 없앨 수가 있고, 통달하여 어디에도 걸림이 없다. 진여 일심으로 이렇게 돈교의 법문을 실천 수행하면 반야바라밀의 지혜와 근본적으로 다른 점이 없다.

【해설 및 역주】

 * 小根機人 : 『단경』에 小根人과 大根人에 대하여 30, 31, 32, 43단 등에서 말하는 것처럼, 大小의 근기(根機)와 영리함과 우둔함[利鈍]에 대하여 언급하고 있다. 여기서는 『단경』30단에 이어서 남종의 돈교 법문이 반야바라밀의 최상승법문이기 때문에 근기가 작은 사람은 받

아들이기 어렵다는 사실을 강조하고 있다. 여기서도 돈교의 법문은 대용왕이 내리는 큰비[大雨]에 비유하고 소근기인(小根機人)은 대지에 뿌리 내린 초목에 비유하며, 큰비를 감당할 수 없다고 설한다.

『화엄경』39권 「십지품」에 「비유하건대 사가라 용왕이 내리는 큰비는 오직 바다 이외의 일체 모든 곳에서는 온전히 안전할 수 없으며, 받아들일 수 없고, 수습할 수 없으며, 소유할 수 없다. 여래의 비밀장(秘密藏)인 대법명(大法明), 대법조(大法照), 대법우(大法雨)도 역시 이와 같다. 오직 십지(十地)보살 이외의 일체 중생, 성문, 독각, 내지 9地 보살도 모두 안전할 수 없다.」(『대정장』10권 206下)

근기(根機)는 선기(禪機), 기지(機智)라고도 하는데, 마음의 지혜작용을 말한다. 대승 불법의 큰 지혜를 감당할 수 없는 사람을 소근기인이라고 했다.

* 猶如大雲 蓋覆於日 : 돈황본 22단에서도 언급하고 있다. 홍인의 『수심요론』에 다음과 같이 설한다. 「『십지경론』에서 말하기를 중생의 신중(身中)에 금강의 불성[金剛佛性]이 있으니 마치 태양과 같이 본체가 밝고 원만하고 광대무변하지만, 오음의 두꺼운 구름에 덮여 있기 때문에 병속의 등불이 밝게 비추지 못하는 것과 같다.」

이 일절은 신수의 『관심론』에도 인용하고 있다.

* 外修覓佛 : 근기가 작은 사람은 자기 마음 밖에서 부처나 깨달음을 찾으려고 하기 때문에 자성을 깨닫지 못한다. 『법화경』「신해품」에 부호인 長子 아버지와 가난한 거지 아들 이야기를 연상하게 한다. 아들은 거지가 되어 나이가 들어서도 사방으로 의식(衣食)을 찾아 헤매다가 본국으로 되돌아와 아버지를 만나 많은 재산과 보물을 그대로 전수받게 된 이야기는 숲의 종교의 본질적인 구조를 잘 말해 주고 있다. 숲에서

본래의 자기 집으로 되돌아가야 보물을 전수받는 것처럼, 진여 본성의 집으로 되돌아가야 깨달음을 체득할 수가 있다.

『수능엄경』제4권에 나오는 연야달다(演若達多)가 자신의 머리를 찾아 헤매는 이야기도 마찬가지다. 그래서 마조 선사나 임제 선사도 마음 밖을 향해서는 불법의 진실을 추구하지 말라고 경고하고, 마음 밖에서 도를 구하는 자는 외도(外道)라고 했다.

* 大海의 功德 : 『단경』30단, 31단에서도 「大海納於衆流 小水大水合爲一體」라고 설하는 말은 80권 『화엄경』제51권에도 설하는데, 백 천의 강물을 모두 받아들이지만 바다는 증감(增減)이 없다.

『조주록』卷中에 「大海가 모든 중류(衆流)를 받아들이는 것인가?' 라는 질문에 조주는 '대해는 모른다고 말했다.' '어째서 모른다고 하는가?'라고 추궁하자 선사는 '끝내 대해는 나는 많은 강물[衆流]을 받아들였다고 말하지 않는다.'」고 대답했다.

대해는 백 천의 수많은 강물이 흘러 들어와도 이를 무심하게 받아들일 뿐 받아들였다는 자아의식이 없기에 모른다[不識]고 한 것이다.

또한 일체의 중류(衆流)를 받아들여 일체(一體)로 한다는 말은 『화엄경』「십지품」에서 대해의 특징 가운데 하나로 설한 짠맛 一味, 海水一味로 한다는 것을 말한다. 一味는 平等이나 同等의 의미로 순일무잡(純一無雜)한 진여일심의 경지를 표현한 말로서, 여러 가지 다른 사물의 형상과 모양, 색깔을 하나로 통섭(通攝)하여 진여일심의 지혜로 일체 화합(和合)한다는 의미이다. 『대지도론』19권에 「향기롭고 아름답고 깨끗한 물이나 백 천의 강물이 이미 대해로 흘러 들어가면 짜고 쓴맛으로 변한다.(如香美淨水 隨百川流, 旣入大海, 變成鹹苦)」(『대정장』25권 199上)라고 설한다.

그리고 『열반경』 제32권에 설하는 大海의 8가지 공덕 가운데 선어록에 자주 인용하는 것이 「大海는 죽은 시체를 그대로 두지 않는다.」라고 하면서 자정능력(自淨能力), 자성청정심의 정화작용을 강조하고 있다. 이러한 법문은 『사익경』 제4권, 『화엄경』 77권 등 많은 경전과 어록에서 설하고 있는데, 대해가 시체(屍體)를 그대로 두지 않는 것처럼, 불성해(佛性海), 진여해(眞如海)는 어떠한 중생심의 번뇌 망념과 오염(汚染)도 그대로 두지 않고 청정하게 정화시킨다.

* 內外不住 : 마음에 안과 밖이라는 그 어느 곳에도 주처(住處)를 두지 않는 것이다. 內外라는 차별적인 세계를 초월한 입장으로 근원적인 진여본심의 지혜이며, 견성은 內外 不住인 불성의 지혜작용을 말한다. 『금강경』에 「반드시 대상경계에 집착하는 일이 없이 진여본심의 지혜를 실행해야 한다.(應無所住 而生其心)」(『대정장』 8권 749下)라는 말이나, 『유마경』 「제자품」에 「마음이 안에도 머물지 않고, 역시 밖에도 머물지 않는 것을 연좌(宴坐)라고 한다.(心不住內 亦不在外 是爲宴坐)」(『대정장』 14권 539下)라는 법문을 수용한 것이다.

『단경』 22단, 33단, 37단에서 설하는 내외명철(內外明徹)한 불성의 지혜와 같은 입장이며, 또 21단 좌선의 정의에서 내외명철(內外明徹)한 견성의 지혜작용을 설하고 있다.

32. 萬法은 자기 마음에 있다

一切經書及文字, 大小二乘十二部經*, 皆因人置. 因智慧性故, 故然能建立*. 若無世人①, 一切萬法, 本亦不有. 故知萬法, 本從人興, 一切經

書, 因人說有. 緣在人中, 有愚有智. 愚爲小人②, 智爲大人. 迷人問於智者③, 智人與愚人說法*, 令彼④愚者悟解心開. 迷人若悟心開, 與大智人無別. 故知不悟卽佛是衆生*. 一念若悟卽衆生是佛. 故知一切萬法, 盡在自身心中*. 何不從於自心, 頓見眞如本性.

菩薩戒經*云, 我本源自性淸淨. 識心見性, 自成佛道. 淨名經云⑤, 卽時豁然*, 還得本心.

【校 訂】① 底本. 甲本. 乙本에는 「我若無智人」. 惠昕本에 의거 고침. ② 底本. 甲本. 乙本에는 「少故」. ③ 底本. 甲本. 乙本에는 「問迷人於智者」. ④ 底本. 甲本. 乙本에는 「使」字. ⑤ 底本. 甲本. 乙本에는 「淨名經云」 四字 欠. 惠昕本에 의거 첨가함.

【번 역】 일체의 모든 경전과 언어 문자(文字), 소승과 대승의 십이부경은 모두 사람들의 요청으로 만들어진 것이다. 진여본성의 방편지혜에 의거하면 (사람들이) 불법을 건립할 수 있다.

만약에 세상 사람들이 없었다면 일체의 만법은 본래부터 존재하지 않았을 것이다. 따라서 모든 방편법문의 가르침[萬法]은 본래 세상(世上) 사람들의 요청에 의거해서 이루어진[興] 것이요, 일체의 모든 경전도 모두 사람들에게 설한 방편법문이라는 사실임을 알 수 있다.

세상 사람들 가운데는 어리석은 사람도 있고 지혜 있는 사람도 있다. 어리석은 사람은 小人이고, 지혜 있는 사람은 大人이다. 미혹한 사람은 지혜 있는 사람에게 묻고, 지혜 있는 사람은 어리석은 사람을 가르쳐 어리석은 사람을 깨우치게 하고, 마음이 열리도록 해야 한다. 미혹한 사람이 만약 마음이 열리어 깨닫게 되면 대지혜인(大智慧人)과 조금도 다를 바가 없다.

이렇게 볼 때, 불법을 깨닫지 못하면 곧바로 부처가 그대로 어리석은 중생(衆生)이며, 만약 한 순간에 깨달으면 중생이 곧바로 부처임을 알 수 있다. 때문에 일체의 모든 만법(萬法)은 모두 자기의 마음에 있다.

그런데 어째서 자기의 마음에서 단번에 진여의 본성을 깨닫지 못하는가? 『보살계경(菩薩戒經)』에 '우리들의 진여본성[本源]은 본래부터 자성이 청정하다.'라고 설했다. 자신의 마음(망심)을 알고, 본성을 깨달으면 스스로 불도를 이룰 수가 있으며, 『정명경』에 '즉시에 활연히 깨달아 본심을 회복한다.'라고 설했다.

【해설 및 역주】

* 十二部經典 : 석존의 일대교설인 대소승 경전의 내용과 설법 형식에 따라서 12가지로 분류한 것. 십이분교(十二分敎)라고 하며 경전에 따라서 내용은 조금씩 다르지만 정리하면 다음과 같다. (1)契經(Sutra, 修多羅經; 散文에 의한 교설), (2)祇夜(geya, 應頌, 重頌. 운문에 설법을 반복함), (3)授記(vyakarana, 授記, 예언을 설함), (4)伽陀(gatha, 諷偈. 獨起訟. 韻文 뿐임), (5)自說(udana, 無問自說), (6)因緣(nidana, 因緣을 설한 것), (7)譬喩(avadana, 譬喩법문을 설함), (8)本事 (itivrttaka, 如是說), (9)本生(jataka, 本生, 前生譚), (10)方廣(vaipulya, 大乘經), (11)未曾有法(addhuta-dharma, 不可思議法), (12)論議(upadesa, 교리의 논의)

* 然能建立 : 열의(熱意)와 성의를 가지고서 설한 법문이다. 『불설법구경』에 「실제(實際)의 깨달음에 거주[住]하고 필경(畢竟) 텅 빈 공의 경지[空中]에서 분명[燃然]하게 지혜로 건립한다. 이것을 선지식이라 한다.」라는 일절에 의거한 말이다.

* 迷人問於智者 智人與愚人說法 : 『노자』 제27장에 「그러므로 선인(善人)은 불선인(不善人)의 스승이며, 불선인(不善人)은 선인(善人)의 제

자이다. 스승을 존경하지 않고 제자를 사랑하지 않는다면 지혜롭다 할지라도 어둠 속에 헤맨다.」라는 말을 전제로 하고 있다.

* 不悟卽佛是衆生 : 돈황본 『단경』 35단에도 「자성이 미혹하면 부처도 중생이요, 자성을 깨달으면 중생도 곧바로 부처이다.」라고 하고, 또 52단에도 「미혹하면 부처가 중생이고, 깨달으면 중생이 부처이다.」라고 똑같이 설하고 있다. 『조당집』 15권 분주무업선사전에도 「불법을 요달하지 못하면 미혹하고, 요달하면 깨달음의 지혜이다. 미혹하면 중생이요, 깨달으면 불도(佛道)의 지혜이다.」라고 설한다. 『悟性論』에 「미혹한 자는 깨달음에 헤매고 깨닫는 자는 미혹에서 깨닫는다. 正見人은 마음이 공하여 텅 빈 것인 줄 알기 때문에 곧 미혹과 깨달음[迷悟]을 모두 초월한다. 미혹과 깨달음이 모두 없을 때 비로소 진정한 견해(正解)라고 이름 한다.」라고 설한다.

* 一切萬法心中 : 만법유심(萬法唯心)과 일체유심조 등 唯心의 입장에서 심법(心法)을 설하고 있다. 『대승기신론』에 「대개 법이란 중생심을 말한다. 이 마음은 일체의 세간이나 출세간의 법을 모두 포섭하며, 이 마음에 의하여 마하연의 의미를 현시하는 것이다.」라고 하며, 또 「마음에 망심이 일어나면 의식의 대상경계[法]가 일어나고, 망심이 없어지면 여러 대상경계가 소멸한다.」라고 설하는 것처럼 불법은 心法이다.

달마 대사가 중국에 전한 불법도 一心의 법이고, 『단경』에서 설하는 남종 돈교의 최상승법문도 심지법문(心地法門)이다. 『悟性論』에 「만약 一念의 妄心이 일어나면 곧 三界에 들어가고, 一念의 망심이 없어지면 곧 삼계를 벗어난다. 이로써 알 수 있다. 三界의 생멸(生滅)과 만법(萬法)의 유무(有無)는 모두 一心으로 연유한 것이라는 사실을…」이라고 설한다.

『전등록』28권 마조의 설법에도, 「일체의 모든 법은 모두 심법(心法)이다. 일체의 이름도 모두 마음과 명칭[心名]이다. 만법은 모두 마음에서 생기고, 마음은 만법의 근본이 된다고 경전에도 설한다. 마음작용을 알고 마음의 근본을 통달해야 사문이라고 할 수 있다.」고 한다.

　一心法이라는 것은 인간의 마음과 객관세계와의 관계를 말한다. 인간의 마음은 일체의 제법인 객관세계 전체와 분리하여 실재하는 것이 아니다. 그러나 동시에 객관세계 전체는 인간 개인의 마음에 비추어졌을 때만 존재하는 것이므로, 개인의 마음을 떠나서 실재하는 것이 아니라는 것이다. 다시 말하면 주관과 객관은 동시에 현성[同時現成]하고 동시에 소멸하는 것이며, 주관과 객관을 분리하여 그 어느 한쪽에 중점을 둔 유심론(唯心論), 또는 유물론(唯物論)을 취하지 않고 불교는 제삼(第三)의 입장에서 반야의 지혜를 실행하는 唯心의 사상으로 설한다.

　* 『菩薩戒經』 : 『단경』21단에도 인용되고 있다. 21단의 주석을 참조.
　* 卽時豁然 : 『유마경』「제자품」의 일절인데, 『단경』21단에도 인용하고 있다. 21단 주석을 참조.

33. 돈오견성의 법문

　善知識, 我於忍和尙處*, 一聞言下大悟, 頓見眞如本性. 是故將此敎法①, 流行後代*, 令②學道者頓悟菩提, 各自觀心*, 令自本性頓悟. 若不能自悟者③, 須覓大善知識 示道見性.

　何名大善知識. 解最上乘法*, 直示正路, 是大善知識*, 是大因緣. 所謂④化導, 令得見性⑤. 一切善法, 皆因大善知識, 能發起故. 三世諸佛, 十

二部經*, 在人性中, 本自具有, 不能自悟, 須得善知識示道見性.

若自悟者, 不假外求善知識. 若取外求善知識, 望得解脫, 無有是處. 識自心內善知識*, 即得解脫. 若自心邪迷, 妄念顚倒, 外善知識即有教授, 救不可得⑥.

汝若不得自悟, 當起般若觀照, 刹那間, 妄念俱滅, 即是自眞正善知識, 一悟即至佛地*. 自性心地, 以智慧觀照, 內外明徹*, 識自本心*. 若識本心, 即是解脫. 旣得解脫, 即是般若三昧. 悟般若三昧*, 即是無念*.

何名無念. 無念法者, 見一切法, 不著一切法.⑦ 遍一切處, 不著一切處, 常淨自性, 使六賊*從六門*走出, 於六塵中不離不染, 來去自由, 即是般若三昧, 自在解脫, 名無念行.

莫百物不思*, 當令念絶, 即是法縛*, 即名邊見. 悟無念法者, 萬法盡通. 悟無念法者, 見諸佛境界. 悟無念頓法者, 至佛位地.

【校 訂】 ① 底本, 乙本에는 「是故」가 「是頓」. 甲本에 의거 고침. 「將此教法」은 「以教法」. 惠昕本을 참조하여 고침. ② 底本. 甲本. 乙本에는 「今」字. 惠昕本에 의거 고침. ③ 底本. 甲本. 乙本에는 「不」字 欠. 惠昕本을 참조하여 고침. ④ 底本. 甲本에는 「爲」字. 惠昕本에 의거 고침. ⑤ 底本. 甲本. 乙本에는 「化道令得見佛」. 惠昕本에 의거 고침. ⑥ 底本. 甲本. 乙本에는 「救不可得」 四字缺. 惠昕本에 의거 보충함. ⑦ 底本에는 「不著一切法」欠. 甲本에 의거 보완함.

【번 역】 여러분! 나는 홍인 화상의 처소에서 『금강경』의 법문을 여법하게 듣고 언하(言下)에 불법의 대의를 깨닫고 지혜의 안목을 구족하여 단번에 진여본성(眞如本性)을 친견하게 되었다. 그래서 이러한 남종 돈교의 법문을 후대에 널리 유행시켜 불도[道]를 수학하고자 하는 사람들이 단번에 불성을 깨닫고 부처의 지혜를 체득하도록 설법하는 것이다.

수행자들이 각자 자기의 마음(망심)을 관찰하여 자기의 본성을 단번에 깨닫도록 설한다. 만약 스스로 자기의 본성을 깨닫지 못하는 사람은 반드시 대선지식을 찾아가서 지도를 받아 견성(見性)하도록 하라.

어떤 사람을 대선지식이라고 하는가! 최상승의 법문을 깨닫고 곧바로 정법의 길을 제시해 주는 사람이 바로 대선지식이며, 정법에 인연을 맺어 주는 스승이다.

말하자면 중생들을 교화하고 인도하며 각자의 본성을 깨닫도록 지도하는 사람이다.

일체의 선법(善法)은 모두 이러한 대선지식의 지도에 의해서 발휘될 수 있다. 삼세의 제불과 십이부경전(十二部經典)도 역시 사람들의 본성 가운데 본래부터 갖추어져 있다.

자신의 능력으로 본성을 깨닫지 못하는 사람은 반드시 선지식의 교시와 지도를 받아서 견성하도록 해야 한다. 만약 스스로 깨달아 체득할 수 있는 사람은 외부(外部) 선지식의 힘을 빌릴 필요는 없다.

만약 외부 선지식을 구(求)하여 해탈하기를 바란다면 결코 이루어질 수 없다. 자기(自己) 심중(心中)에 있는 선지식을 깨닫게 될 때 곧바로 해탈을 이룰 수가 있다.

만약 자기의 마음이 삿되고 미혹하여 중생심의 망념으로 전도되어 있다면, 외부의 선지식이 그대에게 어떠한 가르침을 준다고 하더라도 자신이 깨달을 수는 없을 것이다.

반드시 반야의 지혜로서 망념의 근본을 관찰하면 찰나의 순식간에 망념(妄念)이 모두 다 없어지게 된다. 즉 이것이 바로 자기의 진정한 선지식을 깨닫는 것이니, 한 번 깨달으면 즉시 부처의 지위에 도달하게 된다.

자기의 본성인 심지가 지혜로 관찰[觀照]하여 안팎의 차별이 없이 분명히 투철하게 밝아지면 자기의 본심(本心)이 청정한 사실을 알 수 있다. 만약 자기의 본심(本心)을 깨달으면 즉 이것이 해탈이다. 해탈을 체득하면 곧 이것이 반야삼매이며, 반야삼매를 깨달으면 곧 이것이 무념(無念)의 경지이다.

무엇을 무념(無念)이라 하는가? 무념(無念)의 법문이란 일체의 모든 대상경계의 사물[法]을 보면서도 일체의 모든 대상경계의 사물에 집착하지 않는 것이며, 일체의 모든 장소에 두루 하면서도 일체의 모든 장소에 집착하지 않는 것이다.

항상 자성을 청정히 하여 육근(六根; 眼耳鼻舌身意)의 도적을 육문(六門)에서 쫓아내고 육진(六塵; 色聲香味觸法)의 대상경계 속에 있으면서도 육진(六塵)의 대상경계를 싫어하지도[離] 않고, 또 육진(六塵)의 대상경계에 오염되지도 않으며, 가고 옴에 자유로운 것이 즉 반야 삼매이며, 자유자재한 해탈이며, 무념(無念)의 실천행이다.

여러 가지 많은 사물[百物]에 대하여 사량 분별하지 않고, 번뇌 망념을 끊어 버리려고도 하지 말라. 그것은 즉 의식의 대상경계[法]에 속박[法縛]된 것이며, 즉 한쪽에만 치우쳐진 편견(偏見)이다. 무념의 법문을 깨닫는 사람은 만법을 모두 통달한다. 무념의 법문을 깨달은 사람은 제불의 경계를 깨달은 것이며, 무념의 돈교 법문을 깨달은 사람은 부처의 경지에 도달한다.

【해설 및 역주】

* 이 일단은 남종돈교의 법문을 종합하여 설하고 있다.

* 我於忍和尙處 : 『단경』에 혜능의 구법이야기와 10단 이하 참조. 홍인 문하의 혜능. (전법)

* 敎法流行後代 : 『단경』 3단의 서문에서 소주자사 위거가 문인 법

212

해(法海)에게 육조 혜능의 법문을 기록하게 한 것은 후대에 유행하도록 하여 학도자에게 남종 돈교의 법문을 계승하도록 하기 위한 것이다. 『단경』의 후대 유통과 『단경』의 전수와 전법의 의미를 말한다.

* 觀心 : 『심지관경(心地觀經)』「관심품」에 있고, 또 「발보리심품」에는 「그때 박가범(薄伽梵)이 모든 중생들에게 관심의 미묘한 법문을 설했다. … (略) … 관심(觀心)이란 자기 본성을 관찰하는 것이다. 마음은 만물의 주체로서 마음에서 비롯되지 않는 것은 한 가지도 없으므로 마음을 관찰하는 것은 만물을 관찰하는 것이다.」라고 설한다.

홍인의 『수심요론』에는 「단정히 앉아 몸을 바로 하고 호흡을 조절하여 마음을 정리하고, 일체의 의식을 마음 안에도 없고, 마음 밖에도 없고, 그 중간에도 없게 하여 호호(好好) 여여(如如)하게 조용히 깊게 관찰하라.」라고 설하고 있다. 북종 신수의 저술에 『관심론』(일명 『파상론』)에서는 「오직 관심(觀心)의 一法이 일체의 제법을 모두 섭수하며 수행의 가장 중요한 것」(『대정장』48권 366下)이라고 설한다.

관심(觀心)은 정법의 안목으로 자기의 마음 작용을 관찰하고, 청정한 불성의 지혜를 관찰하는 구체적인 좌선 수행의 실천을 말하는데, 북종선에서 설하는 좌선 관심(坐禪 觀心)으로 번뇌 망념을 떨쳐버리고 청정한 마음을 살펴보는 불진간정(拂塵看淨)이다. 남종의 법문에서는 지혜로 관조하고 각자의 본성을 깨닫는 돈오견성(頓悟見性)을 말한다.

* 最上乘法 : 『단경』의 제목과 28단, 30단, 45단 등에서도 언급하고 있다. 남종 돈교의 법문을 말한다.

* 善知識 : 범어, kalyana-mitra. 올바른 친구. 좋은 벗이란 의미. 『단경』14단 注記 참조.

(1) 좋은 친구로서 자신의 입장을 잘 이해해 주는 사람. (2) 높은 덕망

을 갖춘 인물. 훌륭한 스승. (3) 『육조단경』과 『임제록』 등 선불교에서는 훌륭한 지도자라는 의미이다.

『법화경』 제7권 「묘장엄왕본사품」에 「대왕이여 마땅히 알라. 선지식은 바로 큰 인연이며 소위 중생을 교화하여 부처의 지혜를 체득하게 하고 아뇩다라삼먁삼보리심을 일으키게 한다.(大王當知 善知識者 是大因緣 所謂化導今得見佛 發阿耨多羅三藐三菩提心)」(『대정장』9권 60下)라고 설하는데,

여기 『단경』은 이 일절에 의거하고 있다.

『화엄경』 「입법계품」에는 다음과 같이 설하고 있다.

「선남자여, 선지식은 인자한 어머니와 같으니, 부처의 종자를 내기 때문이며, 인자한 아버지와 같으니 관대한 해탈의 이익을 주기 때문이며, 유모와 같으니 지키고 보호하여 나쁜 짓을 못하게 하기 때문이며, 스승과 같으니 보살의 배울 바를 보여 주기 때문이며, 길잡이와 같으니 바라밀의 길을 가리켜 주기 때문이며, 좋은 의사와 같으니 번뇌의 병을 치료해 주기 때문입니다. 선지식은 또 설산과 같으니 온갖 지혜의 약을 자라게 하기 때문이며, 용감한 장수와 같으니 모든 두려움을 없애 주기 때문이며, 강을 건네주는 사람과 같으니 생사의 거센 물결에서 나오게 하기 때문이며, 뱃사공과 같으니 지혜의 보물섬에 이르게 하기 때문입니다. 선남자여 항상 이와 같은 바른 생각으로 선지식을 생각해야 합니다.」

불교에서는 「知己」를 선지식이라고 한다. 원래는 친구[朋友]라는 의미인데 오늘날은 선불교의 영향으로 훌륭한 지도자라는 의미로 사용하고 있다. 경전에서 설법을 듣기 위해 모인 청중들을 지식, 선지식이라고 부르는 것은 좋은 도반이라는 친밀감이 넘치는 호칭이다. 이러한 예는 신회의 『단어』와 『단경』에서도 볼 수 있다. 스승과 제자는 원래 깊

은 友人 관계이며 함께 불도를 수행하는 도반이다. 법형이라든가 사형이라는 말처럼, 불법상의 형제인 것이다. 선어록에서는 수행도반의 선지식을 知音同志, 敵手知音이라고 한다.

  * 識自心內善知識 : 홍인의 『수심요론』에 「대개 수도(修道)의 본체는 자신의 身心이 본래 청정하여, 불생불멸하고 분별이 없는 自性 청정한 마음이 바로 다름없는 본사(本師)이다.」라는 법문을 계승했다. 이것은 『단경』 22단에서 자신의 삼신불에 귀의하도록 하는 주장과 똑같이 自心의 선지식을 깨닫도록 설한다.

  * 三世諸佛 十二部經 : 홍인의 『수심요론』에도 다음과 같이 설하는 말을 요약한 것이다.

  「여기 守心의 실천은 바로 열반의 근본이며 入道의 요문으로서, 십이부경의 종지이며 삼세제불의 조사이다.」「그러므로 본래의 眞心을 지키는 것이 바로 십이부경의 근본이다.」

  * 佛地 : 諸佛境界. 佛位地, 佛地라고 하는 것처럼, 깨달음의 경지를 표현하는 말이다. 여기서도 「무념법을 깨달은 사람은 제불의 경계를 보며, 無念의 돈법을 깨달으면 부처의 지위에 이른다.」라고 설한다.

  『이입사행론』 37단에, 「제불의 경계에 대하여 설해 주십시오.」라는 말에, 「제불의 지혜는 가히 사람에게 설하여 제시할 수 없고, 감출 수도 없으며, 선정으로 측량할 수도 없어 알음알이[知解]가 끊어진 것을 제불의 경계라고 한다. 중생심으로 헤아릴 수 없기에 佛心이라고 한다.」라고 설한다. 『화엄경』 50권 「여래출현품」에 「만약 부처의 경계를 알고자 한다면, 마땅히 마음을 허공과 같이 텅 비워라. 망상과 모든 추구하는 망심을 멀리 여의면, 마음이 향하는 그 어디에도 걸림이 없게 되리라.(若有欲知佛境界, 當淨其意如虛空, 遠離妄想及諸趣, 令心所

向皆無碍.)」(『대정장』 10권 265中)라고 설한다.

　＊ 內外明徹 : 『단경』 22, 33, 37단에도 언급한다. 22단의 주기를 참조.

　＊ 識自本心 : 『단경』 10, 12, 15, 18단 등에도 강조하고 있다. 18단의 주기 참조.

　＊ 般若三昧 : 『단경』 16단, 28단, 30단에도 언급하고 있다.

　＊ 無念 : 『단경』 19단에 남종 돈교의 법문이 「無念爲宗」이라고 주장하고 있다.

　『신회어록』 14단에 무념에 대하여 다음과 같이 설한다. 「무엇을 무념이라고 하는가? 有無의 차별적인 망념을 일으키지 않는 것이며, 선악의 망념을 일으키지 않는 것이며, 끝이 있고 없고에 대한 망념을 일으키지 않는 것이며, 한량이 있고 없고의 망념을 일으키지 않는 것이며, 깨달음에 대한 생각도 하지 않고, 깨달음을 목적으로 삼지도 않으며, 열반을 생각하지도 않고, 열반을 목적으로 삼지도 않는 것이 無念이다. 무념은 반야바라밀이며 반야바라밀은 즉 一行三昧이다.」

　＊ 六賊 : 번뇌를 일으키는 근본이 되는 안이비설신의의 육근을 부처의 지혜를 훔치는 도적에 비유한 것이다. 육적 번뇌라고도 한다. 『유교경』에 「모든 번뇌의 적(賊)이 침입해 들어올 수 없다.」고 설한다.

　＊ 六門 : 안이비설신의 여섯 감각 기관을 말한다. 나옹 화상의 게송에 '아미타불 어디에 있는가? 아미타불을 칭명하는 마음을 착실하게 자각하여 망각하지 말라, 아미타불을 염불하는 그 마음이 무념의 경지에 도달하면 안의비설신의 여섯 문에서 항상 아미타불의 지혜광명이 비출 것이다.(阿彌陀佛在何方, 着得心頭切莫忘, 念到念窮無念處, 六門常放紫金光.)'라고 읊고 있다.

　＊ 六塵 : 육근(六根; 眼, 耳, 鼻, 舌, 身體, 意識), 六種의 감각기관의 대

216

상인 경계로 色, 聲, 香, 味, 觸과 法(의식, 사고의 대상)의 六境을 말한다.

 * 莫百物不思 : 『단경』 19단의 주기를 참조.

 * 法縛 : 法執과 같은 말로 의식의 대상경계의 사물[法]에 집착하여 속박된 것이다. 대상경계는 사물과 존재, 언어 문자나 도구, 방편법문의 가르침 등이다. 여기서는 선법의 올바른 가르침을 잘못 이해하고 실천하는 선병을 말한다. 『유마경』에 유마힐이 사리불의 연좌를 비판하는 것은 사리불이 소승선 선병(禪病)에 빠져 있는 법박(法縛)을 지적하고 있는 것이다. 선정에 속박된 것을 정박(靜縛), 청정한 경계에 속박된 것을 정박(淨縛), 공의 법문에 집착하고 있는 것을 空病, 空見이라고 지적하는 것과 같은 의미이다. 佛見, 菩薩見, 斷見, 常見, 法見, 自我見, 法我見, 人我見 등 참조.

34. 돈교의 법문을 護持할 것

  善知識, 後代得悟法者①, 常見吾法身, 不離汝左右*. 善知識, 將此頓教法門, 於②同見同行, 發願受持, 如事佛教③, 終身受持, 而不退者, 欲入聖位, 然須傳受. 從上已來*, 默然而付於④法, 發大誓願, 不退菩提, 卽須分付. 若不同見解, 無有志願, 在在處處, 勿妄宣傳, 損彼前人, 究竟無益. 若愚人不解, 謗此法門, 百劫千生, 斷佛種性*.

  【校 訂】 ① 底本. 乙本에는 「法」字 欠. 甲本 및 惠昕本에 의거 첨가함. ② 底本. 甲本. 乙本에는 「於」字 欠. 惠昕本에 의거 첨가함. ③ 底本에는 「如是佛敎」, 甲本. 乙本에는 「如是佛故」. 惠昕本 「如事佛…」 鈴木校訂本에도 「如事佛」로 고침. ④ 底本. 乙本에는 「衣」字.

甲本에 의거 고침.

【번 역】 여러분! 후대에 내가 설한 돈교의 법문을 깨달은 사람은 항상 나의 법신을 친견하고 그대들의 곁[左右]을 떠나지 않는다는 사실을 알게 될 것이다. 여러분은 이러한 돈교의 법문을 똑같이 깨닫고, 똑같이 실천하도록 하라.

제불의 본원(本願)을 발원하고 돈교의 법문을 수지하는 것은 제불의 교시를 실천하는 본분사의 일과 같다. 종신토록 돈교의 법문을 수지하여 물러나지 않는 사람은 반드시 성자의 지위를 체득하게 된다.

그러나 돈교의 법문을 전수할 때는 예부터 지금까지의 성자들은 조용히[默然] 정법[法]을 부촉하였다.

큰 서원을 발원하고 깨달음[菩提]의 경지[道]에서 퇴보하지 않는 사람에게 반드시 정법을 부촉한다. 만약 정법의 견해가 같지 않거나 수행의 의지와 서원이 없는 사람은 여기저기서 함부로 허망하게 입으로만 선전하지 말라. 그것은 옛 사람[前人]들의 인격을 손상시키는 일이며, 궁극적으로 아무런 이익이 없다.

만약 어리석은 사람이 정법을 올바르게 알지 못하고 이 돈교의 법문을 비방[謗]한다면, 백겁에 걸쳐 1,000번이나 다시 태어나도 부처의 종성(種性)은 끊어지게 될 것이다.

【해설 및 역주】

* 常見吾法身 不離汝左右 : 『遺教經(佛垂般涅槃略說敎誡經)』에 부처님이 입멸에 즈음하여 제자들에게 다음과 같이 설한 일단에 의거한 말이다. 「그대 비구들은 슬퍼하지 말라. 만약 내가 세상에 일겁(一劫)의

218

세월을 머문다고 할지라도 만나는 사람은 반드시 헤어지는 것이다. 만나는 것이 헤어지지 않는 일이란 있을 수 없다. 자리이타(自利利他)의 불법은 모두 구족하고 있다. 만약 내가 오래 머문다고 할지라도 특별한 이익은 없다. 진실로 제도해야 할 사람은 천상이나 인간을 이미 모두 제도했다. 아직 제도하지 않은 사람은 모두 이미 득도의 인연을 만들었다. 이제부터 나의 모든 제자들이 계속해서 불법을 실행한 즉 여래의 법신이 항상 함께 하고 있는 것이며 멸하지 않는 것이다.」

　＊ 從上已來 : 지금까지의 모든 성자(聖者)들이라는 의미. 앞에 인용한 『유교경』에서도 언급하고 있다. 『혈맥론(血脈論)』에도 「이전의 부처와 이후의 부처가 마음과 마음으로 불법을 전하고 문자를 세우지 않았다.(前佛後佛 以心傳心 不立文字)」라는 말도 같은 의미이다.

　＊ 佛種性 : 『대승기신론』 귀경게에도 '대승 정법의 신심을 일으키고 부처의 종자가 단절되지 않도록 한다.(起大乘正信 佛種不斷故)'라고 읊고 있다.

　불법을 알지 못하는 사람이 남종 돈교의 법문을 비방하면 부처가 될 수 있는 종성(種性)이 끊어진다는 말은 부처가 될 수 있는 신심(信心)과 선근(善根)의 인연이 없어지게 된다는 말이다. 부처가 될 수 있는 선근(善根)의 인연이란 원력과 신심이며, 보리심을 일으키는 발심수행이다.

　부처는 번뇌 망념이 없는 청정한 진여본심의 지혜인데, 번뇌 망념을 일으켜서 비방하고 시기 질투하면 중생심으로 타락하게 되기 때문에 부처의 종자(佛種)인 선근의 인연과 신심이 없어지게 된다는 말이다. 중생에게 구족된 불성이나 여래장이 썩어 없어지는 것을 말하는 것이 아니다.

35. 無相罪滅의 노래

大師言. 善知識, 聽吾說無相頌*. 令汝迷者罪滅. 亦名滅罪頌. 頌曰,

愚①人修福*不修道,	謂言修福便②是道.
布施供養福無邊,	心中三業*元來在.
若將修福*欲滅罪*,	後世得福罪元造.
若解向心除罪緣,	各自性中眞懺悔.
若悟大③乘眞懺悔,	除邪行正卽無罪.
學道之人能自觀,	卽與悟人同一例.
大師令④傳此頓敎*,	願學之人同一體.
若欲當來覓本身,	三毒惡緣心裏洗.
努力修道莫悠悠*,	忽然虛度一世休.
若遇大乘頓敎法*,	虔誠合掌志心求.

大師說法了, 韋使君, 官僚, 僧衆, 道俗, 讚言無盡, 昔所未聞.

【校訂】① 底本에는 「遇」字. 甲本. 乙本에 의함. ② 底本. 乙本에는 「如」字. 惠昕本에 의거 고침. ③ 底本. 乙本에는 「六」字, 甲本에 의거 고침. ④ 底本. 乙本은 「今」字. 甲本에 의거 고침.

【번역】혜능 대사가 설법했다. 여러분 내가 설하는 「무상(無相)의 게송」을 잘 듣도록 하라. 그대들 미혹한 중생의 죄업을 소멸하도록 하리라. 이 무상의 게송은 「죄업을 소멸하는 게송」이라고 해도 좋다. 무상의 게송을 다음과 같이 설했다.

어리석은 사람은 복을 닦으며, 도는 닦지도 않고
복을 닦는 것이 도라고 말하고 있다.
보시하고 공양 올리니 그 복은 한량없지만
마음 가운데 삼업(三業)의 업장은 그대로 남아 있네.
만약 복을 닦아서 죄업을 없애고자 하지만
후세에 복 얻으면 죄업 역시 함께 따른다.
만약 마음속에서 죄업의 인연[緣]을 제거할 수 있다면
각자 자기 본성의 참된 참회가 된다.
만약 대승의 불법을 깨달으면 참된 참회이니
삿됨을 없애고 정법을 수행하면 죄업이 없어진다.
불도를 수학하는 사람이 스스로 정법을 관찰할 수 있으면
그의 안목은 이미 깨달은 사람과 똑같은 경지이다.
홍인 대사가 돈교의 법문을 전한 것은
불도를 수학하는 사람과 똑같이 일체가 되고자 함이다.
만약 장차 본래의 법신(法身)을 깨닫고자 한다면
삼독의 나쁜 인연을 마음속에서 씻어 버려라.
노력하여 불도를 닦고, 한가히[悠悠] 지내지 마라.
순식간에 헛되이 한 세상을 보내게 된다.
만약 대승의 돈교 법문을 만나거든
정성들여 합장하고 간절한 마음으로 구법(求法)하라.

이상 혜능 대사의 설법은 끝났다. 위사군 및 관료와 출가 재가의 수행자들의 찬탄하는 말이 끊어지지 않았다. '이전에는 일찍이 들어본 적이 없는 설법이었다.'라고 하면서.

【해설 및 역주】

* 無相頌 : 혜능의 설법이 『금강경』에서 설한 無相, 無住의 법문을 남종 돈교의 사상적인 토대로 하여 無相의 법문을 설하였고, 또한 무상심지계를 수계하는 설법을 계속해 왔다. 여기서는 지금까지 남종 돈교의 법문으로 설한 無相心地의 설법을 게송으로 정리하고 있는 것이다.

이러한 설법 형식은 마치 경전에서 부처님이 제자들에게 설법한 뒤에 지금까지 설법한 법문의 요지를 운문(韻文; 偈頌)으로 읊고 쉽게 외워서 잘 기억하도록 정리하고 있는 경전의 형식과 같다고 할 수 있다.

『단경』38단에도 「무상송(無相頌)」을 게송으로 읊고 있으며, 50단에는 「진가동정게(眞假動靜偈)」를, 54단에는 「견진불해탈송(見眞佛解脫頌)」을, 55단에는 「자성진불해탈송(自性眞佛解脫頌)」을 읊고 있는 것도 모두 이러한 형식이라고 할 수 있다.

* 愚人修福 : 『단경』에서는 복을 닦는 일과 도를 닦는 수행을 엄격하게 구분하고 있다. 『단경』6단에 홍인이 제자들에게 생사사대(生死事大)의 절박한 문제를 이야기하면서 문인들이 제불에 공양만 하고, 복전(福田)을 구하면서 생사고해를 해탈하는 수도를 하지 않는다고 비판하고 있다. 그리고 '自性이 미혹한데 복덕의 문에서 어떻게 자신을 구제할 수 있는가?'라고 말한다. 또 36단에는 양무제의 불사(佛事)를 달마 대사가 '無功德'이라고 단호하게 한 말에 대해서 혜능이 복전과 공덕을 분명히 구분하여 설법하고 있다.

신수의 『관심론』에 「만약 또 마음 안으로 수행하지 않고, 단지 마음 밖으로 복을 구하여 얻으려고 희망(希望)한다면 불도의 깨달음은 결코 이루어질 수가 없다.」라고 설한다.

　＊ 心中三業 : 신구의 삼업을 청정하게 하는 것이 불도의 수행이다. 불법은 心法이기 때문에 마음을 닦고 일체의 번뇌 망념이 없는 청정한 불성을 깨닫는 수행을 해야 되는데, 진여본심의 지혜를 체득하지 않고, 마음 밖으로 대상경계의 부처나 보살에게 보시하고 공양하는 복전만을 닦는 수행을 하게 되면 마음의 지혜를 밝히는 삼업 청정의 수행은 여전히 이루지 못한다는 사실을 지적하고 있다.

　＊ 福과 罪 : 복전을 이룬다고 죄업이 소멸되는 것은 아니라는 법문이다. 죄업의 소멸은 24단 「무상참회」를 설하는 곳에 분명히 언급하고 있는 것처럼, 참회란 마음에 번뇌 망념의 업장(業障)을 짓지 않는 것이다. 心法을 닦지 않고서는 죄업을 소멸할 수가 없기에 「죄업을 마음의 근원에서 없애야 自性中에서 참된 참회가 된다.」고 분명히 밝히고 있다.

　＊ 大師 今傳此頓敎 : 여기서 말하는 대사는 오조 홍인(五祖弘忍) 선사를 지칭한다. 남종돈교의 근원을 달마 대사로부터 전수받은 홍인 선사가 전해주는 법문과 가사로 인가증명을 제시하고 있다.

　＊ 莫悠悠 : 유유(悠悠)는 유유자적(悠悠自適)처럼 선의(善意)로 사용하는 말이지만, 여기서는 올바르게 수행하지도 않고 아무 일도 제대로 하지 않고, 그냥 헛되이 세월을 보내지 말라는 경고이다.

　＊ 若遇大乘頓敎法 云云 : 지금까지 혜능이 설한 남종 돈교의 법문을 만나면 지심으로 수행하라고 당부하는 말로 끝맺고 있는 점도 경전의 형식을 취하고 있는 작자의 의도가 보인다. 여기서 말하는 대승돈교법문은 『육조단경』을 지시하는 것이라고 할 수 있다.

　3단에서 언급한 『단경』을 후세에 유포하도록 강조하는 의미와

『단경』의 품승과 전수를 주장하고 있는 부분을 함께 고찰해 볼 필요가 있다.

7장 門人들의 參問

36. 달마 無功德의 법문

使君*禮拜, 白言.「和尙說法, 實不思議. 弟子當有少疑, 欲問和尙, 望意和尙大慈大悲, 爲弟子說.」

大師言,「有疑卽問, 何①須再三.」

使君問②,「(和尙所說)法, 可不是西國第一祖③達摩祖師宗旨.」

大師言,「是.」

(使君問),「弟子見說, 達摩大師化梁武帝*④, 帝⑤問達摩, 朕一生已來, 造寺, 布施, 供養, 有功德否. 達摩答言, 並無功德. 武帝惆悵, 遂遣達摩出境. 未審此言, 請和尙說.」

六祖言,「實無功德, 使君勿疑, 達摩大師言. 武帝著邪道, 不識正法.」

使君問,「何以無功德.」

和尙言,「造寺, 布施, 供養, 只是修福, 不可將福以爲功德*. 功德在法身, 非在於福田*⑥. 自法性有功德. 見性是功, 平直*是德, (內見)佛性*⑦, 外行恭敬*. 若輕一切人, 吾我不斷, 卽自無功德. 自性虛妄⑧, 法身無功德. 念念德行, 平等直心*⑨, 德卽不輕. 常行於敬, 自修身卽功, 自修心卽德. 功德自心作, 福與功德別. 武帝不識正理, 非祖大師有過.」

【校訂】 ① 底本에는 「何」字 欠. 甲本에 의거 첨가함. ② 底本. 甲本에는 「聞」字. ③ 底本에는 「師」字. 甲本에 의거 고침. ④ 底本. 甲本. 乙本에는 「達摩大師伐梁武帝」. 惠昕本을 참조 고침. ⑤ 底本. 甲本. 乙本에는 「帝」字 欠. 惠昕本에 의거 첨가함. ⑥ 底本. 乙本에는 「田」字 欠. 甲本에 의거 첨가함. ⑦ 底本에는 「平直是佛性」, 甲本 「平直是德佛性」. 鈴木校訂本을 참조함. ⑧ 底本. 乙本에는 「自性無功德」. 甲本에 의거 고침. ⑨ 底本에는 「德」字 缺 甲本에 의거함. 底本. 甲本에는 「眞心」.

【번 역】소주 지사 위거(韋據)는 혜능 대사에게 예배하고 말했다. 「화상의 설법은 정말로 불가사의합니다. 제자는 일찍부터 약간의 의문점이 있어 화상께 질문하고자 합니다. 바라건대 화상께서는 대자대비로서 제자에게 가르쳐 주시길 바랍니다.」

혜능 대사가 말했다. 「의문이 있으면 즉시 묻도록 하시오. 어찌 두 번 세 번 질문할 필요가 있겠소.」

지사는 질문하였다. 「화상께서 설하신 법문은 인도[西國]에서 오신 제1조 달마 조사의 종지가 아닙니까?」

혜능 대사가 말했다. 「그렇습니다.」

지사가 질문했다. 「제자가 듣기로는 달마 대사가 양무제(梁武帝)를 교화하실 때, 양무제가 달마 대사에게 '짐(朕)은 한평생 절을 짓고 스님들께 보시하며 공양 올렸는데, 어떤 공덕이 있습니까?'라고 질문하자, 달마 대사가 '아무런 공덕이 없습니다.'라고 대답했다고 합니다.

양무제는 실망하고 불쾌하게 여겨 마침내 달마 대사를 양나라의 국경 밖으로 내쫓아 보냈다고 합니다. 나는 달마 대사가 '공덕이 없다[無功德]'라고 한 말의 의미를 알 수가 없습니다. 청하건대 화상께서 가르쳐 주십시오.」

육조 대사가 말했다. 「진실로 공덕이 없습니다. 지사는 달마 대사의 말씀을 의심하지 마시오. 양무제는 사도(邪道)에 집착되어 정법을 깨닫지 못한 것이오.」

지사가 질문했다. 「어째서 공덕이 없습니까?」

혜능 화상이 말했다. 「절(寺院)을 짓고 보시하고 스님들을 공양하는 것은 단지 복을 짓는 것이오. 복을 짓는 일을 가지고 공덕이 된다고 해서는 안 됩니다. 공덕은 법신(法身)의 지혜에 있는 것이지 복전(福田)에 있는 것이 아니오. 자신의 법성(法性)의 지혜에 공덕이 있는 것이오.

본성을 깨닫는 지혜가 바로 공(功)이며, 평등하고 솔직한 마음[平直]을 베푸는 것이 덕(德)이오. 마음 안으로 불성을 깨닫고, 마음 밖으로는 남에게 공경한 덕을 실행하는 것이오. 만약 모든 사람들을 경멸하고 자기의 존재를 내세우는 아상(我相)을 끊지 못한다면 곧 스스로 공덕이 없는 것이오. 또한 자성의 지혜가 허망하면 법신에 공덕이 없는 것이오. 일념 일념의 자각으로 지혜와 자비를 실행하는 평등하고 솔직한 마음이면 그 공덕은 경박하지 않고 항상 남을 공경하는 보살도를 실행하게 되는 것이오. 스스로 자신의 몸을 수행하는 것이 공이요, 스스로 마음을 수행하는 것이 덕이오. 공덕은 자신의 마음이 지혜와 덕행으로 만드는 것이기에 복과 공덕은 별다른 일이오. 양무제가 불법의 올바른 대의를 알지 못한 것이지 달마 대사에게 잘못이 있는 것이 아니오.」

【해설 및 역주】

* 使君 : 자사의 속칭. 소주지사 위거를 말함.

* 達摩와 梁武帝 : 달마 대사와 양무제가 직접 만나서 대화를 나눈 역사적인 사실은 없다. 달마 대사와 양무제가 만나서 공덕을 문제로 대화를 나누었다는 이야기를 처음 주장한 것은 하택신회 선사이다. 『보리달마 남종정시비론』에는 다음과 같이 전한다.

「양(梁)나라의 바라문승인 보리달마는 남천축국 국왕의 제3 왕자이다. 어려서 출가하여 지혜가 깊었고, 여러 삼매를 수행하여 여래선을 획득했다. 드디어 이 대승의 법을 전하고자 멀리 바다 건너 양나라에 이르러 양무제를 만나게 되었다. 무제는 법사에게 질문했다. '짐은 사원을 조성하고, 사람들을 출가시키고, 불상을 조성하며, 경전을 사경하였는데 공덕이 얼마나 됩니까?' 달마 대사는 '공덕이 없다[無功德].'라고 대답했다.

무제는 범부의 마음이라 달마 대사의 이 말을 깨닫지 못했다. 그래서 달마 대사를 양나라 밖으로 내쫓아 버렸다. 달마 대사는 위(魏)나라로 가서 혜가(慧可)를 만났다.(梁朝婆羅門僧學 菩提達摩, 是南天竺國 國王第三子, 少小出家, 智惠甚深, 於諸三昧, 獲如來禪. 遂乘斯法, 遠涉波潮 至於梁武帝. 武帝問法師曰 朕造寺度人, 造像寫經, 有何功德不. 達摩答, 無功德 武帝凡情, 不了達摩此言, 遂被遣出. 〔達摩〕 行至魏朝 便遇惠可)」(胡適, 『神會和尚遺集』, 261쪽)

당시 북종의 선승들이 측천무후(則天武后), 중종(中宗) 등 황제의 칙소(勅召)에 부응[應]하여 공양을 받는 등 공덕주의 불교에 대하여 비판하는 의미로 신회가 처음 제기한 것이다. (* 정성본, 『중국선종의 성립사 연구』, 520쪽 참조.)

* 福을 功德이라고 주장해서는 안 된다.(不可將福以爲功德) : 복은 도덕적·종교적 선행의 감응, 보은으로 얻어지는 것이지만, 차원 높은 종교적 공덕과는 구별된다. 복은 재물이나 법문을 보시하고 베풀며 공양을 올리는 것처럼, 몸이나 물건으로 남에게 제공하는 행위로서 이루어지는 것이지만, 공덕은 각자 자신의 마음으로 깨닫는 수행과 지혜작용으로 이루어진다는 사실을 알아야 한다.

『조당집』18권 앙산전에 앙산 화상은 다음과 같이 설한다. 「종지를 깨닫는다고 함은 달마 대사가 양무제에게 대답하기를 '본성을 깨달아 친견하는 것을 공(功)이라고 하고, 미묘[妙]한 지혜작용을 덕(德)이라고 한다. 功이 이루어지고 德을 실행하는 것은 一念에 있소. 이러한 공덕과 맑고 미묘한 지혜작용은 세상에서 구할 수 없습니다.'라고 말했다.」

『위산경책』에도 「마음 안으로 망념을 극복하는 수행을 功이라고 하고, 마음 밖으로 다툼이 없는 인격을 베푸는 것을 德이라고 한다.(內勤

剋念之功, 外弘不諍之德)」라고 정의하고 있다.

『송고승전』 20권에 문수보살의 화신이 무착문희(無着文喜)에게 다음과 같이 게송을 설하고 있다.

「만약 누군가 잠시 고요히 좌선하면, 갠지스 강의 모래 수만큼 많은 칠보탑(七寶塔)을 세우는 것보다 수승하다. 보탑은 끝내 무너져 티끌이 되지만, 一念의 청정한 마음은 정각(正覺)을 이룬다.」

『법화경』 화성유품에 '願以此功德 普及於一切 我等與衆生 皆共成佛道'라고 공덕의 회향게송을 설한다.

정토(종)교에서는 本願의 제19를 모든 공덕을 수행하는 願, 제20을 모든 德의 근본을 심는 願이라고 하고, 自力의 공리성(功利性)을 떨쳐버리도록 설한다. 사실 당대에는 『금강경』이나 『법화경』 등 대승경전에서 경전의 수지 독송 공덕을 강조하는 내용이 많아 공덕경(功德經)이라고 했다. 일반적인 대승불교가 공덕 불교로 간주되어 국가 정부(政府)에서도 종교 관계의 업무를 담당하는 관리의 직책을 공덕사(功德使)라고 불렀다.

* 福田 : 범어로는 punyaksetra. 복전이란 복행을 이루는 대상으로, 이 대상을 공양하는 일로 인하여 자기 자신이 장래에 복이 생기게 하는 원천과 근거가 되도록 하는 것이다. 즉 복행(福行)이라는 씨앗을 밭에다 뿌려 복락(福樂)의 수확을 추구하는 일이라고 할 수 있다.

『단경』에 오조 홍인 화상은 「그대들은 하루 종일 공양만 올리고 단지 복전만을 구하려고 할 뿐, 생사의 고해를 벗어나려고 하지 않고 있다. 자성이 미혹한데 복문(福門)이 어찌 그대들을 구제할 수 있겠는가?」라고 설한다.

* 平直 : 平等直心의 줄인 말이다. 진여본심은 순일무잡(純一無雜)하여 청정하다. 『불유교경』에도 「질직(質直)」이라는 말이 있다. 평등은 『유마

경』「불국품」에 「마음의 지혜작용[心行]이 평등한 것이 마치 허공과 같다.」「보살은 일체 중생에 대하여 모두 한결같이 평등하다.」라고 설한다. 또 『금강경』에도 「이 법(진여법)은 평등하여 高下의 차별이 없다. 이것을 아뇩다라삼먁삼보리라고 한다.」라고 설한다.

『왕범지시』(236)에도 평직이란 말이 보인다. 「經紀須平直, 心中莫測斜側, 些些徵取利 可可苦他家.」(張錫厚校輯, 『王梵志詩校輯』, 中華書局, 139쪽)

* 平等直心 : 『유마경』「보살품」에 「直心이 바로 도량」(『대정장』권14 542下)이라는 말이 있다. 이 말을 『단경』14단 일행삼매의 법문에 인용하고 있다.

* 內見佛性 : 見性은 안으로 평등에 의하고, 존경은 밖으로 직심을 실행하는 것이라는 말인데, 평등직심(平等直心)을 깨달음의 경지에서 보살도를 실행하는 입장으로 해석하고 있다. 『단경』21단, 「좌선의 정의」에 근본을 두고 있는 해석이다.

* 恭敬 : 일체 중생을 공경하는 보살행인데, 『법화경』 상불경보살의 공경행이 하나의 모델이 된다고 하겠다. 『금강경해의』에도 공경행에 대하여 「항상 공경하는 마음을 실행하고 준동함영에 이르기까지 중생들을 두루 공경하고 사랑하며, 경만심이 없기에 보살이라고 한다.(常行恭敬 乃至蠢動含靈 普敬愛之 無輕慢心 故名菩薩)」(『慧能硏究』, 424쪽)라고 설한다.

그 밖에도 「恭敬一切衆生」(426쪽), 「普敬一切含生」(428쪽), 「普敬一切衆生」(430쪽), 「見一切人普行恭敬」(437쪽), 「不見一切人過惡 寃親平等 倍加恭敬」(443쪽), 「行平等慈 下心恭敬 一切衆生」(437쪽), '恭敬一切衆生 卽是降伏其心' 등의 법문이 보인다.

232

37. 淨土는 어디에 있는가?

使君禮拜. 又問, 「弟子見僧俗, 常念阿彌陀佛*, 願往①生西方*. 請和尙 說 得生彼否. 望爲破疑.」

大師言. 「使君聽, 慧能與說. 世尊在舍衛城* 說西方引化, 經文分明, 去此不遠*. 只爲下根*說遠, 說近②只緣上智. 人有③兩種*, 法無兩④般. 迷 悟有殊 見有遲疾*. 迷人念佛生彼, 悟者自淨其心*. 所以佛言. 隨其心淨, 則佛土淨*.

使君. 東方但淨心無罪*. 西方心不淨有愆, 迷人願生東方 西方所在 處, 並皆一種. 心地但無不淨. 西方去此不遠, 心起不淨之心, 念佛往生 難到. 除十⑤惡*卽行十萬*, 無八邪*卽過八千, 但行直⑥心* 到如彈⑦指.

使君, 但行十善*, 何須更願往生. 不斷十惡之心, 何佛卽來迎請. 若悟無生 頓法*, 見西方只在刹那. 不悟頓敎大乘, 念佛往生路遠, 如何得達⑧.」

六祖言, 「慧能與使君, 移西方刹那間, 目前便見. 使君願見否.」

使君禮拜(言), 「若此得見, 何須往生. 願和尙慈悲, 爲現西方, 大善.」

大師言, 「一時見西方, 無疑卽散*.」

大衆愕然, 莫知何事.

大師曰, 「大衆大衆, 作意聽, 世人自色身是城, 眼耳鼻舌身卽是城門, 外有五⑨門*, 內有意門. 心卽是地, 性卽是王. 性在王在, 性去王無. 性在 身心存, 性去身心⑩壞. 佛是自性作*, 莫向身外⑪求. 自性迷, 佛卽是衆生*. 自性悟, 衆生卽是佛*. 慈悲卽是觀音, 喜捨名爲勢至*, 能淨是釋迦, 平 直卽是彌勒. 人我卽是須彌, 邪心卽是海水, 煩惱卽是波浪, 毒心卽是惡 龍, 塵勞卽是魚鼈, 虛妄卽是鬼神, 三毒卽是地獄, 愚癡卽是畜生, 十善 卽是天堂. 無人我⑫, 須彌自倒⑬, 除邪心, 海水竭. 煩惱無, 波浪滅. 毒害 除, 魚龍絶. 自心地上覺性如來*, 施大智慧光明, 照耀六門淸淨, 照破六

門人들의 參問 233

欲諸⑭天下*, 自性內照, 三毒若除⑮, 地獄一時消滅. 內外明徹*, 不異西方. 不作此修, 如何到彼.」

座下聞說, 讚聲徹天, 應是迷人, 了然便見.

使君禮拜, 讚言,「善哉. 善哉. 普願法界衆生, 聞者一時悟解.」

【校 訂】 ① 底本. 乙本에는 「往」字 欠. 甲本에 의거 첨가함. ② 底本. 乙本에는 「說近說遠」. 甲本. 惠昕本에 의거 고침. ③ 底本. 甲本. 乙本에는 「自」字. 惠昕本에 의거 고침. ④ 底本. 甲本. 乙本에는 「兩」字 欠. 惠昕本에 의거 첨가함. ⑤ 底本. 甲本에는 「十」字 欠. 惠昕本에 의거 첨가함. ⑥ 底本. 甲本. 乙本에는 「眞」字. ⑦ 底本. 甲本. 乙本에는 「禪」字. ⑧ 底本에는 「但」字. 甲本에 의거 고침. ⑨ 底本. 甲本. 乙本에는 「六」字. ⑩ 底本. 甲本. 乙本에는 「心」字 欠. 惠昕本에 의거 첨가. ⑪ 底本. 甲本. 乙本에는 「外」字 欠. 惠昕本에 의거 첨가. ⑫ 底本에는 「我人」. 甲本에는 「我無人」. 惠昕本에 의거 고침. ⑬ 底本에는 「到」字. 甲本에 의거 고침. ⑭ 底本에는 「諸」字 欠. 甲本에 의거 첨가함. ⑮ 底本. 甲本에는 「照三毒若除」. 惠昕本. 鈴木校訂本에 의거 고침.

【번 역】 지사(위거)는 예배하고 또다시 질문했다. 「제자가 듣기로는 출가승이나 재가의 수행자들이 항상 아미타불을 염불(念佛)하며 서방 극락정토에 왕생하기를 발원한다는 사실을 알고 있습니다. 청컨대 화상께서는 그곳에 왕생할 수 있는지 가르쳐 주십시오.」

혜능 대사가 말했다. 「지사여, 잘 들으시오. 내가 그대에게 설하리라. 세존께서 사위국에 계실 때 서방 극락에 대하여 설법하고, 사람들을 인도하고 교화하셨다. 경전에도 분명히 '서방이 여기서 멀지 않다.'라고 설한다. 멀다고 설한 것은 오직 근기가 낮은 사람들에게 설한 방편법문이고, 가까이 있다고 설한 것은 단지 근기가 높고 지혜를 갖춘 사람들에게 설한 법문이다.

사람 능력의 차이로 상근기와 하근기 두 종류가 있으나, 불법[法]에는 두 가지 차별이 있을 수가 없다. 어리석음과 깨달음이 다르기 때문에 견해에 느리고[遲] 빠름[疾]이 있다.

어리석은 사람은 염불수행으로 극락정토에 왕생하려고 하지만, 지혜 있는 사람은 자신의 마음을 청정하게 한다. 그래서 부처님은 '마음이 청정하면 불토(佛土)가 청정하다.'라고 설했다.

지사여! 동방(東方)이라고 할지라도 만약 마음이 청정하면 죄업이 없지만, 서방(西方)이라도 마음이 청정하지 못하면 죄업이 있다. 어리석은 사람은 동방이나 서방의 정토에 왕생하기 원하지만, 동방이나 서방은 모두 똑같다.

마음[心地]에 단지 부정(不淨)한 것이 없으면, 서방은 여기서 멀지 않다. 마음에 부정(不淨)한 망념을 일으키면, 염불하여 서방정토에 왕생하고자 하지만 도달하기 어렵다.

열 가지 악행[十惡]을 제거하면 곧 10만 리를 가게 되고, 여덟 가지 삿된 행동[八邪]이 없으면 곧 八千里를 지난다. 오직 직심(直心)으로 수행하면 마치 손가락을 퉁기는 찰나의 짧은 시간에 곧 정토에 도달할 수 있다.

지사여! 반드시 십선(十善)을 수행하도록 하라. 어찌 새삼스럽게 왕생을 원하는가? 십악(十惡)의 번뇌 망심 끊지 않고 어찌 부처님이 정토에서 곧 마중 나와 주기를 바라는가?

만약 반야 지혜[無生]의 돈교 법문을 깨달으면 서방정토를 지금 여기서 순식간에 친견할 수 있다. 돈교의 대승 법문을 깨닫지 못한다면 염불 수행을 해도 왕생하기에는 길이 멀기만 하다. 어찌 서방 정토에 도달할 수 있겠는가.」

육조 혜능 대사가 말했다. 「내가 지사를 위하여 서방 극락정토를 순식간에 옮겨와 눈앞에서 곧바로 볼 수 있게 하리라. 지사는 보기를 원하는가?」

지사는 예배하면서 말했다. 「만약 여기서 서방 정토를 볼 수 있다면 어찌 왕생하기를 바라겠습니까? 바라건대 화상께서는 자비로써 서방의 극락정토를 나타내 보여 주신다면 정말 다행스러운 일입니다.」

혜능 대사가 말했다. 「지금 잠시 서방 정토를 볼 수 있겠지만, 의심이 없으면 (西方은) 곧바로 사라질 것이다.」

대중들이 깜짝 놀라서 무슨 까닭인지 알 수가 없었다.

혜능 대사가 말했다. 「대중 여러분! 잘 듣도록 하라. 세상 사람들의 색신(色身)은 성(城)과 같고, 눈·귀·코·혀는 마치 성문(城門)과 같다. 밖으로는 눈, 귀, 코, 혀, 몸의 다섯 문[五門]이 있고 안으로는 의식의 문(門)이 있다. 마음은 곧 토지(土地)요, 본성(本性)은 곧 王과 같다. 본성이 있으면 王이 있고, 본성이 떠나가면 王은 없다. 본성이 있어야 몸과 마음이 있을 수 있으며 본성이 떠나면 몸과 마음은 파괴된다.

부처는 자기 본성의 지혜가 부처인 것이니, 몸 밖을 향해서 부처를 구하려고 하지 말라. 자기 본성이 미혹하면 부처가 곧 중생이요, 자기 본성을 깨달으면 중생이 곧 부처이다.

자비가 바로 관음보살이요, 희사(喜捨)의 마음이 대세지(勢至)보살이다. 스스로 청정한 마음이 바로 석가불이요, 평상의 솔직한 마음이 미륵불이다. 자신을 내세우는 인상(人相)과 아상(我相)은 바로 수미산이요, 삿된 마음[邪心]은 큰 바다[大海]이고, 번뇌 망념은 파도[波浪]이다.

독심(毒心)은 악한 용[惡龍]이고, 중생심의 망념[塵勞]은 물고기와 자라[魚鼈]이다. 허망은 귀신이고, 삼독심의 마음은 곧바로 지옥이며, 어리석은 우치(愚痴)는 다름 아닌 축생이다.

십선(十善)은 바로 천당이며, 자신을 내세우는 인상(人相)과 아상(我

236

相)이 없으면 수미산도 저절로 무너지게 된다. 사심(邪心)이 제거되면 바닷물도 마르고, 번뇌가 없으면 파도도 없어지며, 독심(毒心)이 없어지면 물고기와 자라(魚龍)도 없어진다.

자심(自心)의 대지에 각성(覺性)의 여래가 대지혜의 광명을 놓아 비추니 육문(六門)이 청정하게 되고, 육욕(六欲)의 모든 천상세계[諸天]까지 비추고 있다. 자성(自性)의 지혜광명을 안으로 비추어[內照] 삼독심(三毒心)이 제거되면 지옥은 단번에 소멸되고, 마음 안과 마음 밖이 분명히 밝아져 서방과 다름이 없게 된다. 이러한 발심수행을 하지 아니하고 어떻게 그 정토에 도달할 수가 있겠는가?」

좌석의 청중들이 이와 같은 설법을 듣고 찬탄하는 목소리가 하늘까지 울렸으며, 어리석은 사람들도 모두가 곧바로 분명히 각자의 본성을 깨닫게 되었다.

지사는 예배하면서 찬탄하였다. 「훌륭하시고 훌륭하십니다. 다시 바라옵건대 널리 법계의 모든 중생들과 이 법문을 듣는 자는 모두 일시에 깨닫게 되기를!」

【해설 및 역주】

선불교의 입장에서 정토교를 어떻게 볼 것인가는 당시 선승들의 피할 수 없는 과제의 하나이다. 『능가사자기』 도신전에 「질문하기를 '임종시에 어떻게 관행해야 합니까?'라는 질문에 도신은 '곧바로 본심으로 자유자재[任運]하도록 하라.'라고 했다. 또 질문하기를, '서방정토를 향하지 않습니까?'라는 질문에 다음과 같이 대답한다. '만약 마음이 본래 불생불멸임을 안다면 구경 청정한 것이다. 이것이 불국토가 청정한 것인데, 또다시 서방 정토를 향할 필요가 어디 있는가?'」 『화엄경』에 '무량겁이 일념이고, 일념이 무량겁이다. 한 방향[一方]이 무량의 방향[無量方]이며 무량의 방향이 한 방향[一方]이다. 부처님은 근기가 우둔한 중생들에게 서방을 향하도록 설하고 있는 것이다. 영리한 사람들에게 설한 법문이 아니다.」라고 설했다.

또 『능가사자기』 도신전에 다음과 같이 설한다. 『무량수경』에 '제불의 지혜법신이 일체중생의 심상(心想)에 들어 이 마음의 지혜가 바로 부처이며 이 마음의 지혜가 부처를 이룬다.'라고 설했다. 반드시 잘 알라. 부처는 곧 이 마음의 지혜작용이며 마음의 지혜 밖에 달리 부처는 없다.」

북종 신수 선사의 『관심론(觀心論)』에도 정토법문을 다음과 같이 설한다.

「질문. '경전에 설하는 법문에 의거하면, 일심으로 부처님을 염불[念] 하면 반드시 해탈을 체득한다고 설했다. 따라서 이러한 법문에 의거하여 수행하면 성불할 수 있는데, 어째서 관심(觀心)의 수행으로 해탈을 하도록 설하는가?'

대답. '염불(念佛)이란 진실로 올바르게 부처의 지혜를 깨닫는[念] 수행을 해야 한다. 염불 수행법[敎義]을 확실하게 아는 것이 올바르게 수행하는 것이다. 만약에 수행법을 확실하게 알지 못하면 그것은 삿된 염불[邪念]이 된다. 올바르게 염불 수행하면 반드시 청정한 불국토에 왕생할 수가 있다. 삿되게 염불한다면 어떻게 피안에 도달할 수가 있겠는가. 부처[佛]란 깨달음[覺]이라는 의미이다. 즉 신심(身心)을 분명히 깨달아 지혜로 관찰하고[覺察] 나쁜 마음이 일어나지 않도록 하는 것이다. 念이란 자각하다는 의미이다. 즉 확실히 계행을 실천하고 노력 정진하는 일을 잊지 않고 자각하는 것이다. 여래가 설한 법문의 뜻[敎義]을 분명히

238

아는 것이 정념(正念)이다. 따라서 念은 마음작용에 있는 것이지 언어에 있는 것이 아님을 알 수 있다. 통발을 사용하여 고기를 잡을 때, 일단 고기를 잡았으면 통발을 잊어야 한다. 이와 같이, 언어에 의해 뜻(의미)을 이해했다면 언어를 잊어 버려야 한다. 이미 염불이라고 명칭을 말했다면 진실로 염불 그 자체를 실천해야 한다. 만약 마음이 진실 그 자체가 되지 못하면 입으로만 멍하니 부처님의 이름을 외우고, 한갓 헛된 공덕을 염불[念]할 뿐이며, 아무런 이익이 될 수가 없다.

예를 들면 외우는 송(誦)과 자각하는 염(念)과는 언어의 의미부터 완전히 다르다. 입으로 외우는 것을 송(誦)이라고 하고, 마음으로 자각하는 것을 염(念)이라고 한다. 때문에 염불하는 것은 마음작용이며, 깨달음의 실천이라는 사실을 알 수 있다. 입으로 외우는 것은 음성(音聲)이라는 형식이다. 형식에 걸려서 복전을 구하려고 해도 불가능하다. 그래서 경전에서도, "대개 형상이 있는 것은 모두 허망한 것이다"라고 설한다. 또 "형상으로 자아의 여래를 보려고 하거나 음성으로 자아의 여래를 구한다면 이 사람은 사도(邪道)를 실행하는 것으로 여래를 친견할 수가 없다.'라고 설한다.」

* 阿彌陀佛 : 범어 Amitayus. 무량수, 무한의 지혜수명. Amitabha 무량광 무한의 지혜광명. 한 역자는 양쪽의 의미에 통하는 「아미타」라고 음사했다. 인도에서는 「무량의 광명」이라는 의미로, 중국에서는 不老, 不死를 이상으로 했기에 「무량수」의 의미를 중시했다.

* 西方 : 서쪽 방향의 극락정토를 말한다. 『관무량수경』에는 「서방극락국토」, 「서방극락세계」라고 한다. 서방에는 무수히 많은 정토가 있지만, 특히 아미타불의 극락정토를 말한다. 태양이 지는 방향이 서쪽이다. 태양이 진다는 것은 없어지고 끝난다는 것으로 따라서 죽음을 의

미한다. 인간이 죽은 뒤에 가는 곳으로 연상하게 된 것은 인간이 지닌 필연적인 사고에 의한 것이다. 그러나 끝이 없는 무한[無邊際]의 세계에서 볼 때, 고정되고 절대적인 방향으로서의 서방이란 있을 수 없기에 중앙이라고 해야 한다.

『아미타경』에 극락국은 여기에서 서방을 향하여 십만억(十萬億) 불국토를 지난 곳에 있다고 한다. 그러나 이 역시 절대 수치상의 거리는 아니다. 사바세계와 극락세계의 거리는 십만 억 국토가 떨어진 먼 곳이라는 의미이며, 중생의 사바세계인 예토(穢土)와 정토(淨土)의 차이점을 묘사한 것이다. 『무량수경』에도 「정토가 여기에서 멀리 떨어져 있지 않다.」라고 설하는데, 즉 지금, 여기에 있다는 것이다. 예토와 정토의 거리는 중생심의 분별심과 망상[妄念], 망집(妄執) 그 자체의 거리(길이)라고 할 수 있다. 중생들의 망념(妄念)과 탐착심, 집착심을 여의고서 어디에 십만 억이라는 멀리 떨어진 거리[里數]가 있겠는가? 예토와 정토의 거리는 공간적인 거리가 아니라 중생심의 망념(妄念)이나 죄업(罪業)의 무게나 탐착의 깊이와 비례된 망상의 거리라고 할 수 있다.

* 世尊在舍衛國 : 사위국은 북인도 코살라국의 수도인데, 거기에서 설한 『아미타경』의 처음[序部]에 설한 말을 인용한 것이다. 그러나 여기서 인용하고 있는 「정토가 여기서 멀지 않다.(去此不遠)」라는 말은 『관무량수경』의 말이다. 이 경은 사위성에서 설법한 경전이 아니다.

* 去此不遠 : 『관무량수경』에 「이때에 세존이 위제희에게 말했다. 그대는 지금 알지 못하는가? 아미타불은 여기에서 멀리 있는 것이 아니다.(爾時 世尊 告韋提希 汝今知不 阿彌陀佛 去此不遠)」(『대정장』12권 341下)

* 只爲下根 : 당나라 선도(善導)가 『관무량수경』을 해석하는 법문에

의하면 염불은 下品下生, 즉 근기가 낮은 범부를 위한 가르침이라고 설한다. 그래서 누구나 쉽게 실천 수행이 가능한 이행문(易行門)이라고 한다.

 * 人有兩種 云云 : 『단경』16단에 '법에는 돈과 점이 없고, 사람은 영리하고 우둔함이 있다.(法無頓漸 人有利鈍)'라고 설한 법문과 같은 말이다. 석정본 『신회어록』37단에 「화상이 말했다. 발심은 돈점(頓漸)에 있고, 미오(迷悟)에는 빠르고 느림이 있다. 만약 미혹하면 누겁(累劫)에 걸친 시간이 걸리고 깨달으면 찰나이다.(和尙言 發心有頓漸 迷悟有遲疾 若迷卽累劫 悟卽須臾)」

 * 遲疾 : 『단경』18, 30, 37, 38, 41, 42단에도 언급하고 있다. 『신회어록』18단에도 설하는 말이다.

 * 自淨其心 : 칠불통계에 「諸惡莫作 衆善奉行 自淨其意 是諸佛敎」라고 설한 말과 같은 뜻이다.

 * 隨其心淨 則佛土淨 : 『유마경』불국품에 '가르침과 같이 능히 실행하게 되면 능히 공덕을 남에게 회향하게 되며, 공덕을 남에게 회향하게 되면 방편을 체득하게 되고, 그 뛰어난 방편에 따르면 곧 중생을 성취하게 된다. 중생을 성취하면 그때 따라서 불토(佛土)가 청정하게 되고, 불토가 청정하면 설법도 청정하고, 설법이 청정하면 지혜가 청정하고, 지혜가 청정하면 그 마음이 청정하며, 그 마음이 청정하면 일체의 공덕이 청정하다. 이런 까닭에 보적아! 만약 보살이 정토를 이루고자 한다면, 마땅히 그 마음을 청정히 해야 하며, 그 마음이 청정하면 불토(佛土)가 청정하다.(隨成就衆生則佛土淨 隨佛土淨則說法淨 隨說法淨則智慧淨 隨智慧淨則其心淨 隨其心淨則一切功德淨 是故寶積 若菩薩欲得淨土當淨其心 隨其心淨則佛土淨)」(『대정장』14권 538下)

 * 東方 但淨心無罪 : 대우(大佑)의 『정토지귀집(淨土指歸集)』卷下

에 이 일단에 대해서 논하고 있다. 운서주굉(雲棲袾宏)의 『죽창수필(竹窓隨筆)』에도 이 일단을 인용하여 '一心이 흩어짐이 없으면[不亂] 동서의 구별(區別)이 없다.'라고 설한다.

　* 十惡 : 殺生·偸盜·邪婬·妄語·兩舌·惡口·奇語·貪慾·瞋恚·邪見의 열 가지 나쁜 행위. 여기의 주장은 『관무량수경』에 의거한 것이다.

　* 十萬里 : 『아미타경』에는 '여기서부터 서방으로 10만 억의 불토를 지나면 세계가 있으니 극락이라고 한다. 그 나라에 부처님이 계시며, 이름은 아미타불이라고 하는데 지금 현재에도 설법하고 있다.'라고 하는데 十萬八千이란 말은 없다. 십만 팔천리란 사실 장안에서 인도 왕사성까지의 거리인데, 이 말은 『文苑英華』 861권에 수록된 「東都 聖善寺 無畏三藏碑」에서 처음 주장하는 말이다.

　* 八邪 : 팔정도(八正道)의 법문에 반대되는 것으로 중생심의 邪見, 邪思惟, 邪語, 邪業, 邪命, 邪念, 邪定, 邪方便 등을 말한다.

　* 十善 : 보살계의 十戒나 十善業으로 十惡을 행하지 않는 것이다.

　* 但行直心 : 『단경』14단에 '일행삼매란 일체의 모든 시간 중에서 행주좌와를 실행하는 가운데 항상 본심의 지혜로 실행하는 것을 말한다. 『정명경』에서도 「직심이 바로 도량이며, 직심이 바로 정토」라고 설한다. 단지 직심으로 행하며, 일체법에 집착하지 않는 것이 일행삼매이다.'라고 설한다.

　* 無生의 頓法 : 無生은 空과 같은 말인데, 중생심의 번뇌 망념을 텅 비운 진여본심의 지혜이다. 즉 본래 청정한 진여본심으로 되돌아간 상태를 말한다. 정법의 안목으로 중생심의 망념을 자각하고 청정한 진여본성을 단번에 깨닫는 남종 돈교의 법문이다.

사실 정토왕생은 반야[無生]의 지혜[生]를 실행하는 경지라고 할 수 있으며, 신회의 『돈오무생반야송』에 의한 것이다. 무생(無生)은 무법(無法)으로 본래 空의 경지를 말하며, 생멸(生滅)이 없는 본래 청정한 진여 본심을 곧바로 깨닫도록 하는 법문이다.

* 移西方刹那間 云云 : 이하 일단은 『유마경』 「불국품」에 부처가 한 손가락 퉁기는 순간에 청정하고 장엄된 불국토를 대중들의 눈앞에 시현해 보인 것을 말한다. 유마 거사의 불이법문은 일체의 언설을 초월한 침묵(沈默)으로 실행하여 보살들이 직접 확인하고 깨닫게 된 것처럼, 청정한 진여 불심의 지혜작용을 행동으로 여실하게 개시(開示)한 것이다.

* 一時見西方 無疑卽散 : 일시에 서방 정토를 보고 확인하여 일체의 의심이 소멸되면 환상의 정토 역시 사라진다는 뜻이다. 돈황본에서는 「唐見西方 無疑卽散」이라고 한다. 이 말은 『유마경』에서 제불이 불국토를 나타내 보인 사례에 의거하여, 혜능 대사가 서방정토를 불심의 지혜로 개시(開示)하여 각자가 직접 깨달아 체득하도록 제시한 법문이다.

중생들은 자아의 주관적인 사고와 망념으로 대상경계에서 정토를 찾으려 하고 있다. 만약 마음 밖에 실체로 존재하는 정토가 없다는 사실을 깨달아 확신하고 일체의 의심(망심)이 없으면 대상경계에서 구하려는 정토도 필요 없다는 사실이다. 즉 망념이 없으면 대상으로 찾는 정토라는 환상도 없어진다는 의미이다. 망념(有念)이 없다면 임시방편으로 제시한 무념(無念)의 법문도 필요 없다.

『화엄경』 보현행원품에 '원컨대 중생심의 망념이 끝날 때 일체의 모든 업장을 소멸하고, 면전에서 아미타불을 친견하며, 곧 안락정토에 왕생하기 원합니다.(願我臨欲命終時 盡除一切諸障碍 面見彼佛阿彌陀 卽得往生安樂刹)'라고 발원하며, 또 '오직 이 위대한 원력[願王]만은 서로 떠나지 않고 일체의 시간에 그의 앞길을 인도하여 한 찰나의 순간에 극락세계에 왕생(往生)하게 한다.'라고 설한다.

＊ 世人自色身是城 : 여기서 城은 아미타불의 정토이다. 즉 경전의 말을 우리들의 身心에 끌어들여서 실천적인 해석인 관심석(觀心釋)으로 해설하여 一身이 바로 불국(佛國)의 왕성(王城)이라는 비유이다. 一身을 불국의 王城에 眼耳鼻舌身意으로서의 六門을 창문에, 本性을 왕에다 비유하고 있다.

＊ 外有五門 : 원문은 「外有六門」이지만 혜흔본에 의거하여 고침.

＊ 佛是自性作 : 作은 作佛 즉 부처가 되는 것. 『관무량수경』에 '이 마음의 지혜가 부처를 이루고, 이 마음의 지혜가 바로 부처이다.(是心作佛 是心是佛)'라고 설한다. 『반주삼매경』에도 '마음의 지혜가 부처를 만든다. 마음이 스스로 친견한다. 마음은 바로 부처이다. 이것이 여래의 마음이며, 이것이 나의 身心이다.'라고 설한 구절이 있다.

『관무량수경』의 일절은 『능가사자기』 도신전에 인용되어 신회와 마조가 주장하는 卽心是佛의 사상적인 근거가 되고 있다. 정토종에서는 自心이 부처를 만드는 의미로 해설한다.

＊ 佛是自心作 : 부대사(傅大士)의 『심왕명』에도 「근본을 요달하면 마음을 알고, 마음을 깨달으면 부처를 친견한다. 이 마음이 바로 부처이며, 이 부처가 바로 마음이다. 일념 일념의 자각이 佛心이며, 불심이 염불이다.」라고 읊고 있다. 마조 대사의 설법에 부대사의 『行路難』의 구절이 인용되고 있는 점으로 볼 때, 마조 대사가 卽心是佛의 방편법문을 설한 것은 부대사의 설법을 참조하고 있음을 알 수 있다. 그러나 똑같이 卽心是佛이라고 해도 사상적인 발전은 마조 선사의 법문에서 한층 더 발전하고 있다.

* **自性迷佛卽衆生** : 『단경』32단에 「만약 一念에 깨달으면 곧 중생이 바로 부처이다.」라고 하고 『화엄경』에 「마음과 부처와 중생, 이 셋은 차별이 없다.」라고 설하며, 『전심법요』에도 「부처[佛]와 중생(衆生)은 一心으로 다름이 없다.」라고 설한다.

* **自性迷佛卽衆生 自性悟衆生卽佛** : 『단경』32단에도 「그렇기 때문에 알 수 있다. 깨닫지 못하면 부처가 바로 중생이요, 일념에 깨달으면 중생이 곧바로 부처라는 사실을.(故知 不悟卽佛是衆生 一念若悟 卽衆生是佛)」이라고 설하는 말과 같은 뜻이다.

* **慈悲卽是觀音** : 자비심이 곧바로 관음보살이라는 의미로 의인화 한 말. 지혜를 문수보살, 행화를 보현보살로 상징하는 것과 같은 의미이다. 이하 일단은 황벽의 『전심법요』와 『임제록』에도 인용되며, 여기서 말하는 자비희사(慈悲喜捨)는 보살도의 사무량심(四無量心)을 둘로 나누어서 설한 것이다.

* **勢至** : 범어 Mahasthamaprapta로서 득세지(得勢至), 득대세지, 대정진이라고 번역한다. 『대아미타경』에 의하여 관세음보살과 함께 아미타불의 협시(脇士) 보살로 모신다. 관세음보살이 자비를 상징하고, 대세지보살은 지혜를 상징한다. 보살의 방편지혜의 힘[智力]은 삼천대천세계에서 마왕궁에 이르며, 널리 일체를 비추어 유정으로 하여금 삼악도의 고통을 여의고 무상의 힘을 얻도록 한다. 또한 중생심의 생명이 끝나는 임종시에 來迎하여 극락세계로 인도한다고 한다. 『전등록』2권 「불여밀다존자장」에 대세지보살이 동자로 출현한 이야기를 전한다.

* **自心地上 覺性如來** : 신수의 『관심론』에 다음과 같이 설한다. 「장명등이란 올바른 깨달음의 마음이다. 지혜가 분명히 밝은 것을 비유하여 등이라고 부른다. 그래서 일체의 해탈을 구하는 자는 항상 신체를 등대

로 하고, 마음을 등잔으로 하며, 신심을 등의 심지로 하고, 모든 계율을 실천하는 것을 기름을 첨가하는 것으로 한다. 지혜가 밝고, 도리에 통달하고 있는 것은 등화가 항상 불타고 있는 것과 같은 것이다.」

* 六欲諸天 : 삼계 가운데 욕계(欲界)에 속하는 六天을 말한다. 지국천(持國天), 광목천(廣目天), 증장천(增長天), 다문천(多聞天)의 四天王과 도리천(忉利天), 야마천(夜摩天), 도솔천(兜率天), 낙변화천(樂變化天), 타화자재천(他化自在天)의 五天을 합친 것.

* 內外明徹 : 『단경』22단, 33단, 37단에 언급함. 22단의 주기를 참조.

38. 재가 불자에게 법문

大師言.「善知識, 若欲修行, 在家亦得*, 不由在寺. 在寺不修, 如西方心惡之人. 在家若修行, 如東方人修善, 但願自家修清淨, 即是西方.」

使君問,「和尙, 在家如何修. 願爲指授.」

大師言,「善知識, 慧能與道俗, 作無相頌*, 盡誦①取, 依此修行, 常與慧能②一處無別.」頌曰,

說通及心通*,	如日處虛空,	惟傳頓敎法,	出世破邪宗*.
敎即無頓漸,	迷悟有遲疾,	若學頓法門,	愚人不可迷,
說即雖萬般,	合理還歸一,	煩惱闇宅中,	常須生慧日.
邪來因煩惱,	正來煩惱除,	邪正悉不用*,	淸淨至無餘.
菩提本淸淨,	起心即是妄,	淨性於妄中,	但正除三障*.
世間若修道,	一切盡不妨,	常見④在己過*,	與道即相當.
色類自有道,	離道別覓道,	覓道不見道,	到頭還自懊.
若欲覓眞道,	行正即是道,	自若無正心,	暗行不見道.

若眞修道人*,	不見世間過⑤,	若見世間非,	自非却是左.
他非我不罪,	我非自有罪,	但自去非心,	打破煩惱碎,
若欲化愚人,	事須有方便,	勿令破彼疑*,	卽是菩提見.
法元⑥在世間*,	於世出世間,	勿離世間上,	外求出世間.
邪見是⑦世間,	正見出世間,	邪正悉⑧打却,	菩提性宛然⑨.
此但是頓敎,	亦名爲大乘,	迷來經累劫,	悟卽刹那間.

【校訂】 ① 底本에는 「盡誦」 二字 欠. 甲本에 의거 첨가함. ② 底本. 甲本에는 「慧能」 밑에 「下」字가 있음. ③ 底本에는 「迷」字. ④ 底本. 甲本에는 「現」字. ⑤ 底本에는 「遇」字. ⑥ 底本에는 「無」字. 甲本에 의거 고침. ⑦ 底本에는 「在」字. 惠昕本에 의거 고침. ⑧ 底本에는 「迷」字. 甲本에 의거 고침. ⑨ 底本. 甲本에는 「菩提性宛然」 五字 欠. 惠昕本에 의거 첨가함.

【번 역】 혜능 대사가 설법했다. 「여러분이 불도(佛道)를 수행하고자 한다면 재가에서도 가능한 것이다. 반드시 사찰에서 수행해야 하는 것도 아니다. 사찰에 있으면서 수행하지 않는다면 마치 서방 극락에 있는 사람이 나쁜 마음을 쓰는 것과 같고, 재가에서 수행한다면 동방에 있는 사람이 선행(善行)을 수행하는 것과 같다. 다만 바라건대 한결같이 자기 스스로 청정한 수행을 실행한다면 곧 여기가 서방극락인 것이다.」

지사는 혜능 화상께 질문했다. 「재가인이 어떻게 수행하면 되겠습니까? 바라옵건대 가르쳐 주십시오.」

혜능 대사가 말했다. 「여러분, 내가 여러 도속(道俗)들에게 무상(無相)의 게송을 설하니, 여러분들은 모두 이 게송을 외우도록 하라. 이 무상의 게송에 의거하여 수행하면 항상 나와 함께 한 곳에 사는 것과 다름이 없다.」 무상의 게송을 다음과 같이 읊었다.

설법도 자유자재, 마음으로 불법의 종지를 통달하니,
마치 해가 중천(中天)에 솟은 것과 같다.
오직 돈교의 법문만을 전하며, 중생을 교화[出世]하니,
삿된 종지를 타파한다.
교법(敎法)에는 돈(頓)과 점(漸)이 없으나,
미혹함과 깨침에는 더디고 빠름이 있다.
만약 돈교의 법문을 수학하면 어리석은 사람도 미혹하지 않으리라.
설법은 비록 많은 방편이지만,
이치에 계합하면 근본 일심으로 돌아간다.
번뇌의 어두운 집에 항상 지혜의 태양이 떠오르도록 하라.
삿된 망념은 번뇌 때문이요, 정법의 지혜는 번뇌를 제거한다.
삿됨과 올바름을 모두 다 비우면 청정하여 텅 빈 깨달음에 이르리.
깨달음[菩提]은 본래 청정한 것, 마음을 일으키면 곧 망념이 된다.
청정한 본성은 망념(妄念) 가운데 있으니,
마음이 올바르면 세 가지 장애는 없어진다.
세간에서 수도를 한다고 해도 일체의 모든 일이 방해되지 않으리.
항상 자기에게 허물이 있음을 보고, 불도에 계합하여 하나가 되라.
생명이 있는 만물은 모두 본심의 지혜[道] 있으니,
본심의 지혜를 여의고 달리 도(道)를 찾는가?
도를 찾지만 도는 대상으로 보이지 않으니,
가는 곳마다 도리어 괴로울 뿐이다.
만약 진실한 도를 찾고자 한다면,
정심(正心)으로 수행하는 것이 올바른 도이다.
만약 스스로 정심으로 수행하지 않는다면,
무명의 어둠을 걷기 때문에 도를 깨닫지 못하리라.

참된 수도인은 세간 사람의 허물[過失]을 보지 않는다.

세간 사람의 허물을 본다면 자신의 허물은 도리어 늘어난다.

타인의 잘못은 나의 죄가 아니지만, 나의 잘못은 자신의 죄업이 된다.

자신의 그릇된 망심을 없애려면, 번뇌를 타파하고 쳐부수는 일이다.

어리석은 사람을 교화할 때는 반드시 방편의 지혜를 사용하라.

어리석은 사람들의 의혹을 타파시키려고 생각하지 말라.

그러한 자기 생각이 깨달음에 대한 고정관념[菩提見]이다.

정법은 본래부터 중생세간에 있으니,

중생세간에 살면서 세간의 사물에 집착하는 망념을 초월하는 것이다.

중생세간을 떠나서 마음 밖으로 출세간을 추구하지 말라.

중생심의 삿된 견해[邪見]는 바로 세간이요,

불심의 올바른 견해[正見]는 출세간이다.

삿됨과 올바름을 모두 함께 타파하면,

깨달음(菩提)의 본성은 완연히 현성하리라.

이것이 바로 돈교의 법문이니, 또한 대승이라고 한다.

미혹하면 누겁(累劫)의 많은 시간이 걸리지만,

깨달으면 찰나(刹那)에 이루어진다.

【해설 및 역주】

  * 在家亦得 : 소주지사 위거 등에게 재가에서도 불법을 수행할 수 있다는 설법을 하고 있다. 재가수행을 인정하는 법문은 『금강삼매경(金剛三昧經)』 「입실제품(入實際品)」에 다음과 같이 설한다. 「이와 같은 사람은 차별의 二相에 집착하지 않는다. 비록 출가하지 않았지만, 재가에도 집착[住]하지 않고 법복을 입지 않고, 구족계의 계율을 수지하지 않

고, 포살에 참여하지 않았다고 할지라도, 능히 자기 본심이 무위(無爲)
자자(自恣)하기에 깨달음의 성과(聖果)를 체득하고, 이승(二乘)의 경지
에 안주[住]하지도 않고, 보살도를 체득한 이후에는 반드시 십지(十地)보
살의 경지를 끝마치고 부처의 깨달음[菩提]을 이루리라.」

　재가불교 운동을 선도한 경전은 역시 『유마경』과 『승만경』이다.
출가교단의 권위와 형식에 사로잡힌 편견과 단견(斷見), 고정관념(常見)
을 비판하면서 실천불교 사상의 새로운 정신과 방향을 제시하고 있다.

　* 無相頌 : 無相은 『금강경』에서 설하는 반야바라밀의 지혜를 실천
하는 구체적인 법문이다. 『단경』의 제목에도 언급하고, 무상심지계도
설하고 있다. 『단경』 35단에 설한 「무상송」을 죄멸송이라고도 하는데,
『단경』에서는 보살계나 참회, 반야바라밀의 지혜 등 모든 실천수행을
무상의 사상으로 회통시킨다.

　* 說通 心通 : 『능가경』에서 설하는 宗通과 說通을 말한다. 『능가
경』 제3권에 다음과 같이 설한다.

　「첫째는 정법을 건립하는 종통(宗通)이요, 둘째는 정법을 건립하는
방편지혜를 설하는 설통(說通)이다. 어떤 것이 정법을 건립하는 종통인
가? 자신이 안으로 증득한 수승한 정법의 지혜이다. 문자와 언어, 문장
을 여의고, 능히 무루(無漏)인 정계(正戒)와 여러 가지 증득하는 지위에
나아가서 현상법[相法]을 수행한다. 모든 외도의 허망한 번뇌 망념[覺
觀]과 모든 마구니의 경계를 초월하며, 일체 외도와 모든 마군들을 항
복 받고, 자신의 안으로 증득한 정법을 제시하며, 여실하게 수행하는
것이다. … (略) …

　대혜여, 어떤 것이 설법을 건립하는 방편지혜인가? 일체 경전의 여러
가지 교법을 설하여 같음과 다름, 有無의 형상을 여의게 하며, 훌륭한

선교 방편지혜로 설하여, 중생들이 좋아하는 곳으로 들게 한다. 중생이 신심으로 믿는 정법을 따라서 정법을 설하는 것이다.」

심통(心通)에 대해서는 정각(淨覺)의 『주반야바라밀다심경』에 「반야는 두 가지 종류가 있다. 하나는 문자반야(文字般若)요, 두 번째는 심정반야(深淨般若)이다. 문자반야는 입으로 언어 문자의 법문[文傳]을 설하는 것이고, 심정(深淨)반야는 마음으로 통달[心通]하여 묵묵히 반야지혜를 실행하는 것이다.(般若有二種 一者文字般若 二者深淨般若 文字般若者 口說文傳 深淨般若者 心通默用)」라고 설한다.

『능가경』의 宗通 說通은 『전법보기』의 서문에 최초로 인용하였고, 『신회어록』, 『남종정시비론』, 『돈오요문』, 『증도가』 등에 자주 응용하여 선불교의 입장을 설하고 있다. 특히『증도가』에는 「宗旨도 통달하고, 설법에도 통달하니 정혜가 圓明하여 空에도 걸림 없다.」라고 읊고 있다.

『신회어록』에도 종통과 설통을 다음과 같이 설한다.

「南陽太守王弼問 楞伽經云 生住異滅義. … (略) … 又問, 禪師說通爲是宗通. 答, 說通宗亦通. 又問, 若爲說通, 若爲說是宗通. 答, 口說菩提心無住處, 口說涅槃 心有生滅, 口說解脫 心有繫縛, 即是說通 宗不通. 又問, 若爲是宗通. 答, 但了本自性空寂 更不復起觀 即是宗通. 問, 正說之時 豈不是生滅不. 答 經云 能善分別諸法相 於第一義而不(動).」

여기에 인용한 경전은 『유마경』 「불국품」(『대정장』14권 537下)인데 『단경』19단에도 인용하고 있다.

『보리달마남종정시비론』에도 「삼보의 법과 법성진여장과 진신과 응신, 구세 대비자와 종통과 설통에 귀명합니다. 천상의 달이 허공에 있는 것처럼, 오직 돈교의 법문을 전하며, 출세하여 사법을 타파합니다.(歸命

三寶法 法性眞如藏 眞身及應身 救世大悲者 宗通立宗通 如月處虛空 唯
傳頓教法 出世破邪法.)」라고 읊고 있다.

　＊ 出世破邪宗 : 진제(眞諦)는 正邪가 없지만, 正邪가 없는 진제(眞諦)를
전하기 위해서는 正邪가 있는 차별세계에 형상을 나툰다. 중생세간이란
재가의 세계이며, 正邪의 차별이 있는 세계이다. 出世는 『법화경』 방편
품에 제불세존이 사바세계에 출세한 본 뜻[出世本懷]에 비준되어 일반적
으로 중생들에게 설법하는 의미로 사용하고 있다. 선승의 개당설법(開堂
說法)을 출세라고 하는 것도 세간에 몸을 나투어 중생들에게 설법 교화
하는 것을 의미한다.

　＊ 邪正悉不用 : 여기 실(悉)은 필요하지 않은 것[不用]을 강조하는 의
미로 사용한 글자이다.

　＊ 無餘涅槃 : 유여열반(有餘涅槃)에 대한 말로 완전한 열반이란 의미
인데, 번뇌 망념이 완전히 끊어진 영원한 해탈 열반의 안락한 경지이다.

　＊ 三障 : 정법의 수행과 선근 공덕을 수행하는 善心을 장애하는 번뇌
장(煩惱障), 업장(業障), 보장(報障)을 말한다. 1) 번뇌장은 貪 瞋 痴의
삼독심이고, 2) 업장은 五逆罪, 十惡 등의 행위이며, 3) 보장은 지옥, 아
귀, 축생의 삼악도의 세계에서 생사윤회의 고통과 괴로움의 과보를 받는
장애이다.

　＊ 常見在己過 : 돈황본 『단경』 20단의 주기를 참조.

　＊ 苦眞修道人 不見世間愚 : 『제법무행경(諸法無行經)』의 말인데,
『임제록』(12-6)에도 인용하고, 『단경』 20단에도 언급했다.

　＊ 勿令破彼疑 : 해석하기 어려운 일절인데, 혜흔본(惠昕本) 『단경』
에는 「勿令彼有疑」라고 수정하고 있지만 이 말 역시 의미가 통하지 않
는다. 여기서는 남종 돈교의 법문을 설하여 중생들의 의심을 끊어 없애

주려고 가르치지 말라고 해석한다. 번뇌 망념을 없애 주려고 하는 마음이 도리어 번뇌 망념이 되기 때문이다. 따라서 번뇌 망념의 의심을 타파하기 위해 애쓰는 중생심의 조작과 작위성이 없어졌을 때, 본래의 마음 그대로가 깨달음으로 나타나게 된다는 의미로 해석한다.

『단경』 19단에서 「여러 가지 사물[百物]을 생각하지 않고, 妄念을 없애 버리려고도 하지 말라」라는 말과 같은 의미로 볼 수 있다. 33단에도 「여러 가지 대상경계의 사물에 대한 분별의식을 일으키지 않으려고 하지 말라. 망념을 끊어 버리려고 하면 법문[法]의 가르침에 속박된 것이니 편견(邊見)이 된다.」라는 말도 똑같은 내용이다.

* 法元在世間 : 불법은 중생세간을 떠나서 존재하는 것이 아니다. 세간과 출세간을 떠나서 불법이 존재하는 것이 아니라는 말이다.

『여래장엄지혜광명경』 卷下의 게송에 '부처는 항상 세간에 거주하면서도 세간법에 오염되지 않는다. 세간을 분별하지 않고, 경례(敬禮)하여 관찰하는 것이 없다.'라고 설한다.

연꽃이 진흙에서 피지만 진흙의 흙탕물에 물들지 않는 것처럼, 불법은 사바세계를 벗어나 존재하지 않는다. 부처 또한 중생 세계에 존재 의미가 있으며 중생과 부처라는 차별적인 생각까지도 초월한 경지에서 교화를 펼치고 있는 것을 말하고 있다.

39. 혜능이 조계로 돌아가다

大師言.「善知識, 汝等盡誦取此偈①, 依此偈修行, 去慧能千里*, 常在能邊. 依此不修, 對面千里②遠. 各各自修, 法不相待*. 衆人且散, 慧能歸

曹③溪山*. 衆生若有大疑, 來彼山間. 爲汝破疑 同見佛性.」

合座官僚道俗, 禮拜和尚, 無不嗟嘆,「善哉大悟, 昔所未聞. 嶺南有福, 生佛*在此, 誰能得知.」一時盡散.

【校 訂】 ① 底本에는「此偈」欠. 甲本에 의거 첨가함. ② 底本에는「千里」앞에「底」字 있음. ③ 底本. 甲本에는「漕」字. 이하「漕溪」는 모두「曹溪」로 고침.

【번 역】 혜능 대사가 말했다. 「여러분! 여러분들은 모두 이 무상(無相)의 게송을 잘 외우도록 하라. 이 게송에 의거하여 수행하면 비록 나와 천 리나 떨어져 있다고 할지라도 항상 내 곁에 있는 것이다. 이 게송에 의거해서 수행하지 않는다면, 얼굴을 마주하여도 천 리나 멀리 떨어져 있는 것과 같다. 각자 스스로 수행토록 하라.

불법[法]은 (여러분을) 기다리지 않는다. 대중들은 이제 돌아가도록 하라. 나는 조계산으로 돌아가리라. 대중들 가운데 만약 의심을 가진 사람이 있으면 조계산으로 찾아오도록 하라. 그대들의 의심을 타파하고, 다 같이 불성을 깨닫고 친견하게 하리라.」

이 법회에 함께 동참한 관료나 출가, 재가의 수행자들이 혜능 화상께 예배하면서 이렇게 찬탄하지 않는 사람이 없었다.

「훌륭하고 훌륭하십니다. 옛날엔 일찍이 들어 볼 수 없었던 법문입니다. 영남 땅에는 복(福)이 있어 생불(生佛)이 여기에 출현한 사실을 누가 감히 예상이나 했으리요.」 대중들은 모두 다 돌아갔다.

【해설 및 역주】

* 혜능이 소주 대범사 강단에서 설법을 마치고 조계산으로 돌아간다

254

고 했는데, 『단경』50단에는 신주 국은사에 탑을 세우고, 57단에는 조계산에서 입적하였다고 전한다. 『조계대사전』에는 소주(韶州) 조계(曹溪) 보림산(寶林山) 국영사(國寧寺)라고 하고 있는데, 대범사·국은사·국영사 모두 알 수 없는 사찰이다.

* **去慧能千里** : 『사십이장경』37장에 「부처님이 설했다. 불자여! 나를 이별하여 수천 리나 떨어졌다고 해도 나의 계를 잘 기억[憶念]한다면, 반드시 도과(道果)를 이루리라. 내가 (그대들의) 좌우에 있으면서 항상 나를 본다고 할지라도 나의 계법을 따르지 않으면 끝내 불도를 이루지 못한다.(佛言 弟子去離吾敎千里 憶念吾戒必得道果 在吾左右. 雖常見吾 不順吾戒 終不得道.)」라고 설하고 있다. 이 일단은 『보림전』 석가모니불전에 인용되고 있는데, 『단경』은 이 일단을 응용한 것이라고 할 수 있다.

* **法不相待** : 『유마경』「제자품」 우바리(優波離)장에 「제법(諸法)은 서로 기다리지 않고, 乃至 一念이라도 머무름이 없다.」라고 설했다.

* **曹溪山** : 혜능(慧能) 대사가 거주한 곳으로 『단경』50단에는 혜능이 입적하기 전에 신주 국은사에 탑을 세운 기사를 전한다. 『조계대사전(曹溪大師傳)』에는 혜능이 주석한 곳이 보림산 국영사라고 하고 이 절의 유래에 대하여 자세히 기록하고 있다. 『조계대사전』의 본래 제목이 「唐 韶州 曹溪 寶林山 國寧寺에서 육조 혜능 대사가 법과 종지를 전하고, 아울러 高宗大帝의 칙서(勅書), 하사물(下賜物)과 사액(寺額)을 바꾸고, 대사가 門人을 인가하고, 아울러 입적시에 여섯 가지 상서로운 모양과 지약삼장(智藥三藏)의 예언 등을 전함」이라는 긴 제목을 기술하는 것처럼, 제목을 보면 이 책의 내용을 거의 파악할 수 있다.

『조계대사전』에는 보림사의 유래를 다음과 같이 전한다. 「梁의 天監 壬午元年(502년) 정월 5일에 인도 나란다의 대덕인 지약삼장이 중국에 와서 대승의 불법을 홍포하기 위해 오대산 등 여러 곳을 순시하고 소주의 조계 입구마을에 이르러 사람들에게 '여기 수원(水源)을 살펴보니 반드시 수승한 땅[勝地]이 있다. 사문이 거주하도록 하면 대대로 고승이 끊어지지 않으리니 나는 그곳을 찾아가리라.'라고 말하고 조계에 이르러 마을 사람에게 거주처[住處]를 수리하도록 했다. 5년 후에 산문을 조계사라고 하였다. 그리고 소주 자사 후공(候公)이 삼장에게 '어째서 이 산문을 보림이라고 이름 붙였습니까?'라고 질문하자, 삼장은 '내가 죽고 난 170년 뒤에 무상(無上)의 법보(法寶)가 이곳에서 교화를 펼치면 학자들이 숲과 같이 되리라. 그래서 보림(寶林)이라고 했다.'라고 대답한다. 이러한 지약삼장의 예언에 따라서 혜능이 보림사에서 정법을 홍포하게 되었다고 한다.」

  * 生佛 : 『광효사예발탑기(光孝寺瘞髮塔記)』에는 「宋朝의 구나발타삼장이 이곳에 계단을 건립하고 예언하기를, '뒤에 반드시 육신보살(肉身菩薩)이 이 계단에서 수계할 것이다.'라고 하였다. 양나라 天監 元年에 梵僧인 지약삼장이 배를 타고 이곳에 이르렀다. 그는 西쪽에서 보리수 한 그루를 가지고 와 계단 앞에 심었다. 비문에 '내가 입적하고 160년 지난 후에 반드시 육신보살이 이 나무 아래서 上乘의 법을 개연하여 무량의 중생을 제도하게 될 것이며, 진실로 불심을 전하는 법왕이 되리라.'라고 예언한 사실을 전한다.」 육조 혜능의 출현을 『조계대사전』에는 「석가혜능」, 「법신보살」, 「무상의 법보」라고 하고, 『탑기』에는 「육신보살」이라는 표현이 발전되어 生佛이라고 하게 되었다. 「生佛」이란 말은 『왕범지시집』과 『조당집』 14권 마조전 등에도 보인다.

40. 壇經에 의지할 것을 권함

大師住^①曹溪山[*], 韶廣二州[*], 行化四十餘年. 若論門人, 僧之與俗, 約有三五千人^②, 說不可盡. 若論宗旨, 傳授壇經, 以此爲依約^{*③}. 若不得壇經, 卽無稟受[*]. 須知去處^④, 年月[*]日, 姓名, 遞^⑤相付囑. 無壇經稟承, 非南宗弟子也. 未得稟承者, 雖說頓敎法[*], 未知根本, 終不免諍. 但得法者, 只勸修行. 諍是勝負之心[*], 與佛道違背.

【校訂】① 底本. 甲本에는 「往」字. ② 底本에는 「三十五千」「人」字 欠. 甲本에 의거 고침. ③ 底本에는 「幼」字. 「約」字 欠. 甲本. 鈴木校訂本을 참조 고침. ④ 底本. 甲本에는 「法處」. 惠昕本에 의거 고침. ⑤ 底本. 甲本에는 「遍」字. 惠昕本에 의거 고침.

【번역】 혜능 대사가 조계산에 거주하면서 소주와 광주를 중심으로 40여 년 간 설법하고 중생들을 교화하였다. 그의 문인에 대해서 말한다면 출가와 재가를 합쳐 15,000여 명으로 말로써 모두 다 설할 수가 없을 정도이다.

남종 돈교의 종지를 말한다면 『단경』을 전수하여 이 법문에 의거하도록 했다. 만약 『단경』을 전수받지 못하였다면 남종의 종지를 품승(稟受)하지 못한 것이다. 반드시 어디서, 언제, 어느 때에 누구로부터 전수받았는지 성명(姓名)을 분명히 기록하여 서로서로 부촉하도록 해야 한다.

『단경』의 품승을 받지 못한 사람은 남종(南宗) 돈교의 제자가 아니다. 아직 『단경』의 품승을 받지 못한 사람이 비록 돈교의 법문을 설한다고 할지라도 아직 남종의 근본 종지를 알지 못하기 때문에 결국 시비를 타투는 논쟁을 면하기 어렵다.

남종 돈교의 정법을 인가받은 사람은 오로지 수행에 전념하도록 하라. 논쟁은 바로 승부를 다투는 중생의 마음이니, 불도에 위배된다.

【해설 및 역주】

『육조단경』은 40단을 중심으로 전후로 구분되는데, 제목에서 말하는 혜능의 중요한 남종 돈교의 법문은 39단까지 거의 마치고 40단부터는 『단경』의 품승과 전수를 강조하는 유통분이라고 할 수 있다.

전의설과 전법게, 서천 28조 동토 6조의 법통설도 남종 돈교 법문인 선법의 역사를 말하는데, 그것은 『단경』의 품승과 전수를 인가증명으로 강조하는 정법의 역사이다.

＊ **住曹溪山** : 이하는 모두 혜능이 조계에 머물면서 설한 법문이라고 할 수 있다. 앞에서 『단경』은 법해(法海)가 기록한 것으로 되어 있지만 이하의 기록은 법해(法海)가 편집한 것이라고 볼 수 없는 잡다한 내용이 보인다. 『단경』의 작자가 만든 작품이기에 혼선이 빚어지고 있음을 알 수 있다.

＊ **韶州와 廣州** : 소주는 조계산 보림사(寶林寺)가 있는 곳이며, 광주는 혜능의 출생지인데, 혜능이 이곳에서 40년 간 행화를 펼친 중심 지역이다. 『신회어록』 혜능전에 「혜능은 대유령을 넘어 소주 조계에서 40년을 머물렀다. 『금강경』에 의거하여 여래의 지견을 열자 사방의 도속이 구름처럼 몰려왔다.」라고 전한다.

『역대법보기』 혜능전에도 「인종 법사는 대중과 함께 혜능 선사를 전송하였다. 선사는 조계로 돌아와 중생들을 제접하였고, 널리 선법을 열었다. 천하에 그의 법을 듣고 깨달아 아는 사람은 조계의 불법이 가장 불가사의하다고 했다. 혜능 대사는 소주 조계에서 40년 간 교화를 펼쳤고 도속들이 구름처럼 모였다.」라고 『신회어록』에 이어서 강조하고 있다.

　＊傳授壇經 以此爲依約 : 『남종정시비론』에서 설한 다음과 같은 일 단에 의거했다. 「그 가사는 지금 육 대째 전하고 있다. 안으로는 법에 계합된 것을 전하여 깨달은 마음[證心]을 인가하고, 밖으로는 가사를 전 하여 종지를 확정하는 것이다. 위로부터 서로 전함에 한 사람 한 사람 모두 달마 대사가 전한 가사를 신표로 삼는다. 그 가사는 지금 소주에 있어 볼 수 있는데, 이제 다른 사람에게 전하지 않는다. 다른 물건을 가 지고 서로 전한다는 것은 잘못된 말이다. 위로부터 지금까지 6대의 조사 는 한 시대에 오직 한 사람에게만 인가를 하였지 두 사람에게 전하지 않 았다. 천만 학도자가 있어도 오직 한 사람에게만 품승하도록 했다.」(호 적, 『신회화상유집』, 281쪽.)

　＊若不得壇經 卽無稟受 : 신회의 『남종정시비론』에 「선을 가르치는 수백여 명의 선승이 있지만 모두 大小의 신분도 없고, 師資의 우정도 없 고, 함께 명예와 이익을 다투며 원래부터 품승이 없으니 정법을 어지럽히 고 모든 학도자들을 미혹하게 한다. 이것은 불법을 滅하는 모습이다. 혜능 선사는 올바르고 분명하게 정법을 전해 받은 부촉인이다. 그의 문하에는 도속이 수백여 명이지만 한 사람도 감히 선문을 어지럽힌 사람이 없고, 비 록 한 사람의 부촉자가 있지만 지금까지 설법하지 않았다.」라고 한다.

　『단경』의 품승을 가지고 남종의 종지를 확정하는 인가증명으로 주장 하고 있는 것은 『단경』40단, 49단, 58단, 59단, 60단 등에도 보인다. 이 것은 당시 『단경』의 품승을 강조하는 것은 제자들 가운데 一派의 정통 성을 주장할 필요성과 『단경』에서 전의설의 한계를 분명히 말하고 전의설을 강조한 입장이다. 여기에 『단경』을 인가증명의 물증으로 삼으려고 한 운동이 보이는 점도 주목해야 한다. 후대 『단경』은 내용이 많이 개변(改變)되어 그러한 사실을 확인할 수가 없게 되었다.

* 須知去處年月 : 須知는 법률용어로서 확인하는 것. 『단경』의 품승과 전수한 사실을 師資간에 분명히 확인하도록 지시하는 말이다. 이러한 내용은 『단경』 58, 59, 60단에서 살펴볼 수 있다.

* 雖說頓敎法 : 『단경』의 출현은 혜능의 사후 70~80년 이후이며, 신회가 입적한 이후 30~40년이 지난 뒤의 일이다. 『단경』이 출현한 그 당시에는 이미 四川의 보당종에서도 無相, 無住 선사와 白衣居士인 진초장(陳楚章) 등이 돈교의 법문을 설했다는 사실을 『역대법보기』에 전하고 있다. 또한 북종선에서도 돈황본 S. 4286호본, P. 2162호본인 『大乘開心顯性頓悟眞宗論』, 『頓悟眞宗要訣』을 전하고, 또 티베트 라싸에서 宗論의 기록으로 전하는 『頓悟大乘正理決』 등의 자료로도 확인할 수 있다.

『단경』에서는 당시 많은 사람들이 돈교의 법문을 설하고 있는 분위기를 의식하여 남종 돈교의 종지를 품승할 것을 강조하고 있다.

* 諍是勝負心 : 『단경』 15단에도 「自悟修行 不在口諍. 若諍先後 卽是迷人 不斷勝負 劫生法我 不離四相.」이라고 설하는데, 『임제록』(13-42)에도 똑같은 법문이 있다. 승부를 다투는 마음은 아수라와 같다.

41. 남종의 頓敎와 북종의 漸敎

世人盡傳南能北秀*①, 未知根本事由. 且秀禪師, 於南荊府當陽縣②玉

泉寺[*]住持修行, 慧能大師, 於韶州城東三十五里, 曹溪山住. 法卽一宗[*], 人有南北, 因此便立南北.

何以頓漸. 法卽一種, 見有遲疾, 見遲卽漸, 見疾卽頓. 法無頓漸[*], 人有利鈍, 故名漸頓.

【校 訂】 ① 底本. 甲本에는 「南宗能比秀」. 惠昕本에 의거 고침. ② 底本. 甲本에는 「堂楊懸」.

【번 역】 세상 사람들이 모두 다 「남종의 혜능, 북종의 신수」라고 말하지만, 아직 그 근본 선법의 내용을 잘 알지 못하고 있다.

신수 선사는 남형부(南荊府) 당양현(當陽縣)의 옥천사(玉泉寺)에서 주지가 되어 수행했다.

혜능 대사는 소주성(韶州城)의 동쪽으로 삼십오 리 떨어진 조계산에 거주했다. 불법의 종지는 똑같은 일심으로 하나이지만, 설법하는 사람이 남쪽과 북쪽으로 나누어진 것이다. 이로 인하여 편의적으로 남종과 북종이 성립되었다.

그러면 어떻게 해서 남종은 돈교, 북종은 점교라고 구분하는가?

불법의 근본 종지는 오직 하나이지만, 사람들이 불법을 체득하는 견해(안목)에 느림[遲]과 빠름[疾]의 차이가 있다. 견해(안목)가 느리면 점교[漸]이고, 견해가 빠르면 돈교[頓]이다. 불법에는 점교와 돈교가 없지만, 사람의 근기는 영리함과 우둔함이 있기 때문에 북종의 점교와 남종의 돈교라고 구분한 것이다.

【해설 및 역주】

* 南能北秀 : 신회는 『남종정시비론』에 다음과 같이 설한다. 「원

법사가 질문했다. '어찌하여 보적 선사가 남종이라고 주장하는 것을 인정하지 않습니까?' 신회 화상이 대답했다. '신수 화상이 살아 있을 때 천하의 학도자들이 이 두 대사를 남종의 혜능, 북종의 신수라고 불렀다는 사실은 천하의 사람이 다 안다. 보적 선사는 사실 옥천사 신수 문하의 학도로서 소주 혜능 대사를 참문한 일도 없으면서 지금에 와서 남종(南宗)이라고 주장하고 있는데 도저히 허락할 수 없다.'」(『신회화상유집』 288쪽)

『조당집』 3권 하택화상장에, 「(하택 선사는) 낙양[東都]에서 교화를 펼치고 종지를 확정하였다. '남종의 혜능, 북종의 신수'라는 말은 신회의 남종현창운동으로부터 세상에 알려지게 되었으며, 조계의 한 가지가 비로소 우주에 싹트기 시작했다.」라고 전한다.

『송고승전』 제8권 홍인장에도, 「처음 홍인 대사는 咸亨初에 2~3명의 선승들에게 각자 자신의 뜻을 말하라고 했다. 신수가 먼저 게송을 지었고, 혜능이 화답했다. 그래서 법복(가사)은 혜능에게 부촉했다. 혜능은 가사를 받고 소주[韶陽]지방에서 교화하였고, 신수는 형주[荊門(荊州)]와 낙양[洛下(洛陽)]에서 선법을 전했다. 남북의 종파가 여기에서 비롯된 것이다.」라고 『단경』의 이야기를 토대로 전한다.

종밀의 『배휴습유문』에는 신회의 법문을 이어받아서 다음과 같이 기록하고 있다. 「혜능 화상이 입멸한 뒤에 북종의 점교가 크게 성행하였다. … (略) … 天寶初에 하택 선사가 낙양에 들어가 크게 돈교의 법문을 전파하였다. 비로소 신수 문하의 전법은 '스승과 제자 전법상승[師資傳承]의 법계(法系)가 방계(傍系)이며, 법문은 점교(漸敎)'라는 사실을 천하에 밝혔다. 이렇게 남종과 북종의 두 종파가 함께 성행되었기에 당시 사람들은 남북 종파의 다른 점이 무엇인지 알고자 했으며, 남종·북종이 여기에

262

서 시작되었다.」

자세한 점은 정성본, 『중국선종의 성립사 연구』, 499쪽 이하 참조.

* 玉泉寺 : 현재 호북성 강릉현에 있는 사찰인데, 수나라 개황 12년 (592) 천태지의(天台智顗) 선사가 창건한 사찰이다.

수나라의 양제가 천태지의에게 「玉泉」이라는 사액을 하사하면서 천태종의 근본도량이 되면서 玉泉寺라고 했다. 천태지의가 여기서 『법화현의』, 『마가지관』 등을 강의했다. 儀鳳年(676~678) 신수 선사의 나이 71세~73세에 옥천사 주지가 되면서 북종선의 근본도량이 되었다. 장열(張說)이 지은『형주옥천사대통선사비명』(『全唐文』 231권)과 신수 선사의 모든 자료에는 그가 형주 옥천사에서 행화한 사실을 전한다. 옥천사에 대해서는 皇甫毘가 지의 선사를 위해 지은 「옥천사비」(『국청백록』 제4권 수록)에 자세히 전한다.

* 法則一宗 : 신수와 혜능 二人 모두가 오조 홍인의 불법을 전수받았다는 사실을 전제로 하고 있다. 신회의 『남종정시비론』에 다음과 같이 전한다. 「숭원 법사가 '혜능과 신수는 동문이 아닌가?' 신회 선사는 '그렇다.'라고 대답했다. 원 법사가 '두 분이 동학이라면 사람들에게 가르치는 불법도 똑같을 것이 아닙니까?'라고 말하자, 신회 선사는 '지금 같지 않는 것은, 신수 선사는 사람들에게 마음을 집중하여 선정에 들게 하고, 마음을 멈추어 청정함을 살펴보게 하고, 마음을 일으켜서 밖을 비추게 하고, 마음을 수습하여 안으로 깨닫도록 하라고 가르치기 때문이다. 이런 까닭으로 같지 않다.'라고 말했다. … (略) …

신회 화상이 말했다. '이것은 어리석은 사람의 가르침[法]이다. 마음을 조복하는 것과 조복하지 않는 이 두 가지 차별심[法]을 여의는 것이 혜능 선사의 수행법이다. 이런 까닭에 『유마경』에서도 마음을 안에 住하지 않게 하고 또한 밖에도 住하지 않게 하는 것이 연좌(宴坐)이다. 이와 같이 좌선하는 사람을 부처님은 인가한다.'라고 설했다.」(『신회화상유집』 285쪽)

　* 法無頓漸 : 『단경』18단에도 똑같은 내용을 설하고 있다. 18단의 주기 참조.

8장 十大弟子

42. 志誠의 참문

神秀師, 常見人說, 慧能法疾, 直指見路^①. 秀師 遂喚門人志誠*曰「汝聰明多智. 汝與吾至曹溪山, 到慧能所, 禮拜但聽, 莫言吾使汝來. 所聽得意旨. 記取, 却來與吾說, 看慧能見解, 與吾誰疾遲*. 汝第一早來, 勿令吾怪*.」

志誠奉使歡喜, 遂行, 半月中間, 卽至曹溪山, 見慧能和尙, 禮拜卽聽, 不言來處.

志誠聞法, 言下便悟*^②, 卽契^③本心. 起立卽禮拜, 白言.「和尙, 弟子從玉泉寺來. 秀師處, 不得契^④悟, 聞和尙說, 便契^⑤本心. 和尙慈悲, 願當敎示.」

慧能大師曰,「汝從彼來, 應是細作*.」

志誠曰,「不是.」六祖曰,「何以不是.」

志誠曰,「未說時卽是, 說了卽不是.」

六祖言,「煩惱卽是菩提*, 亦復如是.」

【校 訂】① 甲本에는 「直旨路」. 惠昕本은 「直指見性」. ② 底本에는 「吾」字. 甲本에 의거 고침. ③, ④, ⑤ 底本에는 「啓」字. 甲本에 의거 고침.

【번 역】 신수 선사는 일찍부터 혜능 대사가 설한 돈교의 법문은 빠르고[疾] 정법을 곧바로 지시하여 본성을 깨닫게 한다는 소문을 들었다.

신수 선사는 드디어 제자 지성(志誠)을 불러서 말했다. 「그대는 총명하고 지혜가 많다. 그대는 나를 위해 조계산의 혜능 대사의 처소를 찾아가도록 하라. 혜능 대사의 처소에 도착하거든 대사께 예배하고 그의 설법을 잘 듣기만 해라. 내(신수)가 그대를 보내서 왔다고 말하지 말라.

혜능 대사의 설법을 듣고, 그가 설한 법문의 의미를 잘 기억해서 돌아와 나에게 전해 주기 바란다. 혜능 대사의 견해와 나의 견해를 비교해 보고, 누가 불법을 깨달아 체득하는 법문이 빠르고[疾] 느린지[遲]를 잘 살펴보라. 그대는 부디 속히 돌아오도록 하라. 내가 지시한 일을 이상하게 여기지 않도록 하라.」

지성(志誠)은 신수 선사의 지시를 받고서 기뻐했다. 드디어 반달쯤 걸려서 조계산에 도착했다. 먼저 혜능 화상을 찾아뵙고 예배한 뒤에 혜능 대사의 법문을 들었으나, 자신이 어디서 온 사람인지 말하지 않았다.

지성은 혜능 대사의 법문을 듣고 언하(言下)에 깨달아 즉시에 본심에 계합했다. 그리고 자리에서 일어나 혜능 대사께 예배하고 스스로 말했다. 「화상이시여! 제자는 형주 옥천사 신수 선사의 처소에서 왔습니다. 신수 선사의 법문을 듣고는 깨닫지 못했습니다만, 지금 화상의 설법을 듣고 곧바로 깨닫고 본심에 계합했습니다. 화상께서는 자비로써 교시를 내려 주시기 바랍니다.」

혜능 대사가 말했다. 「그대가 신수 선사의 처소에서 왔다면 분명히 염탐꾼(간첩)임에 틀림없겠다!」

지성이 말했다. '그렇지 않습니다.'

육조 대사가 말했다. '어째서 염탐꾼이 아니라고 하는가?'

지성이 말했다. 「제가 자신의 신분을 말씀드리기 전에는 염탐꾼입니다만, 이미 말씀을 드렸으니 이젠 그렇지 않습니다.」

육조 대사가 말했다. 「번뇌가 곧바로 보리(菩提)라는 사실도 역시 이와 마찬가지이다.」

【해설 및 역주】

『단경』에 육조 혜능의 십대제자 가운데 첫 번째로 지성(志誠)이 참문하는 문답을 나눈다. 지성은 원래 북종 신수 선사의 제자로서 신수의 지시를 받고 혜능 대사를 참문했다. 『단경』의 작자는 신수를 등장시켜 자기 제자 지성을 가만히 혜능 대사의 처소에 파견하여 혜능의 설법을 듣게 하고, 혜능의 돈교법문을 염탐하도록 지시하고 있다.

『단경』의 작자는 여기서도 신수 선사를 졸부 조연으로 등장시키고 있다. 여기 일단은 북종 신수 선사의 염탐관으로 등장한 지성이 신수의 문하에서 점교의 법문을 듣고는 깨닫지 못했는데, 혜능 대사의 남종 돈교 법문을 듣고는 言下에 깨닫고 혜능 대사의 제자가 되는 이야기를 전한다.

이와 비슷한 사례는 대유령 고개에서 혜순(혜명)이 홍인의 문하에서는 깨닫지 못했는데 혜능의 법문을 듣고 깨닫고는 혜능의 제자가 된 이야기가 있다. 북종의 점교에서 남종의 돈교로 전향하는 구체적인 사례를 제시하여 남종 돈교 법문의 우월성을 강조하고 북종의 점교와 차별화시키고 있는 작자의 의도가 엿보인다.

* 志誠 : 돈황본 『단경』에 최초로 등장시킨 인물이다. 『단경』에서 주장하는 혜능 10대 제자의 한 사람인데 그에 대한 자료는 전혀 없다. 『전등록』 제5권에는 다음과 같이 전한다. 「길주(吉州) 지성(志誠) 선사는 길주 태화인이다. 어려서 형남 당양산 옥천사에서 신수 선사를 스승으로 모셨는데, 뒤에 남종 북종의 두 종파가 성대히 교화를 펼치게 되자, 신수 문하 사람들이 가끔 남종을 비방하기 시작했다. '혜능 대사는 한 글자도 모르는데 무슨 장점이 있는가?'라고 신수가 타일렀다. '그는 스승 없이 불도를 깨닫는 지혜를 체득하여 최상승의 도리를 깊이 깨달았으니 내가 따를 바가 아니다. 또 나의 스승인 오조께서 친히 가사와 법[法衣]을 전해

十大弟子 269

주었으니 어찌 예사로운 일이겠는가? 다만 한스러운 것은 멀리 찾아가서 자주 뵙지 못하고 헛되이 국가의 은혜를 받는 일이 부끄럽다. 그대들은 여기에 박혀 있지 말고 빨리 조계로 가서 의심을 해결하도록 하라. 그리고는 돌아와서 다시 나에게 그의 설법을 전달해 주기 바란다.' 지성 대사가 이 말을 듣고 절을 하고 물러가 소주에 이르러 대중이 법문을 청하는 뒤를 따라 들어가서 자기 이름을 밝히지 않고 있었다. … 略 …」라고 하고 그가 혜능 선사를 참문하여 혜능의 제자가 된 전기를 싣고 있는데, 이 역시 『단경』의 이야기를 실제 인물로 간주하고 수록한 것이다.

* 疾遲(질지) : 『단경』18, 30, 37, 38, 41, 42, 43단 등에 자주 언급한다. 『신회록』18단(『신회화상유집』120쪽), 석정본 『신회어록』37단 · 40단, 『이입사행론』18단, 『역대법보기』19단 · 68단, 종밀의『도서』등에도 언급하고 있다.

* 勿令吾怪 : 괴(怪)는 괴이하고 이상한 것인데, 신수 선사가 내가 이렇게 지시한 것을 이상게 여기지 않도록 하라는 의미이다. 『조주록』卷上에도 다음과 같이 보인다. 「질문. '이와 같은 일은 어떻게 변명합니까?' 선사가 말했다. '나는 그대를 괴이하게 생각하네.'(問此事如何升 師云 我怪你.)」

* 細作 : 염탐꾼. 간첩. 스파이.

* 煩惱卽菩提 : 지성이 자신의 신분을 밝히지 않았을 때는 염탐꾼이었지만 밝힌 이후는 염탐꾼이 아닌 것처럼, 깨닫기 이전에는 번뇌 미혹이지만 깨닫고 난 후에는 깨달음(보리)의 경지에 있다. 그러므로 번뇌와 보리는 둘이 아니라고 말한다. 『유마경』에 의한 설법인데, 『단경』28단의 주기 참조. 석정본 『신회록』39단에 다음과 같이 주장한다.

「급사중(給事中) 방관(房綰)이 번뇌가 곧 보리[煩惱卽菩提]라는 말에 대한 의미를 질문하자 신회 화상이 대답했다. 지금 허공을 빌려서 비유해 보겠소. 허공은 본래 동정(動靜)의 작용이 없어서 밝음이 오면 곧 밝고, 어둠이 오면 곧 어둡다. 어두운 허공도 밝은 허공과 다르지 않고, 밝은 허공도 어두운 허공과 다르지 않다. 명암(明暗)은 스스로 가고 올 뿐, 허공은 원래 동정(動靜)의 움직임이 없다. 번뇌 즉 보리의 뜻도 이와 같다. 미혹과 깨달음[迷悟]은 비록 다르지만 보리심은 원래 마음의 움직임[動]이 없다.」

『역대법보기』 보리달마다라장에도 다음과 같이 보인다.

「그때 원공(遠公) 법사가 질문했다. '대덕은 어떤 법을 가지고 왔기에 쫓겨나게 되었소?' 이에 두 바라문이 손을 펴고 원공 법사에게 말했다. '손으로 주먹을 쥐고, 주먹의 손을 펴는 일은 빠르지요?' 원공이 대답했다. '무척 빠르지요.' 두 바라문이 말했다. '이것은 아직 빠른 것이 아닙니다. 번뇌가 곧 보리[煩惱卽菩提]가 되는 이것이 빠른 것입니다.'」

이와 비슷한 이야기가 『이입사행론』(禪の語錄, 98쪽)에도 보인다.

* 言下便悟 : 『단경』11단에도 보인다. 『신회어록』의 사자혈맥전(師資血脈傳)에 있는 말인데, 『단경』13단에 「言下心開」나 44단의 「言下大悟」와 같은 말이다. 설법을 듣고 곧바로 불법의 대의를 깨닫고[頓悟] 心眼이 열리며 정법의 안목을 구족하게 된 상황을 표현한 말이다.

43. 남종의 三學 법문

大師謂志誠曰,「吾聞汝禪師教人, 唯傳戒定慧. 汝和尚教人戒定慧*
如何. 當爲吾說.」

志誠曰,「秀和尚言戒定慧. 諸惡不作名爲戒, 諸善奉行名爲慧, 自淨

其意名爲定. 此卽名爲戒定慧. 彼作如是說, 不知和尙所見如何.」

慧能和尙答曰,「此說不可思議. 慧能所見又別.」

志誠問,「何以別.」

慧能答曰,「見有遲疾.」志誠請和尙說所見戒定慧.

大師言,「汝聽吾說①, 看吾所見處. 心地無非, 是自性戒*②, 心地*無亂, 是自性定, 心地無癡, 是自性慧.」

大師言,「汝師戒定慧, 勸小根智人, 吾戒定慧, 勸上智人, 得悟自性③, 亦不立戒定慧*.」

志誠言,「請大師說, 不立如何.」

大師言,「自性無非無亂無癡, 念念般若觀照*, 常④離法相, 有何可立. 自性頓修*, 無有⑤漸次, 所以不立.」

志誠禮拜, 便不離曹溪山, 卽爲門人⑥, 不離大師左右.

【校 訂】① 底本. 甲本에는 「如汝聽吾說」. ② 底本. 甲本에는 「無疑非自性戒」. ③ 底本. 甲本에는「性」字 欠. 惠昕本에 의거 첨가함. ④ 底本. 甲本에는「當」字. ⑤ 底本. 甲本에는 「立有」. 惠昕本을 참조하여 고침. ⑥ 底本에는 「門」字 欠. 甲本에 의거 첨가함.

【번 역】혜능 대사가 지성에게 말했다. 「내가 듣기로는 그대의 스승 신수 선사는 사람들에게 오직 계정혜(戒定慧) 삼학의 법문을 설한다고 하는데, 신수 선사는 사람들에게 어떻게 계정혜 삼학의 법문을 설하는가? 나에게 자세히 말해 보라.」

지성이 말했다. 「신수 화상은 계정혜 삼학을 이렇게 설하고 있습니다. '모든 악(惡)한 일을 하지 않는 것을 지계[戒]라고 하며, 모든 선행[善]을 받들어 실천하는 것을 지혜[慧]라고 하며, 스스로 마음을 청정하게 하는 것을 선정[定]이라고 한다. 이것이 계정혜의 법문이다.' 신수 선사는 이와 같이 삼학의 법문을 설하고 있습니다. 그런데 화상의 견해는 어떻습니까?」

혜능 화상이 대답했다. 「신수 화상의 설법은 불가사의(不可思議)하다. 그러나 나의 견해와는 또한 다르다.」

지성이 물었다. 「어떻게 다릅니까?」

혜능 화상이 대답했다. 「불법을 체득하는 견해에 느림[遲]과 빠름[疾]이 있다.」

지성이 말했다. 「화상의 계정혜 삼학에 대한 견해를 말씀해 주십시오.」

혜능 대사가 말했다. 「그대는 내가 설하는 법문을 잘 들어라. 나의 견해는 심지(心地)에 그릇됨이 없는 것이 바로 자성(自性)의 戒이며, 심지(心地)에 흩어짐이 없는 것이 바로 자성(自性)의 선정이며, 심지에 어리석음이 없는 것이 바로 자성(自性)의 지혜(慧)이다.」

혜능 대사가 말했다. 「너의 스승이 설한 계정혜 삼학은 근기가 작은 사람들에게 설한 법문이고, 내가 설하는 계정혜 삼학의 법문은 근기가 수승한 상근기의 사람들에게 설한 법문이다. 자성을 깨달으면 또한 계정혜 삼학의 방편법문을 새롭게 제시할 필요도 없다.」

지성이 말했다. 「대사께서 '계정혜 삼학의 법문을 제시할 필요도 없다.'라고 말한 것은 무슨 뜻입니까?」

혜능 대사가 말했다. 「자기의 본성에 그릇됨이 없고, 흩어짐이 없고, 어리석음이 없으면 일념 일념에 반야의 지혜로 관조(觀照)하여 일체 의식의 대상경계와 사물의 형상에 집착하지 않는데, 무엇 때문에 계정혜 삼학의 실천을 새롭게 제시할 필요가 있겠는가. 자기의 본성을 단번에 깨달아 체득[頓修]한다면 단계적인 점차(漸次)의 방편법문도 필요가 없다. 그렇기 때문에 또다시 새롭게 계정혜 삼학의 방편법문을 제시할 필요가 없는 것이다.」

지성이 혜능 대사께 예배하고 다시는 조계산을 벗어나지 않았고, 곧 혜능 대사의 제자가 되어 대사의 좌우를 떠나지 않았다.

【해설 및 역주】

북종 신수 선사의 계정혜 三學의 법문이 경전에서 설한 칠불통계(七佛通戒)의 입장을 탈피하지 못하고 있는데 반하여, 남종 혜능 대사의 삼학설은 모두 심지(心地) 법문으로 정법의 지혜로 일체 법을 관조(觀照)하는 철저한 반야사상이며, 『금강경』에서 無相법문을 無相戒, 無常心地戒로 제시한 것처럼, 새롭고 구체적인 사례를 제시하여 설하고 있다.

지성은 혜능 대사의 처소에 머물며 돌아가지 않았다. 북종과 남종의 법문이 분명히 다르다는 사실을 지성의 행동으로 대립화시키고 있는 것이다. 사실 『전등록』 제5권 혜능의 제자전에 처음 북종 신수 선사의 제자가 남종 혜능의 제자가 된 사람들을 여러 명 수록하고 있다.

＊ 戒定慧 : 여기 북종 신수의 삼학설은 사실 신회가 주장한 것이다. 『남양화상돈교해탈선문직료성단어』 6단에 「경에 말했다. '모든 나쁜 행위를 하지 말고, 모든 착한 일을 봉행하라, 자기의 마음을 깨끗이 하면 이것이 불교이다.'라고 과거의 일체 제불이 모두 이와 같이 설했다.

제악막작(諸惡莫作)은 戒요, 제선봉행(諸善奉行)은 慧며, 자정기의(自淨其意)는 定이다. 여러분 삼학을 실천하는 것을 불교라고 한다. 무엇이 삼학인가. 계정혜가 바로 그것이니, 망심이 일어나지 않는 것을 戒라고 하고, 망심이 없는 것을 定이라고 하고, 마음에 망심이 없음을 아는 것을 慧라고 한다. 이것을 삼학이 같다고 한다.」라고 三學一致를 주장한다.

신회의 『단어』 23단에도 「진여는 무념의 본체다. 이러한 까닭으로 무념을 세워서 종지로 한다. 무념이란 비록 견문각지(見聞覺知) 해도 항상 진여본심은 공적하다. 즉 이것이 계정혜 삼학이 일시에 똑같은 경지이며, 만행이 함께 구비되는 것이다. 즉 여래와 같이 지견(知見)이 광대하고 심원하다.(眞如是無念之體. 以是義故 立無念爲宗. 若無念者 雖具見聞覺知 而常空寂 卽戒定慧學 一時齊等 萬行俱備 卽同如來 知見廣大深遠.)」라고 설하고 있다.

『역대법보기』에도 「동경하택사신회화상(東京荷澤寺神會和尚)은 매월 계단을 설치하여 사람들에게 설법하고 (북종의) 청정선(淸淨禪)을 타파하고 여래선을 설했다. 불지견(佛知見)의 안목으로 방편언설을 건립하여 계정혜를 제시했다. 언설을 타파하지 않고 말하기를 올바른 설법을 할 때가 바로 戒요, 올바른 설법을 할 때가 바로 定이며, 올바른 설법을 할 때가 慧라고 한다.」 이와 같은 三學一致는 신회의 독자적인 선사상으로 반야의 지혜에 歸一시키고 있다.

그러나 『단경』의 삼학설은 신회의 주장보다 발전하여 심지법문(心地法門)의 삼학설이다. 신회는 어디까지나 전통적인 불교의 삼학설에 의거한 설법이지만 무상계(無相戒)를 중심으로 설하는 『단경』은 철저한 반야사상의 무상심지계 법문이다.

＊心地無非 是自性戒 : 『금강경』에 의거하여 무상심지계의 삼학설로서, 근원적인 자성의 심지(心地)에서 삼학의 실천수행을 설하고 있다. 심지법문은 『대승기신론』과 『원각경』에서 설하는 여래인지법행(如來因地法行)과 같은 입장이다.

종밀은 『원각경대소초』 권3의 下에서 이것을 自性戒라고 부른다. 有相戒 無作戒 보다도 차원이 높은 경지로 설하고 있다.

＊心地 : 보살계의 근거가 되는 사고. 『범망경』卷上에 「나는 백아

승지겁(百阿僧祇劫) 동안 심지(心地)를 수행했다. 그래서 처음 범부의 경지를 버리고 정각을 이루었으며, 노사나라고 불리게 되었다.」(『대정장』24권 997下)라고 설한다.『능가경』권1에「心地者 有七」(『대정장』16권 482中)이라고 한다.

『심지관경(心地觀經)』제8권에는 다음과 같이 心地에 대하여 설한다. 「삼계 가운데 마음을 주인으로 하니, 능히 마음을 관찰하는 자는 구경에 해탈한다. 능히 관찰하지 않는 자는 구경에 생사에 침륜(沈淪)한다. 중생의 마음은 마치 대지와 같아 오곡백과(五穀百果)가 대지에서 생성하는 것과 같다. 이와 같이 심법(心法)은 세간과 출세간, 선악(善惡) 오취(五趣)와 유학(有學)이나 무학(無學), 독각, 보살이나 여래도 출생한다. 이러한 인연으로 삼계는 오직 마음[三界唯心]이며, 마음을 대지에 비유하여 心地라고 한다.(三界之中 以心爲主 能觀心者 究竟解脫. 不能觀者 究竟沈淪. 衆生之心 猶如大地 五穀五果 從大地生. 如是心法 生世出世 善惡五趣 有學無學 獨覺菩薩及於如來 以此因緣 三界唯心 心名爲地.)」(『대정장』3권 327上)

* 般若觀照 : 『단경』14, 29, 30, 33, 43, 44단 등에도 설함.

29단에 「悟此法者 卽是無念·無憶·無著·莫起誑妄 卽自是眞如性 用智慧觀照.」라고 설함.

30단에 「故知本性自有般若之智 自用智慧觀照 不仮文字.」라고 설함.

* 不立戒定慧 : 삼학의 실천 수행은 번뇌 망념으로 오염된 진여본성을 깨끗하게 청소하는 방편 수단이다. 본래 오염되지 않은 청정한 본심에 망념을 털어 버린다는 것은 쓸데없는 일이다. 『단경』19단에 「만약 번뇌 망념이 없다면 無念 역시 세울 필요가 없다.(若無有念, 無念亦不立)」라는 설법과 같다.

276

* 自性頓修 : 自性은 단번에 자각하여 깨닫는 것(頓修(頓悟), 단계적인 수행의 점차(漸次)나 방편(方便)을 내세워 주장할 필요가 없다는 것이다. 頓修는 頓悟와 같은 말이다. 『화엄경』에 초발심이 곧 정각이라고 설한 법문처럼, 발심의 시각(始覺)진여와 정각의 본각(本覺)진여는 불이 일체이기 때문이다. 불법수행은 발심수행과 깨달음의 증득이 진여 일심의 지혜이기 때문에 修證一如라고 한다. 『단경』 18단 참조.

44. 法達의 참문

又有①一僧名法達*, 常②誦妙法蓮華經*七年, 心迷不知正法之處. 來至曹溪山, 禮拜, 問大師言,「弟子嘗③誦妙法蓮④華經七年, 心迷不知正法之處, 經上有疑⑤. 大師智慧廣大, 願爲除疑.」

大師言,「法達, 法卽甚達, 汝心不達*. 經上無疑⑥, 汝心自疑⑦. 汝心自邪, 而求正法. 吾心正定, 卽是持經*. 吾一生已來, 不識文字*. 汝將法華經來, 對吾讀一遍, 吾聞卽知.」

法達取經, 對大師讀一遍. 六祖聞已, 卽識佛意, 便與⑧法達, 說法華經.

六祖言,「法達, 法華經無多語. 七卷盡是譬喩⑨因緣*. 如來廣說三乘*, 只爲世人根鈍, 經文分明, 無有餘乘, 唯有一佛乘*.」

大師言,「法達, 汝聽一佛乘, 莫求二佛乘, 迷却⑩汝性. 經中何處是一佛乘. 吾與汝說. 經云, 諸佛世尊, 唯以一大事因緣*故, 出現於世. (以上十六字是正法)⑪

此⑫法如何解. 此法如何修. 汝聽吾說. 人心不思本源空寂*, 離却邪見, 卽一大事因緣. 內外不迷, 卽離兩邊*. 外迷著相, 內迷著空, 於相離相*, 於空離空, 卽是內外不迷⑬. 若悟⑭此法, 一念心開, 出現於世.

心開何物, 開佛知見*. 佛猶覺也, 分爲四門. 開覺知見, 示覺知見⑮, 悟覺知見, 入覺知見. 開示悟入, 從⑯一處入, 卽覺知見, 見自本性, 卽得出世.」

大師言. 「法達, 吾常願一切世人, 心地常自開佛知見, 莫開衆生知見. 世人心邪⑰, 愚迷造惡, 自開衆生知見. 世人心正, 起智慧觀照*, 自開佛知見, 莫開衆生知見, 開佛知見, 卽出世.」

大師言. 「法達, 此是法華經⑱一乘法, 向下分三, 爲迷人故. 汝但依一佛乘.」

大師言 「法達, 心行轉法華, 不行法華轉. 心正轉法華*, 心邪法華轉. 開佛知見, 轉法華, 開衆生知見, 被法華轉.」

大師言. 「努力. 依法修行, 卽是轉經.」

法達一聞⑲, 言下大悟*, 涕淚悲泣, 白言. 「和尙, 實未曾轉法華, 七年被⑳法華轉. 已後轉法華, 念念修行佛行.」

大師言. 「卽佛行是佛.」 其時聽人, 無不悟者.㉑

【校 訂】① 底本에는 「有」字 欠. 甲本에 의거 첨가함. ② 底本에는 「當」字. 甲本에 의거 고침. ③ 底本에는 「常」字. ④ 底本에는 「蓮」字 欠. ⑤, ⑥ 底本에는 「痴」字. 甲本에 의거 고침. ⑦ 底本. 甲本에는 「汝心自疑」 四字 欠. 惠昕本에 의거 첨가함. ⑧ 底本에는 「已」字. 甲本에는 「汝」字. ⑨ 底本에는 「如」字. 甲本에 의거 고침. ⑩ 底本에는 「迷卽却」. 甲本에 의거 고침. ⑪ 底本. 甲本 모두 「以上十六字是正法」 小文字로 씀. ⑫ 底本. 甲本에는 「此」字 欠. 惠昕本에 의거 첨가함. ⑬ 底本. 甲本에는 「卽是不迷」. 惠昕本에 의거 첨가함. ⑭ 底本. 甲本에는 「吾」字. ⑮ 底本에는 「示覺知見」 四字 欠. 甲本에 의거 첨가함. ⑯ 底本. 甲本에는 「上」字. 惠昕本에 의거 고침. ⑰ 底本. 甲本에는 「邪」字 欠. 惠昕本에 의거 첨가함. ⑱ 底本에는 「此事法達經」. ⑲ 底本에는 「法達聞」. 甲本에 의거 고침. ⑳ 底本에는 「彼」字. 甲本에 의거 고침. ㉑ 底本에는 「大師言」 以下 13字 欠. 甲本에 의거함.

【번 역】 법달(法達)이라는 한 승려가 있다. 그는 7년 동안 항상 『법화경』을 독송했지만, 마음이 미혹하여 정법(正法)의 근본 도리[處]를 알지 못했다. 그래서 조계산 혜능 대사를 찾아와 대사께 예배하고 다음과 같이 말했다. 「제자는 일찍부터 『묘법연화경』을 7년간이나 독송해 왔습니다만 마음이 미혹하여 정법의 근본 도리를 알지 못했습니다. 경전에서 설한 법문에 의문점이 있으니, 대사께서는 광대한 지혜로써 제발 저의 의문점을 해결해 주시기 바랍니다.」

혜능 대사가 말했다. 「법달이여! 법문은 깊이 통달했지만, 그대의 마음은 통달하지 못했구나. 경전의 법문에 의문점이 있는 것이 아니라 그대의 마음에서 스스로 의심하고 있는 것이다. 그대 마음이 스스로 삿되어 정법을 경전의 법문에서 구하려고 한다. 자신의 마음이 올바르게 안정된 것이 곧바로 경전을 수지하는 것이다.

나는 한평생 경전의 언어문자를 대상으로 이해하지 않는다. 그대는 『법화경』을 가지고 와서 내 앞에서 한 편 읽어 보아라. 내가 경전의 법문을 들으면 즉시 정법의 도리를 알 수 있다.」

법달은 『법화경』을 가지고 와서, 혜능 대사 앞에서 한 편을 독송했다.

육조 대사는 법달이 독송하는 경전의 법문을 듣고, 곧 불법의 대의를 깨닫고 곧바로 법달에게 『법화경』의 법문을 설했다.

육조 대사는 말했다. 「법달이여! 『법화경』에 많은 법문을 설한 것은 아니고, 일곱 권 모두가 비유(譬喩)와 인연(因緣)법문이다. 여래가 널리 성문, 연각, 보살들에게 삼승(三乘)의 법문을 설한 것은 오직 세간 사람들의 근기가 우둔하기 때문이다. 경전의 법문에도 분명히 '다른 수레[餘乘]가 아니고, 오직 일불승(一佛乘)의 법문을 설할 뿐이다.'라고 했다.」

육조 대사가 말했다. 「법달이여! 그대는 부처의 지혜를 이루는 일불승의 법문을 듣고 성문, 연각이 되는 이불승(二佛乘)을 구하려고 해서는 안 된다. 이불승은 그대 자성(自性)을 미혹하게 한다.

경전 가운데 어느 곳이 일불승의 법문을 설한 것인가? 그대에게 설하리라. 경전에 말씀하시길 '제불 세존은 오직 일대사인연(一大事因緣)으로 이 사바세계에 출세(出世)하였다.' 〈이상의 16字는 바로 정법이다.〉 라고 설했다.

이 경전의 법문을 어떻게 이해하고, 어떻게 실천할 것인가? 그대는 나의 설명을 들어라. 사람의 마음은 번뇌 망념을 일으키지 않으면 본래의 근원(자성)이 공적(空寂)하여 삿된 견해[邪見]를 여의게 된다. 곧 이것이 일대사(一大事)의 인연이다.

마음의 안팎[內外]이 미혹하지 않으면, 곧 양변(兩邊)의 차별경계를 여윈다. 마음 밖으로 미혹하면 대상경계(사물)의 형상에 집착하고, 마음 안으로 미혹하면 텅 빈 공(空)에 집착한다. 일체의 모든 대상경계(사물)의 형상과 함께 하면서 사물의 형상에 집착하지 않고, 텅 빈 마음으로 살면서 空에 집착하지 않는다면 이것이 미혹하지 않는 것이다.

이러한 불법의 대의를 깨달아 일념(一念)에 마음이 열리면 중생의 세상에서 제불여래의 지혜로 출세하는 것이다.

마음이 열린다는 것은 무엇을 말하는가? 불지견(佛知見)을 열고 정법의 안목을 구족하는 일이다. 부처는 깨달음[覺]과 같은 뜻인데, 네 가지 방편의 문으로 나눈다. 깨달음의 지견[覺知見]을 열고[開], 깨달음의 지견을 제시해보이며[示], 깨달음의 지견을 깨닫고[悟], 깨달음의 지견을 깨달아 체득[入]하는 일이다. 이것을 개시오입(開示悟入)이라고 하는데, 이상을 한 곳으로부터 들어가는 것이 즉 깨달음의 지견[覺知見]이며, 자기의 본성을 깨달아 친견하는 것이 출세(出世)이다.」

육조 대사가 말했다. 「법달이여! 나는 일체의 세상 사람들의 심지(心地)에 항상 스스로 불지견(佛知見)을 열고, 중생의 지견(知見)을 열지 말

것을 바란다. 세상 사람들의 마음이 삿되면 어리석고 미혹하여 악업[惡]을 짓고, 스스로 중생의 지견을 연다. 세상 사람들 마음이 올바른 정법의 지혜로 관조(觀照)하면 스스로 불지견을 여는 것이다. 중생의 지견을 열지 말고, 불지견을 여는 것이 곧 출세이다.」

육조 대사가 말했다. 「법달이여! 이것이 바로 『법화경』에서 설하는 일승(一乘)의 법문이다. 뒤에 성문 연각, 보살의 삼승(三乘)으로 나누어 설한 것은 미혹한 사람들에게 방편으로 제시한 법문이다. 그대는 오직 일불승(一佛乘)의 법문만을 의거하라.」

육조 대사가 말했다. 「법달이여! 자신의 본심의 지혜로 실행하면 『법화경』의 법문을 방편지혜로 굴릴 수 있지만, 본심의 지혜로 실행하지 못하면 『법화경』의 법문이 자신의 마음을 굴린다. 본심이 바르면 『법화경』의 법문을 지혜로 굴리고, 마음이 삿되면 『법화경』의 법문에 굴림을 당한다. 불지견(佛知見)을 열면 『법화경』의 법문을 지혜로 굴리고, 중생 知見을 열면 『법화경』에 굴림을 당한다.」

육조 대사가 말했다. 「노력하라! 정법에 의거하여 수행하면 곧 이것이 경전의 법문을 지혜로 굴리는 것이다.」

법달은 육조 대사의 법문을 한번 듣고 언하(言下)에 대의를 깨닫고[大悟], 눈물을 흘리고 슬피 울면서 혜능 화상께 말씀 올렸다. 「진실로 지금까지 『법화경』의 법문을 굴리지 못하고 7년 동안 『법화경』의 법문에 굴림을 당했습니다. 지금부터는 『법화경』의 법문을 지혜로 굴려서 일념 일념마다 여법하게 불행(佛行)이 되는 수행을 하겠습니다.」

육조 대사가 말했다. 「불행(佛行)을 수행하는 것이 바로 부처이다.」

그때 육조 대사의 법문을 듣는 사람들이 모두 불법을 깨닫게 되었다.

【해설 및 역주】

『법화경』을 7년이나 독송한 법달이 혜능을 참문하고 입문하게 된 이야기이다. 여기서 혜능은 스스로 '문자를 모른다[不識文字]'고 하는데, 법달이 『법화경』을 읽는 것을 듣고 경전의 핵심 요지[心要]를 설한다.

혜능은 『법화경』이 스스로 공덕경이라고 설하는 수지, 독송, 서사, 강설, 공양 등의 여법한 수행을 어떻게 실행하는지를 분명하게 설하고 있다.

이 일단은 『법화경』에 의해서 제불여래의 설법을 통일하여 실천하려고 하는 천태학을 육조 혜능의 설법으로 선불교의 근본정신을 분명하게 밝힌 법문이라고 하겠다.

석정본 『신회어록』38단에도 법화행자 준법사(俊法師)와의 문답에 법화행자의 주장을 비판하는 일단이 있으며, 『역대법보기』에도 법화행자 一行과 惠明 형제가 무주(無住) 선사에게 귀의하는 일단이 있다. 무주 선사는 「무념의 경지가 곧 법화경을 굴리는 것이고, 중생의 망념은 법화경이 굴리는 것이다.(無念卽是轉法華 有念卽是法華轉)」라고 설한다. 『단경』은 이러한 법문을 응용하고 있다.

* 法達 : 돈황본 『육조단경』에서 주장하는 혜능 십대제자의 한 사람인데, 여기에 싣고 있는 전기 이외에는 전혀 알 수가 없다. 뒤에 『전등록』 제5권에 「홍주법달선사」를 싣고 있지만, 이것은 『단경』의 법달전을 근거로 하여 후대에 만든 전기이다. 柳田聖山, 『初期禪宗史書の研究』(p.268)에서는 『단경』의 법달은 『송고승전』 권29 「당묘희사승달(唐妙喜寺僧達)」의 탈화(脫化)로 추측하고 있다. 승달은 홍인 선사도 참문한 일이 있는 사람이다.

* **常誦法華經** : 『법화경』, 『화엄경』, 『금강경』, 『열반경』 등의 대승
경전 등에서 대승경전의 受持, 讀, 誦, 書寫 등 五種 수행의 공덕을 강조
하고 있는 것처럼, 남북조 이래 이러한 대승경전의 수지 독송을 간경수
행으로 실천한 그룹도 있었다. 예를 들면 『화엄경전기』, 『홍찬법화
전』, 『금강지험기(金剛持驗記)』와 같은 책들은 이러한 경전을 수지
독송한 사람들의 공덕과 영험을 모은 것이다. 山崎宏, 「보응신앙」
(『隋唐佛教史の研究』, 1967, 法藏館)이라는 논문에 불전, 불상에 대하
여 논하고 있다.

* **法卽甚達 汝心不達** : 法達의 이름을 교묘히 응용한 해설이다. 『법
화경』 서품에 「8백 명의 제자 가운데 한 사람은 구명(求名)인데, 이익
에 탐착함이 많았으며, 비록 여러 경전을 읽더라도 영리하게 통달하지
못하고 잊어버리는 것이 많았으므로 구명이라고 했다.(号曰求名. 貪著利
養. 雖復讀誦衆經 而不通利. 多所忘失. 故號求名)」라는 일단이 있다.
즉 법달이라는 이름에 따라서 正法의 所在를 가르치려고 설한 말이다.

* **持經** : 경전의 법문을 수지하는 것. 『법화경』 「法師品」에 「많
은 사람이 집에서나 출가해서나 보살도를 수행할 때 이 『법화경』을 보
고, 듣고, 읽고 외우며, 받아쓰고 공양하지 않으면 이 사람은 보살도를
수행하지 못하는 사람이다. … (略) … 중생 가운데 불도를 구하는 자가
『법화경』을 보고, 듣고, 信解하여 수지 독송하는 사람은 반드시 아뇩
다라삼먁삼보리에 가까운 줄 알아야 한다.」(『대정장』 9권 31中)라고
설하고 있는 것처럼 경전을 수지, 독송, 서사하여 남에게 설법하는 공덕
의 하나이다. 『금강경』에서도 강조하고 있다.

『단경』 33단에도 홍인의 『수심요론』에 근거하여 「三世諸佛 十二
部經 在人性中 本自具有」라고 설하고 있다. 『조당집』 제15권 「방거

사전」에 다음과 같이 게송을 전한다. 「사람은 1권의 경전을 지니고 있으니, 형체도 없고, 이름도 없다. 아무도 읽을 줄 아는 이 없으니, 나에게 집착하면 전혀 읽지 못한다. 이러한 경전을 누군가 읽을 수 있다면 진실을 깨달아 반야의 지혜[無生]에 계합하리. 보살도를 논하는 것도 아니요, 부처되기를 또한 바라지도 않는다.」

만해 한용운은 『채근담 강의』에서 다음과 같은 게송을 전한다. 「나에게 한 권의 경전이 있으니, 종이와 먹으로 이루어진 것이 아니다. 펼침에 한 글자도 없으나 항상 대광명을 비춘다.(我有一卷經, 不因紙墨成, 展開無一字, 常放大光明.)」

 * **吾一生已來 不識文字** : 혜능이 스스로 '문자를 알지 못한다.'라고 한 말은 『조계대사전』에 『열반경』을 읽는 무진장 비구니[無盡藏尼]에게 혜능은 '문자를 알지 못하지만 뜻은 안다.'라고 말했다.

『단경』의 「서품」에 「남해에서 어떤 객이 『금강경』을 독송하는 소리를 듣고 혜능은 마음이 열렸다.」고 하고 있다. 또 신수의 心偈에 「예배하고 글을 알지 못하여 남에게 신수의 게송 읽어 줄 것을 간청하여 듣고는 곧 대의를 알았다.(爲不識字 請一人讀 慧能聞已 卽識大意)」라고 하는 일단을 전제로 하고 있다.

뒤에 『南泉語要』나 『전심법요』 등에 한결같이 오조 홍인 선사의 문하에서 문자를 알지 못하는 노행자(盧行者)가 어떻게 정법을 계승하고 가사를 물려받게 되었는지를 문제 삼으면서 설법의 소재로 하고 있다.

『능가경』 권4에 「법은 문자를 여의었다.」(『대정장』16권 506下)라는 말이 있는 것처럼 불립문자를 강조하는 선종은 혜능의 전기를 통해서 '言語道斷, 言詮不及, 心行處滅, 不立文字, 敎外別傳, 正法眼藏'의 세계를 분명하게 제시해 보이고 있다.

『대승기신론』에 진여법신의 지혜는 일체의 言說相, 名字相, 心緣相을 여읜 경지라고 강조한 것처럼, 깨달음의 경지는 언어 문자를 세울 필요가 없다.

* 七卷 盡是譬喩 因緣 : 『법화경』은 7권으로 비유와 인연, 방편법문을 중심으로 구성되어 있다. 『법화경』 「방편품」에 과거·현재·미래의 제불이 수많은 방편과 여러 가지 인연과 비유의 이야기로 중생들에게 설법하니 또한 이 법문도 모두 일불승(一佛乘)을 위한 설법이라고 했다.

『법화경』의 특징은 7가지 비유법문이다. 「비유품」에 화택삼거유(火宅三車喩), 「신해품」에 장자궁자유(長子窮子喩), 「약초유품」에 삼초이목유(三草二木喩), 「화성유품」에 화성보처유(化城寶處喩), 「오백제자수기품」에 의리계주유(衣裏繫珠喩), 「안락행품」에 계중명주유(髻中明珠喩), 「여래수량품」에 양의치자유(良醫治子喩)이다.

이러한 비유법문은 二乘 作佛과 여래 불멸의 뜻을 나타내는 것이며, 중생 교화의 다양한 방편법문으로 제시하고 있다.

* 三乘 : 『법화경』 「서품」에 「삼승의 법을 구하는 사람이 만약 의심을 가지면, 제불여래는 그 의심을 남김없이 끊어 준다.」라고 설한다. 三乘은 성문승·연각승·보살승을 말한다.

* 一佛乘 : 『단경』에서 혜능이 법달에게 『법화경』은 一乘法이며 一佛乘에 의거하라고 지시한 설법이라고 설한 것처럼, 성문·연각·보살이 되도록 하는 삼승의 법문이 아니라 일체의 중생이 일불승이 되도록 설하는 최상의 법문이다. 『법화경』의 사상을 「會三歸一」이라고 하는 말도, 三乘의 방편은 一佛乘의 진실로 귀결되도록 설한 법문이라는 의미이다. 『법화경』 「방편품」에 다음과 같이 설한다. 「부처님이 사리불에게 설했다. '사리불이여! 여래는 다만 一佛乘만을 위해 중생들

에게 설하는 것이지 다른 二乘과 三乘을 설하는 것이 아니다. 사리불이여! 시방세계 제불의 설법도 역시 그러하다.'라고 설하면서, 과거·현재·미래의 제불여래가 모두 세상에 출세하여 수많은 방편과 인연과 비유로써 중생들에게 설법하는 것은 모두 一佛乘의 경지를 깨달아 체득하여 부처의 지혜를 구족하도록 설한 법문이라고 했다.

* 一大事因緣 : 『법화경』「방편품」에 「사리불이여! 어찌하여 제불세존은 다만 일대사인연으로 이 세상에 출세하였다고 하는가? 제불세존은 중생들이 佛知見을 열어[開] 청정한 깨달음의 지혜를 사용할 수 있도록 출세하였으며, 중생들에게 佛知見을 제시[示]하고자 세상에 출세하였으며, 중생들에게 佛知見을 깨닫도록[悟] 세상에 出世하였으며, 중생들이 佛知見을 깨달아 체득하도록[入] 세상에 출세하였다. 사리불이여! 이것이 제불세존이 일대사인연으로 세상에 출세한 것이다.

(舍利佛 云何名諸佛世尊 唯以一大事因緣故 出現於世. 諸佛世尊 欲令衆生 開佛知見 使得淸淨故 出現於世. 欲示衆生 佛之知見故 出現於世. 欲令衆生 悟佛知見故 出現於世. 欲令衆生 入佛知見道故 出現於世. 舍利佛 是爲諸佛 以一大事因緣故. 出現於世.)」(『대정장』9권 7上)

* 人心不思 本源空寂 : 사람의 본심에 번뇌 망념이 없으면 본래 자성은 청정(공적)한 것이라는 의미이다. 진여는 본래 無念이며, 자성청정심, 無自性, 공(空)한 경지라고 설한다.

不空이 번역한 『보리심론』에 다음과 같이 설한다. 「반드시 잘 알아라. 일체 법은 空한 것이다. 이미 일체법이 본래 空하여 무생(無生)이라는 사실을 깨달으면 심체(心體)는 저절로 여여하여 신심(身心)이 적멸하고 평등에 안주 집착[住]하는 것을 보지 않으며, 구경의 진실한 지혜는 생사윤회에 퇴실(退失)함이 없도록 한다. 만약 망심이 일어나면 妄心을 따르지 말 것을 알고, 망심을 텅 비우면 심원(心源)은 공적(空寂)하다. 만덕(萬德)이 여기에 갖추어져 미묘한 지혜작용[妙用]이 무궁무진하다. 그래서 시방의 제불이 수승(勝義)한 보현 행원(行願)으로 戒를 삼았다. 다만 이 마음을 구족한 사람은 능히 법륜을 굴릴 수 있기에 自他를 모두 이익 되게 한다.(當知一切法空 已悟法本無生 心體自如 不見身心, 住於寂滅平等, 究竟眞實之智, 令無退失. 妄心若起 知而勿隨. 妄若息時 心源空寂, 萬德斯具 妙用無窮. 所以十方諸佛, 以勝義行願爲戒. 但具此心者 能轉法輪, 自他俱利.)(『대정장』 32권 573中)

『대승기신론』에 '마음의 근원[心源]을 깨달았기 때문에 구경각이라고 한다.(又以覺心源 故名究竟覺)'(『대정장』 32권 576中)라고 설하고, 또 『보살계경』에 「본원자성청정」이라고 설한다. 本源空寂은 진여본성이 본래 청정한 眞如無念이며, 自性淸淨心, 空寂心이라고 한다.

* 兩邊 : 『중론』 「觀四諦品」에 다음과 같이 설한다. 「無自性이기 때문에 空이라고 말하지만, 空이란 말 또한 空한 것이다. 단지 중생을 인도하기 위해 空이라는 임시방편의 명칭[假名]으로 설한 말일 뿐이며, 有無의 이변(二邊)을 여의었기에 중도(中道)라고 한다.(無自性故空. 空亦復空. 但爲引導衆生故 以假名說. 離有無二邊故名爲中道)」(『대정장』 30권 33中)

二邊이나 兩邊은 자타, 선악, 범성 등 상대적인 대립과 차별 분별적인 중생심의 망념을 말한다. 『단경』 46단에 「신회여, 앞에서 말한 見과 不見은 兩邊이며, 痛과 不痛은 生滅이다.」라고 설한 말과 같다.

* 於相離相 : 『단경』 19단에 「無相은 사물의 형상 가운데 있으면서 사물의 형상에 집착하지 않고, 일체의 분별의식을 여읜 경지를 말한다. 무념이란 사념하는 가운데 망념을 사념하지 않는 것이다.(無相者 於相離相. 無念者於念而不念)」라고 설한다. 중생의 차별세계에 살면서도 대

상경계나 차별세계의 형상에 집착하지 않고 진여본심의 지혜로 본분사의 삶을 살고 있는 경지이다.

부처가 중생의 사바세계에 살면서 중생의 차별경계에 타락하여 번뇌망념에 오염되지 않고 청정한 반야 지혜로 사는 것이다. 연꽃이 진흙에서 자라지만 진흙탕 물에 오염되거나 더럽혀지지 않는 것처럼, 진여본심의 청정한 지혜로 살고 있는 경지를 표현한 말이다.

* 佛知見 : 제불여래, 제불세존의 지혜는 일체 중생의 심병을 여법하고 여실하게 보고 진단하며 처방할 수 있는 능력을 구족한 것과 같이 佛知見은 반야의 지혜이다. 중생의 심병과 이승의 증상만, 법신보살의 법신선병을 진단할 수 있는 것은 오직 부처의 반야지혜와 정법의 안목이다. 경전에서 '오직 부처의 지혜로서만이 능히 알 수가 있다.(唯佛能知)'고 설하며, 『금강경』에서는 如來 悉知 悉見이라고 한다. 선에서는 정법의 안목, 정법안장, 진정견해라고 한다.

一佛乘의 법문을 설하는 『법화경』은 일체 중생이 모두 부처와 똑같은 깨달음과 佛知見을 구족하도록 설한다. 『법화경』 「방편품」에 설하는 제불세존이 출세한 일대사인연이다. 북종선의 자료인 『전법보법기』 서문에 「널리 불지견을 열고(廣開佛智見)」라고 설하고, 『능가사자기』 서문에도 정각(淨覺)이 「대통화상 신수 선사를 만나 선법의 가르침을 받고 開示悟入의 깨달음을 체득했다.(遇大通和上諱秀 蒙授禪法 開示悟入 以得少分)」라고 하고 있다.

또한 북종선의 『대승무생방편문』 제2 「智慧門」에는 『법화경』 「방편품」의 開示悟入이라는 경문을 제시하여 북종선의 근본 선사상으로 하고 있다. 징관의 『연의초』34권(『대정장』36권 274下)과 종밀의 『원각경대소초』三卷下(『속장경』14권 277d)에도 북종의 『대승무생방편문』에서 인용하여 북종선을 소개하고 있다.

* 智慧觀照 : 『단경』14, 29, 30, 33, 43, 44단 등에 자주 언급하는 말이다.

＊ 轉法華 : 轉은 전독(轉讀)의 의미. 여기서는 또한 『법화경』의 법문을 깨달아 체득한 입장에서 불지견을 구족하여 독자적인 방편지혜로 자유자재로 활용한다는 의미이다. 운전한다, 회전한다는 말은 불지견과 정법의 안목을 구족한 능력이 있어야 주체적으로 활용이 가능하다.

　『한산시』에 「내가 사람들이 경을 독송(轉經)하는 것을 보니, 모두 경전의 언어문자로 이해하고 있다. 그것은 입으로 읽는 것이지 마음으로 독송하는 것이 아니다. 마음과 입이 서로 위배한 것이다.」라고 비판하고 있다.

　『이입사행론』에 「불법을 깨닫기 전에는 사람이 대상경계[法]를 쫓고, 깨닫고 난 후에는 대상경계가 사람을 쫓는다. 깨달으면 마음이 사물을 포섭하고, 미혹하면 사물이 마음을 포섭하게 된다.(不解時人逐法, 解時法逐人. 解則識攝色, 迷則色攝識.)」라고 설한다.

　『능엄경』 제2권에 「일체 중생이 비롯함이 없이 지금까지 자기에 미혹하여 사물에 집착하며, 본심을 잃어버리고 사물에 끄달려 굴림[所轉]을 당하고 있기에 작고 큰 것(차별)을 본다. 만약 능히 사물을 굴릴[轉] 수 있으면 여래와 같이 몸과 마음이 원명(圓明)하여 깨달음[道場]의 경지에서 움직이지 않고, 한 터럭 끝에 시방의 국토를 두루 함께 수용하게 되리라.」라고 설한다.

　여기서 '사물에 굴림을 당한다[所轉]'는 말은 대상경계의 사물과 형상의 지배를 받아서 자신이 자유롭지 못한 것을 말하고, '사물을 굴린다'라고 하는 말은 자기가 주인이 되어 일체의 경계와 사물을 지배하여 마음대로 활용하는 것을 말한다. 임제 선사는 사물과 경계를 마음대로 활용하는 無位眞人, 無依道人을 승경저인(乘境底人)이라고 한다.

　＊ 一聞 言下便悟 : 법달이 혜능 대사의 설법을 한번 듣고 불법의 현지(대의)를 깨달아 돈오(頓悟)한 사실을 표현한 것이다. 『단경』 11단과 33단에 혜능이 홍인의 『금강경』 설법을 듣고 「一聞 言下便悟」한 것처럼, 남종 돈교의 법문을 단번에 깨달아 체득하는 상황을 기록하고 있다.

13단에는 혜순(慧順)이, 42단에는 지성(志誠)이 깨닫게 된 이야기를 전한다.

45. 智常의 참문

時有一僧名智常*, 來曹溪山, 禮拜和尙, 問四乘*法義. 智常問和尙曰. 「佛說三乘, 又言最上乘*. 弟子不解, 望爲敎示.」

慧能大師曰. 「汝自身心見①, 莫著外法相. 元無四乘法, 人心量四等, 法有四乘. 見聞讀誦*是小乘. 悟法②解義是中乘. 依法修行*是大乘. 萬法 盡通, 萬行俱備*, 一切不離③, 但離法相*, 作無所得, 是最上乘. 最上④乘是最上行義, 不在口諍. 汝須自修, 莫問吾也.」

【校訂】① 鈴木校訂本은 惠昕本을 참조하여 「汝向自身見」으로 함. ② 底本. 甲本에는 「法」字 欠. 惠昕本에 의거 첨가함. ③ 底本에는 「一切不離染」, 甲本에는 「一切無離」, 惠昕本은 「一切不染」. ④ 底本. 甲本에는 「最上」 二字 없음. 鈴木校訂本에 의거 첨가.

【번역】 어느 한때, 지상(智常)이라는 스님이 조계산으로 찾아와 혜능 화상께 예배 올린 뒤에 사승(四乘)의 법문과 그 뜻에 대하여 질문했다. 지상은 혜능 화상에게 질문했다. 「부처님은 삼승(三乘)의 법문을 설하고, 또 그 위에 최상승(最上乘)의 법문을 설했습니다. 제자는 그 법문의 의미를 잘 이해할 수가 없습니다. 이 법문을 교시해 주시기 바랍니다.」

혜능 대사가 말했다. 「부처님이 설한 법문을 그대 자신의 몸과 마음 [身心]으로 깨달아 체득하도록 하라. 마음 밖에서 방편법문으로 설한 언어 문자[法相]에 집착하지 말라. 본래 사승(四乘)의 법(法)이 존재하는 것은 아니다. 사람들의 심량(心量)에 네 종류의 등급이 있기 때문에 사승(四乘)의 방편법문으로 설한 것이다.

즉, 경전의 방편법문을 보고, 듣고, 독송하는 사람은 소승(小乘)이다. 방편 법문을 깨닫고 정법의 진의(眞意)를 이해하는 사람은 중승(中乘)이며, 진여본심으로 여법하게 수행하는 사람은 대승(大乘)이다.

일체의 만법을 모두 통달하여 깨닫고 만행을 두루 구족하여 일체의 대상경계와 함께하면서 의식의 대상(法相)을 초월하여, 마음에 얻은 것이 없는 사람은 최상승이다.

최상승은 바로 최상의 지혜로 수행한다는 뜻[行義]으로서 입으로 논쟁하는 것이 아니다. 그대 스스로 수행해서 깨달아 체득해야 할 일이니 더 이상 나에게 묻지 말라.」

【해설 및 역주】

혜능이 남종 돈교의 법문으로 강조하는 최상승의 법문이 『금강경』과 대승 경전에서 통상적으로 설한 三乘과 최상승의 법문이 어떻게 다른가를 분명히 밝히려는 질문이다. 대승과 최상승의 다름에 대해서는 『신회어록』과 『돈오요문』에도 같은 취지의 문답이 있다. 역시 남종 돈교의 최상승법문은 『단경』에서 설하는 독창성으로 새로운 선의 실천사상을 제시하고 있다.

* 智常 : 『단경』의 작자가 제시한 혜능의 십대제자 가운데 한 사람이다. 후대에 『경덕전등록』 제5권 「信州智常禪師」의 기연을 싣고 있는데, 그는 처음 북종 신수의 제자였다고 한다. 처음 대통 신수를 참문하여 見性成佛의 의미를 질문했지만 의심을 완전히 해결하지 못하고 남종으

로 전향하여 혜능을 참문했다고 한다. 『단경』 42단의 지성과 똑같이 새롭게 전기를 만든 것이라고 할 수 있다.

* 四乘 : 일반적인 해석은 三乘과 최상승을 四乘으로 이해할 수 있겠지만, 『단경』의 혜능 설법에서는 小乘, 中乘, 大乘, 最上乘을 말한다.

* 最上乘 : 『단경』의 제목 해설에서 언급한 주석을 참조.

* 見聞讀誦 : 『법화경』 「법사품」에 「약왕이여! 많은 사람이 집에 있거나 출가하여 보살도를 수행할 때 만약 『법화경』의 법문을 보고, 듣고, 읽고, 외우며, 받아쓰고 공양하지 않으면 이런 사람은 보살도를 바르게 수행하지 않는 사람이며, 만약 이 경전을 수지하고 듣는 사람은 능히 보살도를 잘 수행하는 사람인 줄 알아야 한다.」라고 설한다.

* 依法修行 : 『단경』 9단, 45단, 46단에도 보인다. 9단의 주기를 참조.

* 萬行具備 : 신회의 『단어』 23단에 「진여는 무념의 본체[體]이다. 이러한 의미로 무념(無念)을 종지로 삼는다. 만약 무념의 경지라면 비록 견문각지(見聞覺知) 한다고 할지라도 항상 마음은 공적하다. 즉 이것이 계정혜 삼학을 동시에 닦는 것이며 만행(萬行)이 구비된 것이다.」라고 설한다.

『신회어록』에 대승과 최상승에 대하여 다음과 같은 문답이 있다.

「예부시랑(禮部侍郎) 소진(蘇晉)이 질문했다. '무엇이 대승이고, 무엇이 최상승입니까?' 신회 화상이 대답했다. '보살승은 대승이고, 불승(佛乘)은 최상승이다.'

질문. '대승과 최상승은 어떤 차이가 있습니까?'

대답. '대승보살이 보시바라밀을 실행할 때 삼륜이 청정[三輪淸淨(三事)]한 사실을 관찰[觀]하고, 다섯 바라밀도 이와 같이 실행하는 것을 대승이라고 한다. 최상승이란 다만 본성이 공적(空寂)하여 삼륜청정한 자성이 空함을 알고, 또다시 관찰한다는 의식도 일으키지 않으며, 또한 육

바라밀 역시 이와 같이 실행하는 것을 최상승이라고 한다.'

또 질문했다. '연기(緣起)를 필요로 합니까?'

대답. '최상승의 경지는 연기를 세우지 않는다.' 질문. '어째서 연기를 세우지 않고 어떻게 알 수가 있습니까?' 대답. '본래 공적한 진여 본체상(本體上)에 스스로 반야의 지혜가 능히 알기 때문에 연기를 세우지 않는다. 만약 연기를 세우면 곧 단계와 순서[次第]가 대상경계로 있는 것이다.'

질문. '그러면 또다시 일체 여러 가지 수행할 필요가 있습니까?'

대답. '만약 이와 같이 (자성이 공적함을 깨달아) 안목(견해)을 갖춘 사람은 만행(萬行)이 구비되어 있다.'」

* 但離法相 : 『금강경』에 「일체의 모든 법상을 여읜 경지를 제불이라고 한다.(離一切諸相 則名諸佛)」라고 설하는데, 『금강경』의 일절은 석정본 『신회어록』 21단에 다음과 같이 인용하고 있다. 「또 경(열반경)에 '일체 중생은 본래 열반의 경지이니 무루성(無漏性)의 반야지혜는 본래 스스로 구족되어 있다.' … (略) … 왜냐하면 본래 자성이 청정하여 진여본체는 불가득(不可得)이기 때문이다. 이와 같이 본성을 깨달은 사람은 여래지(如來地)에서 본분사를 실행하며, 이와 같은 경지를 여실하게 볼 수 있는 사람은 일체의 모든 법상[相]을 여읜 경지로서 제불이라고 한다.」

『법성론』에도 다음과 같이 인용하고 있다. 「만약 선지식의 지시를 만나 일체법을 알고, 문자에 집착하지 않는다. 모든 분별을 여의고, 안으로 깨달은 지혜를 실행하며, 모든 언어와 논쟁을 끊고, 망상을 일으키지 않으면 자연히 불성은 드러나게 된다. 그러므로 『반야경』에 '일체의 모든 법상을 여의면 곧 제불이라고 한다.'라고.(若遇善知識指示, 知一切法不着文字, 離諸分別, 內證所行, 絶諸言論, 不起妄想, 自然佛性顯現, 故般若經云, 離一切相卽名諸佛.)」(『鈴木大拙全集』 제2권, 444쪽)

46. 神會의 참문

又有一僧名神會*, 南陽*①人也. 至曹溪山禮拜, 問言, 「和尙坐禪, 見不見.」

大師起, 把打神會三下, 却問神會. 「吾打汝, 痛不痛.」

神會答言. 「亦痛亦不痛.」

六祖言曰. 「吾亦見亦不見.」

神會又問大師. 「何以亦見亦不見*.」

大師言. 「吾亦見(者), 常見自過患*, 故云亦見. 亦不見者, 不見天地人過罪, 所以亦見亦不見也. 汝亦痛亦不痛如何.」

神會答曰. 「若不痛, 卽同無情木石*. 若痛, 卽同凡夫②, 卽起於恨.」

大師言. 「神會, 向前, 見不見是兩邊*, 痛不痛是生滅. 汝自性且不見, 敢來弄人.」 神會禮拜, 更不敢言③.

大師言. 「汝心迷不見, 問善知識覓路. 汝心悟自見, 依法修行*. 汝自迷不見自心, 却來問慧能見否. 吾見自知④, 代汝迷不得. 汝若自見, (豈)代得我迷. 何不自修*⑤, 乃⑥問吾見否.」

神會作禮, 便爲門人, 不離曹溪山中, 常在左右.

【校訂】① 底本에는 「楊」字. 甲本에 의거 고침. ② 底本. 甲本에는 「夫」字 欠. 惠昕本에 의거 첨가. ③ 底本. 甲本에는 「禮拜更不言」. 惠昕本에 의거 「敢」字 첨가함. ④ 底本에는 「吾不見知」이나, 惠昕本에 의거 「不」字를 「見」으로 고침. ⑤ 底本에는 「修」字 밑에 「見否吾不自知」 六字 있음. 甲本에 의거 삭제함. ⑥ 底本. 甲本에는 「乃」字 欠. 惠昕本에 의거 첨가함.

【번 역】 또 신회라는 스님이 있는데, 그는 남양 출신이다. 그는 조계산에 와서 혜능 대사에게 예배하고 질문했다. 「화상은 좌선할 때 (대상경계를) 보십니까? 보지 않습니까?」

혜능 대사는 자리에서 일어나 주장자를 잡고, 신회를 세 번 때리고 도리어 물었다. 「신회야! 내가 그대를 때릴 때 아픈가? 아프지 않는가?」

신회가 대답했다. 「아프기도 하고, 또한 아프지 않기도 합니다.」

육조 대사가 말했다. 「나도 보기도 하고, 보지 않기도 한다.」

신회는 또다시 육조 대사에게 질문했다. 「어떻게 보기도 하고 보지 않기도 합니까?」

대사는 말했다. 「내가 보기도 한다는 것은 항상 자기의 허물을 보는 것이다. 그래서 보기도 한다고 말했다. 또한 보지 않기도 한다고 말한 것은 天地人의 잘못[罪過]을 보기도 하고 보지 않기도 한다. 그래서 보기도 하고 보지 않기도 한다고 말한 것이다.

그런데 그대가 아프기도 하고 아프지 않기도 한다고 했는데 그것은 도대체 어떠한 의미인가?」

신회가 대답했다. 「아프지 않으면 무정한 목석[無情木石]과 같습니다. 아프다면 범부와 같이 원한의 망심이 일어납니다.」

대사가 말했다. 「신회야! 앞에서 보는 것과 보지 않는다는 것은 양변이고, 아픈 것과 아프지 않다는 것은 생멸(生滅)인 것이다. 너는 자성(自性)도 깨닫지 못한 주제에 고의로 사람을 희롱하기 위해서 왔느냐?」 신회가 예배하고 더 이상 아무 말도 하지 않았다.

대사가 말했다. 「그대의 마음이 미혹하여 자성을 깨닫지 못하는 것이다. 선지식에게 질문하여 정법수행의 길을 찾도록 하라. 그대는 마음을 깨달아 자신을 보고, 정법에 의거하여 여법하게 수행하라. 그대는 스스로 미혹하여 자기 마음을 깨닫지 못하고서 도리어 나(혜능)에게

'보는가, 보지 않는가?'라고 묻느냐.

내가 본다는 것은 자신의 허물(망념)을 아는 지혜이다. 그래서 너의 미혹을 대신 해결해 줄 수가 없다. 그대가 자신의 허물(망념)을 보았다고 할지라도 어찌 나의 미혹을 대신 해결해 줄 수 있겠는가?

그대는 어찌 스스로 수행하지 않고, 나에게 '내가 보는가, 보지 않는가?'라고 질문하고 있는가?」

신회는 혜능 화상께 예배하고, 곧 혜능 선사의 제자[門人]가 되어 조계산을 떠나지 않고, 항상 스승의 곁에 있었다.

【해설 및 역주】

* 神會 : 하택신회(684~758)에 대한 전기 자료는 門人 혜공(慧空)이 지은 「大唐東都荷澤寺歿故第七祖國師大德于龍門寶應寺龍崗腹建身塔銘并序」라는 자료가 최근 중국 보응사 유적에서 발견되어 생몰연대 등을 분명히 알 수 있게 되었다.

그 밖에 종밀의 『원각경대소초』三卷下와 『원각경약소초』4권, 『조당집』제3권, 『송고승전』제8권 「당낙양하택사신회전」 등이 있다. 혜능과 신회에 대한 참문과 문답에 대한 자료는 왕유(王維)의 「육조능선사비명」에 「제자 신회는 혜능 대사의 만경(晚景)에 만나 중년(中年)에 도를 깨달았다. 척도와 역량이 일반 수행자를 뛰어 넘었고, 영리하여 학문이 깊고 인망이 높이 뛰어났다. 비록 (혜능의) 末後에 모셨으나 최상승의 법문을 이어받았다.」라고 기록하고 있다.

『조계대사전』에는 혜능을 참문했을 때의 문답을 다음과 같이 전한다.

「그 해(儀鳳元年 : 676년) 4월 8일 대사는 대중들에게 처음으로 법문을 설하면서 말했다. '나에게 한 법이 있으니 이름[名字]도 없고, 눈도,

귀도, 몸도, 의식[意]도 없고, 남에게 설명할 수도 없고, 보일 수도 없다. 머리도 없고 꼬리도 없고, 안도 없고 밖도 없으며 또한 중간도 없고, 가고 옴도 없다. 청황적백흑(靑黃赤白黑)의 색깔도 아니고, 有無의 존재도 아니고, 因果도 아니다.' 대사가 대중에게 질문했다. '이것이 무슨 물건인가?' 대중은 서로 쳐다보기만 하고 감히 대답하지 못했다.

그때 하택사의 어린 사미 신회는 나이가 13살인데, '이것은 바로 부처의 본원입니다.'라고 대답했다. 대사가 물었다. '무엇이 본원인가?' 사미는 대답했다. '본원이란 제불의 본성입니다.' 대사가 말했다. '나는 이름[名字]도 없다고 했는데 너는 어찌 불성이라고 이름을 말하는가?' 사미가 말했다. '불성은 이름이 없지만, 화상이 질문했기 때문에 이름을 세운 것입니다. 정말 이름을 말할 때는 이름이 없습니다.' 대사가 사미를 몇 차례 때렸다. 대중은 감사를 올리며 말했다. '사미는 어린이로서 화상을 괴롭혔다.'라고. 대사가 말했다. '대중은 잠시 물러가고 이 말 많은[饒舌] 사미는 남도록 하라.' 밤중에 대사는 사미에게 물었다. '내가 그대를 때릴 때 불성이 받아들이는가?' 대답했다. '불성은 받는 일이 없습니다.' 대사가 물었다. '너는 아픔[痛]을 느끼느냐?' 사미가 대답했다. '아픔을 느낍니다.' 대사가 말했다. '너는 아픔을 느꼈는데 어떻게 불성이 받아들임이 없다고 말하느냐?' 사미가 말했다. '어찌 木石과 같겠습니까? 비록 아프지만 心性은 받지 않습니다.' 대사가 사미에게 말했다. '몸을 갈기갈기 찢을 때에 진한(瞋恨)의 마음을 일으키지 않는 것을 받아들임이 없는 것이다. 나도 몸을 잊고 도를 구하기 위함이었다. 디딜방아를 찧고 곧장 쓰러질 지경이었지만, 괴로움으로 삼지 않았다. 이것을 받아들임이 없는 무수(無受)라고 한다. 네가 지금 맞았지만 心性은 받아들이지 않았다. 그대는 모든 사물의 접촉을 받아도 지혜로 증득한 것과 같아 참된 正受三

昧를 체득했다.' 사미는 가만히 대사의 부촉을 받았다.」

『단경』에서 혜능과 신회의 문답은 『조계대사전』의 대화를 변형시킨 것이라고 할 수 있는데, 초기의 자료에는 한결같이 신회가 혜능의 유일한 후계자로 인정하고 있다.

* 南陽 : 『남종정시비론』의 독고패(獨孤沛)의 서문이나 『송고승전』 등의 신회전에는 한결같이 신회의 본관(本貫)이 襄陽(湖北省 襄陽縣)이라고 하고 있다. 南陽은 지금의 河南省 南陽縣인데 신회가 이곳 용흥사에 처음 주지로 거주했다. 『송고승전』 8권 신회전에 의하면 開元 8년(720년)인데, 약 25년 간 이곳 남양에서 활약했다. 『남양화상돈교해탈선문직료성단어』와 『남양화상문답잡징의』 등은 그가 남양에서 펼친 법문이다. 신회를 南陽和上이라고 불렀는데, 『단경』에서는 신회라는 등장인물의 출신지를 南陽人이라고 하고 있다.

* 見亦不見 : 신회가 '知之一字 衆妙之門'이라고 설한 것처럼, 신회는 반야의 지혜를 佛知見의 지(知)와 견(見)이라는 법문으로 제시하고 있다. 또 『남종정시비론』에 「신회 삼십여 년 수학한 공부는 오직 見이라는 한 字에 있다.」고 강조하는 것처럼, 반야지혜 작용으로 見을 제시하고 있다. 신회는 無念의 반야지혜를 知라고 하고, 見이라고도 했다. 신회가 頓悟見性, 見佛性, 見本性, 見無生, 見眞如, 見法性, 見無念 등이라고 설하는 것처럼, 선불교의 실천사상을 見의 一字에 집약시키고 있다.

『단어』 23단에 「만약 無念을 깨닫는[見] 자는 비록 견문각지(見聞覺知)하지만 항상 공적하다. 계정혜 삼학이 일시에 실행되며 만행을 구비하고 여래의 知見과 같게 된다.」 라고 한다. 『남종정시비론』에도 「무념을 깨닫는[見] 사람은 육근(六根)에 오염되지 않고, 무념을 깨닫는 사람은 불지견을 체득하며, 무념을 깨닫는 사람을 실상(實相)이라고 하며,

무념을 깨달은 사람은 中道, 第一義諦이다. 무념을 깨달은 사람은 항하사와 같은 공덕이 일시에 구비되며, 무념을 깨달은 사람은 능히 일체 법을 창조하고, 무념을 깨달은 사람은 능히 일체 법을 포용할 수가 있다.」라고 설한다.

여기 『단경』에서 「보지만 역시 보지 않는다.」라는 말은 차별과 분별심에 떨어져서 보는 중생의 소견이 아니고 반야의 지혜를 구족한 정법의 안목이며 불지견이다. 『단경』 19단에 「자성이 자각[念]을 일으켜 견문각지하지만 여러 경계에 오염되지 않는다.」고 한 것과 똑같이 반야지혜의 작용이다. 『금강경』에 '일체 현성은 진여본성의 지혜[無爲法]로 방편의 지혜를 실행[差別]한다.'라는 법문과 같다.

* 常見自過患 : 『단경』 20단의 주기를 참조.

* 無情木石 : 『신회어록』 40단에 우두산 원(袁) 법사가 '불성은 일체 처에 편만하다.(佛性遍在說)'라고 한 주장을 비판한 부분에 다음과 같이 설한다. 「만약에 푸른 대나무[靑竹]와 노란 꽃[黃花]을 법신반야(法身般若)와 같다고 한다면 이것은 곧 외도의 주장[外道說]이다. 왜냐하면 『열반경』에 모두 글자로 분명히 밝히고 있는 것처럼, 이 법은 無情과 같고 도리어 불도를 장애하는 인연이 된다.」라고 하고 있다. 『단경』 16단에도 「어리석은 사람은 의식의 대상경계[法相]에 집착하고 一行三昧에 집착하여 직심(直心)이 앉아서 움직이지 않는 것이며, 망상을 제거하고 마음을 일으키지 않는 것이 일행삼매라고 설하고 있다. 만약 이와 같이 수행한다면 이것은 무정(無情)과 같고, 불도를 장애하는 인연이 된다.」라고 하고 있다.

* 兩邊 : 『단경』 44단에 「內外에 미혹하지 않으면 즉 양변을 여읜 것이다.」라고 설한다. 47단에도 「出沒卽離兩邊」이라 하며, 44단의 注

記 참조.

　＊ 依法修行：진여법에 의거하고 사람의 말에 의거하지 말아야 한다
고 『열반경』 등에서 한결같이 설하고 있다. 『단경』9단, 44단, 45단,
51단에도 언급하고, 45단에 「依法修行이 大乘이다.」라고 설한다. 『단
경』9단의 注記를 참조.

　＊ 自修：『단경』21단에 「善知識, 見自性自淨, 自修自作, 自性法身,
自行佛行. 自作自成佛」이라고 하고, 22단에도 「自悟自修 卽名歸依也」
라고 설한다.

47. 십대제자에 三科의 법문을 설함

　大師遂喚門人法海*, 志誠*, 法達*, 智常*, 智通*, 志徹*, 志道*, 法珍*,
法如*, 神會.

　大師言.「汝等十弟子*近前. 汝等不同餘人. 吾滅度後, 汝(等)各爲一
方師*. 吾敎汝(等)說法, 不失本宗.

　擧三科法門*, 動用①三十六對*, 出沒卽離兩邊*. 說一切法, 莫離於性相*.
若有人問法, 出語盡雙, 皆取對法*②, 來去相因, 究竟二法盡除, 更無去處.

　三科法門者, 陰③, 界, 入. 陰是五陰, 界是④十八界, 入是⑤十二入.

　何名五陰*. 色陰, 受陰, 想陰, 行陰, 識陰是.

　何名十八界*. 六塵, 六門, 六識. 何名十二入. 外六塵, 中六門. 何名六
塵. 色, 聲, 香, 味, 觸, 法是.

　何名六門. 眼, 耳, 鼻, 舌, 身, 意是. 法性起六識. 眼識, 耳識, 鼻識, 舌識,
身識, 意識. 六門, 六塵. 自性含萬法, 名爲含⑥藏識*. 思量卽轉識. 生六識, 出
六門, 見⑦六塵, 是⑧三六十八. 由自性邪, 起十八邪, 若自性正, 起十八正⑨.

合惡用卽衆生, 善用卽佛. 用由何等. 由自性對.」

【校訂】① 底本. 甲本에는 「用」字 欠. 惠昕本에 의거 첨가함. ② 底本. 甲本에는 「法對」. 惠昕本을 참조하여 고침. ③ 底本. 甲本에는 「蔭」字. ④, ⑤ 底本에는 「是」字 欠. 甲本을 참조하여 첨가함. ⑥ 底本에는 「合」字. 甲本에 의거 고침. ⑦ 底本. 甲本에는 「見」字 欠. 惠昕本에 의거 첨가함. ⑧ 底本에는 「是」字 欠. 甲本에 의거 첨가함. ⑨ 底本. 甲本에는 「含自性, 十八正」, 惠昕本의 「自性若正, 起十八正」을 참조하여 고침.

【번 역】 혜능 대사는 드디어 문인 제자 법해(法海), 지성(志誠), 법달(法達), 지상(智常), 지통(志通), 지철(志徹), 지도(志道), 법진(法珍), 법여(法如), 신회(神會) 등을 불러 모았다.

육조 대사가 말했다. 「너희들 열 명의 제자들은 가까이 오라. 너희들은 다른 제자들과는 같지 않고 특별한 사람들이다. 내가 입적한 뒤에 각기 한 지역의 스승으로 지도자가 될 것이다. 나는 그대들에게 불법을 설할 때 근본의 종지를 상실하지 않도록 삼과(三科)의 법문을 제시하고, 삼십육대법(三十六對法)을 운용(動用)하면서도 생사의 번뇌 망념에 타락하지 않고[出沒, 卽離] 상대적인 두 언어의 차별경계[兩邊]를 초월하는 법문을 설하리라.

일체법을 설할 때는 본성[性]과 형상[相]을 여의도록 하지 말라.

만약 불법을 질문하는 사람이 있으면 그 불법에 대한 설명은 상대적인 개념으로 모두 다 밝혀서 설하도록 하라.」

오고[來] 감[去]은 서로서로[相互] 의존하고 있는 것이다. 최종적으로 서로 대립하는 두 가지 견해[二法]를 모두 다 없애 버린다면 또다시 어떤 입장을 취할 수가 없다.

삼과(三科)의 법문이란 음(陰)과 계(界), 입(入)인데 음(陰)이란 오음(五陰; 五蘊)이며, 계(界)란 십팔계(十八界)이며, 입(入)이란 십이입(十二入)을 말한다.

오음이란 색음(色陰), 수음(受陰), 상음(想陰), 행음(行陰), 식음(識陰)을 말한다.

십팔계(十八界)란 육진(六塵), 육문(六門), 육식(六識)을 말한다.

십이문(十二入)이란 마음 밖으로 육진(六塵)의 대상경계와 마음 안으로 육문(六門)을 말한다. 육진(六塵)이란 형색[色], 소리[聲], 향기[香], 맛[味], 촉감[觸], 의식의 대상경계[法]이다.

육문(六門)이란 눈[眼], 귀[耳], 코[鼻], 혀[舌], 몸[身], 주관적인 의식[意]이다.

법성(法性)은 육식(六識), 즉 안식(眼識), 이식(耳識), 비식(鼻識), 설식(舌識), 신식(身識), 의식(意識)으로 육문(六門)과 육진(六塵)의 대상경계를 일으킨다.

자성(自性)이 일체의 만법을 포용하기 때문에 함장식(含藏識)이라고 한다. 사량(思量)하면 그 의식[識; 含藏識]이 전변(轉變)하여 육식(六識)이 발생하고 육문(六門)이 만들어져 육진(六塵)의 대상경계가 나타난다. 이렇게 육식, 육문, 육진이 십팔계가 된다.

자성이 삿[邪]되면 십팔계(十八界)가 삿되게 일어나 망념으로 작용하고, 만약 자성이 올바르면[正] 십팔계(十八界)가 바른 지혜로 작용하게 된다.

자성이 악법(惡法)으로 작용하면 중생이 되며, 선법(善法)으로 작용하면 부처[佛]의 지혜가 실행된다. 자성의 작용은 무엇에 의거하는 것인가? 자성은 대상으로 상대하는 사물의 언어 개념에 따라서 다르게 작용하는 것이다.

【해설 및 역주】

　＊ 이 일단은 혜능이 입적하기 전에 십대제자를 불러 모아 놓고 장래
를 부촉하는 일단이다. 지금까지 반야바라밀, 반야삼매, 삼학일치, 무상
심지계 등의 법문을 했는데 갑자기 삼과(三科)의 법문과 삼십육대(三十
六對) 등, 복잡한 心識 철학의 법문을 설하고 있다.

　여기서 설한 법문은 남종 돈교의 최상승법문을 이해하고 방편법문으
로 설법하는 불교교학의 기초 지식이기 때문에 반드시 잘 알아야 한다.

　남종 돈교의 법문으로 제시하는 일행삼매, 좌선의 정의, 돈오견성, 반
야바라밀과 미혹과 깨달음의 실천적인 논리 구조[煩惱卽菩提] 등을 강
조해 온 것처럼, 사실 남종 돈교의 법문을 이해하고 실천하기 위해서는
기본적인 불교의 기본 교리로 인간의 인식과 의식 구조를 분명하게 알
아야 하기 때문이다. 번뇌 망념이 일어나는 원인을 알아야 번뇌 망념을
치료하고 해탈 열반의 정법을 수행할 수 있는 길과 방법을 확실하게 체
득할 수 있다.

　또한 혜능이 십대제자만을 불러 놓고 『단경』을 전하고 남종의 종지
를 전수하면서 최상승법문을 어떻게 설해야 하는지 그 비결을 특별히
전하고 있는 일단이다. 이런 의미로 볼 때 혜능의 설법집인 『단경』은
남종선법의 비전(秘典)으로 남종의 교단적인 실태의 일면을 보여 주고
있는 부분이기도 하다.

　＊ 法海 : 『단경』의 편집자로 등장된 인물인데, 그에 대해서는 『단
경』 2단의 注記를 참조.

　＊ 志誠 : 『단경』 42단, 43단 지성의 참문과 주기를 참조.

　＊ 法達 : 『단경』 44단, 법달의 참문과 주기를 참조.

　＊ 智常 : 『단경』 45단 지상의 참문과 注記를 참조.

十大弟子　303

＊志通 : 지통(志通)에 대해서는 잘 알 수 없으나 돈황본 『단경』에서 최초로 언급한 혜능의 제자인데, 이후의 『단경』에서는 「智通」이라고 기록하고 있다. 『전등록』제5권에, 智通禪師는 壽州 安豊縣 사람이라고 하면서 처음 『능가경』을 약 1,000번이나 읽었지만 三身과 四智에 대해서 잘 알 수가 없어서 혜능 선사를 참문하여 의심을 풀고 깨달음을 체득했다고 전한다.

＊志徹 : 지철(志徹) 역시 돈황본 『단경』에 혜능의 제자로 처음 등장하는 인물이다. 『전등록』제5권에, 志徹 선사는 江西人이며, 성은 張씨, 이름은 行昌으로 어릴 때는 협객(俠客)이었다. 북종선 선승들의 부탁을 받고 칼을 품고 혜능 선사의 방에 침입하여 해치려고 칼을 세 번이나 내려쳤지만 조금도 다치지 않았다. 그 뒤로 출가하여 혜능을 참문하고 無常의 이치를 체득하는 기연을 전하고 있다.

장행창(張行昌)이란 이름은 『남종정시비론』에 신회는 다음과 같이 언급하고 있다. 「북종의 보적 선사가 開元 2년(714) 3월에 荊州의 자객(刺客) 장행창(張行昌)을 시켜서 혜능 화상의 머리를 절취하려고 했다.」라는 이야기를 응용한 것이라고 할 수 있다. 『보림전』 이후에는 「張行滿」. 『조당집』18권 仰山전에는 「張淨滿」이라고 한다. 정성본, 『신라선종의 연구』, 341쪽, 注記 30 참조.

＊志道 : 지도(志道) 역시 『단경』에서 최초로 언급한 인물인데, 『전등록』제5권에 광주(廣州)의 지도 선사는 南海人이라고 하면서, 그가 혜능 선사를 참문하여 七佛通戒偈에 대한 의문점을 해결하고 깨닫게 된 기연을 싣고 있다.

＊法珍 : 전연 알 수 없는 인물.

＊法如 : 전연 알 수 없다. 홍인의 제자로 숭산 소림사에서 선법을 펼

친 法如 선사(638~689)의 탈화가 아닌가?

　* 神會 : 『단경』 46단과 注記 참조.

　* 十弟子 : 붓다의 십대제자가 있고, 『능가사자기』 홍인장에 홍인의 십대제자를 다음과 같이 주장하고 있다. 「나는 일생 동안 사람들을 많이 가르치고 지도했는데 훌륭한 사람들이 많이 죽었다. 뒤에 나의 도를 전하는 사람은 오직 10사람뿐이다. 나와 신수는 『능가경』을 논의하여 玄理가 통쾌하였으니 반드시 많은 중생에게 이익이 될 것이다. 資州의 지선(智詵)과 白松山의 유주박(劉主薄)은 모두 학문적인 재능이 있다. 華州의 혜장(惠藏)과 隨州의 현약(玄約)은 기억하지만 소식을 알 수 없다. 嵩山의 노안(老安)은 뛰어난 도의 실천자이다. 潞州의 법여(法如)와 韶州의 혜능(慧能), 揚州의 고려승 지덕(智德)은 각기 세상 사람들의 스승이 될 인물이지만, 한 지방의 스승이 된다. 越州의 의방(義方)은 여전히 설법하고 있다.」

　『역대법보기』 홍인장에도 언급하고 있는데, 『단경』은 이러한 주장을 의식하여 혜능의 십대제자를 제시한 것이라고 할 수 있다.

　* 一方師 : 앞에서 인용한 『능가사자기』 홍인장에 십대제자들에게 부촉하면서 신수(神秀)와 현색(玄賾)을 특별한 제자로 취급하고 후사를 당부하면서, 나머지는 모두 一方의 스승이라고 설하는 말을 이어받고 있다.

　* 三科法門 : 예로부터 음지입(陰持入)이라고 설하는 소승계 선법의 하나로 그 非常, 苦, 空, 非我인 사실을 관찰하는 법이다. 후한의 안세고(安世高)가 번역한 『陰持入經』에 대하여 道安의 『陰持入經』 서문에 「음지입(陰持入)은 세상 사람들의 심한 심병이다. 사람의 마음을 치달리게 하고, 德을 바꾸어 미치광이로 만든다. 귀를 먹게 하고 입을 즐겁게 하며, 명예를 탐착하게 하고, 어리석음을 안고 어둠에 빠지게 하여 비통하게도 삼취(三趣)라고 한다.」라고 하고, 그 대치 방법으로 선법을 설하

는 『음지입경』을 찬탄하고 있다.

여기서는 일체의 모든 法을 三種으로 나누어서 분류한 것으로, 오온(五陰), 십이처(十二入), 십팔계를 三科라고 한다. 줄여서 陰入界(陰界入), 혹은 온처계(蘊處界)라고도 한다.

돈황사본에 「小乘三科」, 「大乘三窠」라는 자료가 보인다. 이에 대한 연구로는 田中良昭, 『敦煌禪宗文獻の硏究』, 357쪽 이하 참조.

* 動用三十六對 : 여기서 三十六對의 선정(選定)한 이유에 대해서는 분명하지 않지만, 『조당집』18권 앙산장에 다음과 같이 설한다. 「예로부터 전하는 말에 달마 화상이 설법할 때 이 지방 중생들이 현현한 진리를 믿지 않을까 걱정하여 자주 『능가경』의 말을 인용하였으니, 그 경에 비슷한 곳이 있다. 종통과 설통으로서 어리석은 사람들을 깨우쳐 주었기 때문이다. 종통을 수행하는 사람은 청혜(聽惠) 바라문이 부처님께 와서 三十六대구(對句)를 질문하니, 세존은 모두 무시하고 세상 이론에 집어넣은 일이 그것이다.」

이러한 사고는 바라문이 부처님께 질문한 것처럼, 인도철학의 논리에서 나온 것이라고 할 수 있는데, 『단경』은 중국불교에서 일관(一貫)하는 체용(體用) 논리의 구체적인 이해를 제시한 것이라고 할 수 있다.

* 出沒 卽離 兩邊 : 出沒은 出入, 生滅, 生死와 같은 말로 중생심의 생멸법(生滅), 생사 망념이 일어나고 소멸하는 것을 말한다.

즉리(卽離)에 대해서는 『十不二門指要鈔』卷下에 '事와 理의 不二를 卽이라고 하고, 事와 理의 차별을 離라고 한다.'라고 한다. 卽離는 불이 일체로 따르는 것[卽]과 벗어나는 것[離]인데 이러한 두 가지의 작용 그 어디에도 치우침이 없는 中道의 입장이다. 『금강삼매경론』에도 '증익(增益) 손감(損減)의 二邊을 여읜 것이 中道'라고 설한다.

306

『단경』 48단에도 '이 三十六 상대법은 일체경의 법문을 통달하고 경전의 방편언어를 사용하면서도 상대적인 언어의 차별경계[兩邊]를 초월한 것이다.(此三十六對法 解用通一切經, 出入卽離兩邊)'라고 설한다. 참고로 『단경』 44단에는 '내외에 미혹하지 않고 상대적인 언어의 차별경계[兩邊]를 여읜 경지이다.(內外不迷 卽離兩邊)'라고 설하고 있으며, 46단에는 '神會 向前 見 不見 是兩邊, 痛 不痛 是生滅.'이라고 설한다.

* 性相 : 유식철학에서 설하는 불성과 法相의 논리이다. 본질적인 것과 현상적인 것으로 반야의 體用, 화엄의 理事와 같은 의미이다. 『임제록』(13-8)에 「그대들의 마음이 일념 일념이 변함이 없는 것을 살아 있는 조사라고 한다. 그대들의 마음이 변함이 있다면 곧 마음의 본체와 현상이 둘로 나누어진다. 그러나 마음이 변함이 없기 때문에 마음의 본체와 현상은 나누어지지 않는다.」

* 對法 : 아비달마의 번역어로서 제법의 존재적 실상을 논리적인 관계로 설명하는 방법이다. 제법의 性相을 문답으로 결택(決擇)하고, 무루(無漏)의 깨달음에 나아가도록 하는 것이다. 여기서는 언어로서 언어의 상대성과 이율배반을 돌파하고 초월하도록 설하는 의미가 있다.

* 五陰 : 사람이나 사물의 존재는 다섯 가지 요소인 색수상행식의 五蘊으로 구성되어 있다. 즉 인간의 존재나 사물의 형색[色]과 사물의 형색을 감수[受]하고 상상[想]하여 인식[行]하는 마음[識] 작용이다.

* 十八界 : 界는 차별, 종류로서 體性, 原因 등의 의미가 있는데, 六根과 六識, 六境을 말한다.

* 含藏識 : 제8 아뢰야식을 말한다. 『돈오요문』에 다음과 같이 설한다. 「질문, '8識을 전환하여 四智로 하고, 四智를 묶어 三身을 이룬다고 하는데, 몇 개의 식이 함께 하나의 智가 되고, 몇 개의 識이 하나의 智가

됩니까?' 대답, '안이비설신의 五識이 함께 전환하여 성소작지(成所作智)가 되고, 제육식은 의식이며 이것이 홀로 전환하여 묘관찰지(妙觀察智)가 되고, 제7의 마나식은 홀로 전환하여 평등성지(平等性智)가 되고, 제8 함장식(含藏識)은 홀로 전환하여 대원경지(大圓鏡智)가 된다.」

48. 三十六 상대법의 법문*

外境①無情*對有五. 天與地對, 日與月對, 暗與明對, 陰與陽對, 水與火對.

語言與法相對*②有十二對. 有爲無爲對, 有色無色對, 有相無相對, 有漏無漏對, 色與空對, 動與靜③對, 淸與濁對, 凡④與聖對, 僧與俗對, 老與少⑤對, 長與短對, 高與下對.

自性居起用對 有十九對. 邪與正對, 癡與慧對, 愚與智對, 亂與定對, 戒與非對, 直與曲對, 實與虛對, 嶮與平對, 煩惱與菩提對, 慈與害對, 喜與瞋⑥對, 捨與慳對, 進與退對, 生與滅對, 常與無常對, 法身與色身對, 化身與報身對, 體與用對, 性與相對 有情與無親對.

語言與法相對 有十二對, 外境無情有五對⑦, 自性居起用有十九對, 都合成三十六對也⑧.

此三十六對法, 解⑨用通一切經, 出入卽離兩邊. 如何自性起用三十六對. 共人言語, 出外於相⑩離相*, 入內於空⑪離空. 著空則惟長無明, 著相卽惟長邪見⑫. 謗法, 直言不用文字*. 旣云不用文字, 人不合言語. 言語卽是文字. 自性上說空, 正語言, 本性不空. 自迷惑, 語言除故. 暗*不自暗, 以明故暗, 明*不自明, 以暗故明. 以明變暗, 以暗現明, 來去相因⑬.

三十六對, 亦復如是.

【校 訂】 ① 底本은 「竟」字. 甲本에 의거 고침. ② 底本. 甲本에는 「語與言對, 法與相對」. 惠昕本을 참조하여 고침. ③ 底本. 甲本은 「淨」字. ④ 底本에는 「亂」字. 甲本에 의거 고침. ⑤ 底本은 「小」字. 甲本에 의거 고침. 甲本에는 「老與少對」 뒤에 「大大與小小對」가 하나 더 있어 모두 13對가 된다. ⑥ 底本은 「順」字. 甲本에 의거 고침. ⑦ 底本. 甲本에는 「內外境有無五對」. ⑧ 底本. 甲本에는 「三身有三對」이나 앞 문장에 의거 고침. ⑨ 底本은 「能」字. 甲本에 의거 고침. ⑩ 底本. 甲本은 「相」字 欠. 惠昕本에 의거 첨가. ⑪ 底本은 「空」字 欠. 甲本에 의거 첨가함. ⑫ 底本은 「著相惟邪見」. 甲本. 惠昕本에 의거 고침. ⑬ 底本. 甲本은 「暗不自暗, 以明故暗. 暗不自暗, 以明變暗, 以暗現明, 來去相因」. 鈴木校訂本을 참조하여 고침.

【번 역】 마음 밖의 대상경계에 무정(無情)으로 상대하는 것에 다섯 가지가 있다. 하늘[天]과 땅[地]이 상대하고, 태양[日]과 달[月]이 상대하고, 어둠[暗]과 밝음[明]이 상대하고, 음지[陰]와 양지[陽]가 상대하고, 물[水]과 불[火]이 서로 상대한다.

언어 법상(法相)의 상대에는 열두 가지가 있다. 유위(有爲)와 무위(無爲)가 상대하고, 유색(有色)과 무색(無色)이 상대이고, 유상(有相)과 무상(無相)이 상대이고, 유루(有漏)와 무루(無漏)가 상대하며, 형색[色]과 공(空)이 상대한다. 움직임[動]과 조용함[靜]이 상대하고, 청정[淸]과 혼탁[濁]이 상대하며, 범부[凡]와 성인[聖]이 상대한다. 출가승[僧]과 세속[俗]이 상대이며, 늙음[老]이 젊음[少]과 상대하고, 대대(大大)와 소소(小小)가 상대하고, 긴 것[長]이 짧은 것[短]과 상대하며, 높은 것[高]와 낮은 것[下]이 상대한다.

자성(自性)의 작용에는 아홉 가지의 상대가 있다. 삿됨[邪]과 올바름[正]이 상대이며, 어리석음[痴]과 지혜[慧]가 상대이며, 우치함[愚]과 지혜[智]가 상대이며, 어지러움[亂]과 안정[定]이 상대이다. 올바름[戒]과 그릇됨[非]의 상대이며, 곧은 것[直]과 굽은 것[曲]이 상대이고, 진실 [實]과 허망[虛]이 상대이며, 험준함[嶮]과 평탄함[平]이 상대이다. 번뇌 (煩惱)와 보리(菩提)가 상대이며, 자비[慈]와 악독[毒]이 상대이고, 기쁨 [喜]와 성냄[瞋]이 상대이다. 희사[捨]와 아낌[慳]이 상대이고, 나아감 [進]과 퇴보[退]가 상대이며, 일어남[生]과 소멸[滅]이 상대이고, 항상 [常]과 무상(無常)이 상대한다.

법신(法身)은 색신(色身)의 상대이고, 화신(化身)은 보신(報身)의 상 대이다. 진여본체[體]와 지혜작용[用]이 상대하고, 본성[性]과 형상[相] 이 상대하며, 유정(有情)과 무정(無情)이 상대한다.

언어(言語)와 법상(法相)에 열두 가지의 상대가 있고, 외부 경계[外境] 에는 무정(無情)의 다섯 가지 상대가 있고, 자성(自性)의 작용에는 열아홉 가지의 상대가 있으니 모두 합치면 서른여섯 가지의 상대가 된다.

이 서른여섯 가지가 상대하는 대법(對法)을 사용하여, 일체 경전에서 설한 불법(佛法)의 대의를 깨달아 통달(通達)할 수 있도록 해야 한다.

즉 서로 상대하는 방편의 언어를 여법하고 자유롭게 사용[出入]하면 서도 상대적인 언어의 차별경계[兩邊]에 집착하지 않고 초월하는 지혜 (안목)이다.

그렇다면 자성(自性)은 어떻게 서른여섯 가지로 상대하는 언어[對法] 를 사용해야 하는가. 사람들과 함께 대화하면서 마음 밖 대상경계의 형 상[相]과 마주하지만 사물(언어)의 형상에 집착하지 않고, 마음 안으로 는 텅 빈 공(空)의 경지에 안주하면서도 공의 경지를 초월하는 것이다. 공의 법문에 집착하면 중생심의 무명이 늘어날 뿐이고, 대상경계의 사 물[相]에 집착하면 중생심의 삿된 견해[邪見]만 늘어날[增長] 뿐이다.

불법을 비방하는 사람들은 자주 문자(文字)를 사용하지 않는다고 말한다. 이미 문자를 사용하지 않는다고 말한 것은 문자를 사용한 것으로서 그렇게 말하는 것은 도리에 합당하지 않다. 말하고 있는 언어가 바로 문자이기 때문이다.

자기 본성은 본래 텅 비어 空한 것이라고 설하지만, 말하고 있는 것은 사실 본성의 작용이기 때문에 본성이 결코 텅 빈 공(空)의 상태는 아니다. 어리석은 사람은 자신이 미혹하여 (마음을 비우지 않고) 언어를 제거하려고 하기 때문이다. 어둠[暗]은 자기 스스로 어둠일 수는 없다. 밝음[明]에 의한 어둠이 되며, 어둠에 의해 밝음이 나타난다. 오고 가는 일[來去]도 서로서로의 상대가 존재하게 하는 인연[因]이 되고 있다는 사실이다.

서른여섯의 상대적인 인연법[法]도 이와 같다.

【해설 및 역주】

중생계의 차별세계를 초월하기 위해서는 인간 존재의 사고에서 발생하는 대립과 차별적인 언어사고의 구조를 완전히 파악해야 한다. 또한 중생들을 제도하기 위해서는 중생들의 심병(心病)이 무엇인지, 어떤 심병이 있는지, 왜 이러한 심병이 생긴 것인지를 분명하게 파악해야 한다.

혜능이 제자들에게 중생의 심병과 선병(禪病)을 진단하고 치료하는 데 도움이 될 수 있는 교화 방법의 지침으로 상대하는 방편언어를 제시하는 법문이다. 여기서는 36가지의 상대적인 사고를 다음과 같이 제시하고 있다.

① 外境無情對 ― 5 종류

② 語言法相對 ― 12 종류

③ 自性居起用對 ― 19 종류

＊ 三十六對法 : 三十六對法의 법문은 일체의 만법이 모두 상대적인 관계, 상의 상관관계 속에 존재하고 있다는 사실을 제자들에게 깨닫게 하고 설법 교화에 잘 활용하도록 가르쳐 주고 있는 것이다. 이러한 상대적인 법을 이해하고 깨닫기 위해서는 그 어느 한 쪽을 취사선택하면 안 되기 때문에 이러한 상대적인 대법을 초월하고 절대의 경지(진여)를 깨달아 체득하도록 설한 법문이다.

　『단경』47단에 「擧三科法門 動用三十六對 出沒卽離兩邊」. 48단에 「三十六對法 解用通一切經 出入卽離兩邊」.

　＊ 無情 : 無生物의 의미이며, 無性은 불성을 갖지 않은 것으로 『능가경』, 『해심밀경』에서 설하는데, 유식철학에서 설할 수 없는 종성으로 구분하고 있다. 중국불교에서는 無情도 불성이 있다고 하는 주장과 無情은 成佛할 수 없다는 주장이 있었다. 『망진환원관(妄盡還源觀)』에도 「草木無情 悉皆滋長」이라고 설하고 있다. 『절관론』에서는 무정불성설을 주장하고, 신회도 無情佛性說은 외도의 주장이라고 비판하며, 『돈오요문』에도 無情佛性을 비판하고 있다. 吉津宜英, 「無情佛性說の考察」(日本『宗學硏究』15號) 참조.

　＊ 語言法相對 : 언어로 표현된 사물의 개념이다. 이 일절은 어려운 말인데, 유포본 『단경』에는 「法相語言十二對」라고 설하는 것은 法相과 語言의 관계를 十二로 나눈 의미로 본다. 여기서는 언어와 法相을 같은 뜻으로 이해한다.

　＊ 來去相因 : 거래는 일체 모든 존재[法]의 상대적인 개념에 대한 일반적인 입장을 대변하고 있다. 『신회어록』에 「長은 短으로 인하여 생긴 것이고, 短은 長으로 인하여 건립되는 것이다. 만약 그러한 장단이 없다면 短도 역시 설 수 없다. 현상의 모든 사물은 서로서로에 의존하고

있기 때문이다.」라고 설한다.

　＊ **於相離相** : 『단경』 19단 無相의 注記 참조.

　＊ **不用文字** : 문자는 경전을 가리킨다. 不立文字와 같은 의미인데, 이
말을 처음으로 사용한 것은 길장(吉藏)의 『정명현론』권1에 보인다.
『조정사원』제5권에는 不立文字의 오용(誤用)과 오해(誤解)를 다음과
같이 경고하고 있다. 「그런데 문자를 세우지 않고서 의미(뜻)를 잃어버
리는 경우가 많다. 가끔 문자를 없애 버린다고 생각하고 묵묵히 좌선하
는 것이 선이라고 주장하는데, 이것은 우리 禪門에서 설법도 하지 못하
는 벙어리 염소와 같은 승려가 될 뿐이다.」

　＊ **明暗** : 『신회어록』에 다음과 같이 明暗의 비유로 설한다. 「질문,
'불성과 번뇌는 같은 것인가, 다른 것인가?' 대답, '같다. 비록 같으나 중
생심의 생멸이 가고 오는 일이 있을 뿐이다. 불성은 가고 오는 일이 없
다. 그래서 불성은 항상[常]하다고 하는 것이다. 마치 허공에 밝고 어둠
[明暗]이 가고 오는 일이 있는 것과 같다. 허공은 가고 오는 일이 없다.
그래서 가고 오는 일이 없다고 설하는 것이다.'」

　『壇語』에도 다음과 같이 설한다. 「여러분들에게 번뇌와 보리의 의
미에 대하여 간단히 허공의 비유를 들어서 설명하리라. 허공은 본래 동
정(動靜)이 없다. 밝음[明]이 오면 바로 밝은 집의 허공이 되고 어둠[暗]
이 오면 바로 어두운 집의 허공으로, 어두운 허공은 밝은 허공과 다르지
않다. 밝은 허공은 어두운 허공과 다르지 않다. 밝고 어둠이 스스로 오고
가고 할지라도 허공은 본래 동정(動靜)이 없다. 번뇌와 보리의 의미도 이
와 같다. 迷悟는 특별히 다른 것이지만 보리의 본성은 본래 다르지 않다.
경전에도 말한다. '자신의 실상을 관하는 것처럼, 부처를 관하는 것도 또
한 이와 같다.'라고.」

이와 똑같은 취지의 문답이 『신회어록』 39단에도 보인다. 『남전선사어록(南泉語錄)』에도 '대도는 형상이 없고, 진리는 상대가 없다. 허공과 같아서 動함이 없고 生死에 흐르지 않는다. … (略) … 때문에 明暗이 저절로 가고 오는 것이지 허공이 동요(動搖)하는 것이 아니며, 만상(萬像)이 스스로 가고 오는 것이지, 명암이 사실 비추는 것이 아니다.'라고 설한다.

49. 壇經을 稟受할 것

大師言, 「十弟子, 已後傳法, 遞相教授一卷壇經*, 不失本宗*. 不稟受壇經*, 非我宗旨. 如今得了, 遞代流行. 得遇壇經*者, 如見吾親授.」
十僧得教授已, 寫爲壇經, 遞代流行. 得者必當見性.

【번 역】 혜능 대사가 말했다. 「열 명의 제자들이여! 지금 이후로 남종 돈교의 법(法)을 전하라. 차례차례로 1권의 『단경』을 교수(教授)하고 가르치면서 근본 종지를 상실하지 않도록 하라. 『단경』을 품수(稟受)하지 않으면 내가 설한 남종 돈교의 종지를 계승한 사람이 아니다. 지금 남종 돈교의 종지를 깨달아 체득했다면 후대에 널리 유행시키도록 하라.

『단경』의 법문을 깨달아 체득하게 되면 나를 만나서 직접 나의 법을 전수받은 것과 같다.」

열 명의 스님들은 혜능 선사의 가르침을 받고 각기 이 법문을 기록하여 『단경』이라 하고 후대에 널리 유행하도록 했다. 이 『단경』을 전수 받은 사람은 반드시 견성할 것이다.

【해설 및 역주】

＊ **一卷 壇經** : 십대제자들에게 전법의 인가증명으로 1권의 『단경』을 전수하고 있는 일단이다.

처음 혜능의 설법집으로 만든 『단경』은 1권으로 묶은 것임을 말해 주고 있다. 『단경』의 首題와 尾題에서도 분명히 밝히고 있다. 지눌의 『단경』 발문에서도 1권이라고 하고 있다.

그런데 혜능이 『단경』을 설하면서 1권의 『단경』을 품승하도록 강조하는 모순점이 보인다. 그리고 십대제자들이 혜능의 교시를 받아 적어서 『단경』을 후대에 유통시켰다는 말도 앞뒤 연결이 잘 맞지 않다.

＊ **壇經의 품수(稟受)** : 돈황본에는 『단경』의 傳持, 稟受, 稟承과 후대에 널리 유통할 것을 3단 「서품」에서부터 강조하고 있다. 북종의 『능가경』 전수에서 남종의 『금강경』 법문, 가사를 전하는 전의설(傳衣說), 전법게(傳法偈)와 더불어 『단경』의 전수와 傳持, 품승으로 남종의 종지의 전법을 증명하는 인가증명의 근거로 설하며 후대에 널리 유통시키려는 의도가 강하게 나타나고 있다.

위처후(韋處厚; 773~828)가 마조도일 선사의 제자인 아호대의(鵝湖大義 ; 744~818) 선사를 위해 지은 『大義禪師碑銘』(『전당문』 715권)에 '낙양의 신회는 혜능의 心印을 얻어 홀로 눈부신 활약을 했다. 당시 선종의 사람들은 굴과 탱자의 실체를 바꾸어 드디어 『단경』을 창작하여 그 품승으로 종지를 전수하고, 정통과 방계(正傍)를 구분하는 기준으로 삼았다.'라고 비판하고 있다. 『단경』이란 말을 최초로 언급하는 초기 자료이다.

＊ 不失本宗 : 『단경』47단, 50단에 혜능이 십대제자들에게 당부하는
말에도 보인다.

＊ 得遇壇經 : 『금강경해의』에 「득우차경(得遇此經)」(『혜능연구』
445頁)이란 말을 이어받고 있다. 『단경』을 통한 남종의 종지를 전수하
려고 하는 결정적인 의미를 부여하고 있는 말이다. 『단경』40단에도
‘『단경』을 전수받지 못하면 종지의 품승이 없다.’라고 하고, ‘단경의 품
승이 없으면 남종의 제자가 아니다.’라고 주장하고 있다.

50. 眞假動靜의 노래

大師先天二年八月三日＊滅度①. 七月八日喚門人告別. 大師先天元年
於新②州國恩③寺＊造塔＊, 至先天二年七月告別.

大師言, 「汝衆近前, 吾至八月欲離世間. 汝等有疑早問, 爲汝破疑,
當令迷者盡, 使汝安樂. 吾若去後, 無人敎汝.」

法海等衆僧聞已, 涕淚悲泣, 唯有神會＊不動, 亦不悲泣.

六祖言,「神會小僧, 却得善不善④等＊, 毀譽不動. 餘者不得, 數年山中,
更修何道. 汝今悲泣, 更憂⑤阿誰. 憂吾不知去處在. 若不知去處＊, 終不別
汝. 汝等悲泣, 卽不知吾去處. 若知去處, 卽不悲泣. 性無生滅＊, 無去無來.
汝等盡坐, 吾與汝一偈, 眞假動靜⑥偈＊. 汝等盡誦取, 見此偈意, 汝與吾意同
⑦. 依此修行, 不失宗旨＊.」

僧衆禮拜, 請大師留偈, 敬心受持. 偈曰:

一切無有眞,	不以見於眞,	若見於眞者,	是見盡非眞.
若能自有眞,	離假卽心眞,	自心不離假,	無眞何處眞.
有情⑧卽解動,	無情卽無動,	若修不動行,	同無情不動＊.

316

若見眞不動,	動上有不動,	不動是不動,	無情無佛種.
能善分別性,	第一義不動*,	若悟作此見,	則是眞如用.
報諸學道者,	努力須用意,	莫於大乘門*,	却執生死智.
前頭人相應,	卽共論佛義,	若實不相應,	合掌禮勸善.
此敎本無諍*⑨,	若諍⑩失道意,	執迷諍⑪法門,	自性入生死.

【校 訂】① 底本에는 「師」字와 「滅度」欠. 甲本에 의거 첨가함. ② 底本은 「鄆」字. ③ 底本은 「因」字. 甲本에 의거 고침. ④ 底本. 甲本은 「不善」二字 欠. 惠昕本에 의거함. ⑤ 底本. 甲本은 「有」字. ⑥ 底本. 甲本은 「淨」字. ⑦ 底本. 甲本은 「見此偈意, 與吾同」. ⑧ 底本. 甲本은 「有性」. 惠昕本에 의거 고침. ⑨ 底本은 「淨」字. 甲本에 의거 고침. ⑩ 底本은 「若道」. ⑪ 底本은 「淨」字. 甲本에 의거 고침.

【번 역】육조 혜능(638~713) 대사는 당나라 현종(玄宗)의 선천 2년 (713년) 8월 3일 76살에 입적하였는데, 7월 8일에 문인(門人)들을 불러 모아 놓고 이별을 알렸다. 대사는 선천 원년(711년)에 이미 신주 국은 사(國恩寺)에 자신의 묘탑을 건립하였으며, 선천 2년 7월에 이르러 문인들에게 이별을 알렸다.

육조 대사는 말했다. 「그대들 문인들은 가까이 오라! 나는 8월이 되면 이 세상을 하직하려고 한다. 그대들은 의문점이 있으면 곧장 질문하라! 그대들의 의문점들을 모두 해결해 주겠다. 나는 미혹한 사람들에게는 그 미혹함을 모두 없애고, 그대들이 안락하게 되도록 하리라. 내가 떠나간 뒤에는 그대들을 지도하고 교시해 줄 사람이 없다.」

문인 법해(法海)를 비롯해 여러 스님들이 혜능 대사의 말을 듣고 곧장 눈물을 흘리며 슬피 울었다. 그때 오직 신회(神會)는 마음으로 동요하지도 않고 울지도 않았다.

육조 대사는 말했다. 「신회는 어린 소승(小僧; 사미승)임에도 불구하고, 선(善)과 불선(不善)의 평등한 경지를 체득하고, 비난과 칭찬에도 동요하지 않는다. 그러나 다른 사람들은 그렇지 않았다. 몇 년 동안이나 산중에서 수행했다면서 도대체 무슨 도법(道法)을 수행했는가?

그대들이 지금 이렇게 울고 있는데 도대체 누구를 근심하는가? 내가 나의 가는 곳을 알지 못하여 근심하고 있는가? 만약 내가 갈 곳을 알지 못한다면 그대들과 결코 이별하지 않는다. 그대들이 울고 있는 것은 그대들이 내가 갈 곳을 알지 못하기 때문이다. 만약 내가 갈 곳을 알고 있다면 울지 않을 것이다.

본성은 생멸(生滅)이 없고, 가는 일도 없고, 오는 일도 없다. 그대들은 모두 자리에 앉도록 하라. 그대들에게 하나의 게송을 설하리라.

이 게송을 '진가동정(眞假動靜)의 게송(偈)'이라고 한다. 그대들이 모두 이 게송을 잘 외우고, 이 게송의 진의를 깨달으면 나의 뜻과 같은 경지가 된다. 이 게송에 의거하여 수행한다면 남종 돈교의 종지도 상실하지 않는다.」

여러 수행승 대중들은 예배하고 육조 혜능 대사에게 게송을 설해 줄 것을 간청하고, 공경한 마음으로 게송을 수지했다.

육조 혜능 대사는 다음과 같이 게송으로 설했다.

일체의 만법은 참된[眞] 실체란 없다.

참된 실체를 대상으로 보려고 해서는 안 된다.

만약 참된 것을 대상경계로 보려고 한다면,

대상을 보는 그 자체가 모두 참된 것이 아니다.

만약 자신에게 진실한 것[眞]이 있다고 한다면,

거짓[假]을 여읜 그 본심이 참된 경지이다.

자신의 마음이 거짓[假]을 여의지 않으면,

진실[眞]은 없는데, 어느 곳에 진실한 마음이 있을까?
유정(有情)은 스스로 움직일 수가 있으나,
무정(無情)은 움직임이 없다.
만약 부동(不動)의 수행을 실천한다면,
무정과 같이 부동의 경지가 된다.
만약 진정한 부동의 경지를 깨닫는다면,
움직이는 그 가운데 부동의 경지가 있다.
부동은 본래 그대로 여여부동인 것이다.
무정은 부처의 지혜 종자(種子)가 없다.
스스로 일체법을 방편지로 분별하는 본성은
진여의 근본[第一義]에서 여여부동이다.
만약 이러한 견해[見]를 깨달아 작용할 수 있다면,
곧 이것이 진여의 지혜작용인 것이다.
불도를 수학하는 여러분들께 알리니,
수행에 노력하고 반드시 정신 차려라!
대승의 법문을 수행하면서 생사의 망념에 집착하지 말라.
눈앞에서 불도를 깨달은 선지식을 만나면,
그와 함께 불도를 논의하여 깨닫도록 하라.
만약 불도를 깨닫는 인연을 못 만나면,
합장하며 부지런히 선행을 수행하도록 하라.
불법의 가르침은 본래 논쟁이 없는 것,
만약 논쟁하면 불도의 대의를 상실한다.
미혹에 사로잡혀 법문을 논쟁하면,
자성은 생사의 윤회에 빠져 버린다.

【해설 및 역주】

* 혜능 선사는 당나라 현종(玄宗)의 선천 2년(713年) 8월 3일 76살에 입적했다고 『신회어록』에 전한다. 왕유의 『육조능선사비명』(『전당문』 327권)에는 혜능의 입적에 대하여 「至某載月 忽謂門人曰 吾將行矣」라고 기록하고 있어 연대를 알 수 없다. 석정본 『신회어록』 혜능전에 「先天二年 8월 3일에 이르러 홀연히 문도들에게 말하기를, '나는 이제 大行하려고 한다.' … (略) … 그날 밤 조용히 그대로 坐化하였다. 대사의 나이[春秋] 76세였다.」라고 기록하고 있다. 사실 혜능의 생몰연대를 638년~713년으로 정리하게 된 것은 여기 기록된 『신회어록』에 의거한 것이다.

* 新州國恩寺 : 『신회어록』에 「新州 龍山 古宅에 탑을 세웠다.」라고 하고, 『조계대사전』에 「中宗의 신용(神龍) 3년(707) 11월 18일 칙명으로 소주의 백성에게 내리길, 대사가 중흥하는 사원의 불전과 대사의 방장실 등을 수리하도록 하였다. 그리고 사찰의 이름[寺額]을 하사하시길 法泉寺라고 하였다. 대사의 출생지인 신주의 옛집은 국은사(國恩寺)라고 했다. 현종의 延和 1년(712) 대사는 신주에 돌아가 국은사를 수리하고자 하였다.」 또 「대사는 국영사(國寧寺)와 신주 국은사(國恩寺)에 거주했다.」라고 기록하고 있다. 『송고승전』 제8권 혜능전에는 『조계대사전』의 주장을 계승하여 「新興의 옛 집을 국은사로 했다. 중종의 신용 3년(707) 칙명으로 소주의 혜능 선사가 거주한 사원의 불전과 방장을 수리하였고, 잘 단장하여 寺額을 바꾸어 법천사라고 하였다. 연화 원년(712) 7월에 제자들에게 명하여 국은사에 탑[浮圖]을 속히 완성하도록 재촉하였고, 선천 2년 8월 3일에 시적하였다.」라고 기록하고 있다.

320

북종의 신수를 위하여 지은 장열(張說)의 「荊州玉泉寺大通禪師碑銘」(『전당문』 231권)에 의하면 대양(大梁)에 있던 신수의 생가를 사원으로 만들고 보은사라고 했다는 사실을 전한다. 여기 혜능의 경우는 신수 비명의 기록을 의식한 것이며, 실제 국은사라는 사찰로 만들었다는 주장은 허구로 보이며, 혜능이 고향에 돌아가서 입적한 것은 사실인 것 같다.

 * **탑을 조성하게 함** : 혜능이 고향 신주 국은사에 탑을 조성하게 함은 『단경』 57단에서 기록하고 있는 것처럼, 탑 속에 시신을 봉안하는 장례를 지내기 위한 것이다.

『속고승전』 제26권 도신전에 도신이 입적하기 전에 제자 홍인을 불러서 「나를 위하여 탑을 만들도록 하라. 나의 목숨은 오래가지 않을 것이다.」 라고 하고 永徽 2년(652)에 72살로 입적하여 장례를 치렀다. 홍인은 이듬해 도신 대사의 탑을 열어보니 단정히 앉아 있는 모습이 살아 있을 때와 똑같았다고 한다. 『전법보기』 도신전에도 다음과 같이 전한다.

「영휘 2년 8월에 대사는 제자를 불러 산기슭에 감실(龕室)을 만들도록 명령했다. … (略) … 감실이 완성되었다는 말을 듣고 그는 편안하게 앉은 채로 입적했다. 그때 대지가 진동하고 안개가 시방을 뒤덮었다. 나이는 73살이었다. 그 이듬해 영휘 3년 4월 8일 감실의 돌문이 저절로 열렸다. 살펴보니 대사의 용모는 생전과 똑같았다. 문인들은 시체를 옻칠한 천으로 감싸고 다시는 돌문을 닫지 않았다.」

또 『전법보기』 신수장에는 다음과 같이 전한다. 「신룡 2년 2월 28일에 선사는 자세를 바르게 하고 편안하게 앉아 낙양 천궁사에서 입적하였으므로, 옥천사로 봉송하여 탑을 조성하여 모셨다. … (略) … 일찍이 당양 옥천사에 머물고 있을 때, 주지로 있던 수도원에서 제자들을 돌아보며 말했다. '내가 죽은 뒤에 나를 꼭 여기에 안치해 주기 바란다.'라고. 마침 선사가 입적하기 며칠 전에 그 탑(塔)을 세우기 희망했던 곳을 에워싸고, 그곳에 가득히 수십 그루의 백련이 꽃을 피웠고, 그 뒤에도 탑 앞의 떡갈나무 위에 과일이 몇 개 열렸는데, 마치 자두 열매처럼 맛있었다. 탑 경내에 효화 황제가 칙명으로 度門寺를 세우고 大通 화상이란 시호를 내렸다.」

『단경』에서 혜능이 문인들에게 탑을 조성하도록 명령한 것이나, 탑의 감실에 시신을 봉안하는 장례를 지내는 것은 모두 도신과 신수의 전례를 따르는 것이라고 할 수 있다.

* **有疑早問** : 『불유교경』에 「부처님이 입적할 때에 즈음하여 제자들에게 의문점이 있으면 질문하라.(有所疑者 可疾問之, 無得懷疑 不求決也)」고 지시한 사례(事例)를 모방(참조)한 것이다.

* **神會** : 여기서도 신회의 존재를 특별하게 취급하고 있다. 『단경』 46단 신회의 참문과, 51단에 혜능의 20년 예언[懸記]도 정법의 계승자를 간접적으로 하택신회로 지적하고 있는 점을 함께 살펴봐야 한다. 돈황본 『단경』에서 신회의 존재를 혜능의 유일한 후계자이며 역사적인 인물로 등장시키고 있다.

* **善不善等** : 善과 不善이라는 상대적인 차별심을 초월한 경지를 체득한 것을 말한다. 『단경』 46단에 신회의 혜능 참문 내용을 전제로 하고 있는 말이다.

* **去處** : 구경의 귀의처로 가는 곳을 말하는데, 究竟處, 落處, 還歸本處라고 말하고 있는 것처럼, 본래의 진여법신, 진여자연, 진여본심의 경지로 되돌아가는 것이다. 『금강경』에 '여래는 어디서 온 곳도 없고, 어

디로 가는 곳도 없다.(無所從來 亦無所去)'라고 설한 것처럼, 去處란 往來하는 대상의 경계가 아니라 往來를 초월한 본래면목의 진여법신의 세계이다.

* **性無生滅** : 불성은 번뇌 망념이 일어나고[生] 소멸[滅]하는 일이 없기 때문에 불생불멸이며 不變이고, 여여부동이다. 번뇌 망념이 일어나고, 일어난 번뇌 망념이 없어지는 生滅, 生死가 있는 것은 중생심이다.

『조당집』제4권 「약산장」에 「도오(道吾) 화상이 운암 화상의 병환을 보고, '이 몸의 육신(껍질)을 벗어 버린 뒤에 어디서 사형과 만날 수 있을까요?'라고 질문하자, 운암(雲巖) 화상은 '불생불멸처(不生不滅處)에서 만납시다.'라고 대답했다. 도오 화상은 '不生不滅處에서도 만나지 말아야지요 하고 말해야지요.'라고 말했다.」 생멸하는 것 이외에 不生不滅하는 그 어떤 무엇을 구하는 것은 여전히 생멸의 견해에 떨어진 것과 같은 것이다.

운암이 자신의 존재를 지탱해 주는 것이 不生不滅의 영혼[神]은 아니지만, 生死 있는 무상한 육신 이외에 또 달리 不生不滅하는 영원한 존재인 法身(불성)을 인정하는 것은 분명하다. 법신은 육신의 죽음과 동시에 완전히 이름도 모습도 없어진다. 뒤에 아무것도 남기지 않는 것(沒蹤跡: 空)이 진실한 법신이다.

『대승기신론』에 「오직 진여지(眞如智)를 법신(法身)이라고 한다.」고 하고, 『금강명경』에 「부처의 참된 법신(法身)은 마치 허공과 같이 실체가 없지만, 사물에 응하여 형체를 나타내는 것이 물속에 비치는 달과 같다.」라고 설한다.

* **眞假動靜偈** : 진실과 임시(거짓), 움직임[動]과 고요함[靜]이 서로 상즉(相卽)하여 서로 상의 상관관계로 존재한다는 사실을 읊고 있다. 진

실[眞]과 고요함[靜]은 진여의 본체(本體)이고, 임시(거짓; 假)와 움직임은 현상의 작용인데, 이것을 둘로 나누면 마음은 분별심, 차별심으로 분열된다.

* **不失宗旨** : 『단경』 47, 49단에서 말하는 「不失本宗」과 같은 말.

* **無情不動** : 『단경』 16단, 20단에 不動에 대하여 설한다. 20단에 「不動은 일체 모든 사람들의 허물(잘못)을 대상으로 보지 않는 것이 본성의 부동이다. 어리석은 사람은 자기 몸을 부동(不動)으로 하면서 입을 열면 사람들의 시비를 말하는데, 불도의 수행과는 위배된다.」라고 설하는데, 역시 북종선의 부동에 집착한 선법의 잘못을 지적하고 있는 것이다. 『단경』 16단에 앉아서 부동한 잘못된 수행을 하는 북종선을 비판하고 있으며, 『유마경』에도 사리불의 연좌를 비난하고 있다.

여기서 말하는 無情不動은 달마의 설법에서 「心如木石」이라고 말하는 것처럼, 마음이 목석과 같이 동요됨이 없는 경지를 말한다. 『장자』에서 말하는 나무 닭[木鷄]과 같이 마음이 어떠한 상황에서도 동요됨이 없는 無心의 경지에 있는 것을 말한다.

* **第一義不動** : 『유마경』 「불국품」에 「능히 제법의 형상을 잘 분별하지만, 항상 본래의 근본마음은 부동(不動)이다.(能善分別諸法相 於第一義不動)」 (『대정장』 14권 537下)라는 일단에 의거한 말이다. 『단경』 19단에도 「外能善分別法相 內於第一義而不動」이라고 인용하고 있다. 第一義는 진여본심의 근본 당처를 말한다.

* **大乘門** : 『금강경』에서 설하는 최상승 반야바라밀의 입장이다. 『단경』의 제목에서 「남종돈교최상대승마하반야바라밀경」이라고 누누이 강조하고 있다.

* **無諍** : 『단경』 15단에 「스스로 깨닫고 수행하여 입으로 논쟁하지

말아야 한다. 만약 선후를 논쟁하면 곧 어리석은 사람이며, 승부심를 끊지 못하고 도리어 자기의 주장이 옳다고 한다면 四相을 여의지 못한다.」라고 하고, 또 40단에도 「다투는 것은 승부심이니 불도의 수행과는 위배된다.」라고 설한다. 51단에도 대중이 대사의 설법을 듣고 다시는 다투지 않고 법에 의거하여 수행하였다고 한다.

『금강경』에서 「부처는 무쟁삼매를 체득한 사람을 최상의 第一로 한다.」라고 설하며, 『유마경』「제자품」에도 「그대가 남과 다투는 일이 없는 무쟁삼매의 경지를 체득하면 모든 중생도 모두 그러한 경지에 있을 수가 있다.」라고 설한다. 無諍三昧는 본심의 자각적인 의미. 자신을 텅 비운 공의 경지에서 無諍과 和諍이 가능하다.

9장 傳法偈와 法統說

51. 傳衣와 東土 六代祖師의 전법게

　衆僧旣聞, 識大師意, 更不敢諍*, 依法修行*. 一時禮拜, 卽知大師不久住世. 上座法海向前言, 「大師, 大師去後, 衣法當付何人.」

　大師言, 法卽付了, 汝不須問. 吾滅後二十餘年*, 邪法遼亂, 惑我宗旨. 有人出來, 不惜身命*, 定佛教是非*, 竪立宗旨, 卽是吾正法. 衣不合傳*. 汝不信, 吾與誦先代五祖傳衣付法頌*①. 若據第一祖達摩②頌意, 卽不合傳衣. 聽吾與汝誦③. 頌曰,

　第一祖 達摩和尙 頌曰,

　吾本④來唐國, 傳敎救迷情, 一花開五葉, 結果自然成.

　第二祖 慧可和尙 頌曰,

　本來緣有地, 從地種花生, 當來元無地, 花從何處生.

　第三祖 僧璨和尙 頌曰,

　花種須因地, 地上種花生, 花種無生性, 於地亦無生.

　第四祖 道信和尙 頌曰,

　花種有生性, 因地種花生, 先緣不和合, 一切盡無生.

　第五祖 弘忍和尙 頌曰,

　有情來下種, 無情花卽生, 無情又無種, 心地*亦無生.

　第六祖 慧能和尙 頌曰,

　心地含情種, 法雨卽花生, 自悟花情種, 菩提果自成.

【校 訂】 ① 底本. 甲本은 「誦」字. ② 底本은 「磨」字. 甲本에 의거 고침. ③ 底本은 「誦」字 欠. 甲本은 「頌」字. ④ 底本. 甲本은 「大」字. 惠昕本에 의거 고침.

【번 역】 수행승 대중들은 혜능 대사가 읊은 「진가동정(眞仮動靜)의 게송」을 듣고 혜능 대사의 뜻을 알고, 다시는 논쟁하지 않고 이 게송에 의거하여 여법하게 수행하였다.

문인들은 모두 다 함께 대사께 예배를 하였으며 대사가 오랫동안 세상에 계시지 못하리라는 사실을 알았다. 그래서 법해 상좌가 혜능 대사 앞으로 나아가 혜능 대사께 말씀 올렸다. 「대사께서 돌아가신 뒤에 가사[衣]와 법(法)은 누구에게 부촉합니까?」

혜능 대사께서 말했다. 법(法)은 이미 부촉했다. 누구에게 부촉했는지 그대들은 묻지 말라. 내가 입적한 뒤 20여 년 후에 사법(邪法)을 요란하게 일으켜 내가 설한 남종의 종지를 혹란(惑亂)시킬 것이다.

그때에 어떤 사람이 출현하여 신명(身命)을 아끼지 않고, 불교의 정법과 사법을 판정하고 남종의 종지를 수립하게 될 것이다. 그 사람이 바로 나의 正法을 계승한 사람이다. 달마 대사로부터 전해 온 가사[衣]는 당연히 전하지 않는다.

그대들이 이러한 사실을 불신(不信)한다면 나는 그대들에게 선대(先代) 오대 조사[五祖]의 전의부법송(傳衣付法頌)을 읊도록 하겠다.

만약 제1조 달마 대사가 읊은 게송의 뜻에 의거해 볼 때 가사는 전하지 말아야 한다. 내가 그대들에게 오대 조사의 게송을 읊을 테니 잘 듣도록 하라. 게송은 다음과 같다.

제1조 달마 화상이 게송으로 읊었다.

내가 본래 당나라에 온 것은 불교를 전하여 미혹한 중생을 구제하고자 한 것이니, 한 송이의 꽃[一花]이 다섯 잎[五葉]으로 피면, 결과는 자연히 이루어진다.

제2조 혜가 화상이 게송으로 읊었다.

본래 인연이 땅[地]에 있기에 땅에서 종자의 꽃이 생긴다.

원래 땅이 없었다면, 꽃이 어느 곳에서 피어날 수 있겠는가?

제3조 승찬 화상이 게송으로 읊었다.

꽃의 종자는 반드시 땅을 근본으로 하며, 땅에서 종자와 꽃이 핀다.

꽃의 종자에 생성(生性)이 없다면, 땅에서도 꽃은 자랄 수 없다.

제4조 도신 화상이 게송으로 읊었다.

꽃의 종자에 생성이 있으니, 땅으로 인하여 종자와 꽃이 자란다.

처음부터 인연의 화합이 없으면, 일체의 존재는 자랄 수가 없다.

제5조 홍인 화상이 게송으로 읊었다.

유정(有情)이 와서 종자를 뿌리면, 무정(無情)의 땅에도 꽃은 핀다.

무정과 무종(無種)이니 심지(心地) 또한 텅 빈 무생(無生)이다.

제6조 혜능 화상이 게송으로 읊었다.

심지는 정(情)의 종자를 머금고, 법우(法雨)는 즉시 꽃을 피운다.

스스로 꽃과 정의 종자를 깨달으면, 깨달음[菩提]의 결과는 저절로 이루어진다.

【해설 및 역주】

* 更不敢諍 : 『단경』 50단의 무쟁(無諍)의 주기를 참조.

* 依法修行 : 『단경』 9단의 주기를 참조. 44단, 45단, 56단에서도 설하고 있다. 『단경』 50단에서 '능히 여러 모양을 분별하지만 근본 자리에서 不動한다.(能善分別性 第一義不動)'라는 말은, 대승불법에 의거한 수행을 해야 한다는 말이다.

* 吾滅後20余年 : 『단경』의 작자는 혜능의 정법을 계승한 인물이 혜능 대사가 입적한 뒤 20년경에 남종의 종지를 수립한 하택신회(荷澤神會)라고 간접적으로 예언한 말이다. 『단경』 50단에 기록하고 있는 것처

럼, 혜능의 입적을 先天 2년(713)이라고 할 때 20여 년 후는 開元 21년 (733)경이 된다. 사실 이러한 주장은 구체적으로 하택신회가 개원 18년, 19년, 20년에 걸쳐서 활대의 대운사에서 무차대회를 개최하고 신수계의 북종선을 공격하며 불법의 정통과 이단[是非]의 문제와 남종의 종지를 수립한 종론의 사건을 가리킨다. 『보리달마남종정시비론』은 신회의 宗論을 기록한 자료이다.

석정본 『신회어록』에는 다음과 같이 전한다. 「景雲 2년(711)에 갑자기 제자 현해(玄楷)와 지본(智本)에게 지시하여 신주 용산의 혜능 대사의 古宅에 탑을 세우도록 하였다. 先天 元年(712) 9월에는 조계에서 신주로 돌아왔으며, 先天 2년 8월 3일에 갑자기 문도들에게 말했다. '나는 이제 큰 길을 가려고 한다[大行].' 문인 법해가 혜능 화상께 질문했다. '이후에 법을 상승한 사람이 있습니까? 이 가사는 왜 전수하지 않습니까?' 화상이 말했다. '그대는 묻지 말라. 이후에 환난(患難)이 일어날 것이다. 나도 이 가사로 인하여 몇 번이나 신명(身命)을 잃어버릴 뻔했다. 그래도 그대가 알고 싶다면 내가 입멸한 후에 40년이 지나, 남종의 종지를 수립하는 사람이 있을 것이니 그가 곧 나의 법을 계승한 사람이다.' 그날 밤에 대사는 조용히 앉은 채로 천화(坐化)했다. 대사의 나이 76살이었다.」

『신회어록』에는 혜능의 입적 후 40년이라고 하는데, 그것은 天寶 12년(753) 이후가 되며, 당시 安史의 난(難; 755~763)이 일어나 혼란스러운 시기이다.

『송고승전』 제8권 신회전에 의하면, 그때 신회는 귀향살이를 하고 있던 중, 왕실의 요청으로 계단을 설립하여 수계설법하고 도첩을 매각하여 향수전(香水錢)을 받아서 군자금(軍資金)으로 원조하였다고 한다.

돈황본 『단경』의 이러한 예언과 혜능과 하택신회와의 관계, 십대제자들 가운데 신회에 대한 우대 등은 『단경』이 신회 계통의 인물에 의해서 만들어진 것임을 간접적으로 입증하고 있는 것이다.

＊ 不惜身命 : 신회의 『남종정시비론』에 숭원 법사가, 「보적(普寂) 선사의 명성은 천하에 가득하고 잘 알려진 사람이며, 그의 불법은 모두 불가사의하다고 한결같이 칭찬하는데, 화상은 왜 이렇게 심하게 그를 배척합니까?」라는 질문에 다음과 같이 대답하고 있다. 「이 宗論을 읽는 사람은 종론의 의미를 알지 못하고, 보적 선사를 배척하는 것이라고 말하고 있다. 보적 선사와 남종과는 별개의 문제이다. 나는 종지의 옳고 그름을 판단하여 종지를 확정하기 위한 것이며, 대승의 불법을 홍포하여 정법을 건립하여 일체 중생들이 잘 알 수 있도록 하기 위한 것이다. 어찌 身命을 의식하랴!」

신회는 남종의 종지를 건립하는 일에 身命을 아끼지 않고, 정법을 설하는 데 몸과 마음을 의식하지 않았다[爲法忘軀]는 정신을 밝히고 있다. 『유마경』 「不思議品」에 유마힐이 사리불에게 「대개 구법자(求法者) 는 身命에 탐착해서는 안 된다.」 라는 말에 의거하였는데, 『열반경』 14 권 「성행품」에 전하는 설산동자의 사신구법(捨身求法)과 혜가(慧可)의 단비구법(斷臂求法) 이야기는 『신회어록』에도 자주 인용하고 있다. 『조계대사전』에는 혜능이 방아를 찧는 수행을 망신구법(忘身求道)의 수행자라고 하고 있다.

＊ 定佛教是非 : 신회가 북종선을 비판하는 宗論을 기록한 『남종정시 비론』이란 제목에 근거하여 말하고 있다.

＊ 衣不合傳 : 신회가 처음 북종 신수의 전법(傳法)이 비정통인 방계 (傍系)이며, 남종의 혜능이 정법을 계승한 것이라고 주장하면서 정법 상

승의 인가증명으로 제시한 전의설(傳衣說)은 이제 한계에 이르게 된 것이다. 달마로부터 전래된 가사를 이제는 전하지 않는다고 주장한 자료는 『신회어록』 혜능전과 『남종정시비론』에 「그 가사는 지금 소주(韶州) 혜능에게 있으며, 이제는 사람에게 전하지 않는다.」라고 주장하고 있다. 『신회어록』과 『남종정시비론』, 『조계대사전』 등에서 가사를 전하지 않는다고 주장하는 이유는 한결같이 이 가사를 탈취하고 절도하기 위해 도둑과 자객이 침입한 사건을 말하면서 목숨이 실낱같이 위험하기 때문이라고 말한다.

그러나 돈황본 『단경』에서는 새롭게 달마의 전의부법송(傳衣付法頌)을 제시하면서 달마 대사의 전법게(傳法偈)에서 예언하고 있는 뜻에 따라서 더 이상 가사는 전하지 않는다고 말한다. 돈황 자료 S. 2144號本은 아마도 돈황본 『육조단경』과 『보림전』에서 뽑아 모은 잡록(雜錄)인데, 승가난제(僧伽難提)부터 혜능에 이르기까지 역대의 조사들을 기록한 뒤에 「혜능 대사는 여러 長老들에게 말했다. '인가증명의 가사[信衣]는 나에게 있지만 전하지 않는다. 그래서 달마 대사가 말했다. 一花가 피면 다섯 잎으로 열리니 결과는 자연히 이루어진다. 혜가 대사로부터 나에 이르기까지 합하면 五人이다.'」라고 말하고, 달마의 전법게는 예언적이면서 신의(信衣)에 대신하는 것으로 주장되고 있음을 알 수 있다.

 * 傳衣付法頌 : 달마 대사의 전의설과 더불어 전법게로서 법을 부촉한 사실을 증명하는 인가증명. 전의설은 신회의 『보리달마남종정시비론』에서 주장된 것이지만, 전법게는 돈황본 『단경』에서 처음 주장하였다.

달마부터 혜능에 이르기까지 육대의 조사는 달마가 전한 가사를 전하여 정법 상승자를 인가증명의 信衣로 하였지만, 혜능은 가사를 전하지 않는 이유를 달마의 傳衣付法頌의 예언적인 내용에 따른다고 말하고 있다. 사실 전의설은 신회가 북종 공격의 무기로 처음 주장한 것이었으며, 혜능을 정법 상승자로서 확정시키기 위한 것이었다. 이제 『단경』에서는 달마의 정법을 계승한 인물로 육조 혜능이 결정되었고, 혜능의 뒤를 이어 신회가 7조로 거의 인정되었다. 달마의 가사는 이제 그 역사적인 사명이 다한 것이다. 임시방편으로 주장된 가사는 사실 처음부터 존재하지도 않은 달마의 가사를 가지고 더 이상 논란의 대상이 되는 것은 남종 내부의 새로운 부작용을 초래할 수가 있기 때문이다. 달마 대사의 전법게에 의거하여 혜능의 입으로 더 이상 가사를 전하지 않는다고 단언하고 있는 것이다. 이미 이러한 우려의 현상은 『역대법보기』에서 나타나고 있다. 혜능에게 전래된 가사는 측천무후(則天武后)의 요청으로 入內 공양하고, 측천무후가 자주지선(資州智詵)에게 수여하여, 처적(處寂)… 무상(無相)… 무주(無住) 선사에게로 전래되었다고 하는 엉뚱한 傳衣상승설을 주장하고 있는 것이다. 『조계대사전』에는 숙종의 칙명으로 혜능의 가사가 入內하게 되었다고 주장하고 있는 것은 신회 입적 후에 『역대법보기』의 가사 상승의 주장을 수정하기 위한 것이라고 할 수 있다. 아마도 『단경』의 작자는 이러한 『역대법보기』의 주장을 의식하고 가사를 전하지 않는다고 주장하려고 전의부법송을 창작하여 예언적인 달마의 전법게를 강조하고 있는 것이 아닐까?

　　＊ 心地 : 진여자성의 근본인 자성청정심을 말한다. 『단경』에서 心地와 心地法門은 남종 혜능의 중요한 선사상이며, 如來因地와 같은 말이다.

　　＊ 달마로부터 혜능에 이르는 동토 6대 조사의 전법게를 갑자기 혜능이 혼자 읊고[誦出] 있는 것은 자연스럽지 않다. 사실 육대 조사의 전법게는 한 사람의 작품이며, 게송의 소재도 꽃, 꽃잎, 땅, 心地, 종자, 인연,

法雨, 菩提 등 지극히 자연적인 간소한 내용으로 전법의 인가증명으로 삼고 있다는 것은 유치하다면 너무나 유치하기 짝이 없는 내용이다. 그 위대한 붓다의 정법을 계승한 성스러운 조사들의 전법게가 겨우 이 정도의 수준이라는 말인가? 남종 돈교의 정신과 종지와 정법의 상승을 위한 인가증명이 이 정도 수준이라면 한심하기 짝이 없다. 이 정도 불법을 몰라서 신수는 홍인의 불법을 전해 받지 못한 것인가? 『단경』이 처음 문학작품으로 만들어진 것이기 때문이다.

52. 혜능의 두 게송

能大師言, 汝等聽吾作二頌, 取達摩①和尙頌意. 汝迷人依此②頌修行*, 必當見性*.
　第一頌曰③, 心地邪花放, 五葉逐根隨, 共造無明業, 見被業④風吹.
　第二頌曰, 心地正花放, 五葉逐根隨, 共修般若慧, 當來佛菩提.
　六祖說偈已了, 放衆生散. 門人出外思惟, 卽知大師不久住世*.

【校 訂】 ① 底本은 「磨」字. ② 底本은 「法」字. 甲本에 의거 고침. ③ 底本은 「曰」字 欠. 甲本에 의거 첨가함. ④ 底本. 甲本은 「葉」字.

【번 역】 혜능 대사가 말했다. 「그대들은 내가 지은 두 편[二首]의 게송을 듣고 달마 화상 게송의 진의를 파악하도록 하라. 그대들 가운데 어리석은 사람도 이 게송에 의거하여 수행한다면 반드시 견성(見性)하게 될 것이다.」
　첫 번째[第一] 게송으로 읊었다.

심지(心地)에 삿된 꽃이 피니, 다섯 꽃잎이 뿌리[根]를 좇아 따르네.
다 함께 무명 업장[業]을 지어 업풍(業風)의 바람에 날린다.
두 번째[第二] 게송으로 읊었다.
심지(心地)에 올바른 꽃이 피니, 다섯 꽃잎이 뿌리를 좇아 따르네.
다 함께 반야의 지혜를 닦아 반드시 부처의 깨달음을 이룬다.
육조 대사는 게송을 읊은 후에 대중들을 해산시켰다.
문인들은 문밖으로 나와 사유하기를 대사가 이 세상에 오래 살지 못할 것임을 알았다.

【해설 및 역주】

* 혜능의 偈頌 : 혜능 대사가 스스로 이와 같이 두 개의 게송을 읊고 있는 것은 기묘한 일이다. 이상의 전법게와 혜능의 게송은 당시 『단경』의 작자를 중심으로 신회 계통의 선법을 계승한 남종 어느 일파의 주장이라고 할 수 있다.

똑같은 心地라도 삿된 꽃(번뇌 망념)이 피면 무명의 업을 지어 업풍에 휘날리는 중생의 삶이 되고, 바른 꽃[正念]이 피면 반야의 지혜로써 부처의 깨달음을 이룬다는 노래이다. 『단경』 32단에도 「그러므로 깨닫지 못하면 부처가 바로 중생이요, 一念에 깨달으면 중생이 바로 부처라는 사실을 알 수 있다. 그러므로 일체의 만법이 모두 자기의 身心 가운데 있다는 사실을 알 수 있다.」라고 하고, 또 『단경』 54단에 「(마음이) 미혹하면 부처도 중생이요, 마음을 깨달으면 중생도 부처이다. 우치하면 부처도 중생이고 지혜로우면 중생도 부처이다.」라는 주장을 반복하고 있다.

* 依此頌修行 : 『단경』 9단의 신수의 게송, 38단의 「無相頌」 39단, 50단 「眞假動靜偈」 등에서도 설하고 있다.

* 必當見性 : 『단경』49단에도 『단경』을 얻은 자는 반드시 見性할
것이라고 했다. 見性은 자기의 본성을 깨닫고 자각한다는 말이다. 즉 번
뇌 망념의 중생심에서 청정한 불심으로 되돌아가는 것이다.

* 大師 不久住世 : 『단경』51단과 중복된 말이다.

53. 西天, 東土의 전등설

六祖後至八月三日, 食後, 大師言,「汝等著①位坐, 吾今共汝等別.」

法海問言,「此頓教法傳授, 從上已來至今幾代*.」

六祖言,「初傳受七佛*, 釋迦牟尼佛*第七, 大迦葉第八, 阿難第九, 末
田②地第十, 商那和修第十一, 優婆鞠多第十二, 提多迦第十三, 佛陀難
提第十四, 佛陀蜜③多第十五, 脇比丘第十六, 富那奢第十七, 馬鳴第十
八, 毗羅長者第十九, 龍樹第二十, 迦那提婆第二十一, 羅睺羅第二十
二, 僧伽那提第二十三, 僧迦耶④舍第二十四, 鳩摩羅馱第二十五, 闍耶
多第二十六, 婆修盤多第二十七, 摩拏羅第二十八, 鶴勒那第二十九, 師
子比丘第三十, 舍那婆斯第三十一, 優婆堀第三十二, 僧迦羅第三十三,
須婆蜜多第三十四, 南天竺國王子第三太子菩提達摩第三十五, 唐國僧
慧可*第三十六, 僧璨第三十七, 道信第三十八, 弘忍第三十九, 慧能自
身⑤當今受法第四十.」

大師言,「今日已後, 遞相傳授, 須有依約, 莫失宗旨.」

【校 訂】① 底本은 「若」字. 惠昕本에 의거 고침. ② 底本에는 「因」
字. ③ 底本에는 「密」字. ④ 底本. 甲本에는 「那」字. ⑤ 底本은 「自
今」. 甲本에 의거 고침.

【번 역】 육조 대사는 그 이후 8월 3일, 식후에 말했다. 「그대들은 각자 자기자리에 앉도록 하라. 내가 지금 그대들과 이별을 하고자 한다.」

법해(法海)가 질문했다. 「돈교의 법문이 대대로 전수되어 지금까지 몇 대가 됩니까?」

육조 대사가 말했다. 「최초에 칠불(七佛)이 전수했고, 제7대가 석가모니불, 제8대가 대가섭, 제9대가 아난, 제10대가 말전지(末田地), 제11대가 상나화수(商那和修), 제12대가 우바국다(優婆鞠多), 제13대가 제다가(提多迦), 제14대가 불타난제(佛陀難提), 제15대가 불타밀다(佛陀蜜多), 제16대가 협비구(脇比丘), 제17대가 부나사(富那奢), 제18대가 마명(馬鳴), 제19대가 비라장자(毗羅長者), 제20대가 용수(龍樹), 제21대가 가나제바(迦那提婆), 제22대가 라후라(羅睺羅), 제23대가 승가난제(僧迦那提), 제24대가 승가야사(僧迦耶舍), 제25대가 구마라타(鳩摩羅馱), 제26대가 사야다(闍耶多), 제27대가 바수반다(婆修盤多), 제28대가 마누라(摩拏羅), 제29대가 학륵나(鶴勒那), 제30대가 사자비구(師子比丘), 제31대가 사나바사(舍那婆斯), 제32대가 우바굴(優婆堀), 제33대가 승가라(僧迦羅), 제34대가 수바밀다(須婆蜜多), 제35대가 남천축국 왕자 제삼자 보리달마(南天竺國王子 第三子 菩提達摩), 제36대가 당나라(唐國)의 승려 혜가(慧可), 제37대가 승찬(僧璨), 제38대가 도신(道信), 제39대가 홍인(弘忍), 제40대가 혜능(慧能) 자신이 지금 현재 수법(受法)했다.」

대사가 말했다. 「오늘 이후로 대대로 서로 법을 전수할 때는 반드시 근거자료와 전법의 사실을 확인하는 일이 있어야 하며, 종지(宗旨)가 상실되지 않도록 해야 한다.」

【해설 및 역주】

* 七佛 : 원래 선종의 전등 법통설은 석가모니불로부터 비롯되는데, 과거(過去) 七佛을 선종의 전등법계에 최초로 제시한 것은 돈황본 『육조단경』이다. 그러나 돈황본 『육조단경』에서는 「처음 칠불이 전수하였고, 석가모니불은 7번째.(初傳授七佛, 釋迦牟尼佛第七)」라고 기록하고 있을 뿐 七佛의 명호를 열거하지 않고 있다.

그러나 『조당집』 제1권에는, 과거칠불의 이름을 다음과 같이 열거하고 있다. 「제1 비바시불(毘婆尸佛), 제2 시기불(尸棄佛), 제3 비사부불(毘舍浮佛), 제4 구류손불(拘留孫佛), 제5 가섭불(迦葉佛), 제6 구나함모니불(拘那含牟尼佛), 제7 석가모니불(釋迦牟尼佛)」

『보림전(寶林傳)』에서 석가모니불과 서천 28조 조사들이 전법게(傳法偈)를 전하고 있는 것처럼, 『조당집』에서는 과거 七佛에 대한 간략한 전기와 전법게를 법문으로 수록하고 있다. 이러한 과거 七佛의 전법게는 『종경록』 제97권, 『전등록』 제1권과 『禪門諸祖師偈頌』, 『祖庭事苑』 제8권 등에도 전승되고 있다.(『종경록』 제97권, 『대정장』 48卷 937下) 『禪門諸祖師偈頌』(『卍續藏』 116 - 455b) 『祖庭事苑』 제8권 「七佛條」(『卍續藏』 113 - 113a)

사실 선종법통설은 『조당집』에 이르러서 과거 七佛, 西天 28조, 東土 6祖의 선종 전등설이 완성된 것이라고 할 수 있다. 이러한 사실은 『조당집』의 선종 전등설을 그대로 계승하고 있는 『전등록』과 이후의 모든 선종사서가 한결같이 과거 七佛 서천 28조, 동토 6조의 선종법통설을 계승하고 있는 것으로 증명하고 있기 때문이다.

과거 七佛에 대하여 언급하고 있는 경전으로는 『장아함경』 제1 『大本經』(『대정장』 1권 p.1)이 있다. 팔리(Pali) 문헌의 경전은 "Mahapadana-suttanta"

가 이에 해당한다. 이역경전(異譯經典)으로는 『七佛經本』(『대정장』 1권, p.150) 『七佛父母姓字經』(『대정장』 1권, p.159) 등이 있으며, 『증일아함경』 제45권(『대정장』 1권, p.790) 등에도 언급되어 있다.

경전상의 과거 七佛의 등장과 그 역할은 경의 내용에 권위를 첨가하기 위해 등장시키고 있는 것이다. 즉 현재의 종교가 과거로부터 현재까지 전승된 보편적인 성격을 지닌 가르침이며, 역사적인 전통이 있는 것임을 입증하기 위한 것이라고 할 수 있다.

후대에는 『過去莊嚴劫千佛名經』(『대정장』 14권, p.365), 『現在賢劫千佛名經』(『대정장』 14권, p.376), 『未來星宿劫千佛名經』(『대정장』 14권, p.388) 등, 과거·현재·미래에 각각 千佛이 출현한다고 하는 경전도 있다.

* 석가모니불 : 過去七佛의 제7대 부처.

* 至今幾代 : 법해가 「이 돈교의 법문이 전수된 것은 처음부터 지금까지 몇 대째가 되는가?」라고 질문하여 남종 돈교의 전법 상승자의 계보를 밝히려고 하고 있다. 소위 선종의 전등설이라고 하는데, 신회의 『남종정시비론』에는 숭원 법사가 「당나라[唐國]의 보리달마를 초조라고 하면 보리달마는 누구의 법을 계승하였으며, 또한 몇 대인가?」라고 질문하자 신회는 다음과 같이 대답한다. 「보리달마는 인도[西國]에서 승가라차의 법을 이었고, 승가라차는 수파밀의 법을 이었으며, 수파밀은 우바굴의 법을 이었고, 우바굴은 사나파사의 법을 이었고, 사나파사는 말전지의 법을 이었다. 말전지는 아난의 법을 이었고, 아난은 가섭의 법을 이었으며, 가섭은 여래의 부촉을 받았다. 당나라에서는 보리달마를 초조라고 하지만 서국에서는 제8대가 된다. 서국에서는 반야밀다가 보리달마의 법을 이었고, 당나라에서는 혜가 선사가 보리달마의 법을 이었기에

여래의 부촉으로부터 서국과 당국을 합치면 모두 13대를 계승했다.」

　＊ 西天祖統說 : 대가섭 이후의 서천 28조와 동토 육대 조사의 이름을 열거하고 있다. 서천 28대 법통설은 여러 가지 이설이 있지만, 원래는 『달마다라선경(達摩多羅禪經)에 석가모니불이 입적한 이후에 大迦葉, 阿難, 末田地, 舍那婆斯 이하 達摩多羅 및 不若蜜多羅에 이르는 조사들의 전등법계가 전수되었다고 설한다. 또한 『부법장인연전(付法藏因緣傳)』에 마하가섭 이하 제24대 사자비구에 이르는 전법의 법통설을 주장하고 있는데, 선종에서는 이상의 두 자료에서 중복되는 조사들을 정리하여, 대가섭에서 보리달마에 이르는 28대의 전등법통설을 주장한 것이다.

　돈황본 『육조단경』은 최초로 서천 28조, 동토 6조의 전등조사의 이름을 열거하고 있다. 그러나 이러한 28대 조사들의 이름은 이후에도 『조계대사전』이나 『역대법보기』 등 선종 각파의 주장에 따라서 약간의 변동이 있다. 조사선의 전등 계보는 『보림전』(801년 성립)에서 서천 28조 동토 6조의 전등 조사들의 이름이 확정되어 선종법통설이 확실하게 정리된다. [정성본, 「선종 전등설의 성립과 발전(4)」(동국대학교, 『불교학보』 제34집, 1997년) 참조.]

　＊ 唐國僧慧可 : 북위(北魏), 북주(北周) 시대에 활약한 慧可를 唐나라 시대의 인물이라고 기록하고 있는 것은 시대적인 착오를 드러내고 있다. 『단경』 51단 달마의 전법게에도 梁나라, 北魏 시대에 중국에 온 달마를 당나라 시대에 중국에 온 것[吾本來唐國]이라고 기록하고 있다. 『단경』의 작자가 조사들의 출신과 활약 시대에 주의하지 않고 서술한 착오라고 할 수 있는데, 그것은 『단경』이 唐代에 이루어진 사실을 단적으로 제시하고 있는 것이다.

선종 전등설의 특색은 마명(馬鳴)과 용수(龍樹), 세친(世親; 婆修盤多)과 같은 대승불교 각 학파의 사상가와 菩薩, 論師들과 교학의 전통을 선의 역사로서 위치를 부여하고 있는 점이다. 마명(馬鳴)과 용수(龍樹)의 이름은 번역한 말로 표기하고, 世親은 인도음으로 바수반두(婆修盤多)라고 표기한다. 또한 서천 조사들의 생존 연대나 활동 전후 관계 등은 문제 삼지 않고 단지 27대 조사들의 이름만을 나열하여 전법상승의 의미와 계보를 중요시하고 있다.

　* 정성본, 『선종의 전등설 연구』(민족사, 2010년) 참조.

54. 眞佛을 깨닫고 해탈하는 노래

法海又白①, 「大師今去, 留付何法. 令後代人, 如何見佛*.」

六祖言, 「汝聽, 後代迷人, 但識衆生, 卽能見佛. 若不識衆生, 覓佛萬劫, 不可得也. 吾今敎汝識衆生見佛, 更留見眞佛解脫頌*. 迷卽不見佛, 悟者乃見.」

法海願聞, 代代流傳, 世世不絶.

六祖言, 「汝聽, 吾與汝說. 後代世人, 若欲覓佛, 但識衆生, 卽能識佛. 佛卽緣有衆生, 離衆生無佛心*.」

迷卽佛衆生*,	悟卽衆生佛.	愚癡佛衆生,	智慧衆生佛.
心嶮佛衆生,	平等衆生佛.	一生心若嶮,	佛在衆生心②.
一念悟若平,	卽衆生自佛.	我心自有佛,	自佛是眞佛*.
自若無佛心,	向何處求佛.		

【校訂】 ① 底本은 「自」字. 甲本에 의거 고침. ② 甲本은 「佛在衆

生中」.

【번 역】 법해(法海)는 또다시 혜능 대사께 말했다. 「대사께서는 지금 입적하신다고 했는데, 문인들에게 어떠한 법을 부촉하고, 후대의 수행자들이 어떻게 부처의 지혜를 깨달아 체득해야 할 것인지 법문을 설해 주십시오.」

육조 대사가 말했다. 「그대는 잘 듣도록 하라. 후대에 어리석은 사람이 단지 중생심을 인식하면 곧 스스로 부처를 깨달아 친견할 수가 있다. 만약 중생심을 인식하지 못하면 부처를 찾아도 만겁의 시간 동안 부처를 깨달아 친견할 수가 없다.

나는 지금 그대에게 중생심을 인식하고, 부처를 깨달아 친견할 수 있도록 교시하고자 하며, 아울러 '진불(眞佛)을 친견하고 해탈하는 게송[見眞佛解脫頌]'을 남기도록 하겠다. 미혹하면 부처를 깨달아 친견할 수가 없고 깨달은 사람은 곧 부처를 깨달아 친견할 수 있다.」

법해가 그 진불해탈송의 법문을 듣고 싶다고 발원하고, 대대로 후대에 유통시키고 전하며 세상에 끊어짐이 없도록 하리라고 했다.

육조 대사가 말했다. 「그대는 잘 듣도록 하라. 내가 그대들에게 설하리라. 후대의 세간 사람들이 만약 부처를 찾는다면, 단지 중생심을 인식하면 곧 스스로 부처의 지혜를 깨달아 체득할 수가 있다. 부처는 곧 중생심을 반연하여 깨달은 것이며, 중생심을 여의고 불심의 지혜는 없다.」

본심이 미혹하면 부처가 중생이며, 중생심을 깨달으면 중생도 부처이다.

마음이 우치(愚癡)하면 부처가 중생이며, 지혜(智慧)가 있으면 중생도 부처이다.

마음에 차별이 있으면 부처도 중생이며, 마음이 평등하면 중생도 부처이다.

평생의 마음에 차별심이 있으면, 부처의 지혜는 중생심에 있고,

찰나의 일념에 중생심을 깨달아 마음이 평등하면, 중생은 저절로 부처가 된다.

나의 마음에 본래 부처가 있으니, 자기의 본래부처가 바로 진불(眞佛)이다.

스스로 만약 불심이 없다면, 어느 곳에서 부처를 구할 수 있겠는가?

【해설 및 역주】

* 見佛 : 자기의 불성을 깨달아 체득하는 것이 부처이다. 『오성론』에 「一心이 바로 空한 것임을 아는 것이 부처를 친견[見佛]한다.」 라고 말한다. 見佛이나 見性, 見如來의 見은 중생심으로 대상경계를 보는 것이 아니라 진여의 지혜안목[佛知見]으로 진여본성을 친견하는 여래의 지혜를 이루는 것을 말한다. 초발심의 시각진여(始覺眞如)와 정각의 본각진여(本覺眞如)가 불이 일체를 이루는 진여삼매이다.

* 眞佛을 보고 해탈하는 노래 : 眞佛은 진여법신의 지혜이다. 世親의 『금강반야경론』에도 「보신(報身) 화신(化身)은 진불(眞佛)이 아니다.」라고 설하고, 『임제록』에도 「진불은 형상이 없고, 진법은 대상경계의 모양이 없다.(眞佛無形, 眞法無相)」라고 설한다.

* 佛心 : 달마의 『이입사행론』에도 다음과 같이 보인다. 「질문. '무엇이 佛心입니까?' 대답. '본심의 마음에 다른 형상[異相]이 없는 것을 진여라고 하고, 마음의 변화가 없는 것이 법성(法性)이며, 마음이 어디에 소속되지 않는 것이 해탈이며, 심성(心性)이 걸림 없는 것이 깨달음[菩提]이며, 심성(心性)이 적멸한 경지가 열반이다.'」

『신회어록』에 다음과 같이 보인다. 「건광(乾光) 법사가 질문했다.

'어떤 것이 불심이며, 어떤 것이 중생심인가?' 신회 화상이 대답했다. '중생심이 바로 불심이며, 불심이 바로 중생심이다.' 질문. '중생심과 불심이 차별이 없다면 어째서 중생이라고 하고, 부처라고 하는가?' 대답. '깨닫지 못한 사람은 중생이 있다, 부처가 있다고 논쟁하지만, 만약 깨달은 사람이라면 중생과 부처는 원래 차별이 없다.'」

『현사어록』에도 「질문. '어떤 것이 佛心입니까?' 대답. '중생심이 불심이다.' 질문. '어떤 것이 중생심입니까?' 대답. '불심이 중생심이다.'」라고 했다. 『전심법요』에도 「부처와 중생은 一心으로 다름이 없다.」라고 설한다. 『화엄경』 10권에 「마음과 부처와 중생, 이 셋은 차별이 없다.(心佛及衆生 是三無差別)」라는 법문과 같다.

* 迷卽佛衆生 : 『단경』 32단에도 「그러므로 깨닫지 못하면 곧 부처가 중생임을 알 수 있다. 一念으로 깨달으면 곧 중생이 바로 부처이다.」라고 설한다. 『단경』 14단, 30단, 32단, 35단, 44단, 52단, 54단 등에도 迷悟에 대한 법문도 똑같은 취지로 설하고 있다.

『오성론』에도 「만약 미혹할 때는 부처가 중생을 제도하고, 만약 깨달을 때는 중생이 부처를 제도한다. 왜냐하면 부처는 저절로 이루어지는 것이 아니라 모두 중생을 인연으로 하여 제도하기 때문이다.」라고 한다.

* 自佛是眞佛 : 자기 본래 마음(심성)의 지혜(부처)가 바로 진불(眞佛)이다. 『단경』에서 설한 혜능의 법문은 이 한 마디로 전부다 밝힌 것이라고 하겠다. 55단에 「自性의 眞佛을 깨닫는 해탈의 게송」도 똑같은 법문이다.

55. 自性 眞佛의 解脫頌

大師言,「汝等門人好住*, 吾留一頌, 名自性見眞佛解脫頌*. 後代迷人, 識此頌意①, 卽見②自心自性眞佛. 與汝此頌, 吾共汝別.」頌曰,

眞如淨性是眞佛,	邪見三毒*是眞魔.
邪見之人魔在舍,	正見之人佛卽過.
性中邪見三毒生,	卽是魔王來住舍.
正見忽除三毒心,	魔變成佛眞無假.
化身報身及法身③,	三身元本是一身.
若向身中覓自見,	卽是成佛菩提因.
本從化身生淨性,	淨性常在化身中.
性使化身行正道,	當來圓滿眞無窮.
婬性本是淨性因④,	除婬卽無淨性身*.
性中但自離⑤五欲,	見性刹那卽是眞.
今生若悟頓敎門,	悟卽眼前見世尊.
若欲修行求覓佛,	不知何處欲覓眞.
若能身中自有眞,	有眞卽是成佛因.
自不求眞外覓佛,	去覓總是大癡人.
頓敎法者是西流*,	救度世人須自修.
今報世間學道者,	不於此見大悠悠*⑥.

【校 訂】① 底本. 甲本은 「後代迷門此頌意」. 惠昕本에 의거 고침. ② 底本. 甲本에 모두 「卽」字 앞에 「意」字 가 있으나 삭제함. ③ 底本. 甲本 모두 「淨身」. 惠昕本에 의거 고침. ④ 底本은 「身」字. 惠昕本에 의거 고침. 甲本은 「婬性本身淸淨因」⑤ 底本은 「欲」字. 甲本에 의거 고침. ⑥ 底本. 甲本은 「不於此是大悠悠」. 惠昕本, 鈴木校訂本을 참조

하여 고침.

【번 역】 혜능 대사가 말했다. 「그대들 문인들이여! 그대들은 잘 살도록 하라. 내가 지금 그대들에게 '자성의 진불(眞佛)을 깨닫고 해탈하는 게송'을 설하도록 하겠다.

후대에 어리석은 사람도 이 게송의 뜻을 이해하면 곧바로 자기의 본심인 본성의 진불을 깨달아 친견하게 될 것이다. 그대들에게 이 게송을 설하고 나는 그대들과 이별하고자 한다.」

자성의 진불을 깨닫고 해탈하는 게송을 다음과 같이 읊었다.

진여(眞如)의 청정한 본성(本性)이 바로 진불(眞佛)이니,

중생심의 사견(邪見)과 탐진치 삼독심(三毒心)은 바로 악마(惡魔)이다.

사견(邪見)을 가진 사람은 악마가 집에 있고,

정견(正見)을 가진 사람은 부처와 함께 지낸다.

본성 가운데 사견이 일어나면 삼독심이 생기니

곧 이것은 마왕(魔王)이 자기 집에서 거주하는 것이다.

정견(正見)은 단번에 삼독심을 제거하니,

악마가 변하여 부처가 되니 진실하여 거짓이 없다.

화신(化身)과 보신(報身), 법신(法身)

이 삼신(三身)은 본래 일신(一身)이니

중생의 몸에서 스스로 자성을 친견하면

곧 이것이 부처를 이루는 깨달음의 요인이 된다.

본래 화신에서 청정한 본성이 생기고

청정한 본성은 언제나 화신 가운데 있다.

본성은 화신을 시켜 정도(正道)를 실행하게 하니,

당래 원만한 보신의 공덕은 진실로 다함이 없다.

음성(婬性)은 본래 청정한 본성의 요인[因]이니
음성을 제거하면 곧 청정한 본성의 몸도 없다.
본성 가운데 단지 스스로 오욕(五欲)을 여의면
견성(見性)은 찰나이니 곧 이것이 진불(眞佛)이다.
지금 만약 돈교의 법문을 깨닫는다면
깨달은 즉시 눈앞에서 제불세존을 친견하리.
만약 수행해서 부처를 찾는다면
어디에서 진불을 찾아야 할지 알지 못하리.
중생의 몸 가운데[身中] 자연의 진여가 있으니
이것이 성불의 요인이 된다.
자신에게서 진불을 구하지 않고 마음 밖에서 진불을 찾지만,
마음 밖에서 진불을 찾는 사람은 모두가 큰 바보다.
돈교의 법문이 천하에 유통하나
세상 사람을 제도하여 구하려면 스스로 수행해야 한다.
지금 세간에서 불도를 배우는 수행자에게 알리노니
이와 같이 삿된 견해를 일으키지 않으면 대자유를 얻으리라.

【해설 및 역주】

* 好住 : 好住란 헤어질 때의 인사말로 잘 있게, 혹은 안녕이라는 당
나라 시대의 속어인데, '잘 가게[好去]'라는 말과 상대적인 말이다. 『단
경』56단과 『방거사어록』에도 보인다. 『금강경』에서 설한 '應如是住'
와 같은 뜻으로 이해하자.

* 自性眞佛解脫頌 : 『단경』54단의 「見眞佛解脫頌」과 같은 내용인
데, 여기에는 중생이라는 化身佛이 앞에 있다. 이 게송 가운데 「三身元

「本是一身」 이하의 게송은 『단경』 22단의 무상계 수계의식에서 歸依三身佛의 설법과 일치하고 있다. 즉 「善知識, 聽與善知識說, 令善知識於自色身見自法性有三身佛. 此三身佛 從自性上生.」「從法身思量, 即是化身, 念念善, 即是報身. 自悟自修 即名歸依也」라는 설법에 의거한 게송이다.

　* 三毒 : 탐진치 삼독의 실체가 있는 것이 아니라 본성 가운데 삿된 견해가 삼독을 일으킨다. 『오성론』에 다음과 같이 설한다. 「탐진치 삼독은 개체가 있는 것이 아니다. 중생의 입장에서 말하는 것일 뿐이다. 입장을 바꾸어 보면 탐진치 삼독의 실체가 그대로 불성이며, 탐진치를 없애고 불성이 달리 있는 것은 아니다.」

　* 除婬即無淨性身 : 중생의 사음(邪婬)의 마음[婬性]을 제거하고 달리 청정한 몸이 있는 것이 아니라, 색욕과 사음의 마음 그대로가 본래 청정한 법신이라는 것이다. 진여본성은 번뇌가 곧 그대로 보리이며, 生死가 곧바로 열반과 같은 不二이며, 불이(不異)라고 설한 것이다. 후대에 유통되는 덕이본 『단경』에는 「無」자를 「是」로 바꾸고 있는데 불법의 근본정신을 모르는 안목에서 잘못 재편한 것이다.

　『제법무행경』 卷下에 다음과 같이 설하고 있는 말이 참조가 된다. 「탐욕이 바로 열반이요, 성내는 어리석음[恚痴] 또한 이와 마찬가지다. 이와 같은 三事(三毒) 가운데 한량없는 佛道가 있으니, 만약 어떤 사람이 탐욕과 진에와 어리석음을 분별하면 이 사람은 부처를 멀리 떠나간 것이니, 비유하면 마치 하늘과 땅이 멀리 떨어진 것과 같다.」 또 「탐욕의 실성(實性)은 곧바로 불법의 本性이며 불법의 실성도 또한 바로 탐욕의 본성이다.」라고도 설한다.

　* 頓教法者是西流 : 돈교의 법문이 서쪽으로 흘러 천하에 유통되고 있다고 해서 불법이 그냥 이루어지는 것이 아니니, 스스로 수행하여 체

득해야 중생을 제도할 수 있는 것이다.

혜흔본(惠昕本)에는 「돈교의 법문을 이미 남겨 놓았으니(頓敎法門今已留)」라고 설하고 있다. 앞에 혜능이 제자들과 헤어지면서 하나의 게송을 남겨 둔다[吾留一頌]라고 하는 점으로 볼 때, 이러한 의미로 문장을 바꾼 것으로 생각된다.

* 悠悠 : 여유 있고 한가한 모습. 『단경』35단 「無相頌」에도 「努力修道莫悠悠」라고 읊고 있다.

56. 혜능의 유언과 입적

大師說偈已了, 遂①告門人曰 「汝等好住, 今共汝別. 吾去已後, 莫作世情悲泣*, 而受人弔問②, 錢帛, 著孝衣, 卽非聖法, 非我弟子. 如吾在日一種. 一時端坐, 但無動*無靜*, 無生*無滅*, 無去*無來*, 無是無非, 無住*無往*③, 坦然寂靜, 卽是大道. 吾去已④後, 但依法修行*, 共吾在日一種. 吾若在世, 汝違敎法, 吾住無益.」

大師云此語已, 夜至三更, 奄然遷化. 大師春秋七十有六*⑤.

【校 訂】① 底本은 「道」字. 甲本에 의거 고침. ② 底本. 甲本은 「門」字. ③ 底本. 甲本에는 「無往」二字 欠. 惠昕本에 의거 첨가함. ④ 底本에는 「已」字 欠. 甲本에 의거 첨가함. ⑤ 底本은 「七十省六」甲本에 의거 고침.

【번 역】혜능 대사는 '자성 진불의 해탈 게송'을 설한 뒤 드디어 문인들에게 말했다. 「그대들은 잘 살도록 하라. 이제 모두 그대들과 이별

한다. 내가 입적한 이후에 세간의 인정으로 슬피 울거나 사람들의 조문(弔問)과 금전이나 비단[錢帛] 등의 공양물을 받고, 상복[孝衣] 입는 일이 없도록 하라. 이러한 일은 성스러운 불법도 아니며, 나의 제자들이 할 일도 아니다. 내가 살아 있을 때와 똑같이 모두 단정하게 각자의 할 일(본분사)에 힘쓰도록 하라.

마음속에 움직임과 고요함[動靜]을 분별하는 중생의 차별심도 없고, 망심이 일어나고 소멸[生滅]하는 중생의 생멸심도 없고, 가고 오는[去來] 번뇌 망심도 없고, 옳고 그름[是非]을 분별하지도 않고, 대상경계에 집착하거나 왕래[住往]하는 일도 없이 마음이 담연한 적정(寂靜)의 경지에서 사는 것이 바로 대도(大道)이다.

내가 입적한 이후에 다만 정법[法]에 의거하여 수행하고, 내가 살아 있을 때와 똑같이 하라.

내가 만약 이 세상에 머문다 할지라도 그대들이 돈교의 법문에 위배하면, 내가 여기 거주할지라도 이익이 없다.」

혜능 대사는 이렇게 말 한 뒤, 그날 밤 삼경(三更)에 이르러 조용히 천화(遷化)했는데, 나이(春秋)는 76살이었다.

【해설 및 역주】

* 悲泣 : 『단경』50단에도 혜능 대사가 제자들에게 슬퍼하거나 울지 말라고 주의를 주고 있다. 그러나 신회 한 사람만은 마음이 동요하지도 않고 슬퍼[悲泣]하지도 않았다고 칭찬한다.

* 動靜, 生滅, 去來, 住往하는 일이 없도록 하라는 법문은 자아의식의 중생심으로 일체의 상대적인 대립, 차별, 분별심을 벗어나 진여본심으로 차분히 적정의 경지를 체득하는 것을 大道라고 설하고 있다. 動靜一如,

寤寐一如라고도 하며, 正坐나 端坐, 靜坐는 坐道場과 같이 진여본심의 지혜로 시절인연의 본분사(本分事)를 실행하는 경지를 말한다.

『단경』50단에 육조는 말했다. 「신회는 어린 사미[小僧]임에도 불구하고, 善과 不善을 같이하고, 비난과 칭찬에도 동요하지 않는다. 그러나 다른 사람들은 그렇지 않았다. 몇 년이나 이 산중에 있으면서 도대체 무슨 법을 실천해 왔다는 것인가? 그대들이 지금 이렇게 울고 있는 것은 도대체 누구를 근심하는 것인가? 내가 나의 갈 곳을 알지 못하여 근심하고 있는 것인가? 내가 만약 나의 갈 곳을 알지 못한다면 그대들과 결코 헤어지지 않는다. 그대들이 울고 있는 것은 그대들이 내가 갈 곳을 알지 못하기 때문이다. 만약 내가 갈 곳을 알고 있다면 울지 않을 것이다. 본성의 本體는 생멸이 없고, 거래도 없다. 그대들은 모두 앉도록 하라.」

마치 『중론』의 八不中道의 법문과 같다. 『신심명』에 「至道는 어렵지 않다. 단지 간택(揀擇)하는 마음만 없으면 그대로가 깨달음[至道]의 경지」라고 설하고 있는 것처럼, 대립을 초월하고 진여본심을 회복하는 頓悟見性의 최상승법문으로 제시하고 있다.

신회의 「선악을 모두 함께 사랑하지 말라」는 법문처럼, 善惡, 凡聖, 動靜, 生滅, 生死, 去來 등의 상대적인 의식을 일시에 함께 텅 비우고 진여본성으로 되돌아가는 견성의 법문이다. 남종 돈교의 최상승법문은 구체적인 실천사상을 제시하였는데, 그것은 상대적인 차별을 초월하여 근원으로 되돌아가서 근본의 당처에서 본분사의 일을 실행하는 것[端坐]이다. 그래서 『단경』19단과 50단에 『유마경』 「불국품」의 「능히 제법의 모양을 잘 분별하지만 항상 근원적인 깨달음의 당처에서 움직임이 없다.」라는 말을 인용하고 있다.

 * 依法修行 : 『단경』9단에서 홍인이 주장하는 말인데, 여기서는 혜

능이 제자들에게 남기는 훈계의 의미라고 할 수 있다. 붓다가 「自燈明 法燈明」이라고 제자들에게 유훈을 남긴 것처럼. 『단경』 9단, 44단, 45단, 52단 등에서 설하고 있다.

  * **春秋七十六** : 『단경』 50단에 「先天二年 八月 三日減度」라고 한다.

57. 혜능 입적 후의 기이한 상서

  大師滅度之日, 寺內異香氛氳[1], 數日不散. 山崩地動, 林木變白, 日月無光, 風雲失色, 八月三日滅度, 至十一月迎和尙神座[2]於曹溪山, 葬在龍龕*之內. 白光出現, 直上衝天, 三日始散. 韶州刺史韋璩[3]立碑*, 至今供養.

  【校 訂】 ① 底本은 「異年日氛氛」. 甲本에 의거함. ② 底本은 「坐」字. 甲本에 의거 고침. ③ 底本은 「據」字.

  【번 역】 혜능 대사가 입적하는 날, 사찰 안에서는 이상한 향기와 기운[氛氳]이 가득 찼고, 며칠이 지나도 흩어지지 않았다. 산은 붕괴되고, 땅은 진동하며, 숲의 나무들은 흰색으로 변하고, 태양과 달은 빛이 없었으며, 바람과 구름도 형색의 기운을 잃었다.

  당나라 현종의 선천(先天) 2년 8월 3일에 입적하였고, 11월이 되어 화상의 신좌(神座)를 조계산으로 맞아들여 용감(龍龕)의 감실(龕室) 안에 모시고 장례를 치르니, 白光이 출현하여 곧바로 하늘로 치솟았고, 이 빛은 3일 뒤에 비로소 흩어졌다. 소주 자사인 위거(韋璩)가 혜능 대사의 비문을 건립하여 지금까지 공양하고 있다.

【해설 및 역주】

* 혜능의 입적과 기이한 상서(祥瑞)에 대한 이야기를 『신회어록』에는 다음과 같이 기록하고 있다. 「혜능 대사가 입적한 날 산은 무너지고 땅은 진동하였으며, 태양과 달은 빛을 잃고, 바람과 구름도 슬퍼했다. 나무들은 하얗게 메말라 버렸고, 유달리도 묘한 향기가 가득 깔려서 수일 간 머물렀다.

3일 동안 조계의 강물이 흐름을 멈추고, 샘이나 연못에 물도 고갈되었다. 그 해 신주의 국은사에 화상의 유체를 맞아들여, 11월에 조계에서 장례를 모셨다. 이 날은 온갖 새들과, 곤충과 짐승이 슬피 울부짖었으며, 3일이 되어 비로소 앞으로 흩어졌다. 선사의 시신[遺體]을 모신 관 앞에는 白光이 나타나 곧바로 하늘로 치솟아 올랐고, 3일이 되어서야 흩어졌다.」 『역대법보기』는 『신회어록』에 의거하여 비슷하게 기록하고 있다.

『조계대사전』에 다음과 같이 전한다. 「대사가 입적하는 날 연기 같은 구름이 갑자기 일어나고, 연못의 물이 고갈되었으며, 강물은 흐름을 멈추고, 흰 무지개가 하늘을 관통하였다. 바위 동쪽에서 수천 마리의 많은 새들이 모여들어 나무 위에서 비명을 질렀다. 절 서쪽에서 흰 기운이 꼬이면서 1里나 길게 뻗어나갔고, 하늘의 색깔이 맑고 고고하게 곧바로 솟아오르고 5일이 지나서야 흩어졌다. 또한 오색의 구름이 서남쪽에서 나타났다. 이 날 사방에는 구름이 없었다. 홀연히 맑은 바람이 서남쪽에서 불어와 사원으로 들어갔다. 갑자기 이상한 향기가 실내에 가득 찼다. 땅은 진동하고, 산은 붕괴되었다.」

『증일아함경』37권에 「만약 여래가 무여열반에 들어 멸도하면 이때 천지는 크게 진동한다.」 라고 하고, 또한 6종 내지 8종의 진동이 있는 것이 경전에 언급되고 있다. 나무가 흰색으로 변했다는 말은 석존의 입멸시에 사라쌍수가 백색으로 변했다는 고사에 의거하였으며 학림(鶴林)이라고도 한다. 북종 신수 선사의 비문(碑文)에도 신수 선사가 입적했을 때 「쌍림변색(雙林變色)」이라고 언급하는데, 이 말은 『大般涅槃經後分』卷上(『대정장』12권 905上)에 설하는 말이다.

  * 龍龕 : 神主나 불상을 봉안하여 모셔 두는 석실(石室)이나 작은 집, 시신(屍身)및 유체(遺體)를 모셔 두는 감실(龕室)이다. 대개 석탑 아래에 설치한 공간으로 승려들의 무덤을 말한다. 당시 혜능 대사의 시신은 화장이나 매장을 하지 않고 석탑의 감실 속에 좌선하는 자세로 모신 채 장례를 치렀다고 한다.

  『단경』50단 注記에서 인용한 것처럼, 『속고승전』26권 도신장과 『전법보기』 도신장에도 탑을 조성할 것을 명령하고, 앉아서 입적한 후에 탑의 감실(龕室)에 봉안한 장례의 사실을 전하고 있다. 『전법보기』 신수전에도 당양 옥천사 암자에 탑을 조성하고, 그곳에 신수의 시신을 봉안하는 장례를 지내고 있다.

  『단경』50단에 혜능이 문인들에게 고별하면서 신주 국은사에 탑을 조성 할 것을 명령하는데, 이 탑 속의 감실에 혜능의 시신을 앉은 채로 봉안하는 장례식을 실행한 것이라고 볼 수 있다. 라향림(羅香林)의 『唐代廣州光孝寺與中印交通之關係』(홍콩, 中國學社 간행, 1960년)에는 중국 곡강 조계 남화사(南華寺)에는 육조 혜능의 진신상(眞身像)이 미이라 형체로 봉안된 사진을 소개한다.

  * 위거가 비문을 세움 : 『신회어록』에 「전중승(殿中丞) 위거(韋據)

가 비문을 지었다. 開元 7년(719)에 어떤 사람이 비문을 마멸해 버렸기 때문에 다시 비문을 짓고 새기도록 하였다. 간략히 육대 조사의 사자상승과 가사를 전하게 된 유래를 서술하고 있다. 그 비문은 지금 조계에 있다.」고 한다. 그러나 이 비문은 남아 있지 않다. 『역대법보기』는 「太常寺承 韋據가 비문을 만들었다.」고 하고, 『조계대사전』에는 「殿中侍御史 위거가 대사를 위하여 비문을 세웠다.」라고 기록한다.

혜능 대사의 비문 마멸사건은 『남종정시비론』에 북종에서 파견한 자객(刺客) 장행창(張行昌)이 혜능의 두상(頭上)을 탈취하려 한 사건과 무평일(武平一) 등이 대사의 비문을 마멸한 사건 등을 언급하고 있다.

10장 壇經의 流通

58. 단경의 전수자

此壇經, 法海*上座集. 上座無常, 付同學道際*① 道際無常, 付門人悟眞*②. 悟眞在嶺南曹溪山法興寺, 現今傳授此法③.

【校訂】 ① 甲本은 「道漈」. ② 底本은 「悟眞」 二字 欠. 甲本에 의거 보충함. ③ 底本. 甲本은 「見今傳受此法」.

【번 역】 이 『단경』은 법해 상좌가 혜능 대사의 법문을 정리했다. 법해 상좌가 입적할 때 그의 동문인 도제(道際) 스님에게 전수했고, 도제 스님이 입적할 때는 그의 제자(문인) 오진(悟眞)에게 전했다. 오진은 영남 조계산 법흥사(法興寺)에 거주하면서 현재까지 남종 돈교의 법(法)을 전수하고 있다.

【해설 및 역주】

* 法海 : 『단경』의 편집자로 등장된 인물인데, 『단경』 2단, 3단에서 언급한 注記를 참조.

* 道際 : 돈황본 『단경』에 처음 등장한 인물인데, 도제(道際)에 대해서는 전혀 알 수가 없다.

* 悟眞 : 돈황본 『단경』에만 등장하는 인물로, 혜흔본 『단경』에는 法海 ― 志道 ― 彼岸 ― 悟眞 ― 圓會로 계승되었다고 주장하고 있으나 역사적인 사실로 간주하기보다 『단경』에서 주장된 법계로 볼 수 있다.

59. 단경을 수지하고 품승할 것

如付此法, 須得上根智, 深信佛法, 立於大悲*. 持此經以爲稟承, 於今不絶.

【번 역】 남종 돈교의 법문을 부촉하려면 반드시 상근기의 지혜를 구족하고, 불법(진여법)을 깊이 신심(信心)하여 중생을 구제하는 대비심을 확립한 사람에게 『단경』을 수지하고 품승하게 하니, 정법을 단절시키는 일이 없도록 해야 한다.

【해설 및 역주】

 * 남종 돈교의 법문은 최상승(最上乘) 법문이며, 상근기의 지혜를 체득한 사람들에게 전수하는 것이라고 누누이 반복하여 강조하고 있다. 『단경』 首尾의 제목을 비롯하여 17단, 28단, 30단, 43단, 45단 등에서 최상승법문을 설하고 있다. 그리고 30단, 31단에서는 상근기의 지혜인만이 남종 돈교의 법문을 수용할 수 있다고 강조한다.

 * 大悲 : 대승의 보살은 중생을 구제하는 원력과 대비심을 구족해야 한다는 사실을 강조하는 말이다. 대승불교는 상구보리 하화중생과 自利利他의 구법행으로 중생구제의 대비심을 전개하는 서원과 원력을 세우고 실천하는 종교이다. 남종 돈교의 최상승법문을 깨달아 체득했다고 할지라도 중생구제의 대비심과 보살도의 이타행을 실행하지 않으면 대승이라고 할 수 없다. 『단경』 23단에서 설하는 무상심지계의 보살계 수계 설법과 사홍서원은 보살의 대비심을 위한 발원과 서원이다.

 * 단경의 품승(稟承) : 『단경』 3단의 서품에서 한결같이 강조하는데, 대승경전의 受持 독송의 공덕과 후대에 널리 유통하게 하여 많은 중생

들에게 선근 공덕의 인연을 맺도록 하는 것이다. 49단에서는 10대 제자에게 인가증명으로 전수하면서 후대에 제자들에게 남종 돈교의 법을 전수하면서 전지하도록 지시하고 있다. 58단에는 『단경』의 품승과 전지자(傳持者)의 계보를 기록하고 있다.

60. 단경의 유통

和尙本是韶州曲江縣①人也*. 如來入涅槃, 法敎流東土* 共傳無住(法), 卽我心無住. 此眞菩薩說, 眞實示行喩, 唯敎大智人*, 示旨於凡度.
誓(願)修行, 遭難不退, 遇苦能忍, 福德深厚, 方授此法. 如根性②不堪, 材③量不得. 雖求此法, 建立*不得者. 不得妄付壇經. 告諸同道者, 令知密意④.

【校訂】 ① 底本. 甲本은 「懸」字. ② 底本은 「如眼不堪」. 甲本에 의거 고침. ③ 底本. 甲本은 「林」字. ④ 底本은 「令智蜜意」. 甲本은 「令諸蜜意」.

【번 역】 법해(法海) 화상은 본래 소주 곡강현 사람이다. 석가여래가 열반에 든 이후에 불법의 가르침이 동토(중국)로 전래되어 유행했다.
대승의 불법은 모두 무주(無住)의 법문을 전수하는 일인데, 곧 나의 마음이 그 어디에도 집착하지 않는 것이다.
이것은 참된 보살의 설법이며, 진실한 정법을 제시하여 수행하는 법문인데, 오직 큰 지혜를 구족한 사람에게만 종지를 교시해서 전수하는 것을 법칙으로 한다.
제불의 본원을 서원하고 불도를 수행하니 어떠한 어려움을 만나도 퇴보하는 일이 없고, 고통을 만나도 능히 참고 인욕하니, 복덕이 깊고 두터운 사람에게 이 법을 전수한다.

　만약 근성(根性)이 부족하여 이 법문을 감당하지 못하는 역량의 인물을 만나면, 그가 비록 이 법을 구하려고 할지라도 능히 건립(建立)할 수가 없다. 능력이 없는 사람에게 허망하게 『단경』의 법문을 부촉해서는 안 된다. 널리 동학의 여러 수행자들에게 알려서 조사의 깊은 뜻[密意]을 잘 알도록 해야 한다.

【해설 및 역주】

　* 本是韶州曲江縣人也 : 『단경』의 편집자 법해(法海)와 그의 출신지를 말한다. 『전등록』卷5 법해장에도 최초로 혜능의 제자로 그의 전기를 수록하고 있는데, 기본 자료는 돈황본 『단경』의 기록에 의거하고 있다.

　* 法敎流東土 : 반야계 경전에 부처님 입멸 후 500년이 지나면 붓다의 가르침이 인도의 동북방에서 동쪽으로 전해질 것이라는 설법이 있다. 『양고승전』11권에 「불교의 가르침이 동쪽으로 전해지고 선도 역시 전수되었다.(自遺敎東移 禪道亦授)」라고 기록하고, 『法華玄義』제1권 上의 서문 등에도 언급하고 있다. 선종의 문헌에는 북종 신수의 비문(碑文)과, 신수의 제자 의복(義福)의 비문 등에 언급하고 있으며, 『신회어록』서문에도, 「불교의 가르침이 법계에 가득하고 南天에서 그 心契를 이어 東國에 의지하여 正宗이 되었다.」라고 하고 있다.

　신회의 문인 혜공(慧空)이 지은 「신회탑명」에도 「불법이 동쪽으로 흘러와 달마에게 전해지고, 달마는 혜가에게 전하고, 혜가는 승찬에게 전하고, 승찬은 도신에게 전하고, 도신은 홍인에게 전하고, 홍인은 혜능에게 전하고 혜능은 신회에게 전하여 7葉이 계승되어 천하에 전파하게 되었다.」라고 한다. 선불교의 전등설은 이러한 불법동점(佛法東漸)의 주장에 토대를 두고 만들어졌다.

　＊ 大智人 : 『단경』 59단에 「이 法을 부촉하려면 반드시 상근기의 지혜를 구족하고, 불법을 깊이 신심(深信)하며 大悲心을 확립한 사람이어야 한다. 그러한 사람에게 『단경』을 가지고 품승(稟承)하게 하여 단절됨이 없도록 해야 한다.」라고 한다. 『단경』 30, 31단에도 「최상승법은 大智의 상근기인에게 설한 법문이다. 소근기인은 이 법문을 들으면 마음으로 신심을 일으키지 않고 의심한다. 마치 큰 용[大龍]이 염부제(閻浮提)에 큰비를 내리면 성이나 도시 마을이 빗물에 떠내려가는 모습이 마치 나무 잎이 강물에 떠내려가는 것과 같다.」라고 설한다.

　근기가 작고 역량이 부족한 사람은 최상승법문을 구할지라도 감당하지 못하기 때문에 이 법문을 받아들이고 깨달아서 이 법문을 자신의 독자적인 방편지혜로 자기 본분사를 창조하는 독자적인 건립(建立)을 할 수가 없다고 누누이 강조하고 있다.

　＊ 違立(建立) : 甲本에는 「達立」이다. 「違立」이나 「達立」으로는 문맥이 연결되지 않고, 무슨 의미인지 알 수 없다. 아마도 「建立」을 잘못 기록한 것이 아닌가? 여기서는 건립으로 이해한다.

61. 後尾의 제목

南宗頓敎最上大乘壇經一卷[①]

【校 訂】 ① 甲本은 「南宗頓敎最上大乘壇經法 一卷」

【번 역】 남종 돈교의 최상대승의 법문집인 『단경』 一卷.

돈황본 『六祖壇經』의 成立과 諸問題

—『六祖壇經』 批判—

정성본

I. 序言

남종의 조사[祖] 육조 혜능의 설법집으로 간주되고 있는 『六祖壇經』
은 禪學禪思想을 연구하는 사람들이 간과할 수 없는 중요한 선 문헌이
다.1) 지금까지 선종사나 선사상을 연구하는 많은 사람들이 거의 『육조
단경』에 관한 견해를 피력하고 있음은 『단경』에 대한 관심의 정도를 나
타내고 있는 것이다.

특히 금세기 초, 돈황본 『단경』(S. 5475호 사본)의 발견은 『단경』 연구
의 새로운 화제로 등장되었으며, 금년에는 한국, 대만 등지에서 국제적
인 학술회의까지 거행하기에 이르렀다.

『단경』에 대한 서지학적인 연구와 원문 교정을 비롯해, 성립 문제와
선사상 등 다양한 각도에서 많은 학자들의 연구가 발표되었다. 그러나
아직도 불분명한 것은 작자 문제를 비롯한 『단경』의 성립과 제작 의도,
禪思想史上의 위치 등 가장 먼저 해명되어야 할 근본적인 문제는 여전
히 남아있는 실정이다.

필자는 금년 1월 대만 불광산사(佛光山寺)에서 개최된 '국제선학회의'
에 참가하여 「돈황본 『육조단경』과 심지법문」이라는 논제로, 『단경』의
기본사상이 심지법문이라고 발표했다.

당시에 여러 학자들로부터 "그러면 『단경』의 작자, 혹은 어떤 계통의
사람에 의해서 만들어진 것이라고 생각하느냐?"라는 질문을 받았다.

필자 역시 『단경』의 성립 문제에 대해서는 이전부터 과제로서 고찰해

---

1) 柳田聖山主 編, 『六祖壇經諸本集成』(日本, 中文出版社 1976年 7月) ; 駒澤大學禪宗史硏究
會編著, 『慧能硏究』(日本, 大修館書店 昭和 53年 3月). 육조 혜능과 『단경』에 관한 기본 자
료는 이 二書에 종합 정리되어 있다.

왔었으나, 아직 자신이 납득할 만큼의 결론을 얻지 못했었다. 따라서 이 문제에 한층 더 전념할 것과 다만, 현재 학회에서 거의 정설로 간주되고 있는 8세기 말(790년경)에 출현한 『단경』의 그 역사적 사실과 시대적 선사상에 입각한 연구발표임을 밝힌 일이 있다.

그 후, 필자의 뇌리엔 『단경』의 성립 문제가 떠나질 않았다. 먼저 南陽慧忠 국사의 '남방종지비판(南方宗旨批判)' 및 「대의선사비명(大義禪師碑銘)」에 언급된 『단경』에 관한 기록, 종밀이 저술이나 당대 선종계의 사람들의 『단경』에 대한 태도 등, 다양한 각도에서 고찰해 보았다.

그래서 지금에서야 겨우 내가 납득할 만한 해답과 결론을 얻었기에, 여기 '『단경』의 성립과 제문제'를 비판적인 입장에서 필자의 가설을 발표하여 明眼先學의 질정과 교시를 받고자 한다.

필자가 『단경』의 비판이라는 논제를 설정한 것은, 『단경』의 출현 이후 이에 대한 大義禪師碑銘, 혜충의 南方宗旨를 비판하는 자료를 실마리로 그러한 비판의 기록이 등장한 당시의 선사상과 선종계의 흐름, 분위기 등을 재고해 보려고 한 것이다.

『단경』의 출현 이후, 당대의 초기선종의 사람들의 눈에 반영되어 나타난 『단경』 비판의 기록을 근거로 하여, 다시 한번 고찰하고 음미해 보고자 한 것이 본론이다.

II. 『육조단경』의 등장 ― 『壇語』와 혜능의 『六祖壇經』

柳田聖山主編 『六祖壇經諸本集成』과 駒澤大學禪宗史研究會에서 간행한 『慧能研究』에는, 돈황본 『단경』을 비롯하여 종래 알려진 10여 종에 이르는 『육조단경』의 異本을 수록하고 있다. 또 최근 중국의 학자 楊曾

文氏의 연구발표에 의하면 돈황현 박물관에 소장된 善本의 돈황본『단경』(이하 敦博本이라 약칭함)을 발견하여 소개하고 있다.[2)]

楊曾文氏의 보고에 의하면 돈황본『단경』은 42葉(84頁)으로, 每半葉(1頁) 6行, 1行 25字, 전체 12,000字 前後, 제목과 내용은 原敦煌本『단경』(S. 5475)과 같으며 동일종의『단경』의 다른 招本이라고 한다. 敦博本『단경』의 재발견은 이미 알려진 돈황본『단경』의 가장 오래된 사료적 형태의 입장을 명확히 재확인할 수 있는 방증자료로서 그 의의는 실로 크다.

이상과 같이 2本의 돈황본『단경』의 제목과 내용이 똑같다는 사실은 최초에 만들어진『단경』의 원본, 아니면 그와 똑같은 일종의『단경』에서 필사한 것을 말해 주고 있는 것으로, 그 원초의 모습과 형태를 서로 제각기 똑같이 유지하면서 전하고 있는 것으로 볼 수 있다.

이에 필자는 2本의 돈황본『단경』은 소위『육조단경』의 원초의 형태를 갖는 최고본으로 간주한다. 따라서 종래 거론되고 있는『단경』의 古本을 설정할 필요도 없을 뿐만 아니라, 또 몇 단계에 걸쳐 점차적으로 성립된 것도 아니고, 어떤 작자에 의해서 한 번에 만들어진 것이며, 그것을 필사한 것이 현재 전해진 돈황본『단경』이라 생각한다.[3)]

또 최근 중국에서 楊曾文 씨가 돈황박물관에 소장된『육조단경』의 교

---

2) 楊曾文,「中日兩國の敦煌禪籍研究. 一及び敦煌博物館本『壇經』・『南宗定是非論』等の文獻の學術的價値」(『中外日報』昭和 62年 10月 22日字).

3) 古本『壇經』의 推定은, 宇井伯壽「壇經考」(『第二禪宗史研究』, 日本, 岩波書店, 1939年 7月) ; 柳田聖山,「古本『壇經』の推定」(『初期禪宗史書の研究』三章六節以下, 日本, 法藏館 昭和 42年 5月). 柳田氏는 최근「語錄の歷史」에서 종래의 自己說을 고쳐 古本『壇經』을 推定할 必要는 없다고 논하고 있다(『東方學報』第57號, 1985年 3月, 408쪽). ; 小川隆,「敦煌本『六祖壇經』成立について」(『駒澤大學大學院佛敎學研究會年報』第20號, 昭和 62年 2月) ; 石井修道,「南陽慧忠の南方宗旨の批判について」(鎌田茂雄博士還曆記念論集,『中國の佛敎と文化』日本, 大藏出版社 1988年) 등에서 논하고 있다.

정본을 간행(1993년)한 이후로 周紹良 씨가 『돈황사본 단경원본』(北京: 문물출판사, 1997년)을, 李申 씨가 『돈황단경 合校簡注』(1999년 간행)에 5종의 돈황본 『육조단경』의 원본 영인과 교정본을 출판하였다.

돈황사본 『육조단경』 5종은 다음과 같다.

1. 영국 大英박물관 소장본. S. 5475 號本(首尾 제목이 있는 完帙本)
2. 중국 돈황박물관 소장본. 077 號本(首尾 제목이 있는 完帙本)
3. 중국 북경도서관 소장본. 79 호본(斷片)
4. 중국 북경도서관 소장본. 48호본(首部 缺 後部 14쪽 및 尾題 있음)
5. 중국 大連市 旅順박물관 소장본(首題 및 序品 3쪽).

현재 알려진 돈황본 『육조단경』은 5종으로 제목이나 내용이 모두 일치하고 있는 점으로 볼 때 최초로 만들어진 『육조단경』의 원본을 필사하여 유통된 것으로, 원초의 형태를 서로 제각기 똑같이 유지하면서 전래된 것임을 알 수 있다.

필자는 이상 5종의 돈황본 『육조단경』을 서로 대조하고 새로운 교정본을 만들면서 돈황본 『육조단경』이 최초에 만들어진 원본이라고 결론내리고 있다. 따라서 일찍이 야나기다씨(柳田聖山)가 제시했던 『단경』의 古本을 설정할 필요가 없을 뿐만 아니라, 또한 일본의 학자들이 『단경』의 내용의 다양함을 지적하면서 몇 단계에 걸쳐서 점차적으로 성립된 것으로 주장하고 있는데, 몇 단계에 걸쳐서 점차적으로 성립된 것이 아니라 어떤 작자에 의해서 한 번에 만들어진 것을 필사하여 전래된 것이 돈황본 『육조단경』이라고 단정할 수가 있다.

물론 돈황본 『단경』의 구성과 각 단의 내용은 다양하지만, 단경이 성립된 당시(790년경)[4] 하택신회(荷澤神會)의 남종을 비롯한 선종 각파에서 성행된 보살계 수계설법(菩薩戒 授戒說法)과 선사상 등을 많이 받아들여, 육조 혜능(六祖慧能)의 설법집으로서 종합한 시대적 요청에 의한 산물이기 때문이다.

『단경』의 다양한 구성과 불균형이 있다고 하더라도, 전체에 걸쳐서 근저에 흐르는 선사상은 동일하다. 『단경』首尾의 제목에 밝히는 '반야바라밀법'과 '심지법문, 돈오견성설' 등이다.

여기서 먼저 현존 最古本인 돈황본 『단경』을 중심으로 『단경』이라 칭한 문제의 제명(題名)부터 고찰해 본다. 돈황본 『단경』에는 다음과 같이 긴 제목이 있다.

南宗頓教最上大乘摩訶般若波羅蜜經,
六祖慧能大師於韶州大梵寺施法壇經 一卷,
兼授無相戒.

제목을 보면 그 내용의 전체적인 개요를 짐작할 수 있다. 이러한 『단경』의 긴 제명은 돈황본에만 있는데, 이것은 『단경』 원초의 형태와 제명을 소박하고 충실하게 전하는 것이라고 할 수 있다.

사실 『단경』의 성립 문제를 논하려 할 때, 항상 문제의 초점이 되어 온 것은 『단경』이란 제명인데, 혜능의 제자 신회의 어록에 『단경』의 제명과 비슷한 『남양화상돈교해탈선문직료성단어(南陽和上頓教解脫禪門直了性壇語)』(이하 『壇語』라 약칭함)[5]가 있다.

일반적으로 혜능의 설법집이라고 보는 『육조단경』의 입장과 선사상

---

4) 敦煌本 『壇經』의 成立年代에 대해서는 註記 3) 柳田氏 著述 254쪽 참조.
5) 胡適, 『神會和尚遺集』(民國 57年 12月 臺北市 胡適紀念舘).

372

을 이어받아 편집된 어록이 '신회의 『壇語』가 아닐까?'라고 단순히 상식적으로 생각하기 쉬운 것은, 신회가 혜능의 제자이기 때문이다. 그러나 실은 그 반대의 입장으로, 신회의 『단어』에서 『壇經』으로 발전된 사실은 『단경』의 성립 연대나, 선사상의 발전에서 볼 때도 의심할 여지없이 분명하다.

『단경』의 작자는 혜능의 설법집으로서 편집할 때 실제 신회가 제시한 자료와 그의 법문을 많이 채용하여 수용했기 때문에 유사점이 많다. 이 점에 대해서는 다른 각도에서 이해해야 할 문제인데, 뒤에서 살펴보자.

그런데, 『壇經』의 '壇'은 신회의 『壇語』를 이어받은 것으로, 戒壇의 의미를 가지고 있음엔 분명하며, 이에 대한 異論은 없다.6)

신회의 『壇語』는 남양 용흥사 계단에서 도속들에게 보살계를 수계하고 설법한 기록이다. 신회 또한 중국불교의 대승보살계 수계의식의 전통을 이어 당시의 선종의 입장으로 수계 설법한 것이다.

신회의 수계의(授戒儀)는 종래의 전통적인 권위주의나 형식에 구애받지 않고, 꽤 자유스럽게 실행된 것으로 볼 수 있다.

사실 돈황본 『단경』의 제명이나 서품에도 명시되어 있는 것처럼, 『단경』도 혜능이 소주 대범사에서 일반도속에게 무상계를 수계하고 설법한 법문집의 형식이다. 무상계란 無相心地戒로서 돈황본 『단경』에서 중요하게 설한 법문이다.

무상계의 내용은 自性三歸依(22段)와 四弘誓願(23段) 등인데, 소위 無相心地戒란 자성의 자서자수계(自誓自受戒)로서 자기 스스로 맹세하고 자기 스스로 수계하는 지극히 간단한 대승보살계를 말한다.

이와 같이 신회의 『단어』나 『단경』에서의 '壇'이란 戒壇을 의미하는

---

6) 柳田聖山, 「語錄の歷史」(『東方學報』 第57號, 404~405쪽 참조).

것이며, 그것은 당시 일반적으로 널리 성행되었던 대승보살계의 수계의

식에 의거한 것이다.[7]

특히 수당대의 중국불교에서는 『범망경(梵網經)』의 주석과 대승보살

계의 수계의가 가장 성행되었으며, 선종의 四祖 道信(580~651) 선사는

『보살계법』 一本의 저술이 있었다고 한다.[8]

또 북종계의 선적인 『大乘無生方便門』과 신회의 『南陽和上頓敎解脫

禪門直了性壇語』도 초기선종에서 보살계 수계 설법집이다.

그리고 『역대법보기』나 종밀이 『원각경대소초』 3의 下 등에는 淨衆

無相(684~762)이 일반도속에게 보살계 수계설법이 자주 거행됐던 사

실을 전한다.[9]

의봉원년(儀鳳元年)(676)에 기록한 法性寺 法才의 「광효사예발탑기

(光孝寺瘞髮塔記)」(『全唐文』 912)에는 宋朝 구나발타삼장(求那跋陀三

藏)이 축조한 계단에서, 梵僧인 智藥三藏의 현기(懸記; 예언)에 계합되

어 혜능이 육신보살의 몸으로 수계 받고, 상승의 선법을 개연(開演)한

기사를 전하고 있다.[10]

이 현기(懸記)의 진위 여부는 달리 하더라도, 당시 선종 각파에 있어

서 수보살계의 의식이 성행했던 사실을 엿볼 수가 있으며, 그러한 시대

---

7) 田中良昭,「初期禪宗の戒律論」(『敦煌禪宗文獻の研究』日本, 大東出版社 昭和 58年 2月) ;
   柳田聖山,「大乘戒經としての六祖壇經」(『印度佛敎學研究』第12巻 1號, 昭和 39年 1月).

8) 『楞伽師資記』道信章(『大正藏』 85권, 1286쪽 下).

9) 『歷代法寶記』無相章(『大正藏』 51권, 185쪽 上).
   『圓覺經大疏鈔』 3의 下(Z.14-278 中) 等.

10) 佛祖與世, 信非偶然, 昔宋朝求那跋陀三藏, 建玆戒壇, 豫識曰, 後當有肉身菩薩受戒於此.
    梁天監元年, 又有梵僧智藥三藏, 航海而至. 自西竺持來菩提樹一株, 植於戒壇前, 立碑云, 吾
    過後一白六十年, 當有肉身菩薩來此樹下. 開演上乘, 度無量衆. 眞傳佛心印之法王也. 今能
    禪師. 正月八日抵此・因論風幡語, 而與宗法師說無上道(云云)(『全唐文』 912).
    이 이야기는 『曹溪大師傳』에 전승되어 있고(『慧能研究』 37쪽 以下),『宋高僧傳』 제8권, 慧
    能章(『大正藏』 50권, 755쪽 上)에도 언급되어 있다.

적 분위기에 편승하여 등장된 것이 육조 혜능의 수보살계 수계설법집의 형식으로 편집된 『단경』이라고 할 수 있다.

당시의 보살계의 수계설법처인 계단은 도속(道俗) 일반에게 널리 불법의 인연을 심어 주는 장소였으며, 또한 『단경』의 서품에 기술하고 있는 것처럼, 조사의 개당설법으로서도 획기적인 의미를 갖는 법회장소였음을 알 수 있다.

그러면 왜 신회의 어록처럼 『단어』라고 하지 않고, 『단경』이라고 했을까. 柳田聖山氏는 이 문제에 대해서 "적어도 『육조단경』의 작자는 도선(道宣)의 『계단도경(戒壇圖經)』을 의식하고 있다. 『단경』이라는 명칭[名]은 『계단도경』에 의거하고 있다."라고 논하고 있다.[11]

그리고 『전등록』 제28권, 혜충 국사의 비판은 "신회가 도선의 『계단도경』을 개작(改作)하여 자기 맘대로 창의를 더하여 자파의 『단어』로 했다는 것을 혜충 국사[忠國師]는 비난하고 있다."[12]라고 논한다. 혜충 국사의 비난은 뒤에 자세히 논하기로 하지만, 이러한 柳田氏의 가설에 찬성할 수 없는 것은 필자뿐일까?

여기서 필자는 이 문제를 다른 차원에서 고찰해 보려고 한다.

그러면 왜 『단경』을 '경(經)'이라고 했을까? 『단경』은 서품에 기술하고 있는 것처럼, 남종의 조, 육조 혜능이 소주대범사에서 일반 도속들에게 무상심지계를 수계하고 설법한 법문집이라는 형식을 갖고 있다. 그러한 시처회합(時處會合)의 인연을 빌려 반야바라밀법인 남종돈교의 종지가 혜능의 교설이었던 사실을 확증시키기 위해 만든 것이라고 할 수 있다.

더욱이 시처대중(時處大衆)이 1만여 인(一萬餘人)과 소주자사 위거 등이 혜능에게 설법을 청하며, 門人 法海에게 기록[集記]하도록 하고, 후대

---

11) 柳田聖山, 『語錄の歷史』(東方學報 第57號, pp.406~408 참조).
12) 柳田聖山, 『語錄の歷史』(東方學報 第57號, pp.406~408 참조).

에 유통토록 강조하고 있는 『단경』의 구상은 경전의 형식과 흡사하다.

중국에서 '經'이란 불변의 도리, 법(法), 도(道) 등의 의미로 사용되고 있으며, 서적에는 유교의 성인의 교시나 언행을 기록한 것을 경이라 했다. 그 대표적인 것이 '사서오경(四書五經)'이며, 그 외에도 효경(孝經), 태현경(太玄經), 다경(茶經), 식경(食經), 사경(射經)이라는 많은 서적이 있다.13)

불교의 성전도 한역한 불타의 교설을 이러한 중국인의 관례에 따라 전부 '경'이라고 명명한 것인데 결국, 학문이나 종교 등의 근본 大意, 진실된 도리를 기록한 서적을 경이라고 했다고 볼 수 있다.

한편, 중국에서 만들어진 위경(僞經)을 제외하더라도, 도선의 『계단도경(戒壇圖經)』과 『육조단경』, 『태자성도경(太子成道經)』이라는 돈황 변문(變文)은 확실히 특이한 서명(書名)이라 하겠다.

『단경』은 확실히 신회의 『단어』를 전제한 제명이다. 그러나 신회의 『단어』의 입장과는 차원이 전연 다른 입장으로 봐야 한다. 『단경』은 남종의 조사(祖師) 육조 혜능이 남종돈교의 종지를 설한 성전으로서의 의미를 부여하고 있는 것이기 때문이다. 『단경』을 '경'이라고 칭한 이유[所以]도 이러한 시각에서 이해해야 할 것이다. 이러한 점에서 돈황본 『단경』의 본문을 통해 작자의 의도를 고찰해 볼 필요가 있다.

돈황본 『단경』에서의 육조 혜능은 제불여래와 같이 선종의 이상적인 인격으로서 '성위(聖位)의 조사(祖師)'로서 지위를 부여하고 있고, 사실 신수의 입을 통해서 인정하게 하고 있다. 즉 돈황본 『단경』에, 오조 홍인 문하의 대표자인 신수와 노행자 혜능과의 심게(心偈)를 둘러싼 이야기 가운데 작자는 신수의 심중갈등(心中葛藤)을 다음과 같이 묘사하고 있다.

---

13) 諸橋轍次, 『大漢和辭典』 제8권, 1071쪽.

신수 상좌는 깊이 생각했다. '모든 사람들이 깨달음의 노래를 화상께 올리지 않는 것은 내가 교수사(教授師)이기 때문이다. 내가 만약 깨달음의 노래를 올리지 않는다면 오조 화상께서 어떻게 내 심중의 얕고 깊은 견해를 살필 수가 있겠는가? 나는 반드시 심게(心偈)를 지어 오조 화상께 올리어 나의 의지를 제시해야 한다.

불법을 구하는 것은 옳은 일이나, 조사의 지위를 탐하는 것은 옳지 못한 일이다. 이것은 도리어 범부의 마음으로 저 성스러운 지위[聖位]를 탈취하려는 것과 같은 것이다. 그러나 만약에 내가 심게(心偈)를 지어서 오조 화상에게 올리지 않는다면 끝내 불법을 전해 받을 수가 없다.'

이렇게 한참을 깊이 생각하니 참으로 어렵고 어려운 일이다. 깊은 밤 삼경에 이르러 다른 사람들이 눈치 채지 못한 틈을 타서, 드디어 남쪽 복도[回廊] 밑 중간 벽 위에 깨달음의 노래를 적어 제시하여 가사와 불법[衣法]을 구하려고 결심했다. 만약 오조 화상께서 내가 지은 심게(心偈)를 보시고, 나의 게송에 대하여 언급하면서 나를 찾는다면, 나는 오조 화상을 찾아뵙고, 곧바로 「이 게송은 제[神秀]가 지은 것」이라 말하리라.

오조 화상께서 내가 지은 심게(心偈)를 보시고, 만약 「이 정도의 게송으로는 조사의 가사와 불법을 전수 받을 수가 없다」고 하면, 그것은 내가 미혹하고 숙업(宿業)의 장애가 무거워, 진실로 불법을 전수 받을 인연[能力]을 갖추지 못했기 때문인 것이다. 성인의 경지[聖意]는 측량키 어려우니, 나도 더 이상 쓸데없는 생각을 하지 말자.

여기에 작자는 신수로 하여금, '법을 구하는 것은 옳으나 조위(祖位)를 구하려 함은 옳지 못하다. 그것은 오히려 범부의 마음[凡心]으로서 저 성인의 경지[聖位]를 빼앗는 것과 같은 것이다.'라고 하며, 또 '성인의 경지[聖意]는 측량키 어렵다.'라고 독백하게 하고 있다.

또 신수가 심게(心偈)를 벽에 쓴 다음날[翌日], 홍인은 신수를 불러 대화하는 곳에도 신수는 다음과 같이 말한다.

신수 상좌가 말했다. '죄송합니다. 사실 이 게송은 제가 지은 것입니다. 그러나 감히 조사의 지위를 넘보려고 한 것은 아닙니다. 화상께서는 자비를 베푸시어 제자에게 약간의 지혜가 있어 불법의 대의를 파악할 수 있는 식견이 있는지 살펴봐 주시기를 원할 뿐입니다.'

여기에서도 작자는 신수로 하여금 '감히 조사의 지위를 구하지 않습니다.'라고 말하게 하고 있는 것처럼 『단경』에 있어서 조사의 위치는 범부의 마음에서 측량키 어려운 존엄하고 성스러운 지위[聖位]로서의 의미를 부여하고 있다. 더욱이 여기서는 홍인 문하를 대표하는 신수로 하여금 그렇게 말하게 하고 인정하도록 하고 있음은 실로 심의 있는 구상이라고 할 수 있겠다.

말하자면, 신회의 육조 현창 운동 이래, 전대의 조사가 차대의 조사를 인정한 증거로서의 一代一人付法의 傳衣說, 혹은 傳法偈의 전수는 조사의 위치를 聖位로서 고조시킨 요인이 됐으며, 그러한 조사의 전형으로서 육조 혜능을 탄생시키고 있는 것이 『육조단경』의 제작인 것이다.

사실 돈황본 『단경』에는 혜능을 '生佛'로 간주하고 있으며, 『조계대사전』에는 당대의 명승인 인종 법사(印宗法師)가 혜능이 달마 대사(達摩大師)로부터 전래된 가사를 가지고 있는 것을 보고 예경하면서, "어찌 예측이나 했으랴! 남방에 이같이 무상(無上)의 법보(法寶)가 있을 줄이야!"라고 감탄의 말[寸句]을 토하게 하고 있다.14)

돈황본 『단경』에서 혜능을 '생불(生佛)'로 간주하고 있는 것은 일찍이

378

법재(法才)의 『광효사예발탑기(光孝寺瘞髮塔記)』에 육신보살이라는 예언
에서 발전된 표현이겠지만 신체 그대로가 법보임을 강조하는 말이다.

특히 생불로 간주하는 혜능의 설법집을 제불이 설한 경전에 비준하
여 『육조단경』 혹은 『법보단경』이라고 부른 것은 선종의 이상적인 인
격, 조사라는 위치를 불교의 이상적인 인격인 제불여래와 동등한 성위
로 간주하고 있기 때문이다.

말하자면 『육조단경』은 선종의 이상적인 인격, 성위(聖位)의 조사, 남
종의 조사로서 생불로 추앙된 육조 혜능이 남종돈교의 종지를 개연한
설법집으로 최상의 권위를 부여하기 위한 의도를 가지고, 처음부터 '단
경'이라고 명명했다는 사실이다.

사실 중국불교에서는 남북조 수당 대에 걸쳐 많은 위경(僞經)이 제작
된 것처럼, 『단경』의 작자가 일부러 '經'이라 명명한 것도 위경의 제작에
서 배운 것으로도 볼 수 있겠으나, 남종의 조사인 혜능이 남종의 종지를
설한 설법집으로 권위를 부여하기 위해 일부러 『단경』이라고 이름 붙인
것이다. 그것은 『단경』의 작자가 신회의 설법집인 『단어』를 의식하고,
남종의 祖師 혜능의 권위를 고려하여, 신회 『단어』의 차원을 능가하려는
의도에서 출발된 창안의 題名이 아니었을까?

III. 『壇經』의 작자 문제

『육조단경』의 작자는 누구일까? 어떤 계통의 사람의 손에서 만들어진
것일까? 이러한 문제에 대하여 종래 많은 연구 성과가 발표되었으나 모

---

14) 敦煌本 『壇經』 39段에, "嶺南有福, 生佛在此(云云)"이라고 記述하고 있다. 『曹溪大師傳』에
    "歎曰 何期南方有如是無上之法寶"(『慧能硏究』 39쪽).

두 한결같이 추측의 영역을 넘지 못하고 있다. 사실『단경』의 작자 문제는 현재의 자료로서는 그 누구도 해결하기 어려운 것으로 선종사연구상, 미해결의 문제로 영원히 남게 될 과제가 될지도 모른다.

필자 역시 마찬가지로 이 문제에 대한 확실한 답안을 가지고 있는 것은 아니지만, 그 동안 사고해 왔던 사견과 추측의 가설을 제시하여 보고자 함이다.

돈황본『단경』에는 단경의 편자로서 '홍법제자법해집기(弘法弟子法海集記)'라고 기술하고 있고, 서품에도 "자사(刺史) 위거(韋據)는 門人 法海로 하여금 (혜능의 설법을) 집기(集記)하게 하고 후대에 유행토록 했다."라고 기록하고 있다.

그 외에도『단경』에 法海의 이름은 십대제자의 一人으로뿐만 아니라 2, 3, 47, 50, 51, 53, 54, 58단 등에 보이며 육조 혜능과의 문답자로서 흡사『금강경』의 수보리와 같은 존재로 등장되고 있다. 그리고 58段에도 '此壇經 法海上座集'이라고 하고 혜능 - 법해에 이어지는『단경』품승자(禀承者)의 계보까지 기술하고 있다.

돈황본『단경』에서의 법해의 존재는 실로 중요한 역할을 담당하고 있다. 일찍이 柳田聖山氏는『단경』의 작자로 기록한 법해를 우두종계의 인물로 간주하고『단경』의 古本은 우두종파의 소산이라 논한 바도 있었다.[15]

그런데 이상한 일은 돈황본『단경』에는 법해의 전기나 기연(機緣)이 없다는 점이다. 실제로 소주자사 위거(韶州刺史 韋據)나 법해라는 인물은 모두『단경』외에 다른 곳에도 그들의 전기가 없다. 두 사람 모두 石井本『신회어록』의 혜능장에 이름이 보이는 것뿐이다.

---

15) 柳田聖山,『初期禪宗史書の研究』, 174쪽 참조.

『전등록』제5권, 소주법해선사전은 다른 혜능의 제자들처럼, 『단경』에 의거하여 새롭게 만들어 첨가한 것이다.

법해의 생애에 대해선 실제 아무것도 알 수 없다. 아마도 『단경』의 작자는 석정본 『신회어록』의 육조혜능장에, 혜능의 제자로서 일단의 문답을 주고받는 법해라는 인물을 가차(假借)하여 편자(編者)로 등장시킨 것으로 보인다.[16]

『단경』의 작자 문제를 거론할 때 반드시 인용되는 자료가 위처후(韋處厚)(773~828)가 지은 「홍복사내도량공봉대덕대의선사비명(興福寺內道場供奉大德大義禪師碑銘)」(『全唐文』 715)에 보이는 다음과 같은 일절이다.

낙양에서는 신회라는 선승은 혜능의 불법을 체득하여 인가를 받아 홀로 지혜의 광명을 비추었다. 당시 (북종의) 선승들은 불법의 진실을 알지 못하고 탱자를 귤로 착각하고 있었다. 그래서 (신회는) 『단경』을 지어 종지를 전하는 기준으로 삼고 불법의 우열을 가렸다. (洛者曰會, 得總持之印, 獨暉瑩珠. 習徒迷眞, 橘枳變體, 竟成壇經傳宗, 優劣詳矣.)

일찍이 胡適氏는 「하택선사전」에 이 일단을 근거로 하여 『단경』의 작자를 신회로 간주했었다.[17]

여기서 문제가 되는 것은 '壇經傳宗'의 해석인데, 胡適씨는 '壇經'과 '傳宗'을 둘 다 書名으로 보고, 종밀의 『중화전심지선문사자승습도(中華傳心地禪門師資承襲圖)』(原名 『배휴습유문(裵休拾遺門)』)에 인용한 『祖宗傳記』를 가리키며, 마치 위처후(韋處厚)가 설한 것과 같이 단경의 전

---

16) 鈴木貞太郎編, 『敦煌出土荷澤神會禪師語錄』(日本, 森江書店 昭和 9年), 62쪽.
17) 胡適, 『神會和尙遺集』, 8쪽, 75쪽.

종을 말한 것이며, 또한 독고패(獨孤沛)가 기록한 사자혈맥전(師資血脈傳)이다.(傳宗傳記, 似卽是韋處厚說的 壇經傳宗之傳宗. (此)亦卽是 獨孤沛所說的 師資血脈傳.)18)라고 논하고 있다. 호적 박사는『단경』과 '傳宗'을 모두 신회 계통의 제자들이 쓴 책[書名]으로 보고 있다.

이러한 胡適의 해석을 비판한 사람이 여징(如澂)의『中國佛學源流略講』(中國: 中華書局, 231쪽, 1979년)이었다. 또 柳田聖山氏도「語錄の歷史」에서 "傳宗이란 십대제자를 의미한 것으로 재언을 요하지 않는다."라고 논하면서 돈황본『단경』의 혜능의 십대제자(47段)를 거론한 것을 가리키는 것이라고 해석하고 있다.19)

그런데 필자는 '단경의 전종'이란 남종의 祖, 혜능이 남종돈교의 종지를 개연한 것을 편집한『단경』의 품승(稟承)과 傳持를 가리키는 것이라고 생각하고 있다. 그것은 돈황본『단경』에서 주장하는 십대제자에의 전승을 강조하는 것은 물론이고,『단경』의 서품을 비롯하여 수처에 걸쳐서 주장하고 있는『단경』의 품승과 전지를 가리키는 것으로 보아진다.20)

즉,『단경』의 서품에 다음과 같이 전한다.

소주 자사 위거는 문인인 법해 스님에게 혜능 대사의 설법을 모두 모아 기록하게 하여, 후대에 널리 유행하도록 하였으며, 불법을 닦는 사람들이 모두 함께 이 종지를 이어 받아서 서로서로 전수케 하고 의거하게 하며, 품승하도록 이 『단경』을 설했다. (刺史遂令門人僧法海集記, 流行後代. 與學道者, 承此宗旨 遞相傳授 有所依約, 以爲稟承 說此壇經.)

남종의 조사 혜능의 설법집인『단경』은 최초부터 경전의 결집형식을

---

18) 胡適,『神會和尙遺集』, 8쪽, 75쪽.
19)『東方學報』第57號, 447쪽.
20) 敦煌本『壇經』에『壇經』의 傳持와 稟承을 主張하고 있는 段은 3, 40, 47, 49, 58, 59, 60段 등이다.

빌려, 의도적으로 만든 서적이며 남종의 종지인 『단경』의 전지와 품승을 전권에 걸쳐서 일관되게 강조하고 있다.

그것은 다음의 십대제자에게 부촉하는 일단에서 가장 잘 나타나고 있다.

혜능 대사가 말했다. "열 명의 제자들이여! 지금 이후로 남종돈교의 법(法)을 전하라. 차례차례로 1권의 『단경』을 교수(教授)하고 가르치면서 근본 종지를 상실하지 않도록 하라. 『단경』을 품수(稟受)하지 않으면 내가 설한 남종돈교의 종지를 계승한 사람이 아니다. 지금 남종돈교의 종지를 깨달아 체득했다면 후대에 널리 유행시키도록 하라.

『단경』의 법문을 깨달아 체득하게 되면 나를 만나서 직접 나의 법을 전수받은 것과 같다."

열 명의 스님들은 혜능 선사의 가르침을 받고 각기 이 법문을 기록하여 『단경』이라 하고 후대에 널리 유행하도록 했다. 이 『단경』을 전수 받은 사람은 반드시 견성한다. (大師言, 十弟子, 已後傳法 遞相教授一卷壇經, 不失本宗. 不稟受壇經, 非我宗旨. 如今得了. 遞代流行. 得遇壇經者, 如見吾親授」十僧得教授已, 寫爲壇經, 遞代流行, 得者必當見成.)

돈황본 『단경』은 십대제자에 대한 인가증명의 의미를 가지고 있다고 말할 수 있다. 주의해야 할 점은 그 대표자가 되는 신회는 그의 어록에서 『단경』에 대해서 한마디의 언급도 없다는 것이다.

또 다음의 일단은 『단경』의 품승과 전지에 대해서 한층 더 구체적으로 강조하고 있다.

혜능 대사가 조계산에 거주하면서 소주와 광주를 중심으로 40여 년 간 설법하고 중생들을 교화하였다. 그의 문인에 대해서 말한다면 출가와 재가를 합쳐 15,000여 명으로 말로써 모두 다 설할 수가 없을 정도이다.

남종돈교의 종지에 대해서 말한다면 『단경』을 전수하여 이 법문에 의거하도록 했다. 만약 『단경』을 전수받지 못하였다면 남종의 종지를 품승(稟受)하지 못한 것이다. 반드시 어느 곳, 언제, 어느 때에 누구로부터 전수받았는지 성명(姓名)을 분명히 기록하여 서로서로 부촉하도록 해야 한다.

『단경』의 품승을 받지 못한 사람은 남종(南宗) 돈교의 제자가 아니다. 아직 『단경』의 품승을 받지 못한 사람이 비록 돈교의 법문을 설한다고 할지라도 아직 남종의 근본 종지를 알지 못하기 때문에 결국 시비를 타투는 논쟁을 면하기 어렵다. 남종돈교의 정법을 인가받은 사람은 오로지 수행에 전념하도록 하라. 논쟁은 바로 승부를 다투는 중생의 마음이니, 불도에 위배된다. (大師住曹溪山, 昭廣二州, 行化四十餘年. 若論門人, 僧之與俗, 約有三五千人, 說不可盡. 若論宗旨, 傳授壇經, 以此爲依約. 若不得壇經, 即無稟受. 須知去處, 年月日, 姓名, 遞相付囑. 無壇經稟承, 非南宗弟子也. 未得稟承者, 雖說頓敎法, 未知根本, 終不免諍. 但得法者, 只勸修行. 諍是勝負之心, 與佛道違背.)

남종의 종지는 『단경』이며 그것을 품승, 전지하고 전수하는 사람이야 말로 남종의 제자이다. 『단경』의 품승이 없으면 남종의 정통제자가 아니라고 강조하면서 去處, 年月日, 姓名을 명확히 하고 서로 부촉할 것을 주장하고 있다.

이 일단의 후반은 일찍이 북종계의 『능가경』의 전지설에 대한 남종의 입장을 『단경』의 품승과 전지로서, 돈교의 입장으로 특색 지으려고 한 의도로 보인다.

특히 "『단경』의 품승이 없는 자는 남종의 제자가 아니다. 아직 품승을 얻지 못한 자는 비록 돈교의 법을 설한다고 할지라도 그 근본을 알지 못한대[云云]"라는 일절에서 명시하고 있는 것처럼, 같은 남종의 가운데서도 『단경』의 전수로서 남종의 정통법통, 혹은 남종돈교의 종지의 상승자로 규정하려는, 『단경』의 작자를 중심으로 한 일파의 입장을 엿볼 수 있게 한다.

앞에서 인용한 「대의선사비명(大義禪師碑銘)」에서 "마침내 『단경』의 전종을 만들어 우열을 가렸다."라고 하는 일절은 분명히 『단경』의 품승을 강조하는 돈황본 『단경』에 대한 이러한 입장을 지적한 것이라고 할 수 있다.

사실 돈황본 『단경』에는 앞에서 인용한 49段, 40段의 주장에 직결된 것으로 『단경』의 전수로서 남종의 품승을 입증시키려 한 사자간(師資間)의 전수 사실을 기록한 것이 다음과 같이 보인다.

이 『단경』은 법해 상좌가 혜능 대사의 법문을 정리했다. 법해 상좌가 입적할 때 그의 동문인 도제(道際) 스님에게 전수했고, 도제 스님이 입적할 때 그의 제자(문인) 오진(悟眞)에게 전했다. 오진은 영남 조계산 법흥사(法興寺)에 거주하면서 현재까지 남종돈교의 법(法)을 전수하고 있다. (此壇經, 法海上座集. 上座無常, 付同學道際道際無常, 付門人悟眞. 悟眞在嶺南曹溪山法興寺, 現今傳授此法.)

여기엔 『단경』의 품승과 전수자의 계보로서 '法海－道際－悟眞'이라는 삼대에 전승된 사실을 명기하고 있다.

　이 일단의 기사는 편자 법해가 도제－오진 등 후대의 계보를 기록하는 모순이 있어, 후대에 부가된 것이 아닌가 하고 추측되겠지만, 원래『단경』은 법해가 만든 것이 아니다. 따라서 이것도 서품의 말에 부응하는 것으로 빈번하게 주장하는『단경』의 품승의 사실을 입증시키기 위해 처음부터 의도적으로 만든 일단이라 말할 수 있다.

　이러한『단경』의 전수와 품승의 계보는 혜흔본(惠昕本)『단경』에도 보이는데,21) 이것은『단경』의 성립과 실제로 밀접한 관계를 갖는 것이라고도 볼 수 있다. 즉,『단경』의 성립은『단경』의 품승을 주장하면서 三代의 전지자(傳持者)로 등장된 오진이라는 사람에 의해서 만들어진 것인지도 모를 일이다.22) 그러나 오진이라는 인물에 대해선 전연 알 수 없어 더 이상 추론할 수가 없음은 안타까운 일이다.

　돈황본『단경』은 북종계의『능가경』전지설(傳持說)과 신회가 주장한 전의설(傳衣說),『금강경』의 수지설(受持說) 등의 영향을 받아,『단경』을 가지고 남종돈교의 정통적인 사자상승과 전법의 증거로 삼으려고 한 것이었음을 알 수 있다.

　그것은 앞에서 인용한 것처럼 십대제자에게 부촉하는 一段(49段)에서 가장 노골화되어 있다. "『단경』을 만나 얻은 이는 내가 친히 주는 것을 만남과 같다."라고 한 말이나, "『단경』을 얻은 이는 반드시 견성한다."라고 말한 것처럼,『단경』의 품승, 전지와 돈오견성을 결합시켜 강조하고 있다. 이는 흡사『금강경』의 수지공덕의 주장을 생각나게 하는 것인데, 어쨌든『단경』은 최초부터 남종돈교의 성전(聖典)으로서의 의미를 부여

---

21)『慧能硏究』, 388쪽.
22) 柳田聖山氏도「語錄의 歷史」에서『壇經』의 作者를 悟眞으로 추측하고 있다(『東方學報』第57號, 412쪽 참조).

하고 있다고 볼 수 있다.

특히 앞에서도 언급한 것처럼 불타의 경전에 비기어 '경(經)'이라고 부르는 것은 그 한 증거[一證]이며, 이것은 제불과 조사와의 동격의 의미를 갖는다. 『단경』의 서품의 기술을 비롯하여 십대제자에게의 부촉, 『단경』의 품승, 전지의 공덕을 설하고 있는 것 등은 거의 경전의 양식을 취하고 있다 하겠다.

『단경』의 십대제자에게 부촉은 다음과 같다.

혜능 대사는 드디어 문인 제자 법해(法海), 지성(志誠), 법달(法達), 지상(智常), 지통(志通), 지철(志徹), 지도(志道), 법진(法珍), 법여(法如), 신회(神會) 등을 불러 모이게 했다.

육조 대사는 말했다. "너희들 열 명의 제자들은 가까이 오라. 너희들은 다른 제자들과는 같지 않고 특별한 사람들이다. 내가 입적한 뒤에 각기 한 지역의 스승으로 지도자가 될 것이다." (大師遂喚門人法海, 志誠, 法達, 智常, 智通, 志徹, 志道, 法珍, 法如, 神會. 大師言 汝等十弟子近前. 汝等不同餘人. 吾滅度後, 汝(等)各爲一方師.)

돈황본 『단경』에서 혜능의 십대제자 중, 기연(機緣)을 싣고 있는 사람은 志誠, 法達, 智常, 神會 四人뿐이며 法海에 대해선 따로 언급하지 않고 있는 것도 이상한 일이다.

『단경』의 십대제자 가운데 신회 이외는 거의 알 수 없으며, 또 四人의 기연도 작자에 의해서 만들어 낸 이야기임은 재언을 요하지 않는다.[23]

사실 『단경』에 등장하는 인물 중 홍인, 신수, 혜능, 신회 등 四人 이외엔 전부 작자에 의한 가상의 인물이며, 또 이 四人도 실전이 아니고, 작

---

23) 柳田聖山氏의 前揭書, 267쪽 참조.

자가 창작한 『단경』상의 등장인물임을 잊어선 안 된다.

또 『단경』의 서품에서 말하는 소주 대범사라는 장소를 비롯하여 소주 자사 위거,[24] 僧 법해 등도 작자가 창작한 무대이며 가공의 인물로서, 십대제자나 『단경』의 품승자의 이름도 마찬가지라 할 수 있다.

이것은 혜능 문하를 대표하는 남양혜충(南陽慧忠), 사공산본정(司空山本淨), 영가현각(永嘉玄覺), 남악회양(南岳懷讓), 청원행사(青原行思) 등 가장 잘 알려진 사람들을 전부 무시하고, 일부러 가공의 인물을 등장시켜, 통속적인 '혜능 출현 이야기'로 묶은 것이 『단경』이라고 할 수 있다. 혜능 출현을 소재로 한 통속적이고 허구적인 이야기를 만들기 위해선 실제로 실존인물보다는 가공의 인물을 창작하는 편이 효과적으로 묘사할 수 있는 것이다.

또한 『단경』의 작자는 처음부터 자기의 이름을 밝히지 않고 석정본 『신회어록』의 혜능장에 보이는 법해를 편자로 선정해 놓고 있다. 그러면 실제로 『단경』의 작자는 누구일까? 혹은 어떤 계통의 인물에 의해서 만들었을까? 이 문제에 대한 확실한 해답을 제시하기란 어렵지만, 여기서 필자의 추론(推論)을 정리해 보기로 한다.

앞에서 인용한 「대의선사비명(大義禪師碑銘)」의 신회에 대한 평가와 『단경』의 서명(書名)에 주의해 보자.

낙양에서는 신회라는 선승은 혜능의 불법을 체득하여 인가를 받아 홀로 지혜의 광명을 비추었다. 당시 (북종의) 선승들은 불법의 진실을 알지 못하고 탱자를 귤로 착각하고 있었다. 그래서 (신회는) 『단경』을

---

24) '韶州刺史韋據'라는 이름은 法海와 마찬가지로 石井本 『神會語錄』의 慧能章에 처음 등장한다. 거기엔 "殿中丞韋據가 碑文을 지었다."라고 하고 그 碑는 開元七年에 磨改되었다고 하며, 『歷代法寶記』에도 전승되어 있다. 『壇經』의 작자는 이러한 인물을 借用한 것이다.

지어 종지를 전하는 기준으로 삼고 불법의 우열을 가렸다. (洛者曰會,
得總持之印, 獨暉瑩珠. 習徒迷眞, 橘枳變體, 竟成壇經傳宗, 優劣詳矣.)

여기에 귤지변체(橘枳變體)는, 안자(晏子)의 '강남의 귤이 강북에 가면
탱자가 된다(橘化爲枳)'라는 고사를 인용한 것으로 경우의 변화가 인간
의 기질을 바꾼다는 것을 비유한 말이다. 그리고『단경』이라는 기록은
초기 선종문헌에 처음 전하는 것으로 이러한 지적은 믿을 만한 시대적
자료라고 생각한다. 그것은 물론, 후에 논할『전등록』제28권, 혜충의 남
방종지비판보다도 오래된 자료이다.

따라서 필자는 '대의선사비명'에서 지적한 것처럼,『단경』은 신회계의
어떤 인물에 의해서 만들어진 작품이라고 추정하고 있다.

그 이유는 「대의선사비명」의 기록과 돈황본『단경』에서의 신회의
위치와 존재적 비중이다.

먼저 돈황본『단경』에서의 신회의 존재와 위치를 살펴보자. 앞에서도
논해 온 것처럼『단경』의 십대제자 중, 전기가 확실한 사람은 신회 한
사람뿐이며, 특별히 혜능을 참문한 기연(50段)을 싣는 외에도 혜능이 후
계자로서 간접적으로 지목한 이십년현기(二十年懸記)는 실로 분명하게
제시한 표현이라고 하겠다.

돈황본『단경』에 혜능의 십대제자와 신회 등 四人이 참문(參問)하는
기연(機緣)을 싣고는 있지만, 실제 홍인―혜능―신회에의 법통을 골격으
로 한 것이며, 그 이외에 그 누구를 천명하려고 하는 움직임은 보이지
않는다. 실로 십대제자라는 구성도『능가사자기』홍인장에 홍인의 십대
제자설에 자극 받아 새롭게 편성시킨 것이며 뒤에 마조의 십대제자설도
이에 기인된 것이라 볼 수 있다.[25]

---

25) 弘忍의 十大弟子說은『楞伽師資記』弘忍章(『大正藏』85권, 1289쪽 下),『歷代法寶記』弘

법장의 『화엄오교장(華嚴五敎章)』에서도 설한 것처럼, 십(十)은 원수(圓數)이며 무진(無盡)의 수를 나타내는[顯現] 것을 의미한다.[26] 이것은 즉 스승[師]의 원만한 숭덕(崇德)을 십대제자로 표현한 것임을 알 수 있다. 돈황본 『단경』의 십대제자의 경우, 오히려 혜능—신회의 법통설에 중점이 있으며, 모두 신회의 그림자 같은 존재에 불과하며, 혜능의 이십년현기는 이러한 사실을 간접적으로 노출시킨 것이라 할 수 있다.

잠시 돈황본 『단경』에서 이십년현기의 부분을 인용하여 고찰해 보자. 참고로 이 이야기의 원형으로 간주되는 석정본 『신회어록』 혜능장의 일절과 대비하면 다음과 같다.

『神會語錄』慧能章	敦煌本 『六祖壇經』(51단)
弟子僧法海, 問曰和上曰, 以後有相承者否. 有此衣 何故不傳, 和上謂曰, 汝今莫問 以後難起極盛, 我緣此袈沙, 幾失身命, 汝欲得知時, 我滅度後 四十年外, 堅立宗者 卽是, 其夜庵然坐化.	上座法海向前言, 大師, 大師去後, 衣法當付何人. 大師言, 法卽付了, 汝不須問. 吾滅後二十餘年, 邪法遼亂, 惑我宗旨. 有人出來不惜身命 定佛敎是非, 堅立宗旨, 卽是吾正法. 衣不合傳.(云云)

혜능 입적(713년) 이후 20년이란, 開元 20년(732) 신회의 골대종론(滑臺宗論)의 사건을 가리킨 것인데, 『단경』은 『역대법보기』 육조혜능전의 내용을 채용한 것이다.[27]

忍章(『大正藏』 51권, 182쪽 上) 等에 記述되어 있다. 그리고 馬祖門下의 十大弟子說은 權德興, 『洪州開元寺石門道一禪師塔碑銘幷序』(791年作, 『全唐文』 501, 『唐文粹』 64, 『文苑英華』 786 等)에 記錄되어 있다.

26) 法藏의 『華嚴五敎章』(『大正藏』 45권, 503쪽 中, 504쪽 下).

원래 이 이야기의 원형(原形)으로 보이는 석정본 『신회어록』에는 혜능 입적 후 40년의 예언으로 되어 있다.[28] 40년이 20년의 오기(誤記)가 아니라고 한다면, 신회 생전에 20년의 예언은 없었음이 틀림없다.

20년 현기를 최초로 주장한 것은, 신회의 활대 종론의 입장을 계승하고 있는 『역대법보기』이다. 돈황본 『단경』은 『역대법보기』의 주장을 채용하여 신회를 혜능의 정법 상승자임을 확정시키려 한 것이라 볼 수 있다.

뒤에 종밀도 『선문사자승습도』나 『원각경대소초』 등에서 돈황본 『단경』의 이십년현기를 근거로, 빈번히 신회의 정통상승자임을 강조하고 있는 사실도[29] 주목해야 할 것이다.

신회라는 인물은 스승 혜능의 정법을 전개하므로 노출된 사람이 아니고, 오히려 그 반대로, 스승 혜능의 존재가 뛰어난 제자 신회의 '육조현창운동(六祖顯彰運動)'에 의해서 일층 분명하게 된 것임을 잊어선 안 된다.

활대 종론의 기록인 『보리달마남종정시비론』, 『신회어록』 등의 육조 혜능을 둘러싼 여러 이야기는 실제 『단경』의 구성과 소재가 되고 있다. 말하자면, 『단경』에 종합되고 있는 육조 혜능에 관한 모든 것이, 신회의 육조현창운동의 연장선상에서 전승되고 발전된 것으로 그 범위를 벗어난 것이 아니라는 점이다. 또 돈황본 『단경』에 주장하고 있는 전의설과

---

27) 『歷代法寶記』慧能章에는 다음과 같이 記述되어 있다.
曹溪僧玄楷智海等問, 和上已後, 誰人得法承後, 傳信袈裟. 和上答, 汝莫問, 已後難起極盛. 我緣此袈裟, 幾度合失身命. 在信大師處三度被偸, 在忍大師處三度被偸, 乃至吾處六度被偸 竟無人偸. 我此袈裟, 女子將去也. 更莫問我. 汝若欲知得我法者 我滅度後二十年外 堅立我 宗旨, 卽時得法人. 至先天二年 忽告門徒 吾當大行矣.(『大正藏』51권, 182쪽 下)

28) 石井本 『神會語錄』에서 主張하는 慧能沒後四十年懸記는 安史의 大亂時, 神會가 香水錢의 功德으로 肅宗(756~762)의 入內供養을 받은 사실을 강조한 것임엔 틀림없다. 『宋高僧傳』 제8권 하택신회전(『大正藏』50권, 757쪽 上) 참조.

29) 『中華傳心地禪門師資承襲圖』(Z.110 - 433, d. 434, 上, 中). 『圓覺經大疏鈔』下(Z.14 - 277, 中), 『圓覺經略疏鈔』제4권(Z.15 - 131, 中, 『林間錄』卷上(Z.148 - 298, 上)에서는 宗密을 비 난하고 있다.

남종돈교의 종지로 규정하고 있는 선사상의 경우도 마찬가지인 것이다.

반야바라밀법에 기반을 둔 삼학설(三學說), 돈오견성 무념(無念), 무주(無住), 좌선의 정의와 일행삼매(一行三昧), 『금강경』의 선양 등 이 모두 신회에 의해서 주장된 새로운 남종의 선사상을 계승 발전시켜, 혹은 심지법문(心地法門)이라는 당시의 유행하는 사조적(思潮的) 선사상을 채용하여 독자적인 혜능의 설법집으로 재편한 것이 『단경』이다.

돈황본 『단경』에서 설하고 있는 이상의 선사상과 개념 용어는 거의 신회의 주장을 이어받은 것이긴 하지만, 『신회어록』보다 일층 발전된 사상임을 잊어서도 안 된다. 이것은 초기 선사상사에 있어서 중요한 과제이다.

돈황본 『단경』의 성립 연대가 8세기 말(790년경)로 신회(684~758)의 멸후 30년이 지난 뒤에 만들어진 것이다. 더욱이 안사(安史)의 대란 이후 급변한 시대적 사조와 선사상의 발전을 반영한 것으로 이해할 수 있다.

『단경』의 작자는 혜능의 20년 현기 등을 응용하여 신회의 법통설을 강조하는 한편, 선사상의 기술에도 신회의 입장을 옹호한 경향이 보인다.

43단의 지성(志誠)의 참문기연(參問機緣)에 지성이 북종신수의 교설로서 전하는, "제악부작명위계(諸惡不作名爲戒), 제선봉행명위혜(諸善奉行名爲惠), 자정기의명위정(自淨其意名爲定) 차즉명위계정혜(此卽名爲戒定慧)"라는 三學說은, 실제 신회가 『단어』에서 설하는 법문이다.[30]

『단경』의 작자가 이것을 일부러 북종 신수의 교설로 규정하고 혜능의 심지법문의 삼학설로서 비판하고 있음은 심의(深意) 있는 처사라고 할 수 있다. 그것을, 혜능의 정법상승자인 신회의 법문이라고 할 수는 없는

---

30) 神會의 『壇經』에 다음과 같이 主張하고 있다.
「經云, 諸惡莫作, 諸善奉行, 自淨其意 是諸佛敎. 過去一切諸佛, 皆作如是說, 諸惡莫作是戒, 諸善奉行是慧 自淨其意是定.」(『神會和尙遺集』 228頁).

것이며, 스승 혜능의 사상보다도 제자의 선사상이 시대적으로 선행된 모순을 드러낼 수도 없기 때문이다.

지금의 단계에서 『단경』의 작자를 확정할 만한 직접적인 자료는 아무 것도 없다. 필자는 이상과 같은 견지에서, 일단은 「대의선사비명」의 기사와 돈황본 『단경』에 있어서의 신회의 존재와 위치를 고려해서 신회계의 어떤 인물에 의해서 제작된 것임을 가정해 두고자 한다.

IV. 『壇經』의 제작 의도

『단경』의 작자는 왜 자기의 이름을 숨기고 있을까? 그리고 왜 『단경』을 제작하였으며, 그 필요성은 무엇이었을까? 이곳에선 이러한 문제점을 중심으로 고찰해 보고자 한다.

필자는 이러한 문제점을 두 가지 측면에서 생각해 보려고 한다. 하나는 남종의 조(祖)로서의 혜능상의 정립과 남종돈교의 설법집이고, 둘째는 신회의 육조현창운동 이후 북종의 신수의 권위에 도전하는 남종의 혜능 출현을 통속적인 대중문학작품으로서 편집한 책으로 본다.

먼저 혜능의 설법집으로서 『육조단경』을 제작할 필요성에 대해서 논해 본다. 그것은 즉 남종의 조(祖)로서 선종의 이상적인 인격 육조 혜능을 성위(聖位)의 조사로서 추앙하여, 남종돈교의 종지로서의 권위와 의미를 부여하려고 한 점이다.

신회의 육조현창운동 이후의 혜능의 존재는 달마계의 선종의 제6대 정법 상승자로서, 또한 돈교의 법을 설한 남종의 조(祖)로서 추앙된 것은 주지(周知)의 사실이다. 신회의 『보리달마남종정시비론』을 비롯한 『신회어록』, 『역대법보기』 등의 『육조혜능전』, 『조계대사전』 등은 그러한 운동을 집성한 것이라 할 수 있다.

그런데 당시 혜능의 제자인 신회의 설법집과 어록은 몇 가지가 세상에 널리 유통되고 있었으며, 또한 달마의『이입사행론』, 도신과 홍인, 북종 신수의 설법집도 전승되고 있었음에도 불구하고 아직 남종의 조(祖)인 육조 혜능의 정리된 전기나 그의 육성을 전하는 돈교의 설법집은 없었던 것이다.

또 신수나 신회는 입적 후 곧 왕실로부터 명예스러운 조사호(禪師號)가 하증(下贈)되었으나 아직 혜능에게는 권위 있는 시호(諡號)도 없었다. 사실『단경』의 출현 이전 혜능의 모습은 제자 신회의 입을 통해서만이 알 수 있는 존재였다고 할 수 있다. 북종 신수의 법통이 방계임을 입증하고 배척하기 위해 등장된 남종의 조사 혜능의 모습밖에 보이지 않았었다.

『신회어록』과『역대법보기』육조 혜능의 전기가 거의 모두가 그러한 법통설에 근거를 두고 만들어진 것이며, 혜능전의 자료 중 가장 오래된 왕유(王維)의 「육조혜능선사비명」(『全唐文』327)도 신회의 요청에 의해서 만들어진 것으로 역시 같은 입장이다.

또『조계대사전』(781년)이라는 육조혜능전을 기록한 전기집도 있는데, 이것은 법재의 「광효사예발탑기(光孝寺瘞髮塔記)」 등의 자료를 활용하여 보림사의 역사를 중심으로 정리한 것이다.

말하자면 단편적인 육조 혜능의 전기는 다소 만들어졌으나 종합적이지 못하고 또 실제 혜능의 설법과 법문의 내용은 확실하게 전하는 자료가 없는 실태였다.

『단경』의 작자는 남종의 조사로서 육조 혜능의 전기와 남종선의 특징 있는 돈교의 종지를 혜능의 육성의 설법집으로 만들어야 할 필요성을 느끼게 되었다. 따라서 종래 알려진 여러 가지 혜능에 관한 자료를 모두 수집하여 무상계의 수계설법집이라는 형식을 취한 남종돈교의 종지를 개연한 혜능의 설법집을 구상한 것이 『육조단경』이다.

일찍이 신회가 주장한 법통설과 전의설은 당시 가장 번성한 북종 세력에 대한 자파의 입장을 천명하기 위한 임시방편의 억설이었다. 그러나 안사(安史)의 대란(大亂) 이후 정세의 변화와 함께 북종의 쇠락으로 소위 남북대립의 시대가 지난 지금, 혜능의 존재는 새로운 시대의 남종의 祖로서, 선종의 이상적인 인격자로서 추앙되고 있었음을 알 수 있다.

말하자면 『육조단경』은 중국에서 많이 만들어진 위경의 종류나 달마의 이름을 붙인 『달마론』 등의 설법집이 등장하게 된 것과 똑같은 사정으로 육조 혜능의 친설법집의 형식을 갖춘 후대의 저술인 것이다. 즉 이것은 당시의 사람들이 혜능에게 기대한 신앙의 일면이기도 하며, 시대적 요청에 부응하기 위해 만든 것이라고 할 수 있는 것이다.

한편 『단경』은 육조 혜능의 출현 이야기로서 대중적이고 통속적인 문학작품으로서 만들어진 것이다. 이는 앞에서 언급한 것처럼 혜능이라는 매력 있는 사람의 구도와 행화를 골격으로 종교문학의 주인공으로 선정하여 구상한 것이 『육조단경』이다.

원래 『단경』의 작자는 자기의 이름을 밝히지 않고, 『단경』을 만든 것은 확실한 사료(史料)에 근거를 둔 역사적인 존재의 혜능전과 설법집을 만들 의도는 처음부터 없었을 것이 분명하다. 또 그러한 목적이었다 할지라도 자료가 없었다. 작자는 오히려 신회의 육조현창운동으로 전개된 다양한 화제를 소재로 하여 흥미 있고 시대의 대중성 풍부한 구도자의 일생을 중심으로 혜능 출현 이야기로 엮은 것이 『육조단경』이었다고 할 수 있다.

황매산 오조 홍인의 도량을 무대로 산문(山門)을 대표로 한 신수를 상대로 변방의 갈료출신(獦獠出身)이며, 시골 전사아(田舍兒) 노행자(盧行者)의 구법(求法) 이야기를 문학적으로 구상한 것이다. 특히 정법을 찾아 불굴의 투쟁을 묘사하고 정법의 상승을 증명하는 가사로 조위(祖位)의 전법 사실과 그 유래를 혜능 스스로 회고담으로 이야기하게 하는 작자의 교묘한 구상은 시대의 독서물로서 풍미하기엔 충분했다.

최근 돈황에서 발견된 돈황변문(敦煌變文) 중에는『태자성도경(太子成道經)』,『대목건련명간구모변문(大目乾連冥間救母變文)』,『여산원공화(盧山遠公話)』,『순자변(舜子變)』,『파마변문(破魔變文)』,『강마변문(降魔變文)』등 중국에서 찬술된 종교문학이 많이 소개되고 있다.31)

필자는 돈황본『육조단경』도 이러한 돈황 변문(變文)과 똑같은 성격을 갖고 출현한 문학작품으로만 생각하고 있으며, 당대의 선종(혹은 중국불교)의 사람들은 이러한 시점에서 통속적인 '혜능 출현 이야기'로서『단경』을 읽었다고 생각한다. 이러한 문제점을 초기 당대 선종의 차원에서 고찰해 보기로 한다.

안사(安史)의 대란(亂) 이후, 8세기 말 경의 선종은 북종선의 시대가 막을 내리고 혜능계의 남종선의 선종 각파가 많이 활약하고 있었다. 신회계의 하택종, 사천의 보당종, 금릉의 우두종, 마조계의 홍주종 등이다.

당시에 있어서 혹시『단경』이 금일 우리들이 혜능의 설법집으로 인정하고 있는 것처럼, 정말로 남종의 祖, 혜능의 돈교의 설법을 기록한 것이라고 인정한 권위 있는『육조단경』이었다면 『단경』에서 빈번하게 강조하고 있는 것처럼, 선종(禪宗) 각파(各派)의 사람들은 서로『단경』의 품승(禀承)과 전지(傳持)를 주장하면서 옹호했을 것임엔 틀림없다. 더욱이 앞에서 인용한 「대의선사비명(大義禪師碑銘)」이나『전등록』제28권의

---

31) 金岡照光,『敦煌の文學』(日本, 大藏出版 昭和 46年 6月) ; 入矢義高,『佛敎文學集』(中國古典文學大系, 60, 平凡社) 等 참조.

혜충의 비판은 있을 수 없을 것임에는 틀림없다.

또 혜능계의 남종의 입장을 주장하는 선종의 사람들은, 자파(自派)의 조사[祖]인 육조 혜능의 설법집으로서 권위 있는『단경』을 그들의 저술이나 어록, 선종사서 등에 많은 인용은 물론 주석서나 단경찬(壇經贊) 등이 만들어졌을 것임엔 틀림없다.

그러나 당대 선종계의 사람들의 저술이나 어록, 전등사서류에는『육조단경』의 인용은 물론 어느 곳에서도 서명(書名)을 거론한 곳이 없을 정도로 냉담한 태도를 취하고 있으며 오히려 비판적인 입장이라고 말하지 않을 수 없다. 예를 들면 앞에서 인용한「대의선사비명」이나 혜충의 남방 종지 비판은 그러한 입장을 표명한 대표적인 예라 할 수 있다.

또 징관의 『화엄경수소연의초(華嚴經隨疏演義鈔)』나, 종밀의 『도서(都序)』,『선문사자승습도(禪門師資承襲圖)』,『원각경대소초』 등의 저술에『단경』의 심게(心偈)를 편의적으로 인용하고 있음에도 불구하고, 실제로 그 인용 자료의 근거가 되는『단경』이라는 서명(書名)을 한 곳에도 밝히지 않고 있다.[32]

이러한 경향은 황벽의『전심법요(傳心法要)』,『동산록(洞山錄)』,『보림전(寶林傳)』,『조당집(祖堂集)』 등의 선종어록이나 선종사서에도 마찬가지이다.[33] 말하자면 당대 선종의 사람들은 당시 많이 유행하고 있는『육

---

32) 澄觀의『華嚴經隨疏演義鈔』제21권 (『大正藏』36권, 164쪽 下) ;『大乘要語』(『大正藏』85권, 1206쪽 下). 宗密의『禪源諸詮集都序』(『大正藏』48권, 402쪽 中) 註記 29) 참조.『圓覺大疏鈔』제3권 下(Z.14 - 277, 上・278, 中),『圓覺經略疏鈔』제4권 (Z.15 - 131, 中), 黃蘗의『宛陵錄』(『大正藏』48권, 385쪽 中),『洞山錄』(『大正藏』47권, 524쪽 中),『祖堂集』제2권, 弘忍章(1 - 84~85), 제18권, 仰山章(5 - 62) 등에『壇經』의 이야기와 心偈의 一部가 인용되어 있다. 다만 心偈의 轉句가 '本來無一物'로서 인용된『祖堂集』・『宛陵錄』・『洞山錄』은『六祖壇經』에서 직접 인용된 것으로 볼 수는 없다. '本來無一物'은『寶林傳』以後 새롭게 改造된 것으로 보아짐으로 아마『寶林傳』에서 인용한 것으로 보아야 옳을 것이다.

33) 각주 32) 참조.

조단경』을 가볍게 '혜능 출현 이야기'로서 읽었을 뿐이다.

앞의 「대의선사비명」과 『전등록』 제28권, 혜충의 어록에 '단경'이란 서명을 밝히고 있는 것은 아마도 최초의 일이며 이례(異例)의 사건이지만, 모두 비판의 의도를 갖고 있으며, 더구나 육조 혜능과는 전연 무관한 기사이기도하다. 따라서 『육조단경』을 혜능의 설법집으로 인정하면서 자기들의 저술이나 어록 등에 다른 선적(禪籍)처럼 공공연히 그 서명과 내용을 거론하는 것을 일부러 피했던 것이 아닐까? 이는 즉, 당대 선종의 사람들은 『육조단경』을 혜능의 설법집으로 인정하지 않았음을 단적으로 이야기하고 있는 것으로 볼 수 있다.

『단경』을 '혜능 출현 이야기'로서, 구도자의 일생을 그린 종교문학으로서 쉽게 읽었지만, 실제로 『단경』을 권위 있는 남종의 조사[祖] 육조 혜능이 남종돈교의 종지를 개연한 설법집으로 인정한 사람은 아무도 없었던 것 같다.

『단경』은 어떤 작자에 의해서 당초 '혜능 출현 이야기'로 제작된 것은 아닐까? 작자가 자기의 이름을 밝히지 않고 익명의 '법해(法海)'라는 사람을 편집자[編者]로 한 것도 당시 『단경』을 다른 선적과 마찬가지로 돈교의 선사상을 천명시키기 위한 저술이라기보다는 '혜능 이야기' 문학작품으로 제작했기 때문이라고 생각할 수가 있다. 이는 또 『단경』의 출현 이후 선종계에서의 비난과 논란의 대상이 될 것임을 작자는 예상했을지도 모른다.

사실 『육조단경』은 등장 당초부터 비난의 대상이 된 책이기도 했다. 당대 선종의 사람들이 『단경』을 읽으면서도 공공연히 그 서명(書名)을 언급하지 않고 있는 것도 그 일증(一證)이며, 앞에서 인용한 「대의선사비명」의 일절은 당시의 분위기를 직접적으로 표현한 것이라 할 수 있다.

유명한『전등록』제28권의 남양혜충의 남방 종지 비판에 "남방 종지를 주장하는 자들이『단경』을 개환(改換)하여 제멋대로 비담(鄙譚)을 부가하여 성의(聖意)를 손상시키고 후학을 곤혹하게 하고 있다."라고 비판하고 있다.[34]

또 혜흔(惠昕)은『육조단경』의 서문(967年 作)에

　　故我六祖大師, 廣爲學徒, 直說見性法門, 總令自悟成佛. 目曰壇經,
　　流傳後學. 古本文繁, 拍覽之徒, 初忻後厭.[35]

이라고 기술하고 있다. 혜흔이 입수한 고본(古本)은 현존하는 돈황본과 같은 것으로 볼 수 없다. 그런데 그는 "고본 단경은 글이 번잡스럽고 읽는 사람으로 하여금 처음엔 기쁠지 모르나 나중엔 싫증나게 한다."라고 비평하고 있다.

송초(宋初) 낭간(郎簡)의『육조법보기서(六祖法寶記敍)』(1056年 作)에도 "그러나 육조가 설한 법문은 순수하게 공경하는 마음으로 받아들이지만, 걱정스러운 점은 저속한 글이 증가되어 문장은 저속[鄙俚]하고 번잡하여 전연 고증되지 않았다.(然六祖之說 余素敬之. 患其爲俗所增損而文字鄙俚繁雜, 殆不可考.)(『大正藏』52권, 703쪽 下)"라고 기록하고 있다.

송(宋)의 종감(宗鑑)의『석문왕통(釋門正統)』제8권 '의천장(義天章)'에도, "세간에 전하는『육조단경』과『보림전』과 같은 종류의 책은 모두 불태워 버려야 한다.(世所謂, 六祖壇經, 寶林傳等 皆被焚, 除其僞妄.)(Z.130 - 451, d)"라고 하고 있다.

---

34)『傳燈錄』제28권, (『大正藏』51권, 437쪽 下) 慧忠의 南方宗旨批判은 6節에서 再考한다.
35)『慧能硏究』253~254쪽. 石井修道,「惠昕本『六祖壇經』の硏究」(『駒澤大學佛敎學部論集』第11號, 昭和 55年 11月).

일본의 도겐[道元]도 『정법안장(正法眼藏)』 사선비구권(四禪比丘卷)에 "육조단경에 견성이라는 말이 있다. 이 책은 바로 위서(僞書)이다."라고 비판한 기록들은 잘 알려진 자료들이기도 하다.

이상과 같이 『육조단경』은 『단경』을 선양하는 사람들한테서까지 '저속한 문장과 번잡스러운 내용[鄙俚繁雜]'으로 비난의 대상이 되었다.

송초(宋初)의 혜흔(惠昕)의 서(序)나, 낭간(郎簡)의 서문(敍)에 지적한 것처럼, 『단경』은 최초 혜능의 남종돈교의 종지를 설하게 한 것보다 오히려 통속적이고 저속한 문장과 번잡스러운 '혜능 이야기'로 제작되었던 것이다. 따라서 『단경』을 정말 혜능의 설법집으로 간주하고 신앙화하려는 사람들의 입장에서 볼 때 문장이 저속하고 번잡스러운 내용이 문제가 되지 않을 수 없었고, 혜능이 설법한 법문으로 고증하지 않았음을 지적하고 있는 것이다.

사실 냉정하게 생각해 볼 때, 『단경』의 압권(壓卷)이라 할 수 있는 황매산 오조 홍인 문하에서의 '혜능의 구법(求法) 이야기'는 통속적이며 비속한 것이라 하지 않을 수 없다. 특히 육바라밀의 보살도의 수행과 무아(無我), 공사상의 실천을 기반으로 하는 불교의 차원에서 볼 때, 전의설과 전법게라는 실물로서 불법의 행방을 논한다는 것은 픽션이 아니고서는 생각할 수도 없는 것이다. 더욱이 돈황본 『단경』의 수미(首尾)의 제목과 서품 등 수처에 강조하는 반야바라밀은 어떤 교설을 나타내려 한 것일까? 이러한 비리(鄙俚), 비담(鄙譚)의 문장을 혜능의 자서전으로 또 정법의 유래를 혜능의 입을 통해 말하게 하고 있는 것은 실로 문학작품으로서의 차원을 벗어나서 이해하기 어려운 것이라 하지 않을 수 없다.

불타의 정법안장이 전의(傳衣)나 전법게(傳法偈)와 같은 인가증명으로써 해결되는 유상(有相)의 종교일까? 진실을 탐구하는 반야바라밀행의 구도자의 정신에서 볼 때, 『단경』의 이야기는 역시 종교적 차원에서 공공연히 거론하기 어려운 것이라 하지 않을 수 없다.

뿐만 아니라 북종의 신수는 '이경(二京)의 법주(法主), 삼제(三帝)의 국사(國師)'로 가장 존경받은 당대의 명승이었던 사실도 간과(看過)해서는 안 된다.

당대 선종계의 사람들은 그와 같이 저속[鄙俚]한 '혜능 이야기'로서 만들어진 『단경』임을 모두가 잘 알고 있었던 것 같다. 때문에 『단경』을 '혜능 출현 이야기 책'으로, 통속적인 소설처럼 가볍게 읽었으나, 『단경』을 육조 혜능의 설법집으로 인정한 사람은 없었던 것이다. 따라서 당대 선종의 문헌이나 선승들의 저술, 어록 등에 『단경』의 서명을 공공연히 제시하면서 인용하지 않았음을 알 수 있다.

『단경』은 남종의 조사[祖]인 육조 혜능을 주인공으로 했기 때문에 더더욱 많은 사람으로부터 비난의 대상이 되었다고 보아진다. 앞에서 인용한 「대의선사비명」과 혜충 국사의 비판은 그 일부의 기록이었던 것이다.

V. 『단경』의 유통과 혜능상(慧能像)

당대(唐代) 선종(禪宗)의 선승들은 『단경』을 '혜능 이야기'라는 통속적인 문학작품으로 읽었을 뿐이지, 육조 혜능이 설한 남종돈교의 종지라고 간주한 사람은 없었다. 당시 당대 선사들은 『단경』을 읽고 그 내용의 일부를 편리한 입장에서 인용하면서도 『단경』의 서명을 일부러 명기하지 않음은, 허구적으로 창작된 '혜능 이야기 책'을 곧바로 선어록이나 선 문헌으로 취급하지 않았던 사실을 추측할 수 있다.

그러나 시대의 변천과 함께 『단경』이 급속히 보급되자, 처음 '혜능

이야기'로서 만들어져 가볍게 읽혀졌던 『단경』도 새로운 시대를 맞게 된다. 즉 남종의 조(祖)로서, 선종의 이상적인 인격으로서의 혜능상이, '혜능 이야기'인 『단경』을 통해서 점차 정착되어 가기 시작되었으며, 『단경』도 '혜능 이야기'인 본래의 입장에서 탈피하기 시작했다. 그것은 송초(宋初)에 있어서 『단경』의 재편과 내용의 일부가 수정되기 시작하면서 점차로 육조 혜능의 친설법(親說法)으로 간주하는 사람들이 많아져 '경(經)'이라는 제목의 권위에 휩싸여서 성전시(聖典視)하려는 경향이 강하게 된 것이다.

여기서는 이러한 『단경』의 유통과 변질을 통하여, 송초 선종에서 제시하는 혜능상의 일면을 고찰해 보고자 한다.

일본의 圓仁(794~846)의 『입당구법목록(入唐求法目錄)』에는 그가 장안에서 『曹溪山第六祖慧能大師說見性頓敎直了成佛決定無疑法寶記壇經』(沙門法海集)을 입수하였고, 또 圓珍(814~891)은 중국의 福州, 溫州, 臺州에서 『단경』을 입수했다고 목록에 기록하고 있다.36)

아마도 모두 돈황본과 똑같은 고본이라고 간주되는데, 당시 중국에서

---

36) 圓仁, 『入唐新求聖敎目錄』(『大正藏』55권, 1083쪽 中), 圓珍, 『入唐求法目錄』(『大正藏』55권, 1100쪽 上), 『智證大師請求目錄』(『大正藏』55권, 1106쪽 中) (『大正藏』55권, 1100쪽 上·下, 1101쪽 上, 1105쪽 下, 1106쪽 下) 等에도 싣고 있고, 『新唐書藝文志』(1060年 作), 『群齊讀書志』(1151年 作), 『通志藝文略』等, 宋代의 書目에도 著錄되어 있다.
椎名宏雄, 「宋元代の書目における禪籍資料」(2)(『曹洞宗硏究員硏究生硏究紀要』 第8號, 昭和 51年 9月) 참조.
參考로 高麗의 普照國師知訥도, 敦煌本과 同一種의 『壇經』을 본 것으로 看做된다. 卽, 日本의 無著道忠(1653~1744)의 『六祖法寶壇經生苕帚』에는, "寶曆二年(826)午歲 得一百二十七年矣"라는 記事가 있는 高麗古刊本을 所藏한 것을 傳하고 있다. 그 標題에 "曹溪山 第六祖 師慧能大師見性頓敎直了成佛決定無疑法 釋沙門法海集"이라고 記述하고 있는데, 이는 圓仁의 目錄의 標題와 거의 똑같고, 知訥의 『壇經跋文』 및 晦堂安其(1215~1286)의 壇經重刊 跋에 「法寶記壇經 是曹溪六祖說見性成佛決定無疑法」이라는 標題와도 一致하고 있다. 特히 無著의 注記에 依하면, 內容도 品目을 나누지 않고 '本來無一物'이라는 心偈도 流通本과는 크게 다르다고 記錄하고 있는 點으로 볼 때 高麗古刊本은 敦煌本과 同一種의 『壇經』이었음을 알 수 있으며, 이는 아마도 知訥이 刊行한 것이라고 볼 수 있겠다.

402

는 '혜능 이야기'인『단경』이 전역에서 널리 유포된 사실을 알 수 있으며, 또한 이방인인 그들의 눈에는 '혜능 이야기'도 혜능의 설법집인 선어록으로 보고 모두 목록에 기록한 것임을 알 수 있다.

『단경』의 유포는 지역적인 확대뿐만 아니라, 독자층도 폭넓어, 출가승뿐만이 아닌 일반 세속인들에게도 인기가 있었던 것 같다. 그 한 예로선 백거이(白居易, 772~846)의 '미도(味道)'라는 제목의 율시(律詩)에 다음과 같은 일절이 보인다.

> 7편(七篇)의 진고(眞誥) 선인의 일[仙事]을 논(論)하고,
> 일권(一卷)의 단경(壇經)은 불심(佛心)을 설(說)한다.[37]

라고 읊고 있다.

백거이가 양(梁)나라의 유명한 도사(道士) 도홍경(陶弘景)의『진고(眞誥)』와『육조단경』을 읽으며 미도(味道)를 체득한 깊은 경지를 읊고 있은데, 여기서 그가 '일권의 단경'이라 한 말은 돈황본 단경과 똑같은 것임을 알 수 있다.

백거이는 또 '증표직(贈杓直)'이라는 시(詩)에 "젊은 시절에는 일찍이 장자의 소요유편에 심취했고, 요즘은 심지로서 남종선의 지혜로 회향한다.(早年以身代 直赴逍遙篇近歲將心地 廻向南宗禪)"[38]라고 읊고 있다.

여기서도『장자(莊子)』의 소요유편(逍遙遊篇)과 남종선의 심지법문(心地法門)을 대비하고 있는데, 그 남종선의 실체를 '심지(心地)'로 표현하고 있는 것으로 볼 때, 백거이는 실제로 돈황본『단경』을 읽은 것으로 볼 수 있다.

---

37)『白氏長慶集』제23권, '味道.'
38)『白氏長慶集』제6권, '贈杓直.'

그런데 처음엔 '혜능 이야기'로 만들어진 『육조단경』도 시대의 변천과
함께, 송대(宋代)에 이르러서는 혜능의 친설법집으로 간주하고 성전(聖
典)으로 추앙하는 운동이 일어났다. 그 대표적인 인물이 혜흔과 설숭(契
嵩)이다. 태세정묘(太歲丁卯, 967)의 年記를 갖는 혜흔본 『단경』의 序에
는 다음과 같은 일절이 보인다.

우리 육조 대사는 널리 불도를 수행하는 사람들에게 견성의 법문을
직설하여 모두가 스스로 깨달아 부처의 지혜를 이루도록 했다. 그의 법
문을 『단경』이라고 했으며, 유통시켜 후학들이 불법을 수학하도록 했
다. 『단경』의 고본(古本)은 문장이 번잡하고 책을 열람하는 사람들이
처음에는 기쁜 마음이지만 이후에는 싫어하게 된다. 나는 태세(太歲)
정묘년(967년) 5월 23일 신해(辛亥)에 사영탑원(思影塔院)에서 두 권
으로 나누어 11문으로 편집했다. 이것은 후학들이 불성을 깨달아 친견
할 것을 중요하게 여긴 것이다. (故我六祖大師, 廣爲學徒 直說見性法
門 總令自悟成佛. 目曰壇經, 流傳後學. 古本文繁 披覽之徒, 初忻後厭.
余以太歲丁卯, 月在蕤賓, 二十三日辛亥, 於思迎塔院, 分爲兩卷 開十一
門. 貴接後來 同見佛性者也.)39)

여기 혜흔이 말하는 고본(古本)이란 1권본(一卷本)으로 현존하는 돈황
본과 같은 『단경』을 가리키는 것이며, 그는 그 1권본인 고본을 양권(兩
卷)으로 나누고, 내용도 11문(十一門)으로 분류하여 새롭게 편성했다는
사실을 기록하고 있다.40)

---

39) 각주 35) 참조.
40) 古本은 卽 敦煌本 『壇經』과 똑같은 一卷本을 指稱한 것으로 보아야 옳다. 敦煌本 『壇經』의
    首尾의 題, 47段에도 '一卷'이라고 明記되어 있고, 앞의 註記(36)에서 言及한 圓仁, 圓珍의
    목록이나 白居易의 '味道', 知訥의 「壇經跋文」, 無著道忠의 『法寶壇經生苕帚』, 惠昕의 「壇

또 설숭(契嵩, 1007~1072)은 『단경찬(壇經讚)』을 지었으며, 지화(至和) 3년(1056)에는 3권본 『단경』으로 재편한 사실은 잘 알려져 있다.[41]

이러한 송초(宋初)에 있어서 『단경』의 재편운동은 『단경』의 출현 이후 약 1세기에 걸친 시대적 흐름과 함께, 도속 일반에 널리 유통되고 읽혀져 온 『단경』의 시대적 호응에 대한 불가피한 편승이었는지도 모른다.

사실 당대 선종의 사람들은 『단경』의 출현에 대하여 냉정을 잃지 않았으며, 어디까지나 '혜능 이야기'인 문학작품의 하나로 읽었으며, 남종(南宗)의 조(祖), 혜능(慧能)이 설한 남종돈교의 종지로 간주하지는 않았다. 때문에 당대의 선종문헌에 『단경』이라는 서명(書名)을 한 번도 제시하지 않았다.

그것은 선종사서의 작가도 마찬가지였다. 실제 '전법게'를 비롯하여 『단경』의 주장을 많이 받아들인 『보림전』이나, 『조당집』에도 『단경』 혹은 『육조단경』이라는 서명은 보이지 않고 있다.

당대의 선종사서나 어록 등에서 『육조단경』을 혜능의 설법집으로 간주하고 혜능과 결합시켜서 인용한 자료는 한 점도 찾아볼 수 없다. 『육조단경』을 육조 혜능의 설법집으로 공인한 최초의 선종사서(禪宗史書)는 『전등록』 제5권 육조혜능장의 다음과 같은 일절이다.

소주 자사 위거는 혜능 대사를 대범사에 초청하여 법문을 설하고, 아울러 무상심지계를 수계설법해 주시기를 간청했다. 문인이 대상의 법문을 기록하여 단경이라고 제목하고 세상에 전하는 성대하게 유통하게 되었다. (韶州刺史韋據, 請於大梵寺, 轉妙法輪, 幷受無相心地戒. 門人

經序」등에 한결같이 一卷本 『壇經』을 明記하고 있다.
41) 至和 3年(1056)의 年記를 갖는 郞簡의 『六祖法寶記敍』(『鐔津文集』 제11권 (『大正藏』52권, 703쪽 中)) 참조. 『輔敎編』(禪의 語錄 14.) 227쪽에 수록함.

記錄, 目爲壇經盛行於世.)(『大正藏』51권, 235쪽 下)

처음 '혜능 이야기' 같은 문학작품으로 만들어졌던 『육조단경』이 송초에 이르자 혜능의 친설법문집으로 확정되어 유통되었음을 알 수 있다. 또 『전등록』제5권에는 『단경』의 편집자인 법해를 혜능의 제자로 하고 그의 전기를 싣고 있으며, 그 후미(後尾)에 "단경에서 말하는 문인 법해란 곧 법해 선사를 말한다.(壇經云, 門人法海者, 卽禪師是也.『大正藏』51권, 237쪽 中)"라는 주기가 첨가되어 있다.

『전등록』은 『단경』을 육조 혜능의 친설법집으로 확정함과 동시에 편자(編者)인 법해를 실존인물로 입전(立傳)시키고 있다. 뿐만 아니라 『전등록』제5권의 혜능전과 그의 제자전은 거의 『조계대사전』과 『육조단경』 등에서 설한 자료에 의거한 점이 많다.

특히 혜능의 제자로 입전되어 있는 소주법해(韶州法海), 길주지성(吉州志誠), 홍주법달(洪州法達), 신주지상(信州智常), 서경하택신회(西京荷澤神會) 등의 전기는 돈황본 『단경』의 십대제자와 참문기연(參問機緣)에 의거한 것이다.

『단경』의 십대제자 가운데 신회 이외는 전부 신회의 그림자 같은 존재인데, 『전등록』의 편자는 돈황본 『단경』을 혜능의 설법집으로 확신했기 때문에 혜능, 법해 등의 십대제자의 기연을 사실로 간주하고 그들을 실제인물로서의 전기를 실었던 것이다. (아니면 일부러 혜능의 제자의 숫자를 많이 전하기 위한 것이라고 할 수 있다.)

어쨌든, 『육조단경』을 혜능의 설법집으로 확정하고 공인한 것은 『전등록』이다. 이것은 아마 앞의 혜흔 등에 의한 『단경』의 재편과 성전화운동의 성과를 답습한 것이라고 볼 수 있다.

이러한 『전등록』의 입장을 계승한 설숭(契嵩)은 「단경찬(壇經贊)」을

406

짓고, 3권본 『단경』으로 재편하여 혜능의 설법집이라는 사실을 강하게 주장했다.

지화(至和) 3년(1056) 3월의 연기(年記)를 갖는 낭간(郞簡)의 『육조법보기서(六祖法寶記敍)』에는 다음과 같이 기술한다.

혜능은 달마 대사가 중국에서 법을 전한 제육대 조사이다. 법보기단경은 육조 혜능이 설한 법문이다. 그의 설법은 중생들에게 신령스러운 지혜생명의 근본이 되는 법문이다. (能於達摩在中國爲六世, 故天下謂之六祖, 法寶記蓋六祖之所說, 其法也. 其法乃生靈之大本.)(『大正藏』 52권, 703쪽 中)

『전등록』 이후 송대 불교사에 『육조단경』은 육조 혜능의 설법집으로서는 의심할 여지조차 없어졌으며, 그 교설은 '신령스러운 지혜생명의 근본[生靈之大本]'이라고 말하고 있는 것처럼, 신비성까지 내포한 부사의한 경전으로 신앙까지 가미되기 시작했다.

사실 송대(宋代)에는 『단경』의 작자가 창작 묘사한 혜능상(慧能像)도 점차로 현실적인 인간의 차원에서 벗어나, 이상화된 조사상(祖師像)으로 정착하게 되었으며, 또 『단경』의 혜능 구법이야기도 전설 같은 신비성을 수반하면서 유포되었던 것이다.

즉, '혜능 이야기'로서의 『육조단경』은 당대 선종계(禪宗系)의 사람들로부터 많은 비판과 비난을 받았었지만, 시대의 변천과 함께 송대에 이르러서는, 『단경』을 혜능의 설법집으로 보고 성전시하려는 운동이 전개되었다. 따라서 '혜능 이야기'의 주인공인 혜능의 모습은 자연히 실존인물로 인식되었고, 그러한 혜능상이 육조혜능상(六祖慧能像)으로 탈화(脫化)되어 하나의 고정 관념의 조사상(祖師像)으로 정착하게 된 것이다.

이러한 시점에서 볼 때, '혜능 이야기'로서의 『단경』의 제작은 당대 선종의 흥륭(興隆)과 함께, 육조 혜능이라는 인물을 통하여, 선종의 새로운 인간상을 제시한 것으로도 볼 수 있다.

　　한편 혜능의 설법집으로의 『육조단경』이 중국선종사상사에 미친 영향도 적지 않은 그 역사적인 사실을 잊어선 안 된다. 중국 선사상사에 있어서 『단경』의 출현 의미는 다른 기회에 고찰하고자 하는데, 그 중요한 점은 조사선에 미친 심지법문, 『보림전』 등에 미친 전법게의 독창 등을 들 수 있겠다.42) 또 한편으로 '혜능 이야기'로서 『단경』에 묘사되어 있는 혜능상은 종래 선종의 사람들이 요구하는 이상적인 조사상이기도 했다.

　　대승경전에서 설하고 있는 불성설(佛性說)을 중국 선종의 조사로선 처음으로 육신으로 체득한 구현자이기도 한 점에도 주목해야 할 것이다. 일반적으로 잘 알려진 『열반경』 제27권 「사자후보살품」 등에 설하는 '일체중생이 모두 불성을 구족하고 있다.(一切衆生 悉有佛性)'43)라는 법문은 어디까지나 제불여래가 될 수 있는 가능성과 이상적인 원리를 설한 경전상의 일절이었다. 그러나 지금 혜능은 그러한 이상적인 원리의 테두리를 부수고, 육신의 모습 그대로 불법을 깨달아 체득하여 직접 현시(顯示)하고 있는 조사이다.

　　이와 같이 중국 선종의 이상적인 인격으로서의 육조 혜능의 탄생을 이야기로 엮은 드라마틱한 『육조단경』은 비난과 비판의 대상이 되었으며, 한편으로는, 선종의 이상적인 조사상의 전형으로서 필요성을 『단경』에 구하며, 점차적으로 신앙화되어 전승되어 왔다.

　　『육조단경』이 송대(宋代) 선종에 있어서 혜능의 설법집으로 선종의

---

42) 정성본, 「敦煌本 『六祖壇經』 心地法門」 참조.
43) 『涅槃經』 제27권(『大正藏』 12권, 530쪽 中), 『大法鼓經』 卷下(『大正藏』 9권, 297쪽 上), 僞經인 『法王經』(『大正藏』 85권, 1385쪽 下)에도 강조하고 있다.

성전으로 정착된 이유도 변방의 오랑캐[獦獠]인 전사아(田舍兒) 노(盧)행자의 비약적인 '견성성불의 이야기'가 많은 사람들에게 희망과 용기를 부여하는 매력을 갖고 있기 때문이다. 그리고 당대의 '혜능 이야기'가 이후에 성전으로 추앙되는 등 오랫동안 많은 독자를 얻고 있는 것은, 『육조단경』 작자의 뛰어난 문학성을 그대로 반영하고 있는 것이라 할 수 있다.

VI. 남양혜충의 남방 종지(宗旨) 비판과 그 문제점

1. 서언: 자료적 문제

『단경』의 성립 문제를 논할 때 반드시 거론되고 있는 남양혜충의 남방 종지 비판과 그 문제점에 대해서 고찰해 보기로 한다.

『전등록』 제28권 「남양혜충국사어(南陽慧忠國師語)」에는 다음과 같은 문제의 일절이 보인다.

남양혜충 국사가 어떤 선객에게 질문했다. "어디서 왔는가?" "남방에서 왔습니다."

"남방에는 어떤 선지식이 있는가?" "선지식이 매우 많습니다."

"사람들에게 어떠한 불법을 가르치고 있는가?"

그 선객은 말했다. "남방의 선지식들은 곧바로 학인들에게 이렇게 가르치고 있습니다.

'마음이 곧 부처이며, 부처는 깨달았다는 뜻이다. 그대가 지금 모두 견문각지(見聞覺知)하는 성품을 모두 갖추고 있으니, 이 성품이 능히 눈썹을 치켜 올리고, 눈을 끔뻑이게 하며, 가고 오고 운용하며 온몸에 두루 하고 있다. 머리를 때리면 머리가 알고, 다리를 때리면 다리가 알기 때문에 정변지(正遍知)라고 한다. 이밖에 달리 부처란 없는 것이다. 이 육신은 생멸(生滅)이 있지만, 심성(心性)은 비롯함이 없는 먼 옛날부터 일찍이 生滅이 없다. 육신의 생멸은 마치 용이 몸(뼈)을 바꾸는 것과 같고, 뱀이 허물을 벗는 것과 같으며, 사람이 집을 벗어나는 것과 같다. 육신은 무상(無常)한 것이지만, 그 심성은 영원[常]한 것이다.'

남방 선지식들의 가르침은 대략 이와 같습니다."

혜충 국사가 말했다. "만약 이와 같이 가르친다면 저들은 선니외도(先尼外道: 자이나교)들의 주장과 다름없다. 선니외도들은 말하기를 '나의 이 몸 가운데 하나의 신성(神性)이 있다. 이 성품이 능히 아픈 줄을 안다. 육신이 파괴될 때 이 신성은 나가버린다. 마치 집이 불타면 집주인은 나가는 것과 같이, 집은 무상(無常)하지만 집주인은 영원[常]한 것이다.'라고 말한다. 사실 이와 같은 사람들은 불법의 올바름과 삿됨을 분별하지도 못하는 것이니, 어떻게 옳다고 할 수 있겠는가?

내가 전에 여러 곳을 다닐 때에도 이러한 주장을 하는 무리들을 많이 보았는데, 요즈음은 더욱 더 번성하고 있다. 삼백 명, 혹은 오백 명의 대중을 모아놓고, 눈으로 멍하니 먼 하늘만 바라보며 말하기를, '이것이 남방의 종지이다.'라고 말하고 있으며, 저 『단경』을 가지고 내용을 이리 저리 바꾸고, 천박하고 저속한 말[鄙譚]을 보태어 섞고, 성인의 뜻을 추락시키고, 후학들을 어지럽히니 어찌 남종의 가르침[言敎]라고 할 수 있겠는가? 가슴 아픈 일이다. 우리 남종의 종지는 상실되었다. 만약 견문각지(見聞覺知)하는 것이 불성이라고 한다면, 『유마경』 「부사의품」에 '법은 보고 듣고 깨닫고 아는 대상경계를 여읜 경지이다.

410

만약 견문각지를 행한다면 이것은 곧 견문각지인 것이지 구법(求法)은 아닌 것이다.'라고 말하지 않았는가?" (『大正藏』51권, 437쪽 下)

필자는 이 일단에 대하여 다음과 같은 3항의 가설을 제기하여 고찰해 보고자 한다.

첫째, 자료 문제이다. 『전등록』제28권에 최초로 보이는 이 일단의 자료는 『조당집』이후 새로 만들어서 첨가한 것이다.

둘째, 혜충의 남방 종지 비판의 내용이다. 실제 조사선의 사람들이 혜충의 입을 빌려 조사선의 사상적 견지에서 당말(唐末), 송초(宋初)의 잘못된 불성론(佛性論)의 이해를 가진 아류(亞流)의 선승(禪僧)들에 대한 선사상적 비판이다.

셋째, 『단경』의 개환(改換)과 저속한 비리(鄙俚), 비담(鄙譚)이라는 말은 송초 혜흔(惠昕) 등에 의해서 고본(古本, 돈황본『단경』)을 재편하고 내용의 개조와 첨가에 대한 비판이라는 점이다.

먼저 자료 문제부터 고찰해 보자. 『전등록』제28권의 혜충 국사의 어록과 『조당집』제3권, 혜충장(慧忠章)의 언구(言句)를 대조해 보면, 『전등록』의 혜충의 어록은 『조당집』제3권의 혜충장에 실린, 혜충과 남방(南方) 선객(禪客)과의 불성론(佛性論)을 둘러싼 일련의 문답에 의거된 것임을 알 수 있다.

그러나 거의 똑같은 말과 내용을 전하는 『조당집』에는, 『전등록』제28권의 혜충의 남방 종지 비판과 『단경』의 개환운운(改換云云)이라는 문제의 일단은 보이지 않는다. 아마도 이 일단은 『조당집』제3권의 혜충 국사와 남방 선객과의 불성론에 관한 문답을 응용하여 일층 구체적인 조사선의 사상적 입장을 분명히 하기 위해 만들어 첨가한 것으로 생각한다.

현재 최고본인 돈황본『단경』의 성립 연대를 790년경으로 볼 때, 혜충 국사 생존 당시(775년沒)에는『단경』이라는 책은 세상에 존재하지도 않았다. 앞에서 논한 것처럼,『단경』은 처음 작자가 '혜능 이야기'로 만든 것이며, 당대(唐代) 선종의 사람들은『단경』을 혜능의 설법집으로 간주한 사람은 없었다.

신회(684~758)의 생존 시에도『단경』이라는 책은 세상에 없었으며, 마조계의 선승들이나 종밀도『단경』의 존재를 공인하지 않고 있다. 혹시『전등록』의 혜충의 남방 종지 비판에 관한 일단의 자료를 서지학적인 고증과 비판 없이 그대로 믿는다면, 혜충은『단경』이 성립하기도 전에『단경』의 개환(改換)을 비난한 사람이 되고 만다.『단경』의 개환(改換) 문제는 뒤에서 재고하겠지만, 이 일단의 성립과 밀접한 관계를 갖는 표현이다.

결론적으로 말하자면, 혜충의 남방 종지 비판의 일단의『전등록』의 편집 시, 새롭게 부가된 것으로 후대에 조작하여 첨가한 자료라고 말할 수 있다.

이 일단의 자료적 성립 연대를 일단 가정해 보면,『조당집』(952)의 편집과 혜흔본『단경』의 재편(967) 이후,『전등록』(1004)의 성립 이전의 사이라고 생각한다. 이 문제는 다음에 논하는 혜충의 남방 종지 비판의 내용과『단경』의 개환 문제와도 뒤얽힌 것인데, 이하 다른 입장에서 고찰해 보도록 하자.

2. 慧忠의 南方 宗旨 비판

혜충의 남방 종지 비판의 내용은 다음과 같은 두 가지로 구분하여 생각해 볼 수 있다.

첫째, 불성(佛性)과 망심(妄心)의 지각론적(知覺論的) 견해의 문제이
　　다.
둘째, 몸[身]은 생멸(生滅)하지만 불성(佛性)은 생멸하지 않고 영원한
　　것이라는 이원론인 외도[先尼外道]의 견해에 대한 비판이다.

이상 두 가지는 모두 불성론을 둘러싼 견해와 안목의 문제라고 할 수
있다. 필자는 당말(唐末), 송초(宋初)의 선승들 사이에 일반적으로 널리
문제가 되고 있는 불성론과 선니외도설과(先尼外道說)의 혼란과 오해를
지적하고, 당시 불법과 선사상을 잘못 알고 있는 아류(亞流) 선승[禪者]들
에게 조사선의 입장에서 혜충의 입을 빌려서 비판한 것이라고 추측한다.

그것은 당말, 송초경 아류의 선승[禪者; 南方 禪客]들에게 정법의 안
목으로 정법을 깨닫고 자신의 과오를 반성하게 하기 위한 법문이었다.
즉 아류의 선승들이 잘못 인식한 불교의 견해와 안목으로 불성사상을
주장하는 선승들에게 제시한 경책의 법문이었다고 할 수 있다.

사실 『조당집』 제3권 혜충장에도 혜충과 남방 선객과의 문답의 주
제도 이러한 선니외도적인 견해와 그릇된 불성론의 문제에 대하여 비
판하고 있다.

『전등록』 제28권에 새로 첨가한 혜충의 남방 종지 비판의 일단은 『조
당집』의 소재를 갖고 구체적으로 종합한 것으로 생각한다.

여기서 말하는 남방 선객, 남방 종지란 남종선의 일반적인 표현으로
볼 수 있으며, 하택신회가 강조한 '지(知)의 철학'과 당시[唐末宋初] 『단
경』을 중시하고 재편하는 사람들에 대한 비판이 아니었을까?

즉 불성과 지각론적 견해의 비판은 실제 신회의 『단어』나 『단경』, 『혈

맥론』 등에서 설하는 선사상을 마조계의 조사선의 사상적 견지에서 비판한 것이라고 할 수 있다. 말하자면 그것은 신회의 '지의 철학'을 비판한 것이다.

『전등록』 제28권 혜충 국사의 어록(語)에 남방 선지식의 법문으로 "곧 마음이 바로 부처이며, 부처는 바로 깨달음의 뜻이다. 그대가 지금 모두 견문각지하는 본성을 구족하고 있다. 이 본성은 능히 스스로 눈썹을 치켜 올리고, 눈동자를 굴릴 수가 있다.(卽心是佛, 佛是覺義, 汝今悉具見聞覺知之性, 此性善能揚眉瞬目)"라고 언급한다.

여기서 설하는 일단의 말은 종밀이 『도서』나 『선문사자승습도』에서 비판하고 있는 것처럼[44] 실제 마조계의 조사선의 선사상을 대변하는 말들이다. 따라서 여기의 남방 종지(宗旨)는 마조계의 사상을 가리키는 것처럼 보인다.

이와 똑같은 내용은 『혈맥론』에도 설하고 있으며, '즉심즉불(卽心是佛)'의 법문은 마조 이전 일찍이 신회의 『단어』에도 다음과 같이 보인다.

여러분! 자기의 몸 가운데 불성이 있지만, 스스로 깨달아 친견한 것은 아니다. 말하자면 각자의 집 가운데 주택과 의복, 침구와 일체의 사물을 모두 갖추고 있다는 사실을 잘 알고, 다시 의심하지 않는 것을 지(知)라고 하며, 견(見)이라고 하지 않는다. 만약 집에 도착하여 이상과 같이 집안의 여러 가구나 사물들을 보는 것을 견이라고 하며, 지라고 하지 않는다. 지금 깨닫는 자는 그러한 설명에 의거하여 몸 가운데 불성을 구족된 사실을 아는 것이니 스스로 분명하게 깨달아 친견한 것은 아니다. 단지 중생심의 작위(作爲)가 없고, 망심을 일으키지 않으면 마

---

44) 『禪源諸詮集都序』(『大正藏』 48권, 402쪽 下), 『承襲圖』(Z. 110 - 435,d). 『圓覺經大疏鈔』三 下 (Z.14 - 279, 上~中) 等. 『전등록』 제6권, 馬祖章(『大正藏』 51권, 246쪽 上).

음은 진실로 무념(無念)이다. 결국 견은 지를 여의지 않는다. 일체중생이 본래 무상(無相)이다. 지금 상(相)이란 망심(妄心)이니 마음이 무상이면 곧 이것이 불심(佛心)이다. 망심이 일어나지 않도록 하는 것이 법견심(法見心)이며 자성(自性)의 선정[定]이다.

마명(馬鳴)이 "만약 중생이 무념의 경지를 관찰하면 곧 부처의 지혜[佛智]이다."라고 설했다.

고금의 경전에 반야바라밀을 설하니, 중생심의 생멸문에서 곧 진여문에 들면 앞뒤의 비춤이 없고, 멀고 가까이 보는 마음이 없다. 칠지(七地) 이전의 보살도 모두 단번에 초월하여 오직 불심을 직지하니, 곧 이 마음의 지혜작용이 바로 부처이다. (知識 自身中有佛性, 未能了了見 何以故. 喩如此處各各思量家中住宅, 衣服, 臥具, 及一切等物, 具知有 更不生疑. 此名爲知 不名爲見 若行到宅中 見如上所說之物, 即名爲見, 不名爲知. 今所覺者 具依他說 知身中有佛性, 未能了了見 但不作爲, 心無有起, 是眞無念. 畢竟見不離知, 一切衆生本來無相 今言相者 並是妄心. 心若無相, 即是佛心. 若作心不起, 是識定, 亦名法見心自性定. 馬鳴云 若有衆生觀無念者, 則爲佛智. 古今所說般若波羅蜜, 從生滅門, 頓入眞如門, 更無前照後照, 遠看近看, 都無此心, 乃至七地以前, 菩薩都總驀過, 唯指佛心 即心是佛.)[45]

여기 '馬鳴云'이라고 인용한 것은 『대승기신론(大乘起信論)』의 일절인데,[46] 신회가 최후에 '唯指佛心 即心是佛'의 '심(心)'은 분명히 불성을 가리키는 말이다. 즉, 신회가 강조하는 心不起, 心自性定, 즉 진여 무념(眞如無念)의 경지이다.

그것은 여기 '自身中有佛性, 未能了了見'이라고 하여, 신중(身中)의 불

45) 『神會和尙遺集』 246쪽.
46) 『大乘起信論』(『大正藏』 32권, 754쪽 中).

성을 주제로 하면서, 지(知)는 체(體), 견(見)은 용(用)으로, 두 가지로 나누어 설명하고, 그러한 두 가지의 분별이 없는 진여 '무념'에 이르도록 설하는 것은 의심할 여지가 없다고 하겠다. 즉 그것은 종밀이 『도서』에서 곧바로 진성, 불성을 지시하는 입장이며 홍주종(洪州宗)의 중생심의 전체가 부처[佛]라고 설하는 법문과는 다른 입장이다.

종밀은 『선원제전집도서(禪源諸詮集都序)』의 '직현심성종(直顯心性宗)'에 홍주종과 하택종의 입장을 다음과 같이 논하고 있다. 먼저 마조선사 계통의 조사선, 즉 홍주종의 법문에 대해서 다음과 같이 설한다.

하나는 곧 지금 말하는 언어나 행위의 동작, 탐욕과 성내는 일, 자비심과 인욕행, 선행과 악행을 짓는 일, 고통과 즐거움을 받는 일 등이 곧 그대의 불성이니, 이러한 불성의 작용이 본래 부처이다. 이러한 불성의 작용을 제외하고 별다른 부처가 없다고 설한다. (一云, 卽今能語言動作, 貪瞋慈忍 造善惡受苦樂等, 卽汝佛性 卽此本來是佛, 除此無別佛也.)

남종 신회의 하택종(荷澤宗)의 종지를 다음과 같이 기술하고 있다.

공적한 본래의 마음은 신령스러운 반야의 지[靈知]가 몽매하지 않기에 곧 이것이 공적한 반야의 지(知)이며, 그대의 진성(眞性)이다. 마음이 미혹하고 깨닫는 일을 마음이 본래 스스로 안다. 반연된 대상경계를 빌리지도 않고, 인연의 경계로 발생하는 것이 아니기 때문에 지(知)라는 한 글자는 많은 불가사의한 지혜를 작용하는 관문이다. (空寂之心 靈知不昧. 卽此空寂之知 是汝眞性. 任迷任悟 心本自知. 不藉緣生不因境起, 知之一字 衆妙之門.) (『大正藏』48권, 402쪽 下)

마조 계통의 홍주종의 즉심시불(卽心是佛)이란 지금[卽今] 말하고 행동하며 동작하는 중생심의 전체가 부처[佛]라고 하는 법문에 대하여, 하택종은 영지불매(靈知不昧)한 공적심(空寂心), 즉 진성(眞性)을 나타내는 견해이다. 신회는 공적지(空寂知)를 진성이라고도 하며, 또 '知之一字衆妙之門'이라고도 표현하고 있다.

이상과 같이 신회의 남종선과 마조의 조사선에서 설한 똑같은 '즉심시불(卽心是佛)'이라는 법문이라고 할지라도 그 법문의 내용은 전연 다르다는 점을 먼저 주목해야 한다.

『조계대사전(曹溪大師傳)』에도 혜능이 "지금 소주의 조계산에 거주하며 중생이 이 마음이 곧 부처[卽心是佛]라는 사실을 깨닫게 설한다."[47]라고 기록하고 있으며, 돈황본 『단경』(37)에도 다음과 같이 설한다.

세상 사람들의 색신(色身)은 성(城)과 같고, 눈·귀·코·혀는 마치 성문(城門)과 같다. 밖으로는 눈·귀·코·혀·몸의 오문(五門)이 있고, 안으로는 의식의 문(門)이 있다.

마음은 곧바로 땅이요, 본성은 곧 왕(王)과 같다. 본성(本性)의 지혜작용이 있으면 왕이 있고, 본성의 지혜작용이 없으면 왕은 없다. 본성이 있어야 몸과 마음이 있고, 본성이 떠나면 몸과 마음은 파괴된다. 부처는 자성의 지혜로 이루어지는 것이니, 몸 밖을 향해서 부처를 구하려고 하지 말라. 자성에 미혹하면 부처는 곧 중생이요, 자성을 깨달으면 중생도 곧 부처이다. (心卽是地, 性卽是王. 性在王在, 性去王無. 性在身心存, 性去身心壞. 佛是自性作, 莫向身外求. 自性迷, 佛卽是衆生, 自性悟, 衆生卽是佛.)

---

47) 『慧能研究』 44쪽.

이 일단은 『종경록(宗鏡錄)』 제97권에 혜능의 법문으로 인용되고 있는데,[48] 여기서도 성(性)은 신회나 종밀이 강조하는 진성(眞性)과 같다. 그것은 성(性)과 신심(身心)을 구분하는 것에서도 분명하며, 불(佛)은 자성(自性, 眞性)의 소작(所作)이라고 설하고 있는 말은, 마조계의 조사선에서 중생심이 부처[佛]라고 하는 설법과는 다른 입장이다.

『육조단경』 19단, 22단에도 '색신시사택(色身是舍宅)'이라는 말도 몸과 마음을 구분하는 이원론적인 사고의 법문이다. 그 밖에도 당시 '즉심시불(卽心是佛)'을 설하는 선승은 많다. 육조 혜능의 제자 가운데서도 신회(神會), 회양(懷讓), 본정(本淨), 행사(行思), 법해(法海) 등 흡사 즉심시불이 남종선의 특징을 나타내는 정형구인 것처럼 보일 정도도. 그렇지만 모두 신회가 설한 법문의 내용과 의미의 테두리를 벗어나지 않고 있다.

그러면 마조계의 조사선에서 설하는 즉심시불의 입장을 그의 어록에서 직접 고찰해 보자.

『종경록』 제14권에 다음과 같이 설하고 있다.

마조 대사가 설했다. 그대들이 만약 마음을 알고자 한다면 지금 말하는 이것이 바로 그대의 마음이다. 이 마음이 곧 부처의 지혜를 만들며, 진실한 실상의 법신불이며, 도라고 한다. … (略) … 지금 보고 듣고 인식하여 아는 것[覺知]이 그대의 본성이며, 또한 본심이다. 다시 이 마음을 여의고 별다른 부처의 지혜란 없다. (馬祖大師云, 汝若欲識心 祇今語言, 卽是汝心, 喚此心作佛. 亦是實相法身佛. 亦名爲道 … (略) … 今見聞覺知 元是汝本性 亦名本心, 更不離此心別有佛.) (『大正藏』 48권, 492쪽 上)

또 『전등록』 제6권, 마조대사전에도 "대개 구법자는 반드시 의식의

48) 『宗鏡錄』 제97권(『大正藏』 48권, 940쪽 上).

대상경계에서 도를 구하는 일이 없어야 한다. 마음의 지혜작용 이밖에 달리 부처는 없고, 부처의 지혜작용 이외에 특별한 마음도 없다. (夫求法者 應無所求 心外無別佛, 佛外無別心 … 云云)(『大正藏』51권 246쪽 上)"라고 설한다.

마조는 보고 듣고, 인식하여 아는[見聞覺知] 마음[心]이 다름 아닌 부처[佛]라고 강조하면서, 그 견문각지하는 마음작용의 근저(根底)에 따로 견문각지를 주재(主宰)하는 불성(佛性)이나 각성(覺性), 본성(本性)의 존재를 언급하거나 제시하지 않는 특징을 갖고 있는 점에 주의해야 할 것이다. 즉 신회가 설하는 불성이나 진성, 본성의 입장을 설정하거나 제시하지 않고, 중생의 일심으로 통합시켜 성(性)과 심(心)을 나누지 않는 것이다.

이러한 마조계의 조사선의 설법은 불성의 전체작용, 혹은 '활발발지(活潑々地)' '작용즉성(作用卽性)'이라는 말로 표현하고도 있는데, 이러한 선사상은 마조 이전 선승들의 설법에서는 찾아볼 수가 없다. 예를 들면 『신회어록』에 다음과 같이 설하고 있다.

그 자각한다는 염(念)이란 진여의 지혜작용이다. 진여는 자각하는 염(念)의 본체이다. 그러한 뜻에서 무념(無念)을 종지로 한다. 만약 무념을 깨달아 친견한다면 비록 견문각지를 구족할지라도 항상 공적하다. (言其念者 眞如之用. 眞如者 念之體. 以是義故, 立無念爲宗. 若見無念者, 雖具見聞覺知, 而常空寂.)

『신회어록』에서 설한 신회의 설법을 계승한 돈황본 『육조단경』(19)에서는 "진여는 자각의 본체요 자각하는 일념[念]은 진여의 지혜작용이다. 자성이 자각하는 일념을 일으켜 비록 견문각지할지라도 만법의 경계에 오염되지 않고 항상 자유자재하다.(眞如是念之體, 念是眞如之用, 自性起

念, 雖卽見聞覺知, 不染萬境, 而常自在.)"49)라고 설한다.

또 『혈맥론』에도 다음과 같이 설한다.

　부처라는 말은 인도[西國]의 언어이다. 이 땅(중국)에서는 각성(覺
性)이라고 한다. 깨달음[覺]은 영각(靈覺)이니 중생의 근기에 순응하고,
사물을 맞이하며, 눈썹을 치켜 올리고, 눈동자를 굴리며, 손을 움직이
고, 발을 옮기는 일이 모두 영각의 본성이다. 본성[性]은 이 마음이며,
본성의 마음이 곧 부처이고, 부처는 곧 지혜작용의 도(道)이다. 도는
곧 선(禪)이니, 선이라는 한 글자는 범부나 성인이 의식해서 알 수 있
는 경지가 아니다. 곧바로 본성을 깨달아 친견하는 것이 선(禪)이라고
한다. 만약 본성을 깨달아 친견하지 못하면 선이 아니다. (佛是西國語,
此土云覺性, 覺者靈覺, 應機接物, 揚眉瞬目 運手動足, 皆是自己靈覺之性
性卽是心, 心卽是佛, 佛卽是道, 道卽是禪, 禪之一字 非凡聖所測. 直見本性,
名之爲禪. 若不見本性 卽非禪也.) (『大正藏』48권, 375쪽 上)

『혈맥론』은 달마 대사의 저술로 전하지만, 견성성불(見性成佛)을 설하
고, 즉심시불(卽心是佛), 자심즉불(自心卽佛)을 강조하고 있는데 이 책
은 우두종(牛頭宗) 계통의 선승들이 설한 법문이 아닌가 생각한다.50)
　여기 인용한 『신회어록』, 돈황본 『단경』과 『혈맥론』에서 주장하는 말

---

49) 高麗 普照國師知訥의 「壇經跋文」에도 指摘하고 있음은 注目해야 할 점이다.
50) 柳田聖山 『初期禪宗史書の硏究』170쪽, 「語錄の歷史」(『東方學報』第57號, 260쪽 등 참조
　『宗鏡錄』제98권에 「牛頭山忠和尙. 學人間 …(略)… 又問, 今欲修道, 作何方便, 而得解脫.
　答曰, 求佛之人, 不作方便, 頓了心源 明見佛性. 卽心是佛 非妄非眞. 故經云, 正直捨方便 但
　說無上道.」(『大正藏』48권, 945쪽 中)라고, 牛頭慧忠(683~769)의 말을 인용하고 있는데 柳
　田氏는 南陽慧忠의 『壇經』批判의 對象으로 보고 있다. 『血脈論』을 牛頭慧忠의 작품으로
　확정할 만한 직접적인 자료는 없지만, 牛頭宗系의 禪籍으로 추측한다.

은 앞에 신회의 『단어』에 설하고 있는 '즉심시불'의 법문과 똑같은 입장으로 진여자성(眞如自性), 영각지성(靈覺之性)을 강조하고 있다.

여기서 잠시 이상 앞에서 인용한 자료를 종합하여 정리해 보자. 초기 선종에 있어서 '즉심시불'이라는 말을 최초로 강조한 사람은 신회였다. 마조의 '즉심시불'의 법문도 실은 신회의 설법을 참조한 것이라고 할 수 있지만, 그러나 마조의 견해는 신회의 입장과는 전연 다르다.

이상의 자료를 통해서 살펴본 것처럼, 중국 선사상사에서 '즉심시불(卽心是佛)'이라고 설한 법문의 내용은 설법자의 안목과 견해에서 볼 때 마조계의 조사선을 중심으로 크게 이분(二分)할 수가 있다.

즉, 신회의 『단어』, 『조계대사전』, 돈황본 『육조단경』, 『혈맥론』 등, 마조 이전의 설법에서는 즉심시불이나, 견문각지(見聞覺知)라고 설해도, 전부 견문각지의 본성[性]을 부처[佛]로 강조하는 점에 공통하고 있다.

그러나 마조계의 조사선에서는 견문각지의 마음[心] 작용이 곧 부처[佛]이며, 견문각지하는 마음[心] 작용 그 깊숙이 또 다른 상주(常住)의 본성(本性, 靈覺之性)을 언급하거나 제시하지 않고 있다는 점이다. '불성의 전체작용, 활발발지'라는 말은, 그러한 즉심시불의 직접적인 작용과 활동을 나타낸 말이다.

한 가지 주의해야 할 점은 마조계의 조사선에서 설하는 즉심시불의 입장은 신회와 같이 '지(知)의 철학' 혹은 종래와 같이 선(禪)의 사상과 철학원리[哲理]를 설하는 이론적인 선사상이 아니라는 점이다. 종밀이 『도서』에서 지적하고, 또 앞에서 인용한 『종경록』 제14권 마조의 법문처럼, 즉심시불은 시절인연[隨時]의 본분사로서 설법한 언설이며, 불성이 지혜작용으로 온전하게 실행된 것이다. 견문각지와 함께 지금 말하는 지혜작용을 부처[佛]라 하고 행주좌와(行住坐臥)의 일상생활 가운데 전체작용으로 전개하는 것이다. 여기서 즉심시불이란 마조의 선사상도, 또 조사선의 종지를 상징하는 선사상의 교설이나 종지도 아니다.

혜충 국사의 남방 종지 비판은 이러한 조사선의 견지에서, 종래의 신회의 '지의 철학', 돈황본 『단경』과 『혈맥론』 등에서 주장하는 성(性)과 심(心)의 이분론적 견해에 대한 비판이었다고 할 수 있다. 다음은 남방 선객이 "육신은 생멸하지만, 심성은 영원히 생멸하지 않는다. 육신의 생멸은 흡사 용(龍)이 환골(換骨)하고 뱀이 탈피(脫皮)하며 사람이 옛집을 나오는 것과 같다."라고 하는 남방 종지에 대해서, 혜충은 그것은 선니외도(先尼外道)와 같은 주장이라고 비판했다.

원래 선니외도(jaina 敎)설은 『열반경』 제36권에 서술되어 있는데,[51] 그것은 영혼의 실체를 인정하고 심상상멸(心常相滅)을 신봉하는 종교로서 불교에서는 상견(常見)의 외도라고 비난하고 있다.

당대에 만들어진 위경 『수능엄경』 제1권에, 설하고 있는 심성상주(心性常住)와 지각(知覺)의 논의는, 이 『열반경』의 법문에 의거하고 있음은 재언을 요하지 않는다.[52]

특히 앞에서 논한 것처럼 남방 선객이 말하는 "차성선능양미순목(此性善能揚眉瞬目), 거래운용(去來運用), 편어신중(徧於身中), 질두두지(捏頭頭知), 질각각지(捏脚脚知), 고명정편지(故名正徧知)"는 실로 『수능엄경(首楞嚴經)』 제1권에서 설한 법문이며, 『종경록』 제83권에도 거의 같은 인용이 보이고 있다.[53]

---

51) 『열반경』 제39권(『大正藏』 12권, 590쪽 下)
52) 『首楞嚴經』 제1권(『大正藏』 19권, 107~109頁), 柳田聖山, 「神と佛」(日本, 平樂寺書店, 『佛敎思想史』 Ⅰ, 1979년) 참조.
53) 『宗鏡錄』 제83권에 『首楞嚴經』 제1권(『大正藏』 19권, 107쪽 下)의 句節을 인용하여 다음과 같이 記述하고 있다.
「阿難 又汝覺了 能知之心 若必有體, 爲復一體, 爲有多體. 今在汝身, 爲復遍體, 爲不遍體. 若一體者, 則汝以手捏一支時, 四支應覺. 若咸覺者, 捏應無在. 若捏有所, 則汝一體, 自不能

또 『수능엄경』 제6권에서 "본래 하나의 정명이지만, 나누어 여섯으로 화합하게 되었다.(本是一精明 分成六和合)"[54]라고 설한 마음작용에 대한 유명한 법문의 이해와도 관계된다고 할 수 있는데, 혜충 국사가 비판한 것처럼 이것은 모두 선니외도(先尼外道)의 설과 비슷하다고 하겠다.

고려시대 보조지눌의 『단경』 발문과 일본 도겐(道元)의 『정법안장(正法眼藏)』 변도화(辯道話)에서 선니외도설을 비판하고 있는 것도 혜충 국사의 남방 종지 비판을 계승한 것이라고 할 수 있다. 이러한 선니외도설의 문제는 중국불교에서 예로부터 거론되어 온 유교(儒敎)의 신멸론(神滅論)과 불교의 신불멸론(神不滅論)의 논쟁의 연속이기도 한 것이다.

특히 『홍명집(弘明集)』 제9권에는 육조(六朝)시대의 대표적인 논문, 소침(蕭琛)과 조사문(曹思文)의 『난신멸론(難神滅論)』과 범진(范縝)의 『신멸론(神滅論)』등을 수록하고 있는데, 한위(漢魏) 육조(六朝)시대의 사상사는 실제 이 문제에 일관되고 있는 것이다.[55]

여산(廬山) 혜원(慧遠)의 『형진신불멸론(形盡神不滅論)』, 모자(牟子)의 『이혹론(理惑論)』을 비롯하여, 『홍명집』에 수록하는 거의 모든 논문에는 신불멸론의 입장에서 주장하고 있다.[56] 당시의 불교인들이 비록 불교의 무아설(無我說)이나, 공(空)사상을 이해했다고 할지라도 중국불교도에게는 신멸론(神滅論)으로 전향하기란 무척 어려웠던 과제였다.

예를 들면, 승예(僧叡)의 『비마라힐제경의소서(毘摩羅詰堤經義疏序)』

成. 若多體者 則成多人, 何體爲汝. 若遍體者 同前所挃. 若不遍者 當汝觸頭, 亦觸其足. 頭有所覺. 足應無知, 今汝不然. 是故應知 隨所合處, 心則隨有, 無有是處.」(『大正藏』48권, 876쪽 下).

54) 『首楞嚴經』 제6권(『大正藏』 19권, 131쪽 上). 이 一節은 『大乘要語』(『大正藏』 85권, 1206쪽 上), 『傳心法要』(『大正藏』 48권, 382쪽 上), 『臨濟錄』·『宗鏡錄』 제98권(『大正藏』 48권, 943쪽 下), 『祖堂集』 제19권(5-101) 등에 인용되고 있다.

55) 『弘明集』 제9권(『大正藏』 52권, 54쪽 上).

56) 『弘明集』 제1권(『大正藏』 52권, 3쪽 中).

(『出三藏記集』제8권)에,

　　이 땅에 먼저 대승의 여러 경전이 번역되었지만, 식신의 본성이 공한 사실을 분명하게 언급한 경전은 지극히 적었고, 식신이 존재한다는 글은 실로 많이 언급하고 있다. 『중론』과 『백론』 등 두 논서가 아직 이 땅에 널리 보급되지 못했다.(此土先出諸經, 於識神性空 明言處少 存神之文 其處甚多. 中百二論文未及此.(『大正藏』 55권, 59쪽上)"라고 언급하고 있다.

　　식신의 본성이 공[識神性空]한 사실을 분명히 밝히고 있는 경전은 지극히 적고, 신의 존재[存神]를 주장하는 글은 많다. 그리고 『중론(中論)』과 『백론(百論)』 등에서 설한 불교의 무아설, 공사상을 중국 불교인들이 잘 이해하지 못했던 사실을 지적하고 있다.
　　사실 육조(六朝) 이후의 중국불교도는 신멸(神滅), 신불멸(神不滅)에 대한 논쟁(論諍)이라는 역사적 사실과 불교의 경전에서 설하는 삼세인과(三世因果), 윤회설(輪廻說), 무아설(無我說), 공사상(空思想) 사이에서 자가당착(自家撞着)의 고뇌를 감당하지 않을 수 없었던 것이다.
　　이처럼 중국불교도들은 신멸, 신불멸의 문제를 이해하기가 어려웠던 과제였다고 할 수 있다. 이것은 중국불교에서 인간의 육신은 생멸(生滅)이 있지만 심성(心性)은 영원히 생멸하지 않는다는 주장이 뇌리에 뿌리깊이 전승되고 있다는 사실을 말해 주고 있다.
　　중국불교에 있어서 신멸, 신불멸론의 논쟁에 대해서는 다음 기회로 미루고, 불성(佛性)과 정혼(精魂)의 문제를 선종의 입장에서 잠시 고찰해 보도록 하자.

『전등록』 제3권, 달마장에는 달마가 인도에 있을 때, 제자 바라제(波羅提)라는 사람이 있었는데, 달마 대사의 숙부인 이견왕(異見王)과 본성[性]에 관한 문답의 이야기를 싣고 있으며, 그때 바라제는 다음과 같은 게송으로 답하고 있다.

태에 있을 때는 몸이 되고, 세간에 처했을 때는 사람이며, 눈에서는 보고, 귀에서는 듣고, 코에서는 향기를 맡고, 입에서는 담론하고, 손에서는 물건을 붙잡고, 발에서는 발을 옮기며 움직이며, 일체의 사바세계에 두루 나타내지만, 거두어들이면 한 티끌 속에 포섭된다. 이러한 사실을 아는 사람은 이것이 불성(佛性)인 줄 알지만, 알지 못한 사람은 정혼(精魂)이라고 부른다. (在胎爲身, 處世名人, 在眼曰見, 在耳曰聞, 在鼻辨香, 在口談論 在手執捉 在足運奔, 遍現俱該沙界, 收攝在一微塵, 識者知是佛性 不識喚作精魂.) (『大正藏』 51권, 218쪽 中)

이 일단의 법문은 『임제록』에도 인용하고 있다.57) 바라제는 견성에 대하여 설하고, 본성[性]이 인간의 일상 생활적인 작용에 있다는 사실을 밝히고, 그것이 인간의 신체 여덟 곳[八處]에서 작용하며 나툰다는 사실을 설한 게송[偈]이다.

그리고 최후에 "밖으로 펼쳐질 때는 세계에 편만(遍滿)하고, 안으로 거두어들일 때는 일미진중(一微塵中)에 든다. 식자(識者)는 그것을 불성으로 알고, 모르는 자는 정혼(精魂)이라 부른다."라는 말은 앞에서 인용

---

57) 波羅提의 偈는 원래 『寶林傳』 제7권, 菩提達摩傳의 前半에 있었던 것으로 봐야 할 것이다. 참고로, 波羅提偈의 인용은 『臨濟錄』 「示衆」, 『傳燈錄』 제28권 「臨濟의 示衆」(『大正藏』 51권, 447쪽 上), 『祖堂集』 제19권(5 - 101), 『宗鏡錄』 제97권(『大正藏』 48권, 939쪽 上・中) 제98권(- 943, 下), 『聯灯會要』 제29권(Z.116 - 462, 上), 大慧의 『正法眼藏』 제2권(Z.118 - 24, 下)등에 보인다.

한 『수능엄경』 제6권에서 '본시일정명(本是一精明), 분성육화합(分成六
和合)'이라고 설한 법문과 관계되는 말이다. 이 법문은 실제 조사선에서
설한 불성의 전체작용, 혹은 작용즉성(作用卽性)이라는 법문이다.

즉, 불성이 몸도 되고 사람도 되고 견문각지(見聞覺知)의 전체 작용이
된다는 사실은 『보림전』 이후의 조사선에서 제시한 선의 법문이다. 남
종의 신회 선사가 각(覺)이나 지(知)의 철학으로 제시한 견성성불의 입
장에 안주하지 않고, 평범한 인간의 일상적인 견문각지에서 코가 향기
를 맡고 입으로 말하는 등 외적인 행동 전부로 지혜작용한다는 사실을
설했다.

그것은 견문각지하는 마음의 근저에 별개의 자성(自性)이나 견성의
주체를 인정하지 않는 입장이다. 오히려 그러한 별개의 능력 있는 주체
를 인정하는 것은 정말 정혼(精魂)인 것이며, 일종의 실체적인 신비주의
가 되고 만다. 신비(神秘)라든가, 신통(神通)이라고 불러야 할 것이 있다
면 오히려 현실의 견문각지하는 마음의 지혜작용 그 전부가 곧바로 영
묘한 신비(神秘)이며 신통(神通)이라고 할 수 있다.[58]

바라제의 게송[偈]은 견성성불과 작용즉성(作用卽性)이라는 본성[性]
의 이해에 관한 안목인데, 혜충도 불성과 정혼을 혼동하는 안목 없는 아
류의 선승[盲禪者]들에 대한 비판이었다.

중국불교에서는 예로부터 식신(識神)을 불성으로 잘못 알고, 불성과 정
혼을 혼동하는 예는 많았다. 그러한 아류선자(亞流禪者)에 대해서 조사선
의 선장(禪匠)들은 혜충 국사와 같이 빈번하게 지적하며 비판하고 있다.

---

58) 唐代의 祖師禪의 특성은 日常性의 종교였다는 점이다. 馬祖의 '平常心是道'나 臨濟의 '隨處
作主 立處皆眞' 馬祖에게 參問한 龐居士가 깨달음의 생활을, '神通幷妙用 運水與搬柴'라고
노래하고 있음은 唐代의 祖師禪의 본질을 잘 나타내고 있는 것이다. 또 臨濟가 주장하는 地行
神通도 똑같은 입장이다.

『전등록』 제10권, 장사경잠장(長沙景岑章)에 다음과 같이 설한다.

불도를 수학하는 사람[學道人]이 불법의 진실[眞]을 모른다. 다만 종래의 식신(識神)을 인정하고, 무시겁래로 생사(生死) 윤회의 근본인 중생심을 어리석은 사람[痴人]은 본래신(本來身)이라 한다.(學道之人不識眞, 只爲從前認識神 無始劫來生死本 癡人喚作本來身) (『大正藏』 51권, 274쪽 中)

임제 선사가 말하는 진인(眞人)을 적육단(赤肉團)과 분리된 신(神, 識神)으로 오해하는 경향도 있었으며, 조주(趙州) 선사 등이 안목 없는 선승들을 '정혼(精魂)을 가지고 논다[弄]'라고 비판한 말은 중국의 조사선에서 오랫동안 지속된 안목 없는 선승들에게 제시한 수행과제였다.[59]

그 정도로 중국불교도들에게 불성론(佛性論)의 이해는 곤란한 문제 중의 하나였었다.

『조당집』 제3권, 혜충국사전에 남방에서 온 선객이 다음과 같이 질문하고 있다.

사람이 죽을 때 육신[覺陋子]은 버리고 영대(靈臺)의 각성(覺性)은 형연(逈然)이 벗어나는 것을 해탈이라고 하는데, 이것은 어떻게 생각합니까? (又問, 有善知識言, 學道人 但識得本心了. 無常來時, 抛却覺陋子一邊著, 靈臺覺性 逈然而去, 名爲解脫, 此復若爲.(I - 127)

앞에서 인용한 것처럼, 용(龍)이 뼈를 바꾸고[換骨], 뱀이 허물을 탈피

---

59) 『趙州錄』 卷下 「禪の語錄」 pp.11~414, 『碧巖錄』 第1則, 道元의 『正法眼藏』 優曇華卷 등에 보인다.

(脫皮)하는 것과 같이 외도[先尼外道說]의 주장을 비판하는 것과 똑같은 견해이다. 불교의 해탈에 대한 이해도 물론이지만, 그릇된 불법의 견해와 안목 없는 선승들의 근본 문제는 불성이나 각성(覺性)을 영혼(靈魂)으로 착각하거나 인정하는 것이다.

영혼의 존재는 삼세(三世) 인과설(因果說)의 실마리가 되지만, 불교의 가르침은 생사윤회를 해탈하는 법문이다. 그 해탈의 주체는 불생불멸인 진여본성으로, 생멸하는 영혼과는 차원을 달리한다.

혜충 국사는 육체와 법신의 분리하는 견해와 이원적인 사고를 비판하고 있다. 신체(身體)는 생멸(生滅)하고, 심성(心性)은 생멸하지 않는다[不生滅]는 견해를 갖는 것은 중생심의 생멸 견해[見]에 떨어진 것이다.

당대의 선종에서 이러한 테마를 문제로 하는 선문답은 상당히 많다. 사실, 중국선종의 사상적 논쟁은 불성론의 문제에 일관되고 있다고 해도 과언이 아니다. 신회의 특징 있는 돈오견성설도 『열반경』의 불성사상을 근거로 하고 있음은 두말할 것도 없으며, 소위 남종의 사상적 배경도 똑같다.

신회의 남양(南陽) 시대의 저술이나 어록에는 아직 『금강경』의 법문에 의거한 설법이 보이지 않으며, 주로 『유마경』, 『열반경』이 남종선의 사상적 기반이 되고 있으며, 『조계대사별전(曹溪大師別傳)』도 마찬가지라고 할 수 있다.

당말(唐末) 송초(宋初)의 선종 계통의 선승들 가운데 『열반경』에 설하는 불성(佛性) 상주(常住)의 입장과 본래청정의 불성설을 너무 강조한 나머지, 신성(神性) 불생멸(不生滅)을 설하는 선승들이 많이 있었던 것은 사실이다.

특히 신회의 돈오견성설의 주장과 『조계대사전』, 돈황본 『단경』 등에 보이는 혜능의 심게 이야기는 불성상주의 입장을 강조하는 아류선자[南方禪客]의 의지처가 되었음은 분명하다고 하겠다.

　말하자면 혜충의 입을 통하여 비판하고 있는 남방종지는, 당말 송초의 선종 계통의 사람들 사이에 뿌리 깊이 남아 있는 열반종지의 잔재인 불성 상주, 심성 불멸 등의 견해를 비판한 것이라고 할 수 있다.

　실제『조당집』제3권 혜충장에 전하고 있는 남방 선객과의 문답도 모두 이러한 불성론의 문제가 중심 테마로 되어 있으며,『전등록』제28권에 새롭게 부가한 혜충의 남방 종지 비판의 일단은 그 총설이라고 말할 수 있는 것이다.

　『조당집』제3권에 혜충 국사가 남방의 선객에게 "나의 불성은 신심이 일여이며 몸의 작용 밖에 남는 것이 없다. 그래서 온전하게 생멸이 없다[不生滅]. 남방의 불성은 몸은 무상하고 심성은 영원하다. 그래서 반은 생멸이 있고, 반은 생멸이 없다.(我之佛性. 身心一如 身外無余, 所以全不生滅. 南方佛性, 身是無常, 心性是常 所以半生滅半不生滅也.)(Ⅰ-127)"라고 설한다.

　'신심일여(身心一如)'는 앞에서 논한 조사선의 전체작용, 작용즉성의 입장과 똑같은 법문이다. 여기 혜충이 말한 '신심일여'에는 육체와 법신과 분별적 견해와 식신(識神)과 불성의 혼란도 전부 불식되었다.

3.『壇經』의 개환(改換) 문제

　필자는 앞에서 논한 것처럼,『전등록』제28권의 혜충의 남방 종지 비판의 일단은『조당집』이후, 혜흔의『단경』재편 이후에 만들어 부가한 것으로 생각한다. 이러한 시각에서 『단경』의 개환(改換) 문제를 고찰해 본다. 앞에서 인용한 것처럼 혜충은 선니외도와 같은 남방 종지를 비판한 후 다음과 같이 설한다.

저 『단경』을 개환하여 비담(鄙譚)을 첨유(添糅)하고, 성의(聖意)를 삭제하며, 후도(後徒)들을 혹란하고 있다. 어찌 언교(言敎)가 될 수 있겠는가. 슬픈 일[苦哉]이다. 우리의 종지(宗旨)는 상실(喪失)되었다.

여기서 『단경』을 개환했다는 표현은 새롭게 『단경』이라는 것을 만들었다는 것을 말하는 것이 아니고, 이미 기존하고 유통되고 있는 『단경』이라는 책을 가지고 그 내용의 일부를 개조한 사실을 지적한 것이다. 이 혜충의 남방 종지 비판의 일단에는 『단경』을 권위 있는 육조 혜능의 설법집으로 간주하지 않고 있는 표현이며, 또 직접 『단경』과 혜능과는 전연 무관하다는 입장이다. 필자는 『단경』을 개환했다고 하는 말은 이 일단이 만들어진 당시 선불교의 변천과 아류선자에 의해 오해하게 된 선사상이 범람하고 있는 시대적 추세를 지적한 것으로 보이고 있다.

즉, 앞에서 누차 언급한 것처럼, '혜능 이야기'라고 할 수 있는 선종의 문학작품의 일종으로 만들어진 『육조단경』은, 사실 당대의 선승들은 누구 하나도 그것을 육조 혜능의 설법집으로 간주하지는 않고 단순히 '이야기 책'으로 가볍게 읽었을 뿐이다.

그러나 시대의 흐름과 함께 당말 송초의 선승[禪者]들 가운데 『단경』을 정말 역사상의 인물인 혜능이 남종돈교의 종지를 개연한 설법집으로 규정하고, 성전으로 주장하려는 운동이 일어났다. 혜흔과 설숭이 그 대표자인데 그러한 운동의 일환으로 만들어진 것이 『단경』의 재편인 것이다.

현존하는 자료 중, 『단경』을 최초로 재편한 혜흔의 『단경』 서문에 의

하면 그는 고본 『단경』(一卷本)을 양권(兩卷)으로 재편하고 그 내용도 11문(十一門)으로 항목을 구분하여 정리한 사실을 자기 스스로 기술하고 있다.

여기서 결론을 말해 보면, 혜충의 입을 빌려서 비판하는 『단경』의 개환이란 이미 '혜능 이야기'로서 널리 읽혀지고 있던 『육조단경』을, 남종(南宗)의 조(祖) 육조 혜능의 설법집으로 간주하고 남종의 종지로서 어울리게, 보완하기 위해 재편하고 개환한 혜흔에 대한 비판이 아닐까?

그리고 "저속한 말[鄙譚]을 첨유하여 성의(聖意)를 삭제하고, 후학들[後徒]을 혹란시키고 있다."라고 하는 일절은 『단경』의 개조 그 내용에 대한 비판인 것이다. 처음 '혜능 이야기' 같은 단순한 통속적인 이야기책으로 만들어진 『단경』을 육조 혜능의 친설법집으로 확정한 혜흔과 당시의 선종계의 사람들에 대한 비난이라고 생각한다.

사실 현존하는 혜흔본 『단경』과 돈황본 『단경』을 대조해 볼 때 문장과 내용의 변경은 물론, 새롭게 부가된 부분도 제법 많음을 알 수 있다. 때문에 혜흔본 『단경』은 돈황본 『단경』보다도 약 2,000자 이상 양적으로 증가되었다.

개조 부분으로, 예를 들면, 혜능의 심게(心偈)는 돈황본에는 2게(二偈)가 있으며, 원본의 그대로를 전하고 있으나, 혜흔본은 1게(一偈)로 묶여 있으며, 그 전구(轉句)가 '본래무일물'로 개조되어 있는 것이다.[60] 또 중국의 6대 조사(祖師)의 전법게를 설한 부분(51단)에도, 달마와 혜능의 전법게만 싣고, 2조(二祖)에서 5조(五祖)까지의 전법게는 전부 생략하고 있는 것 등이다.

혜흔본 『단경』은 각단의 내용을 개조 내지 첨가한 곳도 많지만, 「전향

---

60) 각주 33) 참조.

참회발원문(傳香懺悔發願門)」의 일단은 새롭게 만들어 첨가했다.[61]

혜능의 심게의 전구(轉句)가 '본래무일물'로 개조된 것은 아마도 『보림전』(801) 이후라고 사료되는데 혜흔본 『단경』 이전, 벌써 징관이나, 종밀의 저술, 황벽이나 동산의 어록 등에도 인용되고 있다. 그러나 『육조단경』 중에 그러한 '본래무일물'의 심게를 전하는 것은 혜흔본 『단경』이 최초라는 사실이다. 그것은 혜흔이 어떤 자료에 의거했었는지 알 수 없으나 그 자료와는 무관한 문제라고 할 수 있다.

지금 돈황본 『단경』이 처음 만들어졌던 최초의 모습을 그대로 유지하면서 전래되었기 때문에, 이렇게 혜흔에 의해서 『단경』이 개환된 사실을 확인할 수가 있는 것이다. 사실 앞에서도 인용한 것처럼, 혜흔은 스스로 『단경』의 서문에 "고본(古本)은 문장이 저속하고 번잡스러우며 읽는 사람으로 하여금, 처음엔 기쁘게 하지만 나중엔 싫증나게 한다."라고 기술하고 있다.

이 말은 '혜능 이야기'로 전래되어온 고본 『단경』(현존하는 돈황본과 동일종)을 혜능의 설법집으로 유포하기 위해선 그 내용의 일부를 개환할 필요성을 느꼈다고 하는 개환의 이유를 서술한 것이라 할 수 있다. 그런데 혜충의 입을 빌려 비판한 『단경』의 개환과 비담(鄙譚)의 첨가라고 하는 것은 혜흔본 『단경』의 개환 문제는 물론이고, 종래의 고본을 포함한 모든 『단경』을 대상으로 하고 있는 것으로 볼 수 있다. 즉, 이것은 여기에도 『단경』을 혜능의 설법집으로 간주하고 있지 않고, '혜능 이야기'라는 문학작품으로 취급하고 있는 것이다. 그리고 혜충의 입을 통해서 스승[師] 혜능의 입장을 한마디도 언급하고 있지 않으며, 『단경』과 혜능과도 전연 무관한 것으로, 단순히 혜능이 주인공으로 되어 있는 '이야기

---

61) 『慧能研究』 299쪽.

책'인『단경』을 남종의 조사(祖) 혜능의 친설법집(親說法集)으로 확정하려는 혜혼 등을 비난한 것에 불과하다고 하겠다.

그것은 최후의 "성의(聖意)를 삭제하고 후도(後徒)를 혹란하는 것이니, 어찌 언교(言敎)라고 할 수 있으랴. 괴로운 일이다. 우리들의 종지는 상실되고 말았다."라고 하는 개탄의 말은,『단경』의 개환자들에 대한 비난임과 동시,『단경』의 존재로 인하여 선불교의 가르침이 잘못 전승될 것에 대한 우려에서 나온 절망적인 말임을 알 수 있다.

4. 남양혜충(南陽慧忠)과 조사선(祖師禪)

남양혜충이 선니외도(先尼外道)의 설과 마찬가지인 남방 종지를 비판한 뒤, "내가 유행(遊行)할 때 이러한 주장을 하는 사람들을 많이 봤다. 그런데 지금은 더욱 심한 실정이다."라고 말했다.

이 말은 실제로 혜충의 시대 선종의 추세를 지적한 것이 아니고, 이 일단이 새로 부가된 당말 송초경, 선자(禪者)들의 잘못된 선사상적 견해의 범람과 오해가 유통되고 있는 선불교의 실태를 통감한 어떤 안목 있는 명안(明眼)의 선자(禪者, 이 일단의 작자)가 혜충의 입을 빌려서 비판한 것이라고 보아야 할 것이다. 이러한 가정을 세워 볼 때 그러면 왜 작자는 하필이면 혜충의 입을 빌려 이러한 일단의 비판을 첨가하지 않으면 안 되었을까? 하는 의문이 생긴다.

이 점에 대해서 필자는 두 가지 측면에서 해답을 구할 수 있다고 생각한다.

첫째는『조당집』제3권의 혜충장에 이미 남방 종지 비판과 거의 똑같은 내용이 혜충과 남방선객과의 선문답으로 제기되어 혜충의 선불교적 견해로 논파되어 있는 점이다. 벌써 앞에서 언급한 것처럼,『전등록』제28권의 혜충의 남방 종지 비판의 일단은,『조당집』제3권 혜충장의 남방 선객과의 선문답과 그 문제점을 일층 구체적이고 종합적으로 체계화시켜 비판한 것이라고 말할 수 있다.

둘째는 육조 문하에 있어서, 신회계의 남종선[荷澤宗]에 대한 회양─마조계의 조사선의 사람들이, 자파(自派)의 입장을 혜충의 위치와 권위, 그리고 입을 빌려서 표명한 것으로 볼 수 있는 점이다.

이렇게 생각할 수 있는 것은『조당집』이나『전등록』등에, 남양혜충과 마조계의 선승들과의 적지 않은 교류의 사실을 전하고 있으며,[62] 더구나 혜충의 선사상이 마조계의 조사선의 사상과 똑같이 일치하고 있는 점이다.

혜충의 전기는『송고승전(宋高僧傳)』제9권, 당균주무당산혜충전(唐均州武當山慧忠傳)(『大正藏』50권, 762쪽 中)『조당집』제3권(1 - 113),『전등록』제5권(『大正藏』51권, 244쪽 上) 등에 싣고 있다. 그는 당의 숙종(肅宗), 대종(代宗)의 귀의를 받아 입내설법(入內說法)하여 국사의 칭호까지 얻은 당대의 명승이었다고 전한다. 그럼에도 불구하고 혜충의 전기는 생몰 연대를 비롯하여 불명확한 곳이 너무 많다.

『송고승전』에는 비석(飛錫)이 쓴 『비문(碑文)』이 있었다고 기술하고 있으나 그것도 전래되고 있지 않는다.

이상의 여러 자료[諸傳]를 종합해서 고찰해 볼 때 혜충의 입내(入內)는 숙종의 상원(上元) 2년(761), 몰년(沒年)은 대종(代宗)의 대력(大曆) 10년(775) 12월 9일인 것은 여러 자료[諸傳]에 일치하지만 몇 살 때였는지조차 알 수 없다.

---

62) 각주 3)의 石井修道氏의 論文 참조.

宇井伯壽의 연구에 의하면, 혜충은 개원(開元) 22년(734)경 남양 용흥사에 들어가, 천보(天寶) 14년(755)경까지 전후 약 28년간 거주한 것으로 보고 그 이전의 40여 년간은 남양의 백애산 당자곡에 거주했다고 논하고 있다.[63]

남양 용흥사는 그 이전 하택신회가 개원 20년(732) 활대 대운사에 나아가 종론(宗論)을 거행하기 전에, 그가 선법을 개당한 곳이기도 한 것이다. 그런데 『조당집』과 『전등록』에는 남양혜충과 마조의 제자들과의 선문답을 많이 전하고 있다.

마조 문하를 대표하는 서당지장(西堂地藏, 735~814)은 마조의 편지를 가지고 혜충과 우두종의 경산법흠(徑山法欽, 714~792)을 방문하고 있고,[64] 복우자재(伏牛自在, 741~821)도 역시 마조의 편지를 갖고 혜충을 참례하고, 즉심즉불(卽心卽佛)과 비심비불(非心非佛)의 교시를 소개하고 있다.[65]

또 마곡보철(麻谷寶徹)은 혜충이 당자곡(黨子谷)에 있을 때에 참문했다는 이야기를 전하고 있다.[66]

혜충은 육조 혜능의 제자로서 제도불교(帝都佛敎)를 지도하는 국사였고, 경산도 당시 가장 번영했던 강남불교를 대표하는 우두종의 7조(七祖)로서, 그도 국일 국사(國一國師)라는 칭호를 받은 당대의 명승이었다.[67] 그런데 이상과 같이 혜충과 마조계의 사람들과의 교섭을 전하는 선문답은 사실이었을까? 필자는 약간의 의문을 갖고 있다.

---

63) 宇井伯壽, 『禪宗史硏究』 281쪽.

64) 入矢義高編, 『馬祖の語錄』 174, 177, 100쪽(昭和 59年 6月, 禪文化硏究所刊).

65) 『祖堂集』 제3권 南陽慧忠章(1 - 128), 『傳燈錄』(『大正藏』 51권, 253쪽 上)에도 보임.

66) 『祖堂集』 제3권 南陽慧忠章(1-117).

67) 徑山法欽(714~792)의 傳은 李吉甫(760~814)가 지은 『杭州徑山寺大覺禪師碑銘幷序』(793年 作, 『全唐文』 512, 『文苑英華』 865)가 있으며, 『祖堂集』 제3권(1 - 106), 『宋高僧傳』 제9권(『大正藏』 50권, 764쪽 中), 『傳燈錄』 제4권(『大正藏』 51권, 230쪽 上) 등에 실려 있다.

말하자면 마조의 제자들과 남양혜충, 경산법흠과의 교류의 사실은 의심할 필요는 없겠지만,『조당집』,『전등록』등에 싣고 있는 그러한 선문답이 실제로 거행되었었는지 재고할 필요가 있다고 생각하는 것이다.

여기서 필자의 결론을 제시해 보면, 이와 같은 선문답은 마조계의 사람들에 의해서 만들어진 것으로 보고 있으며, 그 이유는 조사선의 계보인『보림전』의 편집과 함께 마조계의 홍주종의 교세를 확장, 과시하기 위한 것으로 생각한다. 혜충과 마조계의 사람들과의 선문답과 그 교류의 사실을 전하는 자료가 후에 마조계의 조사선의 사람들에 의해서 만들어지고 집록(集錄)되고 재편되었다는 사실도 잊어선 안 될 것이다.

또 혜충(?~775년 入寂)은 마조보다도 13년이나 먼저 입적한 사람임에도 불구하고 그러한 선문답에 나타난 그의 선사상은 실로 마조 이후의 조사선의 사상과 똑같이 일치하고 있다는 점이다. 혜충의 전기는 불명한 곳이 많기 때문에 그에 대한 정확한 행적을 고증하기란 불가능하다. 하지만 적어도『조당집』제3권 혜충장에 마곡보철이 당자곡에 거주하는 혜충국사를 방문한 이야기는 연대적으로도 무리가 보이는 예이기도 하다.

마곡보철 선사의 생몰연대는 미상이지만, 앞의 宇井氏의 연구에 의하면 혜충이 당자곡에 거주한 것은 개원 22년(734) 이전의 일이었다. 신라의 무염(無染, 800~888)이 장경(長慶) 초(821)에 입당(入唐)하여 마곡보철 선사의 선법을 계승하고, 25년간의 구법행각을 끝내고 회창(會昌) 5년(845)에 귀국했다.[68]

무염이 보철 선사를 찾았을 때는 만년(晩年)으로 볼 수 있는데, 개원(開元) 22년(734)부터 장경(長慶) 초년(初年; 821)까지는 87년이라는 연대적인 간격이 있다. 따라서 보철이 백세가 넘은 장수인이라 할지라도

---

68) 崔致遠撰,「藍浦聖住寺朗慧和尙白月葆光塔碑」,(『朝鮮金石總覽』卷上 72쪽,『海東金石苑』제2권).『祖堂集』제17권 無染傳(5 - 17).

안사(安史)의 대란 이전, 신회가 북종의 청정선(淸淨禪)을 돈오견성의 여래선으로 공격하기 시작했을 즈음, 아직 마조계의 조사선의 선사상이 드러나지도 않았을 때, 마조의 제자 보철과 혜충이 9세기 이후의 완숙된 선사상으로 선문답이 거행됐다고는 생각할 수가 없는 것이다.

『전등록』에 '마조 문하(馬祖門下) 8백(八百)'이라고 하는 것처럼 마조계의 홍주종은 당대 선종에서 공전의 최성황을 이룬 교세를 형성했으며, 그들의 행화도 전국적으로 확산되었다. 그러나 마조의 교화는 강남지방을 중심으로 전개되었으며, 마조계의 조사선이 천하에 알려지게 된 것은, 마조의 입적(788) 후, 문하의 다재(多才)한 제자들의 활약에 의한 것이었다.

특히 홍선유관(興善惟寬, 755~817), 아호대의(鵝湖大義, 746~818), 장경회휘(章敬懷暉, 757~818) 이 세 사람은 헌종(憲宗)의 원화중(元和中)에 차례로 입내설법(入內說法)한 조사선의 선승이다.69)

9세기 초엔 마조계의 선법이 달마선법을 계승한 정통이라고 강조하기 위해 만들어진 『보림전』이 제작되었으며, 원화년중(806~820)에는 혜능에게 '대감 선사(大鑑禪師)', 회양에게 '大慧 선사(大慧禪師)', 마조에게 '대적 선사(大寂禪師)'라는 시호(諡號)가 하사된 것도 마조 제자들의 활약의 성과임을 잊어선 안 된다. 그것은 조사선의 계보인 『보림전』을 편집하여, 혜능-회양-마조로 이어지는 새로운 조사선의 법통설을 형성하여 권위 있는 시호를 하사 받아, 그 법계를 왕실의 권위로 장엄하려는 소위 조사선의 법통 확립과 현창 운동을 전개했던 것이다.

이러한 조사선의 법통 확립과 선사상의 전개의 일환으로서 만들어진 선문답이 혜충과 우두종의 경산법흠과 마조계와의 교류를 전하는 선문

---

69) 章敬懷暉는 元和 3年(808), 興善惟寬은 元和 4年(809), 鵝湖大義는 德宗의 貞元 20년(804)에 入內했다.

답 등이라고 볼 수 있는 것이다.

즉, 마조계의 조사선의 사람들은 일찍이 혜능의 제자로서 장기간에 걸쳐 제도(帝都)의 중앙불교를 대표한 하택신회라는 인물에 대항시킬 만한 인물로서, 숙종(肅宗), 대종(代宗)의 시대에 국사로 존경받은 남양혜충을 조사선의 입장을 표명시킬 대변자로 선택한 것이라고 할 수 있다.

『조당집』제2권 달마장에 전하고 있는 야사(耶舍)의 예언 게송[讖偈] 가운데 혜충의 출현에70) 관한 내용이 포함되어 있는 것도 이러한 차원에서 이해할 수 있다. 즉 마조 문하의 조사선의 발전과 함께, 제도불교(帝都佛敎)를 비롯하여 천하에 마조계의 선문을 홍포하여 평가받기 위한 제자들의 노력의 하나라고 생각할 수 있다. 혜충과 경산법흠의 당대의 명승들과의 교류, 선문답에 의한 마조선의 위치는 권위 있는 그들의 평가에 의해서 정립되어지기 마련인 것이다. 『조당집』 등의 선적(禪籍)에 전래되고 있는 혜충의 어록을 사실 이러한 조사선이 사람들에 의해서 이루어진 것이며 재편된 것이라고 봐야 할 것이다.

앞에서 인용한 『대의선사비명』에는 신회의 활약을 기술하고 높게 평가하고 있지만 혜충의 존재를 일체 언급하고 있지 않다. 신회의 존재에 대해서는 모든 자료가 한결같이 전하고 있는 것처럼, 혜능 문하의 대표적인 인물이라 할 수 있다. 혜충의 존재는 실로 신회의 활약이 끝난 후에 등장한 선승이며, 남양 용흥사에의 입사(入寺)도 마찬가지라 할 수 있다.

그런데 『조당집』이나 『전등록』 등에 혜충과 마조계의 선승들과의 교류를 입증하는 선문답을 다소 만들어 전하고 있는 것은, 이미 육조 혜능

---

70) 『祖堂集』제2권 菩提達摩章(1 - 66)의 耶舍三藏의 讖偈는 13首인데, 惠可, 僧璨, 道信, 弘忍, 慧能, 懷讓, 馬祖, 神秀, 神會, 印宗, 惠安, 惠忠, 希遷 등의 出現을 豫言한 것이다. 이는 『寶林傳』의 主張임엔 틀림없다. 『祖庭事苑』제8권 「釋名讖辯」(Z.113 - 113, d)에는 『寶林傳』에 모두 28首의 讖偈가 실린 것을 傳하고 있다.

의 정법제자로서 결정되었고 자타가 공인하고 있었던 하택신회의 존재
와 입장에 대항하여 그의 존재적 위치를 초월하려는 의도가 있었던 것
이 아니었을까 추측된다.

즉, 육조 혜능의 제자로서 더군다나 국사로 존경받은 혜충의 위치와
권위를 빌려서, 혜능－회양－마조에 연결되는 법통설을 방증하게 하려는
의도가 있었던 것이 아니었을까?

특히 『전등록』 제28권에 새로 부가시킨 혜충의 남방종지비판의 일단
은 실제, 신회의 '知의 哲學'이나 『단경』에 대한 비판이었다.

『조당집』이후의 선 문헌에 자주 언급되고 있는 여래선과 조사선과의
평가도 육조－신회의 남종선을 뛰어넘어, 육조－회양－마조로 연결된 조
사선의 법통설을 강조하기 위한 노력의 일면을 나타낸 것이라 할 수 있
다.71)

조사선에 있어서 회양의 존재는 육조 혜능의 정법 상승자로서 확정된
입장이다. 이러한 법통설은 실제 마조의 제자들에 의해서 주장된 것이
며, 그들은 이미 널리 공인되어 있는 혜능－신회의 법통설을 부인하고
새로운 조사선의 계보를 만들었던 것이다.

『조당집』 제11권, 화산(禾山) 화상전에서는 다음과 같이 전한다.

그대는 들어보지 못했는가? 육조가 회양 대사에게 숭산에서 찾아와
오염되지 않은 말을 한 것과 신회 화상에게 본원 불성의 이치를 질문
한 말에 대해서 고덕이 배당하여 설했다. 한 사람(회양)은 조사의를 깨
달았고, 한 사람(신회)은 대교의를 깨달았다. (可不聞, 六祖問讓大師,

---

71) 『祖堂集』 제19권 香嚴和尙章에 仰山은 香嚴의 悟處를 審判하는 말로 "師兄在知有如來禪,
且不知有祖師禪"이라고 전한다(5-83). 『傳燈錄』 제11권 仰山慧寂章엔 "師曰 汝只得如來
禪 未得祖師禪"(『大正藏』 51권, 283쪽 中)으로 고쳐서 싣고 있다. 拙論, 「祖師禪の形成」(駒
澤大學大學院, 『佛敎學硏究會年報』 第19號, 1986年 2月) 참조.

徒嵩山來不汚之語, 與神會和尙, 本源佛性之理. 古德配云 一人會祖師
意 一人會大敎意..)(Ⅲ - 122)

이 일절은 그간(其間)의 소식을 전해 주는 말이라고 할 수 있다. 회양
에 조사선, 신회에 대교의(大敎意)를 배당하여 평가하고 있는 것처럼, 조
사선의 사람들은 육조—신회의 대교의[如來禪]의 차원을 넘어 육조—회
양으로 전하는 조사선의 선법을 강조하고 있다.

마조 문하의 선승들은 이러한 조사선의 법통과 선사상을 보다 확실하
게 권위 있고 만인이 공인할 수 있도록 하기 위해 남양혜충의 지위를 빌
린 것이라고 생각할 수 있다. 즉 혜충을 신회의 '지(知)의 철학'인 선사상
의 비판자로 등장시킨 것이며, 혜충과 마조계의 사람들과의 교류도 이러
한 시점에서 재고할 필요성이 있지 않을까?

『조당집』이나『전등록』에 싣고 있는 혜충의 법문은 실제 조사선의 사
상이며, 그의 입을 통해서 신회 계통의 남방 종지를 비판한 일단도 조사
선의 사상에서 본 불성론의 문제점을 지적한 것이라 할 수 있다.

1989년 9월 27일
自安禪堂에서 鄭性本

440

돈황본 『六祖壇經』과 심지법문(心地法門)

정성본

I. 序言

돈황본『육조단경』에서 혜능(慧能) 설법의 새로운 독창성은 심지법문(心地法門)이라고 말할 수 있다. 심지법문에 의한 선사상의 전개는 종래의 북종선이나 남종의 하택신회의 선사상에서도 볼 수 없는 새로운 것으로 돈황본『육조단경』의 독창이다. 즉 그것은 새로운 남종의 조사[祖] 육조 혜능이 돈교(頓敎)와 함께 심지법문의 선사상을 설법한 의미를 부여하고 있는 것이다.

혜능의 설법으로 재편된 돈황본『육조단경』의 심지법문은 달마로부터 비롯된 중국 선사상과 수행법의 혁신을 제시한 것이라고도 할 수 있다. 뿐만 아니라 심지법문은 뒤에 마조계의 조사선의 사람들에 의해서 보리달마가 전한 일심지법(一心之法)과 정법안장의 전법계보를 주장하면서 조사선의 사상으로 체계를 갖추게 되었다. 이러한 의미에서 돈황본『단경』의 심지법문은 중국 선사상사에서 중요한 역사적 의미를 지니고 있다. 여기선 먼저 심지법문의 의미와 초기 선종사에서 수용한 사실을 살펴본다.

심지(心地)란 글자 그대로 중생의 일심을 가리킨 말로 일체 중생이 본래 구족하고 있는 청정한 마음[心]은 세간법과 출세간법 등 일체법을 수용하고, 또한 일체법을 생성양육(生成養育)한다는 사실을 만물을 생성시키는 대지에 비유한 말이다.

특히 당(唐)나라 헌종(憲宗)의 元和 6년(811)에 반야(般若)가 번역한『대승본생심지관경(大乘本生心地觀經)』제8권에는 심지(心地)에 대한 법문을 다음과 같이 전한다.

선남자여! 삼계 가운데 마음이 주인이 된다. 스스로 마음을 관찰하면 구경에 해탈하고, 관찰하지 못하는 자는 구경에 삼계에 윤회한다. 중생의 미음은 마치 대지와 같다. 오곡과 오과가 대지에서 생성한다. 이와 같이 심법은 세간법과 출세간법, 선과 악, 오취(五趣), 유학이나 무학, 독각이나 보살, 여래를 만든다. 이러한 인연으로 삼계는 유심(唯心)이며 마음[心]을 대지(大地)로 삼는다. (善男子. 三界之中 以心爲主. 能觀心者 究竟解脫. 不能觀者 究竟沈淪. 衆生之心 猶如大地. 五穀五果 從大地生. 如是心法 生世出世善惡五趣. 有學無學 獨覺菩薩及於如來. 以是因緣. 三界唯心. 心名爲地.)(『大正藏』3권, 327쪽 上)

원래 심지(心地), 혹은 심지법문이라는 말은 『능가경』 제1권, 『범망경』 권上, 『금강삼매경』, 『수능엄경』 제2권, 『상법결의경(象法決疑經)』 등에 보인다.[1] 또한 8세기 초의 『전법보기』, 『보리달마남종정시비론』, 『역대법보기』, 이통현의 『신화엄경론』 제1권, 그리고 종밀의 저술 등 초기선종 문헌에 많이 언급하고 있다.[2]

---

1) 『능가경』 제1권, 心地者有七(『大正藏』16권, 482쪽 中). 『범망경』 卷上 盧舍那佛說菩薩心地戒品(『大正藏』24권, 997쪽 下)에 심지법문이라는 말이 최초로 보인다. 『금강삼매경』 入實際品(『大正藏』9권, 370쪽 上), 수능엄경 제2권(『大正藏』19권, 111쪽 上), 『상법결의경(像法決疑經)』(『大正藏』85권, 1337쪽 上).

2) 『전법보기』 序에 "唯是一心 故名眞如, 又曰, 證發心者 從淨心地. 及至究竟, 證何境界. (略) 是故 若非得無上乘, 傳乎心地. 其孰能入直境界者哉."(柳田聖山 初期の禪史 Ⅰ(禪の語錄 Ⅱ 331頁). 『楞伽師資記』 序에도 '每呈心地', '所呈心地'라는 말이 보임(柳田聖山氏의 前揭書 52頁, 56頁).
『보리달마남종정시비론』의 後序(『신회화상유집』 316頁).
『역대법보기』에 "和尚所引 諸經了義 直指心地法門 並破言說 云云"(『大正藏』51권, 192쪽 下) 돈황본 P.3559號 寫本 先德集於雙峰山塔各談玄理十二에 "脇比丘曰, 三藏敎 以詮心地, 守得心地 默坐虛融"이라는 말이 있고, S.2144號 寫本의 題에 "金剛峻經 金剛頂一切如來深妙秘密 金剛界大三昧耶修行四十二種壇法經作用威儀法則 大毗盧遮那佛 金剛心地法門 秘法戒壇法儀則, 大興善寺三藏沙門大廣智不空奉詔譯"도 보인다.
李通玄, 『新華嚴經論』 제1권에 "及表心地法門 無心無證者 方能昇也" "心海法門 亦復如

마조계의 조사선에서는 선종의 표치(標幟)로서 심지법문을 설하는데, 돈황본『육조단경』은 당(唐) 중기경(中期頃) 여러 대승 경전과 논서에서 설한 심지법문을 수용하여 혜능 설법의 근본사상으로 설한 최초의 법문이었다는 사실이다. 그러면 돈황본『육조단경』에서 설하고 있는 심지법문의 내용은 어떠한 것인가? 필자는 대략 다음과 같은 세 가지로 정리한다.

1. 무상심지계(無相心地戒)의 수보살계(授菩薩戒) 설법
2. 심지법문에 의한 새로운 삼학설(三學說)
3. 심지법문의 전등계보(系譜; 傳衣付法頌)

이상과 같이 사실 남종의 조사 육조 혜능의 설법집으로『육조단경』을 편집한 의미는 종래의 북종선이나 신회의 선사상과도 또 다른 새로운 차원의 심지법문에 의한 선사상을 제시할 필요성이 있었기 때문이라고 할 수 있다. 즉, 심지법문의 무상심지계 수계설법과 삼학설을 새롭게 제시할 필요성이 있었기 때문이다.

돈황본『단경』에서 심지법문에 의거한 선사상의 개연(開演)은 사실 혜능이 처음 제시한 법문이 아니다. 보리달마 이래로 동토(東土) 6대 조사가 한결같이 설한 법문이며, 혜능은 전법과 함께 계승한 것이라고 강조하면서, 그러한 심지법문의 계보를 전의부법송(傳衣付法頌)으로 입증시키고 있다.

먼저 돈황본『단경』에서 혜능이 설한 무상심지계의 법문부터 고찰해

是"(『大正藏』36권, 723쪽 中)란 말이 보임.
종밀의『禪源諸詮集都序』卷上(『大正藏』48권, 399쪽 上·中),『圓覺經大疏鈔』제3권의 下 (Z. 14-276, 中) 그리고『中華傳心地禪門師資承襲圖』등에 많이 보임.

보자.

II. 무상심지계(無相心地戒)와 수보살계의(授菩薩戒儀)

무상심지계의 설법은 돈황본 『육조단경』의 수제(首題)에도 명기하고 있는 것처럼 『육조단경』에서 가장 중요한 선사상이다. 특히 『단경(壇經)』의 단(壇)은 계단(戒壇)을 가리키는 말로서 『육조단경』이 혜능이 소주 대범사에서 위거(韋據) 등의 초청에 의해 도속들에게 설한 무상심지계의 수계설법을 기록한 형식을 취하고 있는 점이다.

돈황본 『단경』의 무상심지계의 내용은 자성삼귀의(自性三歸依)와 사홍서원(四弘誓願)의 설법이 중심을 이루고 있다. 즉, 돈황본 『단경』의 제22단에 다음과 같이 설한다.

선지식이여 모두 반드시 진여 자체의 지혜로 무상계를 수계하도록 하라. 다 함께 나[慧能]를 따라 입으로 말하라. 선지식들이 스스로 자기의 삼신불(三身佛)을 친견하도록 하리라. 자기 색신(色身)의 청정법신불에 귀의합니다. 자기 색신의 천백억화신불에 귀의합니다. 자기 색신의 당래 원만보신불에 귀의합니다.(이상을 三唱함) [善知識, 總須自體與授無相戒. 一時逐慧能口道. 令善知識見自三身佛. 於自色身 歸依淸淨法身佛, 於自色身, 歸依千百億化身佛, 於自色身, 歸依當身圓滿報身佛.(已上三唱)]

이하(以下) 이어서 자기의 삼신불에 대한 자세한 해설을 하고 있다. 또 『단경』 제23단에는 사홍서원(四弘誓願)에 대해서 다음과 같이 설하고 있다.

　　지금 이제 스스로 삼신불에 귀의하였으니, 선지식들과 함께 사홍대
원을 발원하리라.
　　선지식이여! 다 함께 나(혜능)를 따라 말하라.
　　무변한 중생을 제도하기를 서원합니다. 무변한 번뇌 끊기를 서원합니
다. 무변한 법문 배우기를 서원합니다. 무상의 불도 이루기를 서원합니
다.(三唱함.) [今旣自歸依三身佛已. 與善知識 發四弘大願. 善知識, 一時
逐慧能道. 衆生無邊誓願度, 煩惱無邊誓願斷, 法門無邊誓願學, 無上佛
道誓願成.(三唱)]

　　이어서 사홍서원에 대한 구체적인 설명이 있으며, 또 무상참회와 무상
삼귀의의 설법으로 이어지고 있다.3) 여기서 주의해야 할 점은 혜능이
"선지식이여! 다 함께 나(혜능)를 따라서 말하라." 라고 먼저 말한 뒤, 스
스로 자신의 삼신불에 귀의하고, 사홍서원, 무상삼귀계 등을 선창하고
있다. 그리고 그 말이 끝나는 곳에는 『단경』의 작자가 '이상삼창(已上三
唱)' 혹은 그냥 '삼창(三唱)'이라는 협주(夾註)를 기술하고 있는 점이다.
이것은 돈황본 『단경』의 제목에도 명기하고 있는 것처럼 대승보살계의
수계의식의 형식을 취하고 있음을 밝히고 있다.
　　돈황본 『육조단경』은 지극히 간단하게 혜능이 무상심지계를 수계한

---

3) 敦煌本 六祖壇經
　　今旣發四弘誓願, 說與善知識無相懺悔, 滅三世罪障. 大師言, 善知識, 前念後念及今念, 念念
不被愚迷染, 從前惡行, 一時除, 自性若除卽是懺悔. 前念後念及今念, 念念不被愚痴染, 除却
從前矯誑, 雜心永斷, 名爲自性懺. 前念後念及今念, 念念不被嫉妬染, 除却從前嫉妬心, 自性
若除, 卽是懺.(已上三唱)
　　今旣懺悔已, 與善知識, 授無相三歸依戒. 大師言, 善知識, 歸依覺兩足尊, 歸依正離欲尊, 歸
依淨衆中尊. 從今已後, 稱佛爲師, 更不歸依邪迷外道. 願自三寶, 慈悲證明.(已上三唱)

446

설법을 기록하고 있는데, 이것은 당시 선종 각파에서 일반적으로 널리 성행되고 있던 수보살계의(授菩薩戒儀)의 의식과 성행에 의거한 구상임을 알 수 있다.[4]

특히 수당대(隋唐代)의 중국불교에서 천태종의 천태지의(天台智顗, 538~597), 화엄종의 현수법장(賢首法藏, 643~712) 등과 같이 『범망경』의 주석과 대승보살계의 수계설법이 성행되고 있었으며 일찍이 선종의 제4祖 도신(道信, 580~651)도 『보살계법』 1권의 저술이 있었음이 알려지고 있다.[5]

또 북종계의 저술인 『대승무생방편문(大乘無生方便門)』이나 신회의 『남양화상돈교해탈선문직료성단어(南陽和上頓敎解說禪門直了性壇語)』도 초기 선종에 있어서 보살계 수계의식 일면을 나타내고 있으며, 『역대법보기』나 종밀의 『원각경대소초』 등에서는 신라 출신 정중무상(淨衆無相, 684~762) 선사가 일반 도속들에게 보살계 수계설법을 자주 실행했다는[6] 사실을 전하고 있다.

돈황본 『단경』에서 혜능이 설한 무상계의 수계설법도 이러한 종래의 선종의 보살계 수계의식과 설법을 계승한 것임엔 재언을 요하지 않는다. 단순한 전통의 전승과 답습에 그치고 있는 것이 아니라 그 취지를 전부 일신(一新)하여 새로운 남종돈교의 무상심지계란 대승보살계의 수계설법으로서 설하고 있는 점에 독자적인 특징이 있다고 말할 수 있다.

무상심지계란, 즉 순수한 자서자수계(自誓自受戒), 자기 스스로 서약

---

4) 柳田聖山 大乘戒經としての六祖壇經(印度學佛敎學硏究, 第12卷 1號, 昭和 39年 1月). 田中良昭 初期禪宗の戒律論(日本, 大東出版社, 敦煌禪宗文獻の硏究에 收錄. 昭和 58年 2月) 등 참조.
5) 楞伽師資記 道信章(『大正藏』 85권, 1286쪽 下).
6) 歷代法寶記 無相章(『大正藏』 51권, 185쪽 上) 종밀 『원각경대소초』 제3권의 下(Z.14 - 278, 中, 下) 등 참조.

하고, 자기 스스로 수지(受持)하는 계를 말하는 것이다. 사실 대승보살계에 있어서, 자기 스스로 서약하고 수지하는 방법 이외에 타율적인 수계는 형식적인 의식으로 끝나기 쉬운 것이며, 자기향상의 구도심[上求菩提]과 인격형성을 지향하는 대승보살도의 입장에서 볼 때 큰 의미는 없다고 할 수 있다.

무상계란 원래 『금강경』에서 아상(我相)·인상(人相)·중생상(衆生相)·수자상(壽者相) 등 사상(四相)을 텅 비우도록 설한 무상(無相)의 법문과 반야사상에 의거한다.

> 凡所有相 皆是虛妄, 若見諸相非相 則見如來. (『大正藏』 8권, 749쪽 上)
> 若以色見我, 以音聲求我, 是人行邪道 不能見如來. (『大正藏』 8권, 752쪽 上)

돈황본 『육조단경』의 수제(首題)에 「남종돈교최상대승마하반야바라밀경(南宗頓教最上大乘摩訶般若波羅密經)」이라고 명명하고 있는 것처럼 반야사상의 실천을 근간으로 하고 있으며, 사실 육조 혜능과 황매산 오조 홍인의 불법과의 만남도 금강경에 의한 인연으로 묘사하고 있다.

또 신수와 혜능이 심게(心偈)를 준비한 드라마틱한 이야기 가운데 오조 홍인은 능가경변상도(楞伽經變相圖)를 그리려고 준비한 회랑의 벽에 신수의 심게가 적혀 있는 것을 읽고, 『금강경』에서 '범소유상(凡所有相) 개시허망(皆是虛妄)'이라고 설한 법문을 제시하며 능가경변상도를 그릴 계획을 포기하게 하고 있다.[7]

---

7) 敦煌本 六祖壇經
神秀上座, 題此偈畢, 却歸房臥. 並無人見. 五祖平旦, 逐喚盧供奉來南廊下畫楞伽變. 五祖忽見此偈. 誦記. 乃謂供奉曰, 「弘忍與供奉錢三十千, 深勞遠來, 不畫變相也. 金剛經云, 凡所有相, 皆是虛妄. 不如留此偈, 今迷人誦. 依此修行, 不墮三惡道. 依法修行, 有大利益」大師逐喚門人盡來, 焚香偈前, 衆人見已, 皆生敬心, (大師曰)「汝等盡誦此偈者方得見性, 依此修

또 『단경』 무상멸죄송(無相滅罪頌)(35단)8)이라는 게송의 법문을 설하고 있는 점도 아울러 생각할 필요가 있다.

심지법문에 의거한 무상계 수계의식은 형식에 그치기 쉬운 특별한 계단의 장엄을 꾸미지도 않고, 또 삼사칠증(三師七證)의 열석(列席)도 갖추지도 않으며, 본사(本師; 釋迦牟尼佛) 화상(和尙)으로 되는 불상도 안치(安置)하지 않고, 오직 혜능과 그때에 동참한 도속 제자들과 자성삼귀의(自性三歸依), 사홍서원(四弘誓願) 등을 화창(和唱)하는 의식으로 거행된 것이다. 말하자면 철저한 자서자수(自誓自受)의 형식으로 지극히 간단하고 가장 대승적인 심지법문의 보살계 수계의식이라고 할 수 있다.

일반적으로 보살계의의 중심이 되는 것은 『범망경』 등 대승계경에 설하고 있는 것처럼, 삼취정계(三聚淨戒)나 십중금계(十重禁戒), 사십팔경계(四十八輕戒) 등이지만, 『육조단경』에서는 그러한 보살계의 조목이나 수계의식의 형식이 없는 것은 철저한 자성의 자서자수 의식으로 실행할 것을 강조하고 있기 때문이다.

실제로 자성의 삼귀계나 사홍서원이 이미 삼취정계의 정신이 포함되어 있는 가장 대승적인 보살계라고 말할 수 있으며, 외형이 장엄이나 형

行, 卽不墮落」 門人盡誦, 皆生敬心, 喚言, 「善哉」.
8) 大師言, 善知識, 聽吾說無相頌, 令汝迷者罪滅, 亦名滅罪頌. 頌曰.
　　愚人修福不修道, 謂言修福便是道.
　　布施供養福無邊, 心中三業元來在.
　　若將修福欲滅罪, 後世得福罪元造.
　　若解向心除罪緣, 名自性中眞懺悔.
　　若悟大乘眞懺悔, 除邪行正卽無罪.
　　學道之人能自觀, 卽與悟人同一例.
　　大師令傳此頓敎, 願學之人同一體.
　　若欲當來覓本身, 三毒惡緣心裏洗.
　　努力修道莫悠悠, 忽然虛度一世休.
　　若遇大乘頓敎法, 虔誠合掌志心求.
　　大師說法了. 韋使君, 官僚, 僧衆, 道俗, 讚言無盡, 昔所未聞.

식적인 의식을 퇴치시키고 오직 대승불교의 보살계의 정신에 충실하게 하려고 하는 점에 남종돈교의 종지로서의 무상심지계의 의의가 있다고 하겠다.

앞에서 인용한 『금강경』의 법문과 같이, 무상의 자기 본심과의 상견(相見)이 결정적인 수계방법이다. 즉, 혜능의 설법에도 설한 것처럼, 무상계란 외부의 선지식을 빌리지 않는 자기 스스로의 자각인 것이며, 자성(自性)의 자각으로 스스로 제도[自度]하는 수계의식으로 자기모순을 내포하지만 철저하게 自誓自受하는 수계의식이라고 할 수 있다.

대승보살계의 自誓自受의 의식은 『범망경』 제23경계에 다음과 같이 보인다.

만약 불자들이 부처의 지혜가 없는 중생심일 때에 발심 수행하여 보살계를 수지하려고 할 때, 제불 보살의 형상 앞에서 스스로 수계할 것을 서약해야 하며, 반드시 7일간 불상 앞에서 참회하여 부처의 좋은 호상(好相)을 체득하면 계법을 수지한 것이다. 만약 호상을 체득하지 못하면 반드시 14일, 21일, 혹은 1년 동안에 호상을 체득해야 한다. 호상을 체득하면 제불 보살의 형상 앞에서 수계를 받게 된 것이다.[9] (若佛子, 佛滅度後, 欲心好心受菩薩戒時. 於佛菩薩形像前, 自誓受戒, 當七日佛前懺悔. 得見好相便得戒. 若不得好相, 應二七三七乃至一年. 要得好相. 得好相已, 便得佛菩薩形像前受戒.)(『大正藏』24권, 1006쪽 下)

여기 불멸후(佛滅後)란 부처의 지혜가 소멸한 범부 중생심을 말한다. 즉 중생이 발심 수행하여 보살계를 수지하려고 한다면 제불보살의 형상

---

9) 天台智顗의 菩薩戒經義疏 卷下, 第23, 憍慢僻說戒條(『속장경』59권 21, 上)에도 註記하고 있다.

앞에서 자서수계(自誓受戒)할 수가 있으나, 반드시 호상(好相)을 체득해야 수계가 성립된 것이라고 강조하고 있다. 여기서 호상이란 『범망경』에서 강조하고 있는 것처럼, 제불여래의 지혜광명을 체득하거나, 제불의 상호를 친견하는 지혜 등 여러 가지 상서롭고 신이한 형상[異相]을 감응한 것을 말하는데, 중생심의 생사윤회에 타락하는 업장과 죄장(罪障)을 소멸하게 된 것을 의미한다.[10]

대승보살계경(大乘菩薩戒經) 가운데서 자서자수의 보살계 수계의식을 허용한 경전은 『범망경』 외에도 『점찰선악업보경(占察善惡業報經)』이 있다.[11] 여기서는 보살도의 삼취정계(三聚淨戒)를 스스로 발원하고 서원(自誓)함으로써 비구·비구니의 계법도 수지할 수 있다고 설하고 있는데, 『범망경』에선 이 점이 명료하지 않다.

그 밖에도 『보살영락본업경(菩薩瓔珞本業經)』 하권과 『유가사지론(瑜伽師地論)』 제53권 등에도 자서(自誓) 수계법을 설하는 대승계경도 있으나[12] 돈황본 『육조단경』은 분명히 『범망경』에 그 근거를 두고 있음을 알 수 있다.

돈황본 『단경』에는 자서자수의 무상심지계의 사상적 근거로서 『범망경』 심지계품에서 "나의 근본은 본래 자성이 청정하다.(我本元自性淸淨)"(『大正藏』 24권, 1003쪽 下)라고 설한 일절과 『유마경』 제자품에서 "즉시에 활연히 본심을 깨달아 회복한다.(卽時豁然 還得本心)"(『大正藏』 14권, 541쪽 上)라고 설한 일절을 각각 2회나 인용하고 있다.[13]

---

10) 『범망경』에 好相者 佛來摩頂見光華種種異相, 便得滅罪. 若無好相雖懺無益.(『大正藏』 24권, 1008쪽 下)라고 함.
11) 隋. 菩提燈譯占察善惡業報經 卷上(『大正藏』 17권, 904쪽 下).
12) 竺佛念譯'菩薩瓔珞本業經' 卷下(『大正藏』 24권, 1020쪽 下). 唐玄奘譯, 『瑜伽師地論』 제53권(『大正藏』 30권, 589쪽 正下) 등 참조.
13) 돈황본 『육조단경』에 다음과 같이 인용하고 있다.
   (21) 今記如是, 此法門中何名坐禪. 此法門中一切無礙. 外於一切境界上, 念不起爲坐, 見本

말하자면 자서자수의 의식으로서 거행된 『단경』의 무상심지계는 반야사상에 기초를 둔 본원자성청정을 설한 대승보살계인 것이며, 가장 대승불교의 사상과 실천수행에 철저한 수계의식이라고 할 수 있다.

실제 상구보리, 하화중생이라는 자율적인 보살도를 실천하는 대승불교의 보살계의 수계의식은 자서자수하는 방법 이외에 타율적인 수계는 존재할 수가 없는 것이다. 보리심을 일으킨 보살의 실천은 정법의 안목으로 자기의 허물을 관찰하는 발심 수행과 자각, 자기 성찰의 계법에 의거하여 스스로 서원하는 自誓自度로써 자기의 무한한 인격을 향상시킬 수 있는 것이기 때문이다.

Ⅲ. 심지법문(心地法門)의 삼학설(三學説)

돈황본 『육조단경』에서 혜능이 새롭게 제시한 설법은 심지법문에 의거한 계정혜(戒定慧) 삼학(三學)의 설법이다. 여기서는 이 점에 대해서 고찰해 보자.

돈황본 『육조단경』(42단)에 십대제자의 일인(一人)인 지성(志誠)은 처음 북종 신수(神秀)의 문인으로 혜능의 불법을 탐색하기 위해 염탐꾼[細作]의 임무를 받고 조계(曹溪) 혜능의 처소를 참문하게 된 일단의 기연

性不亂爲禪. 何名爲禪定. 外離相曰禪, 內不亂曰定. 外若著相, 內心卽亂 外若離相, 內性不亂. 本性自淨自定, 祇緣境觸. 觸卽亂, 離相不亂卽定. 外離相卽禪, 內不亂卽定. 外禪內定, 故名禪定. 維摩經云, 卽時豁然, 還得本心, 菩薩戒經云, 本源自性清淨. 善知識, 見自性自淨. 自修自作, 自性法身. 自行佛行, 自作自成佛道.
(32) 故知不悟卽佛是衆生. 一念若悟卽衆生是佛. 故知一切萬法, 盡在自身心中. 何不從於自心, 頓見眞如本性. 菩薩戒經云, 我本源自性清淨. 識心見性, 自成佛道. 淨名經云 卽時豁然, 還得本心.
『유마경』弟子品(『大正藏』14권, 541쪽 上).『범망경』心地戒品(『大正藏』24권, 1003쪽 下). 특히 『유마경』의 일절은 『능가사자기』도신장(『大正藏』85권, 1289쪽 上)에도 인용.

을 싣고 있다. 그리고 혜능과의 삼학에 대해서 다음과 같은(43단) 대화를 나누고 있다.[14)]

    혜능 대사가 지성(志誠)에게 물었다. "내가 듣기로는 자네의 스승[神秀]은 사람들에게 가르치기를 오직 계(戒)·정(定)·혜(慧) 삼학의 법문을 설한다고 하는데, 그대 스승이 설하는 계·정·혜 삼학의 법문은 어떤 내용인가? 나에게 말해 보라."

    지성이 말했다. "신수 화상이 설하는 계·정·혜 삼학의 법문은 '모든 악한 행위를 하지 않는 것[諸惡不作]이 戒이고, 많은 선행을 실행하는 것[諸善奉行]이 慧이며, 스스로 마음을 청정하게 하는 것[自淨其意]이 定이다. 이것이 곧 계·정·혜 삼학이다.'라고 설합니다. 신수 화상의 삼학설은 이와 같이 설합니다만, 화상의 견해는 어떠합니까?"

    혜능 화상이 답했다. "신수의 삼학설은 불가사의하지만, 나(혜능)의 견해는 다르다."

    지성이 물었다. "어떻게 다릅니까?"

    혜능 화상이 답했다. "견해에 더디고 빠름이 있다."

    지성이 화상의 계·정·혜 삼학에 대한 견해를 설해 줄 것을 간청했다.

    혜능 화상이 말했다. "그대는 내가 설하는 삼학의 법문을 잘 들어라.

---

14) (43)大師謂志誠曰,「吾聞汝禪師敎人, 唯傳戒定慧. 汝和尚敎人戒定慧 如何. 當爲吾說」
志誠曰,「秀和尚言戒定慧, 諸惡不作名爲戒, 諸善奉行名爲慧, 自淨其意名爲定. 此卽名爲戒定慧, 彼作如是說, 不知和尚所見如何」慧能和尚答曰,「此說不可思議. 慧能所見又別」
志誠問,「何以別.」慧能答曰,「見有遲疾」志誠請和尚說所見戒定慧. 大師言,「汝聽吾說, 看吾所見處. 心地無非, 是自性戒, 心地無亂, 是自性定, 心地無癡, 是自性慧」大師言, 汝師戒定慧, 勸小根智人, 吾戒定慧, 勸上智人. 得悟自性, 亦不立戒定慧」志誠言,「請大師說, 不立如何.」
大師言,「自性無非無亂無癡, 念念般若觀照, 常離法相, 有何可立. 自性頓修, 無有漸次, 所以不立. 志誠禮拜, 便不離曹溪山. 卽爲門人, 不離大師左右.
혜능의 삼학설은 지눌의 『勸修定慧結社文』과 『修心訣』에도 인용되고 있다.

나의 견해는 다음과 같다. 심지(心地)에 그릇됨이 없는 것이 자성(自性)의 戒요, 심지에 혼란이 없는 것이 바로 자성의 定이며, 심지에 어리석음이 없는 것이 자성의 慧이다."

혜능 대사와 지성과의 삼학에 관한 문답은 계속되고 있지만, 신수의 칠불통계(七佛通戒)의 삼학설과 혜능의 심지법문의 삼학설의 요지는 이상의 인용에서 전부 다 드러나고 있다.

여기에 혜능과 지성과의 문답은 분명히 북종 신수와 남종 혜능과의 삼학사상에 대한 견해의 깊고 얕음[淺深]을 밝혀 남종 혜능이 안목과 지혜가 한층 더 우위임을 나타내 보이려고 한 작의성이 엿보인다. 여기 혜능의 삼학설은 앞에서 논한 무상심지계의 수계설법과 똑같은 선사상임을 알 수 있다.

즉, 여기의 혜능은 지성에게 새로운 남종돈교의 심지법문에 기초를 둔 자성의 삼학을 설하여 종래 선종의 각 종파에서 설한 삼학설을 심지법문의 삼학설로 재정립했다. 다시 말해 삼학설의 이론을 제시한 것이 아니라 유심(唯心)의 선사상으로 계·정·혜 삼학을 실천 수행하는 법문으로 제시한 것이다.

戒·定·慧 삼학은 제불여래의 설법을 실천 수행의 입장에서 제시한 법문으로 불교의 전체를 말한다. 일반적인 삼학설의 실천수행법은 계율의 실천에 의해 선정을 체득하고, 선정의 수행으로 지혜를 체득할 수 있는 것이라고 설했으며, 戒→定→慧로 전개되는 순서를 일탈하여 정각을 얻을 수는 없었던 것이다.

그러나 돈황본『육조단경』에서 혜능 설법의 새로운 점은 종래의 전통적이고, 교리(教理) 중심이고, 실천수행체계를 설명하는 철학적인 삼학설이 아니다. 계정혜 삼학의 수행법이나 순서를 무시하고, 삼학을 하나로 심지에서 통합하여 삼학일체(三學一體)로 실천하는 법문이다. 즉, 종래의 전불교(全佛敎)를 자성의 삼학으로써 통합하고, 남종돈교의 선불교의 수행으로 제시하며, 혜능 설법의 종지로서 확정시키고 있는 법문이다.

사실 돈황본 『단경』에서 혜능의 설법으로 강조하는 남종돈교의 취지는 선정(禪定)과 지혜의 문제에 전부 귀결된다고 말할 수 있는데, 돈황본 『단경』(15단)에서는 그 정혜일체(定慧一體), 정혜일치(定慧一致)에 대하여 다음과 같이 설하고 있다.

(15단) 여러분! 나의 이 법문은 선정과 지혜[定慧]로써 근본을 삼는다. 첫째 미혹하여 선정[定]과 지혜[慧]가 다르다고 말하지 말라. 정혜(定慧)의 본체[體]는 하나이지 둘이 아니다. 선정(禪定)은 바로 지혜의 본체이고, 지혜는 선정의 작용[用]이다. 지혜가 작용할 때에는 선정은 지혜에 있고, 선정이 실행될 때 지혜는 선정에 있다. 선지식이여, 이 뜻은 곧바로 정혜(定慧)가 같다는 사실을 말한다. (云云)[15]

(17단) 여러분! 定慧는 무엇과 같은가? 마치 등광(燈光)과 같다. 등이 있으면 곧 빛이 있고 등이 없으면 즉, 빛이 없다. 등은 바로 빛의 체(體; 根本)요, 빛은 바로 등의 용(用; 作用)이다. 이름은 즉 둘이나, 체[根本]는 둘이 아니다. 이 정혜의 법도 이와 마찬가지다.

정혜일등(定慧一等), 정혜일체(定慧一體), 정혜불이(定慧不二)의 법문

---

15) (15) 善知識, 我此法門, 以定慧爲本. 第一勿迷言定慧別. 定慧體不一不二. 卽定是慧體, 卽慧是定用. 卽慧之時定在慧. 卽定之時慧在定. 善知識, 此義卽時定慧等. 學道之人作意, 莫言先定發慧, 先慧發定, 定慧各別. 作此見者, 法有二相. 口說善, 心不善, 定慧不等. 心口俱善, 內外一種, 定慧卽等. 自悟修行, 不在口諍. 若諍先後, 卽是迷人. 不斷勝負, 却生法我, 不離四相.

은『열반경』제30권에도 "제불세존이 선정과 지혜가 균등해야 분명하게 불성을 깨달아 친견하고 무애자재하다고 설했다.(諸佛世尊, 定慧等故 明見佛性, 了了無碍.) (『大正藏』12권, 547쪽上)"라고 전한다.

즉, 정(定; 三昧)이 많고 혜(慧)가 적으면 무명이 많아지고, 定이 적고 慧가 많으면 사견[煩惱]이 늘어난다. 정과 혜가 동등할 때 비로소 분명히 불성을 깨달아 체득할 수 있다고 설한다. 이『열반경』의 법문은 신회의『단어』에 다음과 같이 인용하고 있다.

『열반경』에 선정이 많고 지혜가 적으면 무명이 증장하고 지혜가 많고 선정이 적으면 사견이 증장한다. 선정과 지혜가 균등해야 분명하게 불성을 깨달아 친견할 수가 있다. 지금 무주처의 경지에서 곧 반야의 知를 건립하니 마음이 공적한 것을 아는 것이 곧 知가 지혜로 작용하는 것이다. (涅槃經云 定多慧少 增長無明. 慧多定少, 增長邪見, 定慧等者, 明見佛性 今推到無住處便立知. 知心空寂, 卽是用處.)(『神會和尙遺集』 238쪽)

일찍이 신회는 북종선의 전통적인 삼학설의 견해에 대해서 신랄하게 비판하면서 무주(無住)의 본체[體; 진여본성]에 자연지(自然知)를 세워 이 자연지로써 정혜일등, 정혜일체라는 새로운 삼학설을 제시하고 있다는 사실이다.[16]

그런데 여기서 잠시 앞에서 인용한 돈황본『단경』(43단)에 혜능이 지성과 문답을 나누는 후반에 다음과 같은 혜능의 말에 주의해 보자.

---

16) 신회의 삼학설은 그의 어록 수처에 주장하고 있다. 특히 南陽和尙頓敎解說禪門直了性壇語 (『神會和尙遺集』 228, 229, 237, 239頁 等)와 종밀의『圓覺經大疏鈔』제3권의 下(Z. 14 - 281, d)『傳燈錄』제28권, 『神會大師語』(『大正藏』51권, 439쪽 下) 등 참조.

(43단) 내가 (설하는) 계정혜(戒定慧) 삼학(三學)은 상근인(上根人)에게 권하는 것이다. 자성(自性)을 깨달아 체득하면 또한 戒定慧를 주장할 필요도 없다. …(略)… 自性은 그릇됨도 없고, 산란스러움도 없고, 어리석음도 없고 일념 일념[念念]에 반야의 지혜로써 관조하여 항상 의식의 대상경계[法相]를 여의었으니 다시 무엇을 주장하겠는가.17)

이상의 인용에서 강조하고 있는 것처럼 혜능의 삼학설은 철저한 돈교의 반야사상에 입각한 실천사상인 것을 알 수 있다. 말하자면 선이란 이제 단순한 삼학의 하나로서의 입장이 아니라 대승불교의 진수(眞髓)인 반야 지혜의 실천으로서 강조되고 있으며 선의 실천이 곧 반야바라밀의 지혜로 전개하고 있다는 점이다.

이것은 돈황본 『단경』의 제목에서도 밝히고 있는 것이며, 혜능이 무상심지계의 수계설법에 이어서 독자적인 반야바라밀의 법문을 설하는 등, 여러 곳에서 강조하고 있는 것으로도 그 사실을 잘 입증하고 있다고 할 수 있다.

사실 선을 반야의 지혜로 제시한 것은 달마 대사의 법문집인 『이십사행론(二入四行論)』에서부터 강조된 것이며, 혜가(慧可)의 대승선이 섭산(攝山) 삼론종(三論宗)의 반야사상과 결연을 통해 한층 더 강하게 되었다고 할 수 있다. 특히 신회는 선 그 자체를 반야의 지혜[知]로 제시하고, 그 실천적인 입장으로써 새롭게 돈오(頓悟; 見性) 법문을 결합시켜 남종선의 선사상을 획기적으로 발전시켰다.

돈황본 『단경』은 이러한 신회의 돈오선을 계승한 것은 물론이지만, 신회의 선사상을 한층 더 발전시켜 심지법문의 선사상으로 새롭게 전개하고 있는 것이다. 앞에 지성이 북종 신수의 교설로서 제기하고 있는 칠불

---

17) 각주 14) 참조.

통계(七佛通戒)의 삼학설은 실제로는 신회의 『단어』에서 설한 삼학설과 일치하고 있다.18) 돈황본 『단경』의 성립상, 지성의 혜능 대사를 참문한 기연은 신회의 삼학설을 전제로 하고 있음엔 틀림없다. 그러나 앞에서 살펴본 것처럼 혜능의 삼학설은 신회의 주장보다 한층 더 발전된 선사상이다.

즉, 돈황본 『육조단경』에서 설한 심지법문의 삼학은 본래 청정한 진여자성의 지혜이다. 이에 대해 신회의 삼학설은 『열반경』에서 설한 정혜일등(定慧一等)의 법문을 수용한 입장에서 지극히 대승적인 삼학일등(三學一等), 삼학일체(三學一體)의 설법이다.

신회, 혜능이 모두 남종돈교의 자성반야의 선사상을 강조하고 있으나 신회는 아직 전통적인 삼학의 법문을 탈피하지 못한 입장이지만, 돈황본 『단경』의 삼학설은 자성의 심지법문에 무주사상(無住無相)의 반야사상을 종합한 설법이라고 말할 수 있다.

지난날 북종선의 교설을 비판하면서, 종래의 수정주의적인 선의 입장을 탈피하여 선을 반야바라밀의 실천으로 확정하고 삼학일체설을 최초로 주장한 사람은 신회였다. 그러나 이제 돈황본 『단경』은 심지법문으로 그러한 신회의 교설을 비판하면서 새로운 남종의 조사 육조 혜능의 독창적인 설법으로 재편하고 있다.

돈황본 『단경』에서 설한 심지법문 삼학설은 진여자성이 본래 청정한 확신으로부터 출발하고 전개한 것인데, 이것은 달마로부터 시작되는 중국 선사상의 사실상의 완성을 의미하는 것이라고 말할 수 있다.

돈황본 『단경』에 "일행삼매란 일체시중(一切時中)에 있어서 행주좌와

---

18) 『南陽和上頓敎解脫禪門直了性壇語』에 "經云 諸惡莫作, 諸善奉行, 自淨其意, 是諸佛敎, 過去一切諸佛, 皆作如是說, 諸惡莫作是戒, 諸善奉行是慧, 自淨其意是定."(『神會和尙遺集』 228頁).

(行住坐臥)에 항상 진심(眞心)을 실행하는 것."[19]이라고 설한다. 이 법문도 종래의 일행삼매와는 전연 다른 새로운 차원의 선수행법으로 진여자성의 일행을 선의 수행으로 실행하는 법문인데, 이것은 즉 진여일심, 심지(心地)의 수행이다.

말하자면 경전에서 설한 삼학(三學)이나 일행삼매의 법문이나 전통의 선사상을 그대로 계승하고 있는 것이 아니라, 그러한 방편법문이 발생한 근원적인 본래의 심지에서 수행하도록 설법한 것이다. 어떤 불법사상이나 방편법문의 언설에 의거하여 선이나 인간을 파악하려는 것이 아니고, 인간 본래의 근원적인 심지에서 새로운 방편법문을 제시하여 인간 각자가 진여일심의 지혜로 각자 창조적인 삶을 건립할 수 있도록 설한 법문이다. 이것은 삼학의 법문을 설한 제불여래의 심지로 되돌아가 삼세여래가 모두 똑같은 정법의 안목에서 똑같은 반야의 지혜로 창조적인 삶을 건립하며, 자성의 심지에 귀명하는 법문이다.

선은 중국불교에서 하나의 종파로서 성립한 것이라기보다는 제불여래의 정법을 근본적인 입장에서 재흥(再興)한 사상운동이다. 돈황본 『단경』이나 『보림전』 등에서 강조하는 서천28조 동토6조의 전등설과 正法眼藏을 이심전심으로 부촉하는 전법, 전등은 그러한 사실을 천명하려고 노력한 근거이다. 선종 전등설은 다른 기회로 미루고 여기선 심지법문의

---

19) 돈황본 『육조단경』의 16단에 "一行三昧者, 於一切時中行住坐臥, 常行直心是. 淨名經云, 直心是道場. 直心是淨土. 莫行心諂曲, 口說法直, 口說一行三昧, 不行直心, 非佛弟子. 但行直心, 於一切法上, 無有執着, 名一行三昧. 云云"이라고 설하고 있다. 이것도 신회의 보리달마남종정시비론에 주장한 말을 계승한 것으로 볼 수 있다.
一行三昧는 『文殊說般若經』(『大正藏』 8권, 731쪽 中), 『占察善惡業報經』 卷下(『大正藏』 17권, 908쪽 中, 909쪽 上) 등에 설하고 있으며 특히 四祖 道信은 『文殊說般若經』에 의거한 一行三昧를 강조하고 있다.(『楞伽師資記』 道信章) 또한 일행삼매는 선종뿐만 아니라 천태, 화엄, 정토 등 隋唐 諸宗派가 강조한 것이기도 하다.
小林圓照 '一行三昧考'(禪學研究 第51號, 昭和 36年 2月). '一行三昧論'(日本佛教學會年報 第41號 昭和 51年) 등 참조.

계보로서 강조하고 있는 전의부법송(傳衣付法頌)과 그 역사에 대하여 고찰해 본다.

IV. 심지법문(心地法門)의 계보
—전의부법송(傳衣付法頌)—

돈황본 『육조단경』에는 신회가 주장한 달마 이래의 동토 육조의 전의설(傳衣說)을 계승함과 동시에 그 전의설의 한계를 자각하여 그것에 대신하는 것으로써 새로운 심지법문에 의한 6대 조사의 전의부법송(傳衣付法頌)을 다음과 같이 설하고 있다.[20]

---

20) 衆僧旣聞, 識大師意, 更不敢諍. 依法修行, 一時禮拜. 卽知大師不永住世. 上座法海向前言大師, 大師去後, 衣法當付何人. 大師言, 法卽付了, 汝不須問. 吾滅後二十餘年, 邪法遼亂, 惑我宗旨. 有人出來, 不惜身命, 定佛敎是非, 竪立宗旨. 卽時吾正法. 衣不合傳. 汝不信, 吾與誦先代 五祖傳衣付法頌. 若據第一祖達摩頌意, 卽不合傳衣. 聽吾與汝頌. 頌曰.
第一祖達摩和尙頌曰,
　吾本來唐國, 傳敎救迷情.
　一花開五葉, 結果自然成
第二祖惠可和尙頌曰,
　本來緣有地, 從地種花生.
　當本元無地, 花從何處生.
第三祖僧璨和尙頌曰,
　花種雖因地, 地上種花生.
　花種無生性, 於地亦無生.
第四祖道信和尙頌曰,
　花種有生性, 因地種花生.
　先緣不和合, 一切盡無生.
第五祖弘忍和尙頌曰,
　有情來下種, 無情花卽生,
　無情又無種, 心地亦無生.
第六祖慧能和尙頌曰,
　心地含情種, 法雨卽花生,
　自悟花情種, 菩提果自成.

第一祖 달마(達磨) 화상이 게송으로 읊었다.
나는 처음 당국(唐國)에 와서 가르침을 전하여 미정(迷情)을 구하노라.
일화(一花)가 다섯 잎[五葉]으로 열리니 결과는 자연히 이루어지리라.

第二祖 혜가(慧可) 화상이 게송으로 읊었다.
본래 땅이 있는 까닭에 땅에서 씨앗이 꽃피니,
만약 본래 땅이 없다면 꽃은 어느 곳에서 피리오.

第三祖 승찬(僧璨) 화상이 게송으로 읊었다.
꽃씨가 땅을 인연하여 지상에 씨앗이 꽃을 피우지만,
꽃씨에 생성(生性)이 없으면 땅에서도 역시 무생(無生)이다.

第四祖 도신(道信) 화상이 게송으로 읊었다.
꽃씨는 生性이 있고 땅을 인연하여 씨앗이 꽃을 피니,
먼저 인연이 화합하지 않으면 일체 모두가 無生이다.

第五祖 홍인(弘忍) 화상이 게송으로 읊었다.
유정(有情)이 와서 씨앗을 뿌리니 무정(無情)도 꽃을 피운다.
無情은 또한 씨앗이 없으니, 심지(心地) 또한 無生이다.

第六祖 혜능(慧能) 화상이 게송으로 읊었다.
心地는 정종(情種)을 머금으니 법우(法雨)에 곧 꽃이 핀다.
스스로 꽃의 정종(情種)을 깨달으니, 보리의 결과는 자연히 이룬다.

여기서 주의하고 싶은 점은 이상의 동토 6대 조사들의 전의부법송에는 한결같이 심지에 근거를 두고 있다는 것이다. 이것은 앞에서 언급한 무상심지계와 심지법문의 삼학설과 똑같이 반야의 지혜를 실행하는 불성사상의 토대 위에서 설하고 있다는 사실이다.

또 돈황본『육조단경』에는 이상의 동토 6대 조사들의 전의부법송 이외에 따로 혜능이 보리달마의 게송의 의미를 해석하는 것으로서 心地법문을 두 개의 게송으로 다음과 같이 읊고 있다.

혜능 대사가 말했다. 그대들은 내가 지은 두 편[二首]의 게송을 듣고 달마 화상 게송의 진의를 파악하도록 하라. 그대들 가운데 어리석은 사람도 이 게송에 의거하여 수행한다면 반드시 견성(見性)하게 될 것이다.
첫 번째[第一] 게송으로 읊었다.
심지(心地)에 삿된 꽃이 피니, 다섯 꽃잎이 뿌리[根]를 좇아 따르네.
다 함께 무명 업장[業]을 지어 업풍(業風)의 바람에 날린다.
두 번째[第二] 게송으로 읊었다.
심지(心地)에 올바른 꽃이 피니, 다섯 꽃잎이 뿌리를 좇아 따르네.
다 함께 반야의 지혜를 닦아 반드시 부처의 깨달음을 이룬다.
(第一頌曰, 心地邪花放, 五葉逐根隨. 共造無明業, 見被業風吹.
第二頌曰, 心地正花放　五葉逐根隨. 共修般若慧, 當來佛菩薩.)

이 두 게송 역시 전의부법송과 마찬가지로 혜능이 스스로 송출한 것이며, 심지(心地), 꽃[花], 오엽(五葉) 땅[地], 유정(有情), 무정(無情) 등을 기본소재로 하고 있지만, 심지법문의 전통은 앞의 전의부법송에 전부다 나타내고 있다.

여기서 전의부법송의 성립적 배경과 그에 따른 제문제에 대해선 벌써 선학의 연구 성과가 발표되었으며,[21] 또한 따로 선종사의 시각에서 고찰해야 할 문제이므로, 여기선 생략하고 심지법문과 관련된 문제점만을 다루기로 한다.

6대 조사의 전의부법송의 창안은 일찍이 신회가 주장한 전의설(傳衣說)에 의한 동토 6대 조사의 전통설(傳統説)을 이어받아 그 전의설의 문제점과 한계 그리고 그렇게 주장했던 그 시대를 극복하려고 한 노력의 성과이기도 한 것인데, 실제로 그 내용은 심지법문에 근거를 둔 남종돈교의 법문과 반야지혜를 제시한 점이다.

말하자면 돈황본 『단경』은 신회가 주장한 전의설에 의거한 동토 6대 조사의 전통설에 동조(同調), 동참하면서 그러한 주장에 대신하는 새로운 시대의 전법의 증거로서 심지법문에 근거를 둔 전의부법송(傳衣付法頌)을 창안 주창[創唱]하여 동토 6대의 조사들이 심지법문으로 전한 전법의 사실을 확실하게 입증시키고, 이심전심(以心傳心), 교외별전(教外別傳)의 내용으로 하고 있다는 점이다.

心地와 無生을 테마로 하여 읊고 있는 전의부법송은 앞에 논술한 자서자수(自誓自受)하는 자성의 무상심지계나 자성의 삼학설을 강조하는 심지법문과 반야의 실천적 입장을 게송으로 표현하고 있는 것으로 볼 수 있다.

오조 홍인 화상의 게송에 "무정(無情) 또한 씨앗이 없으니, 심지(心地) 또한 무생(無生)이다."라는 일절은 그러한 사실을 단적으로 표명한 말이기도 하다. 인간의 자성청정심을 토대로 한 심지법문은 철저한 반야의 실천에 의한 무한의 가능성을 창조함과 더불어 꽃피우고 열매 맺게 할 수 있는 것이다. 돈황본 『단경』에 일관적으로 설하는 심지법문의 본지가 여기에 있다.

---

21) 水野弘元, "傳法偈の成立について"(宗學研究 第2號, 昭和 35年 1月). 石井修道, "傳法偈の成立の背景に關する一考察"(宗學研究 第22號 昭和 55年 3月) 등 참조.

유명한 백거이(772~846)의 '증표직(贈杓直)'이라는 제목[題]의 시(詩)
에 다음과 같이 읊고 있다.

　　젊은 시절에는 온몸을 『장자』의 소요유편에 몰두했고, 최근에는 심
　　지(心地) 법문으로 남종선에 회향한다. (早年以身代 直赴逍遙篇 近歲
　　將心地 迴向南宗禪.)[22]

　백거이도 당시 심지법문을 강조한 남종선에 관심을 갖고 있었다는 사
실을 알 수 있다. 그가 여기서 말하는 남종선의 내용은 『육조단경』의 심
지법문으로 볼 수 있다. 또 백거이가 '미도(味道)'라는 제목의 율시(律詩)
에 "칠편(七篇)의 진고(眞誥), 신선의 일[仙事]을 논(論)하고, 일권(一卷)
의 『단경(壇經)』은 불심(佛心)을 설(說)한다."[23]라고 읊고 있는 것으로
볼 때 이러한 추정은 무리한 가설이 아님을 알 수 있다.
　이상과 같이 돈황본 『육조단경』에서 설한 심지법문은 앞에서 언급한
것처럼 『능가경』이나 『범망경』은 물론 『화엄경』 등에서 설하는 '심여공
화사(心如工畵師) 일체유심조(一切唯心造) 삼계유심(三界唯心)' 등과 같
은 유심의 사상을 토대로 한 현수법장(賢首法藏, 643~712)의 화엄철학
과 현장(玄奘, 602~664)의 유식사상(唯識思想)을 수용하고 있음은 재언
을 요하지 않는다.[24]

---

22) 『白氏長慶集』 제6권과 제23권.
23) 白氏長慶集 제6권과 제23권.
24) 화엄경 제10권. "夜摩天宮菩薩說偈品 心如工畵師, 畵種種五陰, 一切世界中 無法而不造,
　　云云"(『大正藏』 9권, 465쪽 下) 法藏의 探玄記 제6권(『大正藏』 35권, 215쪽 下)에 인용하여
　　논하고 있다. 三界唯心은 화엄경 제37권(『大正藏』 10권, 194쪽 上), 기신론(『大正藏』 32권,
　　577쪽 中), '十地經' 제6권(『大正藏』 9권, 558쪽 下) 등에 설하고 있으며, 馬祖語錄 傳心法要,
　　臨濟錄 등 선승들이 새롭게 주장하고 있다.

중국선종은 대승불교의 반야사상과 유심(唯心)의 법문을 수용하여 선의 심지법문으로 새롭게 재편함과 더불어 기존불교사상의 철학적인 전개에서 발생하는 문제점을 근본에서 세척하여 바로잡고 있다. 철저한 반야사상을 실천으로 귀결하여 승화시킴으로써 수당(隋唐) 제종(諸宗)의 불교사상과 크게 다른 수행종교의 본질을 제시하고 있다.

또 한 가지 주목해야 할 점은 돈황본『단경』에서 설한 심지법문은 마조계의 조사선 사상을 인도(引導)한 역사적 의미가 크다는 점이다.

마조계의 조사선에서 선법의 전등 역사를 기록하는『보림전』(801年)의 출현은 돈황본『단경』을 토대로 하고 있다는 사실이며,『단경』에서 설한 선종의 법통설과 전등계보를 계승하고 발전시킨 선종사서라고 할 수 있다.

『보림전』은 석가세존이 마하가섭에게 이심전심으로 정법안장을 부촉한 사실과 전등계보의 역사를 입증하기 위해서 인가증명으로 서천 28조의 전법게(傳法偈)를 첨가하고 있다. 그리고 석존이 정법안장을 부촉한 역사는 서천 28조, 동토 6대 조사를 경유하여 회양 → 마조의 세대 [代]에까지 전승된 조사선의 계보를 설하고 있는데, 이러한 전등설은 돈황본『단경』에서 설한 심지법문과 전의부법송에 의거한 것이다.

현존하는『보림전』은 제7권, 9권, 10권이 결권(缺卷)이라 六祖慧能-南岳懷讓-馬祖道一로 전래된 전법의 사실과 전법게 전수를 확인할 수는 없으나,『보림전』의 기록을 계승한『조당집』제3권,『전등록』제5권 회양대사전 등에 의하면 남악회양과 마조도일의 전법인연과 전법게도 모두 심지법문에 의거하고 있다는 사실을 확인할 수 있다.[25]

---

25) 祖堂集 제3권 南岳懷讓章(1 - 144), 傳燈錄 제5권 南岳章(『大正藏』51권, 240쪽 下), 宗鏡錄 제97권(『大正藏』48권, 940쪽 中), 祖堂集 제14권 마조도일장(4 - 33), 전등록 제6권 마조도일 장(『大正藏』51권, 246쪽 上), 종경록 제1권(『大正藏』48권, 418쪽 下) 등 참조.

원래 이러한 기록은 『보림전』에 의거한 것이었다고 볼 수 있는데, 여기선 그러한 사실의 전후의 이야기는 생략하고 전법게를 중심으로 고찰해 본다.

『조당집』 제3권, 『전등록』 제5권의 회양장에는 제자인 마조에게 내린 전법게를 다음과 같이 싣고 있다.

심지에 여러 종자를 머금었으니, 비를 만나면 모든 종자가 싹이 튼다.
삼매의 꽃은 형상이 없지만, 어찌 파괴와 생성이 있으리오.
(心地含諸種, 遇澤悉皆萌 三昧華無相, 何壞復何成.)(1 - 145)(『大正藏』
51권, 241쪽 上)

또 『조당집』 제14권, 『전등록』 제6권 등에 마조도일의 전법게는 다음과 같다.

심지는 때에 따라서 설법하니, 깨달음 또한 단지 그러할 뿐이다.
현실과 이치에 모두 걸림이 없으니, 나는 것이 곧 나지 않는 것이다.
(心地隨時說, 菩提亦只寧, 事理俱無碍, 當生卽不生.)(4 - 34)(『大正
藏』 51권, 246쪽 上)

이상의 남악회양과 마조도일의 전법게는 그 내용으로 볼 때, 돈황본 『육조단경』의 동토 6대 조사의 전의부법송의 법문에 연속된 내용이라고 할 수 있다. 이 게송이 원래 『보림전』에 있었다고 볼 수 있는데, 전법게의 작자는 그러한 의도로 맞추어서 만든 것이라고 할 수 있다. 특히 『보림전』과 『조당집』에 전하고 있는 조사의 예언[讖偈]이나 전법게의 전수가 마조도일을 마지막[最後] 시한으로 하고 있는 점도 주목해

야 할 점이다. 실제 돈황본 『단경』의 전의부법송은 마조의 시대에 이
르러 최상의 극치에 도달한 것이라고 할 수 있다.

실로 마조계의 조사선의 선승들이 또다시 새롭게 육조현창운동(六祖
顯彰運動)을 전개한 까닭도 돈황본 『단경』에 심지법문에 의한 혜능의
설법과 동토 6대 조사의 전의부법송이라는 법통설에 의거하고 있었기
때문이라고 볼 수 있는 것이다.

육조 혜능의 현창운동은 하택신회에 의해서 전개된 일이었으며, 신회
가 그의 생애를 걸고서 투쟁한 결과로 혜능이 달마계의 중국 선종의 제6
대 조사(祖師)로서 위치가 확정된 것이었다. 따라서 뒤에 하택신회도 제
7대 조사로서의 지위를 공인받게 된 사실을 규봉종밀은 『배휴습유문(裵
休拾遺文)』에 다음과 같이 기술하고 있다.

덕종 황제 정원 12년에 황태자에게 칙명으로 여러 선사들을 모집하
고 선문의 종지를 확정하였는데, 선종 전등 법계의 방계(傍系)와 정계
(正系)를 조사하였다. 드디어 황제의 칙명으로 하택 대사를 선종의 제7
대 조사로 정립했다. 내 도량 신용사에 이러한 사실을 비문에 명기(銘
記)했다. 또 환제는 7대 조사를 찬탄하는 글을 제작하였으며, 현재 세
간에 널리 유통하고 있다. (故德宗皇帝, 貞元十二年 勅皇太子, 集諸禪
師 楷定禪門宗旨, 搜求傳法傍正 遂有勅下 立荷澤大師 爲第七祖. 內神
龍寺 見有銘記. 又御製七代祖師讚文 見行於世.)(Z.110 - 434, 中)

종밀은 『원각경대소초(圓覺經大疏鈔)』 제3권 下(Z.14 - 277, 下),
『원각경약소초(圓覺經略疏鈔)』 제4권(Z.15 - 131, 下) 등에도 똑같은 기
사를 기술하고 있는데, 신회의 7조(祖) 확정은 육조 혜능을 전제로 한
것임은 재언을 요하지 않는다. 그런데 덕종 황제의 貞元 12年(796)에 황

태자에게 칙명(勅)을 내려 하택신회를 제7조로 확정했다고 하는데, 이것은 신회 선사가 입적(758年滅)한 이후 약 40여 년이 지난 뒤의 일이다.

당시 아직 혜능은 공식적으로 선종의 제6대 조사라는 지위를 붙인 권위 있는 비명(碑銘)이나 기타의 근거자료가 되는 기록도 없었고, 또 왕실로부터 내려진 시호(諡號)도 없었다. 혜능에게 대감(大鑑) 선사라는 시호가 내려진 것은 헌종의 원화(元和) 11년(816)이었다. 그것은 혜능의 입적(713) 이후 100년이나 지난 뒤에 하사된 일이었다.

실제 스승(師) 혜능의 육조현창운동에 전 생애를 내걸었던 제자 신회의 시호 하사(下賜)보다도 반세기나 뒤에 실행된 일이었다.

당대의 문호인 유종원(柳宗元)이 조계제육조사익대감선사비(曹溪第六祖賜諡大鑑禪師碑; 816년 [全唐文] 587권)는 그러한 사실을 기념하기 위해 만든 비문이었으며, 이어서 元和 14년(819)에 유우석(劉禹錫)은 조계제육조대감선사제이비(曹溪第六祖大鑑禪師第二碑)([全唐文] 제 610권)를 찬술하기도 했다.

헌종의 元和 年中(806~820)에는 특히 마조 문하의 선승들이 왕성하게 활약하고 있던 시기였다. 元和 3년(808)에는 장경회휘(章敬懷暉, 756~815)가 입내(入內) 설법하였으며, 元和 4년(809)에는 홍선유관(興善惟寬, 773~847)이 그리고 아호대의(鵝湖大義, 744~818)가 전후하여 入內 설법하였다.26)

헌종의 元和 年中에 마조도일에게 하사된 대적(大寂) 선사라는 시호도 그의 제자들의 활약에 의거한 성과였으며,27) 늦게나마 육조 혜

---

26) 『宋高僧傳』 제10권. 章敬寺懷暉傳(『大正藏』 50권, 768쪽 上). 同書 제10권, 興善寺惟寬傳(『大正藏』 50권, 768쪽 上). 韋處厚, 「大義禪師碑銘」(『全唐文』 715) 등 참조.

27) 冊府元龜 제52권. 崇釋氏 二에, "文宗太和元年十月 江西奏洪州道一禪師. 元和中 賜諡大寂. 其塔未蒙賜額, 詔賜名 圓證之塔"이라는 일절이 보임.

능에게 대감 선사라는 시호가 하사된 것도 마조 계통의 선승들의 활약에 의거한 성과이다. 그리고 뒤에 경종(敬宗)의 보력 년중(寶曆年中, 825~826)에는 남악회양에게도 대혜 선사라는 시호가 하사된 것도 마찬가지이다.[28]

유종원의 대감선사비에 "대개 지금[當今]의 선을 말하자면 모두 조계(曹溪)를 근본으로 한다.(凡言禪 皆本曹溪)"라고 전하는 말은 당시 마조 문하 선승들의 활약과 조사선의 시대적인 분위기를 잘 전해 주고 있다. 일찍이 신회가 전개한 육조현창운동을 가리킨 말이 아니고, 마조계의 선승들의 활약과 육조현창운동을 전개한 당시의 상황을 전해 주는 기사라고 보아야 할 것이다.

특히 유종원의 대감대사비(碑)에는 "달마 대사의 선법과 부처님의 가르침을 전하여 6대에 전승되고 계승한 것은 육조 혜능[大鑑] 대사로부터 비롯되었다.(達摩乾乾, 傳佛語心, 六承其授 大鑑是臨.)"라는 일절이 보이는데 이것은 사실 마조와 그의 문하의 선승들이 설한 법문에 의거한 것임을 알 수 있다. 마조 대사의 법문에 "불어심(佛語心)을 종(宗)으로 하고, 무문(無門)을 법문(法門)으로 한다."라고 설한 법문이나, "달마 대사가 서래(西來)하여 오직 일심(一心)의 법을 전했다."라는 법문을 의용한 것으로 볼 수 있는 것이다.[29]

이상과 같이 마조계의 선승들이 새롭게 혜능의 육조 현창운동을 거행하게 된 것은 마조계의 선법의 근원과 종원(宗源)을 분명히 밝히고자 한 것이지만, 그 동기는 돈황본 『단경』에서 설한 심지법문과 전의부법송에

---

28) 『宋高僧傳』 제9권 唐南嶽觀音臺懷讓傳(『大正藏』 50권, 761쪽 中).
29) 『傳燈錄』 제6권 馬祖道一章에 "汝等諸人, 各信自心是佛, 此心卽是佛心. 達摩大師 從南天等國來, 躬至中華. 傳上乘一心之法. 令汝等開悟. 又引楞伽經文, 以印衆生心地. 恐汝顚倒不自信. 此心地法各各有之. 故楞伽經云, 佛語心爲宗, 無門爲法門"(『大正藏』 51권, 246쪽 上)라고 설하고 있다. 馬祖의 說法은 諸傳에 一致하고 있다. 註記 25) 참조.

자극 받게 된 것임을 알 수 있다.

『보림전』은 그러한 입장을 단적으로 표명하고 있는 선종사서라 할 수 있다. 말하자면 돈황본 『단경』의 심지법문과 전의부법송은 『보림전』에 이르러 석존의 정법안장이 서천(西天) 28조(祖) 동토(東土) 6조를 거쳐 혜능-회양-마조에게 전승되었다는 조사선의 종맥과 그러한 사실을 전법게로서 입증시키는 한편 심지법문의 계보를 완성하게 된 것이다.

또, 돈황본 단경에서 설하고 있는 심지법문은 마조계의 조사선의 선승들이 종래 신회가 주장한 돈오견성을 평상심의 일상생활선으로 새롭게 전개하게 한 선사상적 교량의 역할을 담당한 역사적 의미를 갖는다고 할 수 있다. 앞에서 인용한 것처럼 회양이나 마조의 전법게를 비롯하여 황벽의 『전심법요』나 임제의 설법에서 심지법문을 강조하고 있음은 이러한 선사상사의 흐름을 잘 나타내고 있다.30)

마조로부터 새롭게 전개하고 있는 조사선의 심지법문은 다른 기회에 고찰하기로 하고, 돈황본 『단경』에서 설한 심지법문은 여기서 끝맺는다.

---

30) **傳心法要**(『大正藏』48권, 381쪽 中)
　　故祖師云, 佛說一切法. 爲除一切心. 我無一切心. 何用一切法. 本源淸淨佛上. 更不著一物. 誓如虛空雖以無量珍寶將嚴終不能住. 佛性同虛空. 雖以無量功德智慧莊嚴終不能住. 但迷本性傳不見耳. 所謂心地法門. 萬法皆依此心建立. 遇境卽有無境卽無. 不可於淨性上轉作境解. 所言定慧. 鑑用歷歷. 寂寂惺惺見聞覺知皆是. 境上作解暫爲中下根人說卽得.

　　臨濟錄(『大正藏』47권, 496쪽 上)
　　云何是法. 法者是心法. 心法無形通貫十方目前現用. 人信不及. 便乃認名認句 向文字中求意度佛法. 天地懸殊. 道流. 山僧說法說什麼法. 說心地法. 便能入凡入聖. 入淨入穢. 入眞入俗. 要且不是爾眞俗凡聖. 能與一切眞俗凡聖安著名字. 眞俗凡聖與此人安著名字不得. 道流. 把得便用更不著名字. 號之爲玄旨.

470

돈황본 『六祖壇經』의 선사상(禪思想)

정성본

I. 序言

현존하는 『육조단경』의 최고본(最古本)인 돈황본(S.5475호 寫本)이 일본의 矢吹慶輝氏에 의해서 발견된 지 벌써 70년이라는 세월이 흘렀다. 그 동안 많은 학자들에 의해서 국제적인 학술교류와 더불어 단경 연구의 뛰어난 연구 성과로 100편이 넘는 많은 논문으로 발표되었다.

필사본으로 전래된 돈황본 『육조단경』은 많은 오자(誤字)와 탈자(脫字), 이체자(異體字)로 기록된 최악의 표본이라 할 수 있는데, 그나마도 문맥에 맞추어 읽을 수 있도록 한 것은 鈴木大拙의 교정본(일본, 森江書店刊. 1934년)이 출판되고, 또 宇井伯壽의 『단경』 연구 덕택이라고 해야 할 것이다.[1]

또 1987년 10월에 중국의 楊曾文이 敦煌縣博物館에 소장된 善本의 『육조단경』을 발견하여 일본의 『中外日報』(1987년 10월 22일자)에 발표한 일이다. 楊氏의 보고에 의하면 敦博本 『단경』 역시 敦煌本(S.5475호)과 똑같은 제목과 내용으로 동일한 종류의 『단경』의 사본이라는 것이다.

楊氏는 二本의 돈황본 『단경』의 서지학적(書誌學的) 연구를 1989년 12월 국제불교학술회의기요(『육조단경의 세계』, 민족사)에 발표하고 있는 것처럼, 그 옛날 필사(筆寫) 당시에 있을 수 있는 약간의 내용과 글자

---

1) 矢吹慶輝氏의 돈황본 『육조단경』 발견에 대해선 柳田聖山, 「돈황의 書籍と矢吹慶輝」(田中良昭等編, 『敦煌佛典と禪』(일본, 대동출판사, 1980年 11월) 참조. 『육조단경』의 제본은 柳田聖山 編 『육조단경제본집성』(일본, 중문출판사 1976년 7월)와 駒澤大學禪宗史연구회 편, 『혜능 연구』(일본, 大修館書店, 1978년 3월)의 두 책에 종합되어 있다. 그리고 연구논문 목록은 田中良昭, 古田紹欽, 『혜능』(일본, 대장출판사, 1982년)에 연구사는 田中良昭의 「단경 연구고」(鎌田茂雄博士還曆記念論集, 『中國の佛教と文化』(일본, 대장출판사, 1988년) 참조. 宇井伯壽, 『제이 선종사 연구』(일본, 岩波書店, 1935년).

의 출입 등을 제외하고는 거의 똑같은 동일종의 이본(異本)이라는 사실을 밝혔다.

필자는 종래의 연구 성과를 참고하여 『육조단경』의 성립과 제문제란 논문에서 『단경』의 성립과 여러 가지 문제점을 비판적인 입장에서 고찰하여 발표한 것처럼, 2본(二本)의 돈황본은 『단경』의 최고 본임과 동시에 원초본이라고 간주하고 있다.[2]

일본의 학자 柳田聖山氏가 돈황본 『육조단경』의 성립을 『조계대사별전(曹溪大師別傳)』(781년)과 『보림전』(801년)의 중간 경(790년경)이라고 발표하여 현재 학회에서 거의 정설로 인정하고 있는 점도 연구 성과의 하나이다.[3]

선불교 연구에서 문제점의 하나는 역사성의 결여에 있다고 하겠다. 혜능(638~713) 선사라는 인물 역시 한 시대를 살다간 역사적인 사람인 것처럼, 그의 선사상도 그 시대에서 전개한 선사상이었다. 특히 『육조단경』의 선사상을 고찰하려 할 때 주의해야 할 점이 선종 관계 자료의 성립 연대를 분명히 밝혀 시대별, 인물별, 역사적인 전후관계의 질서와 체계를 확립해야 역사나 사상사의 흐름에 혼란이 일어나지 않는다.

어떤 선승의 선사상을 천명하기에 급급하여 그가 살았던 시대와 어떤 지역적인 환경과 행화(行化)의 시간과 공간을 무시한다면 객관적이고 전체성을 갖춘 안목과 연구방법의 안목이라고 할 수 없다. 선 문헌의 성립은 후대에 소위 시대적인 요청에 의해서 만들어진 것이 많고, 돈황본 『단경』 역시 그 예외가 아니다.

『단경』의 성립 연대를 790년 전후로 추정하는데, 이것은 혜능 입적[沒後] 이후 약 70년 뒤, 신회의 사후[沒後] 30년 뒤에 출현한 자료이며, 그

---

2) 金知見 編, 『六祖壇經의 세계』(한국, 민족사 1989년).
3) 柳田聖山, 『初期禪宗史書 硏究』(일본, 法藏館, 1967년) 254쪽 참조.

당시의 선종 계통의 사람들이 집대성한 선 문헌이라는 사실을 간과해서는 안 된다. 특히『육조단경』연구에는 혜능의 제자 신회(684~758)의 어록과의 서지학적·선사상적인 문제와 자료 성립의 전후관계를 분명히 밝히고 연구해야 한다.『단경』과 제목이 비슷한 신회의『남양화상돈교해탈선문직료성단어(南陽和上頓敎解脫禪門直了性壇語)』(이하『단어』라 함)와『신회어록』의 혜능전,『보리달마남종정시비론(菩提達摩南宗定是非論)』(732년) 등에 설하는 신회의 선사상과『단경』에 보이는 혜능의 전기 및 선사상의 유사점을 통하여 우리가 일반적으로 자료의 비판 없이 생각하기 쉬운 점은 신회가 혜능의 제자이기 때문에 혜능의 설법이라고 간주하는『육조단경』의 사상을 계승한 것이라고 이해하기 쉽다.

만약 어떤 학자가 이런 시각에서 연구에 착수하여『단경』을 통한 혜능의 선사상을 논한다면 실제 제자 신회보다 한 세대 먼저 살다간 혜능의 선사상이 제자 신회보다 한 세대 뒤에 꽃핀 선사상을 설하는 사상사적인 전도(顚倒)와 혼란에 빠지게 될 것이다.(『단경』의 성립 문제는 각주 3)의 拙論을 참조 바람.)

또한『신회어록』과『단경』뿐만 아니라 이러한 선종사의 입장에서 전개된『歷代法寶記』(774년 성립),『조계대사별전(曹溪大師別傳)』(781년 성립),『보림전』(801년)과 종밀(宗密, 780~841)의 저술 등『단경』의 출현을 전후하여『단경』을 주목하고 새롭게 자파 선종의 입장을 재정비하면서 펼쳐진 선종 각파의 선종사서의 기술도 아울러 고려해야 할 필요가 있다.

말하자면 현존 최고의 돈황본『육조단경』은 신회가 스승 혜능 선사를 달마 대사의 선법을 계승의 육대 조사라고 천명한 현창운동(六祖顯彰運動)으로 시작된 혜능의 전기와 선사상, 그리고 이러한 입장을 계승한『역대법보기』,『조계대사별전』의 자료를 종합하여 혜능의 설법으로 종합할 필요성에서 엮어진 선종의 법문집이다.

또한『보림전』등『단경』이후에 새롭게 조사선의 사상을 전개한 마조계 홍주종의 전등법통설(傳燈法統說)과 선사상으로 발전시킨 분수령(分水嶺)으로 전환기의 선종문헌이다.

여기서는 돈황본『육조단경』을 중심으로 혜능 설법과 그 선사상의 근본, 그리고 그 이후의 영향 등을 살펴보기로 한다.

II. 남종선과 반야바라밀

돈황본『단경』의 구성과 내용은 다양하다. 앞에서도 언급한 것처럼 남종의 조사 육조 혜능의 개당(開堂) 설법과 무상계(無相戒)의 수계의식, 남종돈교의 법문과 불법의 유래, 도속들의 참문(參問), 단경의 유포 등,『금강경』의 구성과 비슷하다고 하겠다. 이것은『단경』이라고 붙인 제목에서도 읽어볼 수 있는 것이다.

돈황본『단경』의 전체적인 내용은 다양하지만 전반에 걸쳐서 근저에 면면히 흐르는 선사상은 동일하다. 즉 남종돈교의 최상대승법인 반야바라밀, 심지법문(心地法門), 정혜일치(定慧一致), 돈오견성(頓悟見性) 등이다. 사실 돈황본『단경』은 어떤 한 사람의 작자에 의해서 만들어진 원초의 형태를 그대로 전해 주고 있는 선 문헌이라고 할 수 있다. 물론 작자는 신회의 선사상과 그 이후에 발전된 심지법문 등의 선사상 및 당시의 유행한 보살계 수계설법 등을 수용하여 독자적인 혜능의 설법집으로 편집한 것이기에 사상적으로나 선문학적으로나 당시 최고의 수준이었다.

먼저 돈황본『단경』의 혜능의 설법을 통해서『단경』의 선사상을 구명해 보기로 하자. 혜능의 설법은『단경』15단의 다음과 같이 소주(韶州) 대범사(大梵寺) 강당에서 자신이 자신의 출생과 성장, 구법인연 등을 설하고 남종돈교의 법문을 설법하고 있다.

나, 혜능이 여기에 와서 거주하게 된 것은 여러 관료 및 도속들과의 오랜 세월의 인연이 있었기 때문이다. (내가 설하는) 법문은 바로 옛 성인들이 전하신 가르침인 것이지 내가[혜능] 판단하고 주장한 것이 아니다. 옛 성인의 교시를 듣고자 원하는 사람은 모두 청정한 마음[淨心]으로 듣도록 하라.

여러분들 각자가 모두 어리석음을 제거하고 선대의 성인들처럼 깨닫게 되기를 바란다.

(이하는 혜능의 법문이다.)

혜능 대사가 말했다. 여러분![善知識] 깨달음[菩提]의 지혜는 세상사람[世人]이 모두 본래부터 스스로 구족하고 있다. 마음이 미혹하기 때문에 자신이 깨닫지 못하고 있을 뿐이다. 반드시 대 선지식을 찾아가 지도를 받고, 자기의 본성을 깨닫도록 해야 한다. 여러분! 어리석은 사람[愚人]이나 지혜인[智人]이나 불성은 본래 차별이 없다. 단지 미혹[迷]함과 깨침[覺]에 따라 구분될 뿐이다. 미혹하면 어리석은 사람이 되고 깨달으면 지혜인이 된다.4)

여기『육조단경』14단의 전반은 혜능이 지금까지 스스로 밝힌 자서전의 결어(結語) 부분이다. "이하는 혜능의 법문이다.(下是法)"라고 편자

---

4) 이 일단의 내용은 돈황본 S.5475호 사본과 돈황박물관본(敦煌博物館本)을 참조하여 필자가 새로 교정한 것이다.

(혹은 筆寫者)가 주기(注記)하고 있는 것처럼, 이후 35단에까지 혜능이 남종선의 중심사상을 차례로 설법하고 있다.

먼저 주목해야 할 것은 남종의 선사상이 반야사상과 자성청정의 불성사상을 토대로 하고 있음을 밝히고 있는 점이다. 즉 일체 중생이 모두 본래 구족하고 있는 반야의 지혜와 자성의 청정한 불성을 깨달아 어리석음에서 벗어나 지혜인이 되도록 설법하고 있다. 이것은 남종돈교의 근본 선사상이다. 여기서 이 점을 좀 더 구체적으로 살펴보자.

돈황본 『단경』이 반야사상에 근거를 두고 있다는 사실은 『남종돈교최상대승마하반야바라밀경(南宗頓敎最上大乘摩訶般若波羅蜜經)』 및 『남종돈교최상대승단경법(南宗頓敎最上大乘壇經法)』이라는 수미(首尾)의 제명(題名)에서 밝히고 있다.

『최상대승마하반야바라밀경』은 다름 아닌 『금강경』 지경공덕분(持經功德分)에 "이 경은 불가사의(不可思議), 불가칭량(不可稱量)의 공덕이 있으며, 제불여래가 대승을 발심(發心)한 사람들에게 이 경(법문)을 설한 것이며, 최상승을 발심한 사람들에게 이 경(법문)을 설한 것이다."라는 일절에 의거한 말이다. 종래의 북종선 및 수당(隋唐) 시대의 종파불교의 하나인 선종의 입장을 탈피하여 남종돈교의 법문이 불교의 근본입장이라는 사실을 밝힌 법문이다.[5]

돈황본 『단경』의 26~29단에는 반야바라밀의 의미를 자세히 설하고 있으며, 30단에 금강경의 공덕에서 강조하고 있다. 특히 45단 지상(智常)

---

5) 최상승을 설한 경전은 『금강경』(T.8 - 750下)과 『首楞嚴經』卷7(T.19 - 133上), 『法華經』卷3. 藥草喩品(T.9 - 20中) 등이 있다. 홍인의 『修心要論』이 『最上乘論』으로 불리게 된 것도 남종선 이후의 일이다. 선종에선 신회가 처음 제시하고 있는데 그의 『菩提達摩南宗定是非論』은 一名 『頓悟最上乘論』이라고 한다. 그리고 保唐宗의 『歷代法寶記』도 一名 『最上乘頓悟法門』이라고 부르고 있다.

의 참문(參問)에서는 지상이 제불여래가 대(大)·중(中)·소(小)의 삼승(三乘)과 최상승(最上乘)을 설한 뜻을 질문하자, 혜능은 다음과 같이 대답하고 있다.

원래 사승법(四乘法)이란 없는 것이며, 사람의 마음작용이 네 가지로 나누어지기 때문에 법에 사승(四乘)이 있을 뿐이다. 경전의 법문을 보고 듣고 독송[見聞讀誦]하는 것은 바로 소승(小乘)이요, 정법을 깨닫고 대의를 아는 것은 중승(中乘)이요, 정법에 의거하여 수행하는 것은 대승(大乘)이요, 만법을 모두 다 통달하고 만행을 구비하며, 일체의 대상경계를 여의지 않고, 오직 의식의 대상경계[法相]를 여의며, 일상의 지혜로운 행위[作爲]를 하지만, 의식의 대상경계에 소유하는 것이 없으면 바로 최상승이다. 승(乘)은 바로 수행[行]한다는 뜻이며, 입으로 다투는 것이 아니다.

혜능은 여기서 최상승이 남종돈교의 반야지혜의 실천 수행이라는 사실을 분명히 밝히고 있다.[6] 사실 중국 선종에 있어서 이러한 반야사상과 『금강경』의 최상승을 선종의 실천 수행으로 수용하여 남종돈교의 선사상으로 강조한 사람은 하택신회(684~758)였다.

『신회어록』에 예부시랑(禮部侍郞) 소진(蘇晋)이 "어떤 것이 대승이며 어떤 것이 최상승입니까?"라는 질문에 신회는 다음과 같이 대답하고 있다.

대승은 보살이 보시바라밀[壇波羅蜜]을 실행함에 삼사(三事; 主客과 사물)의 본체[體]가 본래 공(空)한 사실임을 관찰하는 것과 같이 나머

---

6) 敦煌本 『壇經』에서는 最上乘이라는 말이 45段 智常의 參問 이외에도 17, 28, 30, 43, 45단 등에도 보임.

지 다섯 바라밀도 역시 이와 같이 수행하는 것을 대승이라고 한다. 최상승이란 오직 본래부터 자성이 공적한 줄 깨닫고, 삼사가 본래 자성이 공한 사실을 알고, 또 다시 대상을 관(觀)하는 마음을 일으키지 않고, 또한 육바라밀도 이와 같다. 이것이 최상승(最上乘)이다.[7]

즉, 대승의 육바라밀은 주객과 사물 등, 삼사(三事)의 본체가 공[體空]한 것을 관(觀)하는 수행이며, 최상승(最上乘)은 삼사가 본래부터 자성(自性)이 공(空)한 것임을 알고, 특히 관(觀)하는 마음을 일으키지 않고, 보살도의 만행(萬行)을 모두 갖추는 것이다. 신회가 "공적(空寂)의 본체상(本體上)에 저절로 반야의 지(知)가 있다."라고 설한 법문과 같은 내용이다.

『단경』에서 지상(智常)이 혜능을 참문하는 일단에는 신회가 강조하는 반야지(般若智, 知)의 입장이 결여되어 있으며, 이후에는 智常의 참문과 사승(四乘)에 대한 문답 그 자체도 본래의 의미를 상실하고 말았다. 『전등록』제5권 智常의 전기에는 실제 『단경』의 내용과는 전혀 다른 기록을 싣고 있다는 것은 그러한 사실을 잘 입증하고 있다.[8]

또 돈황본 『단경』 30단에 『금강경』의 공덕을 설하고 있는 일단은 사실 최상승법을 제시한 『단경』의 제명을 설명하는 의미를 지니고 있다.

---

7) 胡適, 『新會和尙遺集』(台北市 胡適紀念館 1968년), 112쪽, 302쪽, 440쪽, 大珠慧海의 『頓悟要門』 19段(『禪の語錄』 卷6, 51쪽)에도 最上乘을 佛乘으로 설하고 있다. 뒤에 宗密의 『都序』에서 선을 五種으로 分類하고 大乘과 最上乘禪(T.48-399 中)을 나누어 논하고 있는 것은 新會의 주장에 의한 것이다.
8) 智常의 傳記는 敦煌本 『壇經』에 最初로 보임. 『傳燈錄』권5 智常傳(T.51 - 239上)에는 北宗에서 南宗으로 轉宗한 人物로 싣고 있다.

여러분, 만약 심심한 법계에 들어가 반야삼매에 들고자 한다면 곧바로 반야바라밀을 실행토록 하라. 오직 『금강반야바라밀경』 1권만을 수지한다면 곧 견성할 수가 있고, 반야삼매에 들 수 있다. 『금강경』을 수지한 사람의 공덕은 무량한 줄 알아라. 경전에도 분명히 찬탄하고 있는 것처럼 그 공덕을 모두 다 설명할 수가 없다. 이것이 바로 최상승의 법이니, 대지(大智)를 가진 상근기인(上根機人)들에게 설한 법문이다.

만약 소근기(小根機)의 작은 지혜를 가진 사람이 이 법문을 들으면 마음에 신심이 일어나지 않을 것이다. 예를 들면 큰 용(龍)이 큰비를 내리는 것과 같다. 만약 큰 용이 큰비를 염부제(閻浮提; 大地)에 내리면 모든 사물이 풀잎처럼 표류하는 것과 같다. 만약 큰비를 대해(大海)에 내린다면 바닷물이 늘어나지도 줄어들지도 않는 것과 같다. 이처럼 대승자(大乘者)가 『금강경』의 설법을 들으면 마음이 열리고 진리를 깨닫게 된다. 우리들 본성은 본래 반야의 지혜를 구족하고 있으며, 스스로 지혜로 관조하기에 방편의 문자를 가차(仮借)할 필요가 없는 것이다.(云云)

이 일단은 사실 신회가 『보리달마남종정시비론』에서 설한 법문에 의거한 것인데, 여기도 『금강경』의 지경공덕분(持經功德分)의 설법에 근거를 두고 있다.9) 그리고 "경전 가운데 분명히 찬탄한다.(經中分明讚歎 云

---

9) 『南宗 定是非論』
　　是故 金剛般若波羅密經者 如來爲發大乘者說, 爲發最上乘者說.
　　何以故, 譬如大龍 下雨閻浮提. 若雨閻浮提, 如漂葉蘗. 若雨於大海, 基海不增不減.
　　故若大乘者, 若最上乘者, 聞設金剛般若波羅蜜, 不驚不怖, 不畏不疑者……. (云云).
　　『新會和尙遺集』302쪽.
　　敦煌本 『六祖壇經』(30단)
　　善知識, 若欲入甚深法界, 入般若三昧者, 直修般若坡羅蜜行. 但持金剛般若坡羅蜜經一卷,
　　卽得見性入般若三昧. 當知此人功德無量. 經中分明讚歎, 不能具設. 此是最上乘法爲大智上
　　根人說. 小根智人, 若聞法, 心不生信. 何以故, 譬如大龍, 若下大雨. 雨於閻浮提, 如漂草葉.

云)"라는 말은 『금강경』 제12단 존중정교분(尊重正教分)에서 설한 법문을 가리키는 말이다.10) 돈황본 『단경』에서 『금강경』의 공덕과 최상승을 강조하고 있는 것은 북종선에서 강조한 『능가경』 입장을 극복[超克]하려는 의도에서 남종선이 상근기인(上根機人)들에게 설한 선법이라는 사실을 제시하고 있는 것이다.

그 밖에도 최상승을 남종돈교의 반야사상의 실천으로 강조하는 자료는 왕유(王維)의 『육조혜능선사비명(六祖慧能禪師碑銘)』, 『신회어록(神會語錄)』, 『역대법보기(歷代法寶記)』 등에 많이 보이고 있지만, 모두 신회의 『금강경』 선양과 함께 시작된 선사상이다.11)

여기 돈황본 『단경』에서 강조하는 『금강경』 선양과 최상승 반야바라밀법 등은 모두 이러한 신회의 법문을 계승하여 새롭게 재편한 것임을 밝혀둔다. 신회의 『금강경』 선양은 북종선의 『능가경』에 대항하는 입장에서 비롯된 것이라고 할 수 있는데, 『菩提達摩南宗定是非論』의 후반에서는 일행삼매(一行三昧)의 법문과 함께 『금강경』의 전지(傳持)를 강조하고 있다. 石井本 『신회어록』에 첨가되어 있는 동토(東土) 6대(六代) 조사의 전기에는 『금강경』의 전수에 의한 전법의 사실을 강조하고 있다.12)

특히 『단경』에는 혜능이 남해에서 어떤 객승이 외우는 『금강경』의 한 구절을 듣고 깨달은 바가 있었다는 불법과의 인연이나, 황매산 오조 홍인 대사는 능가변상도를 그릴 계획을 『금강경』에서 설한 '대개

若下大雨, 雨於大海, 不增不減. 若大乘者 聞說金剛經, 心開悟解, 故知本性自由般若之智, 自用智惠觀照, 不假文字. (云云).

10) 『金剛經』에 '復次須菩提 隨說是經 내지 四句偈等. 當知此處一切世間天人阿修羅. 皆應供養 如佛塔廟 何況有人 盡能受持讀誦. 須菩提 當知是人成就 最上第一希有之法, 若是經典所在之處. 則爲有佛若尊重弟子.'(T.8 - 750上)라고 설한 一段.

11) 王維의 碑文은 (『全唐文』 卷327), 李華의 『徑山大師碑文』(『全唐文』 卷320), 『悟性論』, 『傳心法要』의 序, 『頓悟要門』 白居易의 『傳法堂碑』(『全唐文』 卷678) 등에 많이 보임.

12) 鄭性本 『中國禪宗의 成立史研究』(民族社. 1991년) 45쪽, 181쪽, 519쪽 등 참조.

형상이 있는 것은 모두 허망한 것(凡所有相 皆是虛妄)'(『大正藏』 8권 749쪽 上)이라는 경전의 한 구절로써 스스로 배척시키고 있다. 즉 홍인의 입을 통하여 남종선에서 강조하는 『금강경』의 반야사상으로 북종선의 입장을 표명한 『능가경』의 변상도라고 하는 유상(有相)의 종지를 비판하고 있는 것이다.[13]

사실 돈황본 『단경』은 북종의 『능가경』에서 남종의 『금강경』으로의 사상적인 전향을 단적으로 보여주고 있는 선종 자료라고 할 수 있다.

그리고 중국 선종사상사의 견지에서 한 가지 분명히 밝히고 넘어가야 할 점은 남종선의 내용이 반야바라밀이라는 점이다. 북종선의 전통적인 수정주의(修定主義), 선정 중심의 선불교를 반야바라밀의 지혜로 사상적인 전환(一轉) 운동을 전개한 사람이 하택신회이다.

『역대법보기』에서도 남종의 신회는 "북종의 청정선(淸淨禪)을 쳐부수고, 여래선을 건립했으며, 그 여래선의 선사상이 지견(知見), 언설(言說), 무념(無念), 견성(見性)" 등이라고 설한다.[14] 신회는 달마로부터 전승된 남종돈교의 입장을 여래선이라고도 불렀는데,[15] 『신회어록』에 여래선에 대해서 다음과 같이 설한 일단에 주목해 보자.

신회 화상이 설법했다. "'유무(有無)의 양변(兩邊)을 여의고, 중도(中

---

13) 돈황본 『단경』 9단에서 설한다.
   '神秀上座, 題此偈畢 却歸房臥. 並無人見. 五祖平旦 逐喚盧供奉來 南廊下畫楞伽變. 五祖忽見此偈 誦訖. 乃謂供奉曰,「弘忍與供奉錢三十千, 深勞遠來, 不畫變相也. 金剛經云, 凡所有相, 皆是虛妄. 不如留此偈. 令迷人誦. 依此修行 不墮三惡道, 依法修行, 有大利益」'
14) 『歷代法寶記』에 다음과 같이 언급하고 있다. '東京荷澤寺新會和上 每月作壇場, 爲人說法, 破淸淨禪, 立如來禪 立知見, 立言說, 爲戒定慧, 不破言說云, 正說之時卽是戒. 正說之時卽是定. 正說之時 卽是慧, 說無念法立見性. 開元中. 滑臺大雲寺 爲天下學道者, 定基宗旨.' (T.51 - 185中)
15) 拙論, 「初期中國禪宗에 있어서 頓漸의 문제」(『普照思想』 第4集, 1990. 10) 참조.

道) 또한 잊어버린다.'라고 설한 것은 바로 무념(無念)의 경지다. 無念은 바로 일념(一念)의 자각인 것이며, 一念은 바로 일체지(一切智)이다. 一切智란 즉 깊은[甚深] 반야바라밀이며 깊은 반야바라밀은 곧 여래선이다. 그래서 경에 '선남자여! 어떻게 여래의 평등을 관하겠는가?'라고 말하자 유마힐은 '신체(身體)의 실상(實相)을 관(觀)하는 것처럼 부처를 觀합니다. 여래는 과거에서 온 것도 아니고, 미래에 가는 것도 아니며, 또한 지금 여기 거주하는 곳이 없는 것처럼 관합니다.'라고 답했다. 집착하지 않기[無住] 때문에 즉 여래선이며, 진여의 근본지혜[第一義空]이다. 만약 보살이 이처럼 사유하고 관찰한다면 상상(上上)으로 승진하여 스스로 성지(聖智)를 자각하게 될 것이다."16)

여기에 인용된 경전은 『유마경』 견아축불품(見阿閦佛品)(『大正藏』 14권 554쪽 下)에서 설한 일단인데, 신회는 수시로 이 일절을 인용하여 여래선의 사상적 근거로 설법하고 있다. 사실 신회가 설한 여래선이라는 말은 『능가경』에서 설한 말을 차용(借用)한 것이지만, 그 내용은 『유마경』과 『금강경』에서 설한 반야사상이다. 신회가 여기서 설한 無念, 無住, 반야바라밀, 頓悟見性 등이다.

또 신회는 『보리달마남종정시비론』에 반야바라밀법의 수행을 다음과 같이 설한다.

원(遠) 법사가 질문했다. "선사는 어떤 법을 닦으며, 어떤 수행을 실천합니까?"

신회 화상이 대답했다. "반야바라밀의 법을 닦으며, 반야바라밀행을 수행한다."

---

16) 『新會和尙遺集』 145~146쪽.

원 법사가 질문했다. "어째서 다른 법을 닦지 않고, 다른 수행을 실천하지 않으며, 오직 반야바라밀법을 닦고, 반야바라밀행만을 수행합니까?"

신회 화상이 대답했다. "반야바라밀의 법을 수학하면 능히 일체법을 다 포섭하고, 반야바라밀행을 수행하는 것이 바로 일체행(一切行)의 근본이다. 금강반야바라밀은 최존(最尊), 최승(最勝), 제일(第一)이다. 생멸심이 없고[無生無滅], 거래도 없으며[無去來], 일체제불도 반야바라밀에서 출현했다."17)

신회는 또 '無念이 바로 반야바라밀이며, 반야바라밀이 곧 바로 一行三昧'라고도 설법하고 있는 것처럼 남종돈교의 선사상을 반야바라밀법으로 명확하게 밝히고 있다.18) 사실 중국 선종의 사상사의 흐름에서 살펴볼 때 선의 의미와 어의(語義)는 신회의 돈오선의 선사상과 함께 새로운 전환[一轉]을 하게 된 것이다. 이것은 중국 선종의 사상이나 교단사적인 입장에서뿐만 아니라 중국불교의 획기적인 발전으로 좁은 의미[狹義]의 종파불교적인 선종의 차원에서 대승불법의 선불교로 방향을 바꾸어 놓은 것이었다고 말할 수 있다. 즉 신회는 종래의 선을 단순한 정신집중적인 수정주의(修定主義)의 명상(瞑想)이나 번뇌 망념을 퇴치하는 선정의 차원에 더 이상 머무르게 하지 않고, 종래의 선불교의 사상과 실천을 반야바라밀법을 수행하는 입장이라고 강조했다.

중국 선종사에서 선을 반야의 허종(虛宗)으로 새롭게 제시한 선구자

---

17) 前揭書, 296쪽.
18) 『菩提達摩南宗定是非論』에 "云何無念? 所謂不念有無 不念善惡 不念有邊際 無邊際, 不念有限量無限量. 不念菩提 不以菩提爲念. 不念涅槃 不以涅槃爲念. 是爲無念. 是無念者 卽是般若波羅蜜. 般若波羅蜜者 卽是一行三昧. 諸善知識 若在學地者. 心若有念起 卽便覺照. 起心旣滅. 覺照自亡. 卽是無念. 是無念者 卽無一境界. 如有一境界者 卽與無念不相應. 故諸知識. 如實見自了達甚深法界, 卽是一行三昧"(『前揭書』 304쪽, 308쪽, 451쪽 등도 참조).

가 보리달마이며,19) 또한 혜가(慧可)의 선이 섭산(攝山) 삼론종(三論宗) 계통의 습선자(習禪者)들과의 결연으로 한층 더 강화되었다고 볼 수 있다.20) 그러나 신회는 불교 그 자체를 반야바라밀법으로 분명하게 제시하고, 또 그 실천적인 입장으로 새롭게 돈오견성, 견성성불(見性成佛)을 결합시켰다. 종래의 불교를 선(반야바라밀)으로 귀결시키고 있는 점은 중국 선사상사에서나 불교의 역사에서 볼 때 획기적인 발전을 가져오게 한 것으로 높게 평가해야 한다.

돈황본 『육조단경』에서 강조하는 반야바라밀법이나 돈오견성의 법문은 이러한 신회의 사상을 계승하여 새롭게 육조 혜능의 설법으로 재편된 것이라는 선사상사적 흐름이라는 사실을 이해하고 다시 『단경』 26단에서 설한 반야바라밀의 내용에 주목해 보기로 하자.

(26단) 여러분들에게 마하반야바라밀법을 설하리라. 여러분들이 비록 생각하더라도 깨닫지 못하니, 내가 여러분들에게 설하니 각자 잘 듣도록 하라. 마하반야바라밀은 인도[西國]의 말인데, 당나라 말[唐言]로 '대지혜로써 피안에 이른다.'라는 의미이다. 이 법문은 반드시 수행하는 데 있는 것이며 입으로 외우는 데 있지 않다. 입으로 외우고 수행하지 않음은 마치 환화(幻化)와 같으며, 수행자는 법신이나 부처와 동등한 것이다. 무엇을 마하(摩訶)라고 하는가? 마하란 크다[大]는 뜻이다. 마

---

19) 道宣의 『續高僧傳』 卷20 習禪統論에 達摩의 禪法을 "大乘壁觀 功業最高" "摩法虛宗"(T.50 - 596下)라고 평하고 있는 것처럼 虛空은 般若의 실천이다. 拙著, p.59 以下참조.
20) 혜가와 섭산삼론(攝山三論)과의 文流를 전하는 자료는 『속고승전』 권7 釋慧布傳(T. 50 - 480下) 및 同卷11. 釋保恭傳(T.50 - 512下)등에 전함. 삼론종의 혜포(518~587)가 북업(北鄴)에 여행하면서 혜가와 만나 선법을 배우고 진의 지덕초년(至德初年)(583년)에 섭산에 돌아와 보공(保恭, 542~621) 등 대중을 모아 선원을 개원했다고 함. 또 삼론종계의 法沖(587~665?)이 능가종(楞伽宗)을 대성시킨 사실도 아울러 고려해야 할 것이다.(拙著, 89쪽, 128쪽 이하 참조)

음의 지혜[心量]가 광대하여 마치 허공과 같은 것이다. 허망한 마음[空心]으로 앉아선 안 된다. 이것은 곧 무기공(無記空)의 허무에 타락한 것이다.[21] 허공(虛空)은 능히 일월성신(日月星辰)과 대지와 산하, 일체의 초목, 악인, 선인, 악법이나 선법, 천당이나 지옥, 모두 다 허공중에 포용하고 있다. 세간 사람의 본성도 허공과 같이 텅 비어 있다.

(27단) 본성이 만법을 포함하는 것이 바로 큰[大] 것이며, 만법이 모두 바로 자성인 것이다. 일체의 사람이나 사람이 아닌 귀신이거나 악과 선, 악법이나 선법을 보더라도 모두 다 떨쳐버리지도 않고, 또 그것에 염착(染着)하지도 아니하며, 마음이 마치 허공과 같은 것을 크다(大)고 한다. 이것이 바로 마하행인 것이다. 어리석은 사람은 입으로 외우지만 지혜 있는 사람은 마음으로 수행한다. 또 어리석은 사람은 빈 마음[空心]으로 아무것도 생각하지 않는 것을 큰 것이라고 하나 이것 역시 옳지 못하다. 마음작용[心量]이 크다고 할지라도 수행하지 않으면 작은 [小] 것이다. 입으로만 헛되이 말하지 말라. 이 반야의 수행을 닦지 않은 사람은 나의 제자가 아니다.

이상 돈황본『육조단경』26단 27단에서 마하반야바라밀과 마하에 대해서 선의 실천 수행 차원에서 독자적인 해석[觀心釋]으로 설법하

---

21) '막공심좌(莫空心坐) 즉락무기공(卽落無記空)'이라는 말은 잘못된 좌선의 수행을 경책하는 말이기도 하지만 사실은 북종의 좌선을 비판하는 의미를 내포하는 말이다. 즉 신회의『단경』에 "本體空寂 從空寂體上起知, 善分別世間靑黃赤白, 是慧, 不隨分別起 是定. 卽如 疑心入定 墮無記空 出定已後, 起心分別一切世間有爲. 喚此爲慧. 經中名爲妄心. 此則慧時無定 定是則無慧 如是解者. 皆不離煩惱 疑心入定. 住心看淨. 起心外照 攝心內證 非解脫心. 亦是法縛, 不中用."(『신회화상유집』, 239쪽)라고 북종의 교설을 비판하고 있는 것처럼 '마음을 응집시켜 선정에 들게 하는 것은 무기공에 떨어지는 것이다.'라고 하는 말에 의거한 것임을 알 수 있다. 신회의 북종선 비판에 대해선 拙論,「초기 중국선종사에 있어서 돈점의 문제」(『보조사상』제4집, 1990. 10) 및 拙著 525쪽 참조.

고 있다. 여기서 말하는 관심석이란 선불교의 실천적인 입장에서 경전의 의미를 자유롭게 해석하는 것을 말하는데, 이러한 경향은 선승들의 법문에서 자주 실행되고 있다. 특히 여기서 마하반야바라밀을 일단 정통적인 해석으로 '대지혜도피안(大智慧到彼岸)'이라고 설명한 뒤 입으로 외우는 것이 아니라 반드시 수행으로 전개할 것을 강조하면서 '수행자는 지혜법신이 제불과 동등하다' 혹은 '마하의 수행을 닦지 않은 사람은 나의 제자가 아니다'라고까지 강력하게 설하고 있는 것은 선불교의 정신이 어디까지나 반야바라밀을 실천수행이라는 사실을 단적으로 설하고 있다.

그리고 마하를 설명함에 단순히 '크다'라는 해석에 머무르지 않고 '마음작용이 광대하여 허공과 같다' 하고 허공은 일월성신과 산하대지, 일체 법, 천당, 지옥까지도 다 포용하고 있다. 우리들의 본성도 허공과 같이 일체의 만법을 수용하고 있다고 관심석(觀心釋)으로 설한다. 즉 마하의 큰 뜻을 허공에 비유하고 또다시 그 허공을 인간의 본성으로 확대 해석하여, 우리들의 본성이 허공과 같이 크고 넓어 일체법과 만물을 포용하고 있다고 설했다.

'심성(心性)이 허공과 같다'라는 말은 『화엄경』 보왕여래성기품(寶王如來性起品)(T.9 - 614 中)에서도 설하고 있으며, 또 7권 『능가경』 6권에도 "심성은 원래 청정한 것, 마치 깨끗한 허공과 같다."(T.16 - 626 中)라고 설하고 있는 말에 의거한 것으로 볼 수 있다.[22]

그러나 『단경』(14단)에서 인용한 것처럼 "허공과 같이 맑은 심성에 반

---

22) 心性이나 法身이 허공과 같다는 말은 많다. 그 중에서도 『金光明經』의 "佛眞法身 猶如虛空 應物現形 如水中月 無有障碍 如焰如化"(T.16 - 344中)라는 말은 유명하다. 『대승기신론』에도 "修多羅說 如來法身 畢竟寂寞 猶如虛空, 以不知爲破著故 卽謂虛空是如本性"(T.32 - 580上)이라고 인용하고 있다. 선 문헌에는 『단경』, 『보림전』, 황벽의 『전심법요』, 『완릉록(宛陵錄)』 등에 많이 주장하고 있다.

야의 지혜가 작용하고 있으며, 일체의 모든 사람들이 이러한 지혜를 본래구족하고 있다."라고 강조하고 있다. 또한 30단에도 "본성에는 반야의 지혜[智]가 있어 지혜로써 관조하기에 언어 문자를 빌리지 않는다."라고 설한다.23) 사실 자성에 반야의 지혜가 구족되어 있다는 법문은 남종선의 반야주의적인 돈오견성설의 근거이기도 한데, 이것은 『열반경』 및 『범망경(梵網經)』 등에서 '일체중생(一切衆生)이 모두 불성을 구족하고 있다[悉有佛性].' '자성청정심(自性淸淨心)'이라는 불성사상과 반야 공사상을 선의 실천사상으로 조화시켜 제시한 법문이다.24)

또 『화엄경』 51권 여래출현품에 "일체의 모든 중생이 모두 여래의 지혜를 구족[具有]하지 않은 자가 없지만, 단지 망상으로 전도되고 집착하여 이러한 사실을 증득치 못할 뿐이다. 만약 망상을 여의면 일체지(一切智), 자연지(自然智), 무애지(無碍智)가 곧바로 현전하게 될 것이다."25)라고 설하고 있다. 『법화경』의 방편품에도 일체중생이 모두 성불한다(一切皆成)고 설하며, 일체중생이 불지견(佛知見)을 깨닫고 구족할 수 있도

---

23) 돈황본 『단경』에 "본성에 스스로 반야의 지혜가 있어 지혜로써 관조한다."는 말은 14단, 29단, 30단, 33단 등에 강조하고 있다. 이 말은 신회가 "無念[無住] 體上에 本智가 있어 능히 안다." "本空寂體上에 저절로 반야의 지가 있어 능히 안다." 등이라고 주장하는 말에서 발전된 표현이라고 할 수 있다. 신회의 知의 철학은 각주16)의 拙論 참조.

24) 남종선의 선사상적인 배경이 『열반경』의 불성사상과 반야사상이다. 특히 『단경』의 여러 곳에서 강조하는 眞如, 중생본성, 自性淸淨心, 本心 등은 불성사상에 토대를 둔 주장임엔 재언을 요하지 않으리라. 사실 이러한 '자성의 반야'의 주장은 대승경전에 한결같이 주장하고 있는 佛性, 佛知見, 智慧 등인데, 이것은 사실 대승보살 및 일체중생들이 부처가 될 수 있는 자각의 근거임과 동시 대승불교의 근본사상이기도 하다. 남종의 돈오견성설 역시 이러한 관점에서 주장된 선사상인 것이다. 『열반경』 권35 가섭보살품에 "善男子 我常宣說 一切衆生悉有佛性. 是名隨自他意說. 一切衆生悉有佛性. 煩惱覆故. 不能得見 我說如是 汝說亦爾. 是名隨自他意說"(T.12 - 573 下)이라고 하는 주장을 곳곳에 강조하고 있다.

25) 『화엄경』 권51. 여래출현품(T.10 - 272 下) 이 일단은 종밀의 『原人論』, 『禪源諸詮集都序』 등에도 인용되고 있다. 이와 똑같은 주장이 60권본 『화엄경』 권35 보왕여래성기품(寶王如來性起品)(T.9 - 624上) 권9 초발심보살공덕품(初發心菩薩功德品)(T.9 - 465 下) 권10 야마천궁보살설게품(夜摩天宮菩薩說偈品)(T.9 - 465下) 등에도 『금강삼매경』(T.9 - 368 下), 『대승기신론』(T.32 - 577上) 등에도 주장하고 있다.

록 제불세존이 설법하는 일대사인연을 설하고 있다.[26]

이러한 대승불교의 근본사상과 정신을 실천적인 선불교의 입장에서 새롭게 설법한 것이 『육조단경』의 선사상이다. 따라서 『단경』의 선사상은 단순한 번뇌 퇴치의 수정주의나 명상의 실천을 강조하는 좁은 의미의 선종의 주장이 아니라 제불여래의 불지견과 반야바라밀법을 수행하는 불법사상의 근본적인 입장이다. 그리고 "마음이 허공과 같다고 하여, 공심(空心; 헛된 마음)으로 앉아 있다면 이것은 멍한 무기공의 허무에 타락하는 것이다."[27]라고 주의를 주고 있다. 사실 이것은 무념(無念), 무심(無心)의 법문을 오해한 것을 지적한 것이다. 허공과 같이 무심하고 생각이 없도록 수행하는 것이 무념(無念)이라고 착각하는 안목 없는 수행자들에게 설한 법문이다. 무념과 무심은 허공처럼 아무 생각 없이 허무하게 하는 것이 아니라, 본래 청정한 진여본심은 어떤 하나의 대상경계에도 집착하지 않고, 청정한 마음이 허공과 같이 크고 넓어 일체법을 포용한다는 반야지혜의 법문이다.

여기 27단에 "일체의 인(人)이나 비인(非人; 귀신), 악(惡)이나 선(善), 악법(惡法)이나 선법(善法)을 보더라도 모두 버리지 않고 포용하면서 일체의 대상경계 그 어디에도 집착하지 않는 청정한 마음이 마치 허공과 같이 크다(大)고 한 것이다."라고 마하를 무념(無念), 무심(無心)의 실천으로 해설[觀心釋]하고 있다. 『단경』에서 강조하는 무념(無念), 무주(無住), 무상(無相), 무박(無縛)의 법문은 반야바라밀법을 수행하는 가르침인데, 이 점은 뒤에서 재고하자. 『단경』에는 앞의 마하의 설법에 이어서

---

26) 『화엄경』권1 방편품의 一大事因緣(T.9 - 7 上·中), 그리고 一切皆成은 "聲聞若菩薩 聞我所說法. 乃至於一偈 皆成佛無疑"(T.9 - 8 上) "一切諸如來 以無量方便 度脫諸衆生 入佛無漏智 若有聞法者 無一不成佛"(T.9 - 9 中)이라고 강조하고 있다.

27) 각주 22) 참조.

'반야바라밀'의 법문을 다음과 같이 설한다.

(28단) 어떤 것을 '반야'라고 하는가? 반야는 곧 지혜이다. 일체시중(一切時中)에 일념 일념[念念]이 어리석지 않고 항상 지혜를 실행하는 것을 반야행이라고 한다. 일념이 어리석으면 반야는 단절되고 일념이 지혜로우면 반야는 살아난다. 세인(世人)은 심중(心中)이 항상 어리석으면서도 스스로 나는 반야를 닦고 있다고 말한다. 반야는 형상이 없지만 지혜의 본성이 바로 그것이다.

어떤 것을 '바라밀'이라고 하는가? 바라밀이란 말 역시 인도[西國]의 범어인데, 당나라 말(唐言)로 '피안에 이르다'라는 뜻이다. 이 뜻을 알면 생멸심(生滅心)을 벗어나지만, 경계에 집착하면 생멸심이 일어난다. 물에 파도[波浪]가 있으며 차안(此岸; 이 세상)에 있는 것과 같고, 경계를 여의면 생멸이 없으니 마치 물이 유유히 흘러가는 것과 같다. 그래서 이것을 도피안(到彼岸)이라고 하며, 바라밀이라고 한다.

어리석은 사람은 입으로 외우지만 지혜 있는 사람은 마음으로 실행한다. 생각이 일어날 때 망념이 있지만, 그 망념은 진실로 실체가 있는 것이 아니다. 일념 일념[念念]으로 수행하는 것을 진실이라고 한다. 이 법을 깨달으면 반야의 법을 깨닫고, 반야행을 수행해야 한다. 수행하지 않으면 범부요, 일념으로 수행하면 법신(法身)이나 부처의 지혜와 동등하다.

여러분! '번뇌가 곧 바로 보리'이다. 전념(前念)이 미혹[迷]하면 凡夫요, 후념(後念)에 깨달으면 부처[佛]이다. 여러분! 마하반야바라밀은 최존(最尊)이며, 최상(最上)이며, 제일(第一)이고, 집착하지 않고[無住], 가고, 오는 일이 없다[無去無來]. 삼세제불도 여기에서 출현했다. 반드시 대지혜로 피안에 이르고, 오온[五陰]의 번뇌와 대상경계[塵勞]를 타 파해야 한다. 최존(最尊)·최상(最上)·제일(第一)은 최상승(最上乘)을 찬탄한 것이다. 최상승법을 수행한다면 반드시 성불한다. 무거(無去)· 무주(無住)·무래(無來)는 바로 선정과 지혜[定慧]가 평등하여 일체법에 오염되지 않는 경지이다. 삼세제불도 여기에서 출현했으며, 중생심의 삼독심(三毒心)을 바꾸어 계정혜(戒定慧)로 했다.

여기 반야의 실천으로써 '일체시중(一切時中)에 일념 일념[念念]이 어 리석지 않고 항상 지혜를 수행하는 것이 반야행'이라고 규정하고 있는 일절은 사실 남종돈교에서 설한 선수행이다. 이것은『단경』16단에 "일 행삼매(一行三昧)란 일체시중의 행주좌와(行住坐臥)에 있어서 항상 직 심(直心)을 수행하는 것이다."라고 설하고 있는 일단과 똑같은 법문이라 고 할 수 있다.

여기의 일행삼매는 남종선의 실천사상을 설하고 있는데, 자세한 점은 뒤에서 재고하겠지만, 직심은 즉 진여본심의 지혜가 여실하게 작용한 것 으로『유마경』의 말이다.[28]

사실 이러한 남종의 반야의 실천은 하택신회가 좌선수행하는 자세로 마음을 수습하는 북종의 수정주의의 좌선과 선사상을 사구(四句)의 격 언[29]으로 묶어 날카롭게 비판할 수 있었던 확실한 사상적인 근거이기도 하였다. 따라서 남종의 독자적인 좌선의 이치나 새로운 좌선의 정의가

---

28)『유마경』보살품에 "直心是道場 無虛仮故. 發心是道場 能辨事故. 深心是道場 增益功德 故……."(T.14-524下), 불국품에 "直心是菩薩淨土"(T.14-538中), 관중생품에 "行無隱慈 直心淸淨故"(T.14-547中)라고 설하고 있으며,『화엄경』권33 보현보살행품(T.9-608上)에 十種의 直心을 설하고 있다. 그리고『대승기신론』에서 '올바르게 진여의 법을 念하기 때 문'(T.32-589上)이라고 直心을 설명하고 있다.

29) 신회가 북종선을 요약한 '凝心入定 住心看淨 起心外照 攝心內證'인데 신회어록의 곳곳에서 비판하고 있다. 각주 16)의 拙論 참조.

이러한 반야사상의 실천수행으로 제시한 것이다.

인간의 일상생활을 영위하는 행주좌와(行住坐臥)의 모든 행위를 모두 반야의 지혜로 실행하는 선이라고 설하는 남종의 행동선은 조사선에서 '평상심시도(平常心是道)'라고 단언한 일상 생활불교에의 새로운 길을 제시하는 사상사적 의의를 간과해서는 안 된다.

그리고 바라밀을 설명하는 곳에 '물과 파도'의 비유로 설하고 있는 일단과 '번뇌즉보리(煩惱卽菩提)'는 피안에 이르는 구체적인 실천수행의 사례를 대승경전의 설법에 의거하여 설하고 있는 것이다. 물과 파도의 비유는 『능가경』 권2에 "마치 강물이 모두 다 흘러가면 파도는 일어나지 않는다. 이와 같이 의식이 소멸하면 여러 가지 의식과 망념이 일어나지 않는다.(如水大流盡 波浪則不起, 如是意識滅 種種識不生.)(『大正藏』 16 권 496쪽 中)"라고 설한 법문에 의거한 것이다.

즉 강의 차안(此岸)과 피안(彼岸)을 갈라놓은 강물이 다 흘러가 버리면 차안(此岸)이 그대로 피안(彼岸)이 된다는 말이다. 차안이나 피안이 원래 둘이 아닌 것처럼 마음이 경계에 집착되지 않고 망심을 일으키지 않는다면 망심이 일어나지 않는 본래의 근원적인 마음이 그대로 바라밀이며, 피안에 이른 것이 된다는 의미이다.

따라서 여기에서 설하고 있는 것처럼 망심이 본래부터 있는 것이 아니라 의식의 대상경계에 속박되고 집착함으로 발생한 것이며, 이 집착에서 벗어나면 바로 본래의 진심 그대로가 반야바라밀이다. '번뇌즉보리'는 『유마경』 사리불장(舍利弗章)에 연좌를 설한 일단이다.

대개 연좌란 삼계에 몸을 나투는 뜻이 없는 것이 바로 연좌이다. 멸진정(滅盡定)에서 일어나지도 않고 모든 위의를 나타내는 것이 연좌이다. 도법(道法)을 내버리지 않고 범부의 일을 나투는 것이 연좌이다.

마음을 안에 거주하지 않고, 역시 밖에 거주하지 않는 것이 연좌이다. 모든 견해를 움직이지 않고 37도품을 수행하는 것이 연좌이다. 번뇌를 끊지 않고 열반에 드는 것이 연좌이다. 만약 능히 이와 같이 좌선 수행한다면 부처는 인가한다. (夫宴坐者 不於三界現身意 是爲宴坐. 不起滅定 而現諸威儀 是爲宴坐, 不捨道法 而現凡夫事 是爲宴坐. 心不住內 亦不在外 是爲宴坐. 於諸見不動 而修行三十七品 是爲宴坐.不斷煩惱 而入涅槃 是爲宴坐. 若能如是坐者 佛所印可.)(『대정장』14권, 539쪽 下)

『유마경』의 연좌(宴坐)는 대승의 반야사상에서 설한 좌선수행법인데, 신회는 이 법문을 북종선을 공격하는 창으로 응용하고, 좌선방편을 빌리지 않는 남종돈교의 사상적인 근거로 했다. 특히 여기에서 주목할 말이 '번뇌를 끊지 않고 열반(깨달음)의 경지에 드는 것을 연좌'라고 한다는 대승불교의 사상이다.

'번뇌즉보리'의 법문은 『단경』의 42단에도 인용하고 있는데, 번뇌가 그대로 깨달음이라는 것은 깨달음의 지혜를 방해하는 중생심의 번뇌망념도 사실 본래는 진여일심이다. 『화엄경』에서는 "심(心)·불(佛)·중생(衆生) 이 셋은 원래 차별이 있는 것이 아니다.(心佛衆生 是三無差別)(T.9-465下)"라고 설하고 있으며, 일체중생이 모두 부처님의 지혜와 덕상을 갖추고 있다고 하는 말도 똑같은 대승불교의 사상인 것이다.

중생심의 번뇌 망심과 불심은 둘이 아니다. 진여본성을 깨닫지 못한 중생심은 번뇌 망념이 되고, 진여본성을 깨달으면 부처의 지혜가 된다. 『화엄경』에서 '초발심이 곧 정각'이라고 설한 법문처럼, 불지견으로 번뇌 망념을 자각하면 부처의 지혜를 이루고, 발심수행으로 자각하지 못하면 중생심의 번뇌 망념이다. 사실 중생심의 번뇌 망념은 부처의 깨달음을 이루는 토대가 된다. 진흙탕이 없으면 연꽃이 필 수가 없는 것과 같다. 정법의 안목으로 번뇌나 열반이 둘이 아니라는 사실을 깨닫는 것이 '번뇌가 곧 열반'인 것이다. 이 역시 앞에 인용한 『능가경』의 '물과 파도'의 비유와 똑같이 대승불교의 실천사상을 설한 법문이다.

그리고 마하반야바라밀은 최존이며, 최상이며 제일이라고 설한 일단은 앞의 최상승을 논한 곳에서도 언급한 것처럼 『단경』의 30단에도 인용하고 있는데, 신회는 『남종정시비론』에서 "금강반야바라밀(金剛般若波羅蜜)은 최존(最尊)·최승(最勝)·최제일(最第一)이며, 무생(無生)·무멸(無滅)·무거래(無去來)로서 일체제불이 이 가운데서 출현했다.(一切諸佛從中出)"[30]라고 설한 법문에 의거한 것이다. 신회는 『금강경』을 선양하고 선의 법문으로 해석[觀心釋]한 것이다. 신회의 이 게송은 『금강경』의 8단·12단·29단의 취지를 게송으로 묶어 찬탄한 것인데, 돈황본 『단경』에서는 마하반야바라밀의 실천행으로 응용하여 한 구절씩 새롭게 혜능의 설법으로 제시하고 있다.

'지혜로써 피안에 이른다'는 말은 다름 아닌 『반야심경』의 취지라고 할 수 있으며, '삼독(三毒)을 바꾸어 계정혜(戒定慧)로 한다'라는 말은 북종 신수의 『관심론』에서 삼독심을 바꾸어 삼취정계(三聚淨戒)로 한다는 관심(觀心)의 법을 응용한 것으로 볼 수 있겠다.[31]

특히 『단경』에서는 심지법문에 의거한 독창적인 삼학설(三學說)을 주장하고 있다. 자세한 점은 졸론(拙論) 「돈황본 『육조단경』과 심지법문」[32]에 미루겠지만, 계정혜의 삼학일치를 삼학으로 나누어지기 이전인 근원적인 진여본심의 심지(心地)로 통합하고 있다.

『단경』의 43단, 지성(志誠)의 참문(參問)에 북종 신수의 칠불통계(七

---

30) 『신회화상유집』, 297쪽.
31) 각주 3)의 拙著 405쪽 참조
32) 정성본, 「돈황본 『육조단경』과 심지법문」 참조.

佛通戒)의 삼학설과 남종 혜능의 심지법문의 삼학설을 대조하여 혜능의 삼학설이 단연 뛰어난 점을 강조하고 있으며, 15단에는 정혜를 남종돈교의 근본으로 설하면서 정혜일치를 강조하고 있다.

전통적인 삼학설(三學說)은 계(戒)→정(定)→혜(慧)의 순서[順]로 이루어지는 불교의 실천구조이었지만 『단경』에서 '삼학일치(三學一致)', '정혜등(定慧等)'이라고 설한 법문은 종래의 전통적인 해석을 무시하고 삼학으로 나누기 이전의 근원적인 心地에서 통섭(統攝)하게 하고 있다.

앞에서 언급한 것처럼 반야나 일행삼매의 법문을 독자적인 관심석(觀心釋)으로 해설하고 있는 것은 기존의 불교용어나 개념이나 전통사상 및 불교의 정신을 단순히 추종하는 해석에 그치고 있는 것이 아니다. 그러한 방편언어의 개념이 나오기 이전, 근원적인 심지에서 다시 일체법을 반야의 지혜로 파악할 수 있도록 설한 것이다.

다시 말하면 어떤 기존의 개념이나 사상으로써 인간을 파악하려는 것이 아니라, 인간이 근원적인 자심(自心)에서 새로운 독창적인 자기의 사상을 창조할 것을 설한 것이다. 새롭고 독창적인 자기의 사상을 창조한다는 것은 정법의 안목과 반야의 방편지혜로 실행한다는 것이다.

반야의 지혜는 언제 어디서나 일념 일념이 어리석지 않고 항상 방편지혜를 실행하는 것이라고 설하고 있는 말은 이러한 사실을 말한다. 이러한 반야지혜를 혜능은 『육조단경』 29단에 다음과 같이 설하고 있다.

여러분! 내가 설하는 법문은 팔만사천의 방편지혜를 작용한다. 왜냐하면 세상에는 팔만사천의 번뇌 망념[塵勞]이 있기 때문이다. 만약 번뇌망념이 없다면 반야는 항상 여전히[常在] 자성을 여의지 않는다. 이 반야의 법을 깨닫는 자는 곧바로 무념(無念)이며, 무억(無憶)이며, 무착(無著)이다. 허망한 망념[虛僞]을 일으키지 않는다면 곧 그대로가 진여의 본성이다. 지혜로써 관조하여 일체법을 대상으로 취하지 않고, 버리지도 않는다면 이것이 곧 견성하여 불도를 이루는 것이다.

팔만사천(八萬四千)의 방편지혜는 팔만사천의 번뇌망념이 있기 때문에 그 번뇌의 숫자에 맞게 방편법문이 필요한 것이다. 이와 똑같은 취지의 설법이 황벽(黃檗)의 『전심법요(傳心法要)』에도 보이는데,33) 이 역시 『단경』에 의거한 것이 아닐까?

'번뇌즉보리'라고 설한 법문처럼, 번뇌의 실체가 따로 있는 것이 아니라 번뇌가 곧바로 보리(깨달음)의 당체인 것이기에 번뇌가 없어진 그대로가 보리이며, 반야이다. 그리고 이러한 반야지혜로서 진여본심은 망념이 없는 무념(無念), 과거의 기억이 없는 무억(無憶), 대상경계에 집착하지 않는 무착(無着)의 삼구(三句) 법문을 설하고 있다. 무억(無憶) 역시 無念과 같은 입장이다. 예를 들면 『유마경』 보살품의 미륵장에 다음과 같이 설한다.

중생심의 망념을 실행하지 않는 것이 곧 보리이다. 지난 과거의 일을 생각하지 않기 때문이다.
중생심의 망념을 차단한 것이 보리이다. 모든 사견을 떨쳐버렸기 때문이다.
망념을 여읜 것이 보리이다. 모든 망상을 여의었기 때문이다.
(不行是菩提 無憶念故. 斷是菩提 捨諸見故. 離是菩提 離諸妄想故)
(『대정장』 14권 542쪽 中)

---

33) 『傳心法要』에 "無求卽心不生. 無著卽心不滅 不生不滅卽佛. 八萬四千·法門對. 八萬四千·煩惱. 祗是教化接引門. 本無一切法. 離卽是法. 知難者是佛. 但離一切煩惱. 是無法可得."(T. 48 - 381 上)

또 『문수시리행경(文殊尸利行經)』에 다음과 같이 설한다.

여시법이란 곧 상주이니 법계라고도 한다. 만약 상주의 법계라면 무억·무념이며, 무억·무념이라면 일체의 증득함은 없고 증득하지 아니함도 없다. 증득하지 아니함도 없다는 것은 또한 증득함이니 과거의 일을 기억하지 않고, 망념을 일으키지 않는 것이다. 만약 이와 같이 정법의 지혜로 안다면 곧 여래이니, 진실한 성문의 제자이며, 최상(最上)이며, 응공(應供)이라고 말할 수 있다. (如是法者, 即是常住, 亦名法界, 若常住法界者, 無憶 無念. 無憶無念者, 一切無證 無不證. 無不證者, 亦非不證. 不憶不念, 若如是知者, 即名如來. 眞實聲聞弟子. 名爲最上, 得言應供者)(『대정장』 14권, 513쪽 下)

『文殊尸利行經』에서 "만약 상주의 법계라면 무억·무념인 것이며, 무억·무념이라면 일체의 증득함은 없고 증득하지 아니함도 없다."라고 한 일절은 『단경』의 삼구(三句) 설법과 비슷하다. 원래 三句說法은 『역대법보기』에 의하면 사천(四川) 성도(成都) 정중사(淨衆寺)에서 활약한 신라 출신의 무상(無相, 684~762) 선사가 '無憶, 無念, 莫忘'의 삼구법문을 계정혜 삼학의 실천에 배당시키면서 독자적인 인성염불(引聲念佛)로 교화한 이야기는 잘 알려졌다.[34]

또 무상 선사의 법사로 자임한 보당종의 무주(無住, 714~774) 선사는 무상 선사의 삼구법문을 계승하여 '無憶·無念·莫忘'으로 바꾸어서 설하고 있다.[35] 『단경』의 삼구설법이나 『역대법보기』에서 설한 무상 선사와

---

34) 『역대법보기』 무상전(無相傳)(T.51 - 185上) 無相의 三句와 선사상에 대해선 각주 13)의 拙著, 687쪽 참조. 정성본, 「淨衆無相禪師硏究」(鏡海法印 申正午 博士 華甲紀念, 『佛敎思想論叢』, 1991. 10, 同刊行委員會) 참조.

35) 『역대법보기』 無住章(T.51 - 186 上~), 각주 13)의 拙著 697쪽 이하 참조.

무주 선사의 三句법문은 사실 '無念'이 중심이다.

『단경』에서는 19단에 "무념을 종지[宗]로 하고, 무상을 본체[體]로 하며, 무주를 근본으로 한다."라고 설한 법문과 같은데, 이 점에 대해선 뒤에서 살펴보기로 하자.

無念은 일체의 생각과 사고를 없애는 것이 아니라, 허망한 중생심의 번뇌 망념이 없는 본래 청정한 진여 본심을 깨달아 체득하라는 법문이다. 無憶 역시 지난 과거의 기억이나 망념[憶念]이 없는 경지이기에 무념과 같다. 無着은 진여본심의 마음이 어떤 대상경계에도 집착하거나 속박되는 일이 없도록 하는 수행을 말한다. 無念·無憶·無着은 진여자성에 일체의 번뇌 망념이 없는 청정한 반야지혜가 여실하게 작용하는 경지이다. 여기에 "이러한 진여의 본성은 지혜로 관조하며 일체법을 의식의 대상에서 취하거나 버림이 없는 것이 곧 견성하여 불도를 이루는 것이다."라고 설하는 말은 남종의 돈오견성설인 것이다.

앞에서도 언급한 것처럼 『단경』에는 여러 곳에 '보리반야지지(菩提般若之智) 세인본자유지(世人本自有之)'(14단)라고 설하고, '중생본성(衆生本性) 반야지지(般若之智)'(30단)라는 법문을 반복하여 강조하고 있다. 사실 이러한 지혜의 본체인 자성청정심[本性; 佛性]은 대승불교의 근본사상이기도 하며, 선불교의 출발점이기도 하다.

모든 대승경전에서 설한 불성사상과 반야의 지혜가 『단경』에서 혜능의 법문으로 종합하여 돈오견성과 반야지혜를 실천하는 선사상으로 체계화했다. 사실 중국선종의 실천 체계의 사상적인 완성을 이루었다고 하겠다.

『단경』에서 설한 돈오견성설은 반야의 지혜가 구족된 진여의 본성을 깨닫는 것이며, 반야의 지혜는 진여본성(眞如本性)이 무념의 경지에서 자연스럽게 작용하는 것이다. 일체법에 취사가 없는 본성의 지혜작용이 다름 아닌 견성성불(見性成佛)인이다.

III. 무념(無念)·무상(無相)·무주(無住)의 선사상

돈황본 『육조단경』에 혜능 설법의 내용이 반야바라밀 법문이다. 여기서는 반야바라밀의 구체적인 실천수행으로 제시한 무념(無念)·무상(無相)·무주(無住)·무박(無縛) 등의 법문을 중심으로 남종돈교의 중심사상을 고찰해 보자.

무념은 남종의 종지로서 '무념위종(無念爲宗)'이라고 표기하고 있는 것처럼 남종선의 중심사상이며 돈오견성의 내용이다. 無念·無住·無相·無縛은 반야의 지혜를 체득하는 선사상이다. 『금강경』·『유마경』 등에서 설한 반야의 법문을 남종돈교의 선사상으로 제시한 것인데, 이 가운데에서도 무념 사상이 중심이 되고 있다.

돈황본 『단경』에서 설한 혜능의 법문을 통해서 무념의 의미와 선사상의 내용을 살펴보기로 하자. 돈황본 『육조단경』(19단)은 다음과 같이 無念·無相·無住의 법문을 설한다.

여러분! 내가 설하는 남종의 법문은 달마 대사 이후의 조사들이 모두 돈교와 점교로서 건립하였다. 진여본성이 청정하여 본래 망념이 없다는 무념(無念)을 남종의 종지로 하고, 일체 형상에 집착하지 않는 무상(無相)을 남종의 본체(本體)로 하고, 대상경계에 집착하지 않는 무주(無住)의 반야지혜를 남종의 근본으로 한다.

무상(無相)이란 어떤 것인가? 무상이란 의식의 대상경계의 사물과 형상[相]을 보지만, 그 사물의 형상에 집착하지 않는 것이다.

무념(無念)이란 정법의 안목으로 중생심의 망념을 자각[念]하는 가운데 중생심의 번뇌 망념이 없는 진여본성이며, 무주(無住)란 사람의 본성이 언제나 일념 일념에 의식의 대상경계의 사물에 집착하지 않는 것을 말한다. 찰나 이전의 일념[前念]과 지금의 일념[今念]과 이후의 일념[後念]이 서로서로 상속되어 진여일심의 지혜가 단절(斷絶)되지 않는 것이다. 만약 찰나의 일념이 단절되면 진여법신(法身)의 지혜는 곧 색신(色身)을 떠나게 된다. 찰나의 일념 일념이 일체 의식의 대상경계(사물)에 집착하지 않는 것이다. 만약 찰나의 일념이라도 의식의 대상경계(사물)에 집착하면 일념 일념이 곧 대상경계에 집착하게 되는 것이니, 이것은 사물에 속박된 계박(繫縛)이라고 한다.

일체의 대상경계[法]에 대하여 일념 일념이 집착하지 않으면 의식의 대상경계에 속박되는 일이 없다. 이것이 곧 의식의 대상경계에 집착하지 않는 무주(無住)로써 근본을 삼는 것이다.

수행자 여러분! 마음 밖으로 일체 모든 사물의 형상[相]을 보면서도 사물의 형상에 집착하지 않는 것이 무상(無相)이다. 다만 대상경계에 형상에 집착하지 않는다면, 진여본성은 항상 청정하다. 그러므로 무상(無相)으로 본체를 삼는다.

일체 의식의 대상경계에 집착하여 번뇌 망념으로 오염되지 않는 것을 진여는 망념이 없는 무념(無念)의 경지라고 한다. 스스로 망념을 자각하여 차별의 대상경계를 여의었기 때문에 의식의 대상경계의 사물[法]을 상대할지라도 번뇌 망념이 일어나지 않는다.

여러 가지 많은 대상경계의 사물[百物]에 대해서 사념(思念)하지 않으려고 하지 말고, 또한 모든 번뇌 망념을 모두 없애 버리려고 하지 말라. 일체의 사념(思念)을 모두 다 제거해 버리고, 일념(一念)이 단절되면 진여본심의 지혜작용이 죽어(死)버리고 또 다른 번뇌 망념이 일어나게 된다.

불도[道]를 배우는 사람은 주의하여 불법의 대의[法意]를 잘 알지 못하는 일이 없도록 해야 한다. 자신이 불법의 대의를 잘못 아는 것은 괜찮다고 할지라도, 다른 사람들을 미혹하게 해서야 되겠는가? 자기 스스로 미혹하여 불법의 진실을 깨닫지 못하고 심지어 경전의 법문까지 비방하고 있다.

그래서 무념(無念)을 제시하여 종지로 삼는 것이다. 즉 미혹한 사람은 대상경계의 사물에 고정관념을 일으키며, 그러한 고정관념의 사고에서 곧 잘못된 사견(邪見)을 일으키므로 일체의 번뇌[塵勞]와 망념이 여기에서 생긴다. 그리하여 남종의 돈교 법문에서는 무념(無念)을 제시하여 종지로 삼는다. 세상 사람들이 잘못된 사견을 여의고, 번뇌 망념을 일으키지 않도록 하는 것이다. 만약 마음에 번뇌 망념이 없다면 無念이라는 방편 법문을 새롭게 제시할 필요도 없다.

그런데 여기서 없다[無]고 함은 무엇이 없다[無]는 것이며, 자각[念]한다는 것은 또한 무엇을 자각한다는 말인가?

없다[無]고 하는 것은 (주관과 객관 두 가지 모양) 상대적인 차별심과 일체의 모든 번뇌 망념[塵勞]을 여읜다는 것이고, 자각[念]한다는 것이란 진여본성[眞如]을 자각하는 것이다. 진여는 곧 자각[念]의 본체가 되는 것이요, 자각하는 것은 바로 진여의 지혜작용인 것이다. 진여자성이 자각하여 의식의 대상경계의 사물을 보고[見], 듣고[聞], 자각하여 알지[覺知]만, 일체의 모든 의식의 대상경계에 오염되지 않고 언제나 청정하며 자유자재하다.

『유마경』에 "마음 밖으로 능히 모든 대상경계의 사물[法]의 형상을 불지견(佛知見)으로 잘 판별하면서도 마음 안으로 진여본심[第一

義]은 움직이는 일이 없다."라고 설했다.

사실 이 일단은 돈황본 『육조단경』에 있어서 혜능설법의 압권(壓卷)이라고 할 수 있으며 돈오견성(頓悟見性)을 설하는 남종돈교 법문의 내용이라고 할 수 있다. 혜능은 여기서 먼저 무념위종(無念爲宗), 무상위체(無相爲體), 무주위본(無住爲本)으로 구성된 남종선의 사상적인 원류가 단순한 자기의 주장이 아니라 '종상이래(從上已來)'라고 하고 있는 것처럼, 중국 선종의 초조(初祖)인 보리달마로부터 여러 조사들이 한결같이 설하고 설해온 법문이라는 사실을 강조하고 있다.

이것은 일찍이 신회가 『남종정시비론』에 남종 및 돈교의 여래선이 보리달마로부터 전래된 사실을 밝히며, 특히 '보리달마남종'이라고 설하고 있는 것과 같이 『단경』에서도 법통상의 남종 혜능이 달마의 정법을 이었으며, 그가 설한 선사상 역시 달마 이래의 조사들이 설한 정법을 설하고 있음을 밝히고 있는 것이다.

이 일단은 無念·無相·無住의 법문으로 나누어 설하지만, 모두 반야경전에서 자주 강조하고 있는 반야사상의 수행법문이다. 이 가운데에서도 無念은 남종 돈오선의 중심으로 가장 강조되고 있다.

화엄종의 징관(澄觀)이 북종선의 선사상을 '번뇌 망념을 여읜 이념(離念)'이라 하고, 남종선을 '번뇌 망념이 없는 진여 무념(無念)'이라는 말로 선사상의 특징을 한마디로 표현하고 있는 것처럼, 사실 無念은 남종선의 중심사상이다.[36]

---

36) 澄觀의 『華嚴經疏』 권15(T.35 - 612 中·下).
   징관의 『演義鈔』 권34(T.36 - 261 中).
   징관의 『演義鈔』 권34에는 남종을 다음과 같이 기술하고 있다.
   "南宗云 衆生佛智 妄隔不見 但得無念 卽本來自性 寂靜爲開. 寂靜體上. 自有本智. 以本智
   能見本來自性 寂靜名示. 旣得指示 卽見本性佛與衆生 本來無異爲悟. 悟後 於一切有爲 無

후대에 금릉(金陵)의 우두종(牛頭宗)과 마조계의 조사선에서는 무심(無心)을[37] 강조하고 있는데, 북종에서 남종으로, 다시 홍주종으로의 선사상적인 흐름이 離念에서 無念으로, 다시 無心이라는 말로 보다 더 철저해지고 심화되고 있음을 알 수 있다.

이러한 선사상사의 변천과 문제점은 다른 기회로 미루고, 여기선 혜능의 설법을 중심으로 無念·無相·無住의 선사상을 고찰해 보자.

1. 무념(無念)의 선사상(禪思想)

『단경』에 '무념위종(無念爲宗)'이라고 강조하면서 '무념(無念)이란 정법의 안목으로 중생심의 망념을 자각[念]하는 가운데 중생심의 번뇌 망념이 없는 진여본성을 깨닫는 것'이라는 어려운 말로 정의를 내리고 있다. 이에 대한 구체적인 설명은 혜능이 "일체의 대상경계에서 오염하지 않는 것을 無念이라고 한다. 스스로 망념[念上]의 경계를 여의었으므로 대상경계[法上]에 집착하는 망념이 일어나지 않는 것이다."라고 설한다.

즉 무념이란 모든 사념이나 생각을 하지 않고 의식을 없애는 것이 아니라 어느 한 대상경계나 사물에 집착하거나 속박되지 않는 진여본성의 지혜를 말한다. 일체의 어떤 경계에도 물들지 않는 것을 無念이라고 정의하는 것은 청정한 진여본성을 깨달아 체득하는 것이다.

또 "여러 가지 많은 대상경계의 사물[百物]에 대해서 사념(思念)하지

爲 有佛 無佛 常見本性. 自知妄想無性 自覺聖智 故是菩薩. 前聖所知 轉相傳授. 卽是入義"(T.36 - 261下). 南宗의 종지를 開示悟入의 일대사인연으로 요약하고 있다.
37) 우두종의 무심설로는 돈황본 『絶觀論』, 『無心論』이 대표적인 禪籍이다.
拙著, 『중국선종의 성립사 연구』(민족사, 1991년), 644쪽 참조.

않으려고 하지 말고, 또한 모든 번뇌 망념을 모두 없애 버리려고 하지 말라. 일체의 思念을 모두 다 제거해버리고, 일념(一念)이 단절되면 진여 본심의 지혜작용이 죽어[死]버리고 또 다른 번뇌 망념이 일어나게 된다."[38]라고 주의하고 있는 말은 무념을 이해하는 데 중요한 일절이다.

일반적으로 無念이라면 일체의 의식이나 생각을 없애는 수행이라고 생각하기 쉬운데 이러한 오류를 범하지 않도록 주의시키고 있는 법문이다. 이와 똑같은 내용으로 『단경』 33단에 "여러 가지 많은 사물[百物]을 사념하지도 않고, 항상 생각을 끊도록 하게 하지 말라. 이것은 즉 법박 (法縛)이며 변견(邊見)이다."라고 주의시키고 있다.

선어록[禪錄]에서 '번뇌 망념을 놓아 버려라[放下]! 끊어 버려라[泯絕]! 떨쳐버려라! 단멸(斷滅)하라!'라고 설하는 것처럼 부정(否定)의 연발이다. 無念도 글자대로라면 '생각을 없애라!'라고 해석하겠지만, 남종선의 선사상에서는 자아의식의 중생심으로 의식의 대상경계를 생각하고 분별하는 번뇌 망념을 텅 비우도록 하라는 말이다.

일체의 사념과 사유하는 중생심의 마음작용을 없애 버리도록 하라는 뜻은 아니다. 아무 생각도 하지 않는 것이 선의 본질인 것처럼 오해해선 안 된다. 여러 가지 다양한 사물과 만물[百物]에 대해서 사념하고, 사유하지 않는다면 죽은 사람이지 살아있는 인간의 마음이 아니다. 혜능은 無念의 법문을 여러 가지 만물[百物]에 대해서 아무런 생각을 하지 말고, 마음을 고목나무나 죽은 재[死灰]처럼 하지 말라고 지시하고 있다.

---

38) "莫百物不思. 當令念絶. 卽是法縛 卽名邊見."
　　이 말은 예로부터 무념이라는 주장의 오해로 莫을 '若'으로 보고 '만약 百物을 생각하지 않는 다면……'이라고 잘못 해석하는 경우가 있었다. 이는 선사상을 알지 못하는 사람들의 해석이다. 이와 비슷한 주장이 『修心要論』에 다음과 같이 보인다.
　　"問曰 何名無記心. 答曰 諸攝心人爲緣外境 麤心小息 內練眞心 心未淸淨時 於行住坐臥中 恒懲意看心. 猶未能了 淸淨獨照心源. 是名無記心也. 亦是漏心 猶不免生死大病."(T.48 - 378 中)

특히 수행자들이 불법의 대의[法意]를 잘 알지 못하는 일이 없도록 주의시키고 있다. 여기서 法意라는 말은 그 용례가 잘 보이지 않는 말인데, 불법의 대의를 깨닫고 정법의 안목을 구족하여 無念의 법문을 여법하게 실천 수행해야 한다는 뜻이다. 남종의 종지인 무념의 법문과 그 의미를 잘 파악하여 정법이 안목으로 여법하게 수행해야 한다고 강조한 말이다.

참선 수행자가 불법의 대의를 깨닫지 못하고, 안목이 없이 무념의 법문을 수행하면 그릇된 수행이 된다는 뜻이다. 자기의 잘못은 그렇다고 하더라도 타인까지 미혹하게 해서야 되겠는가? 자기가 미혹하여 깨닫지 못하고 도리어 경전의 가르침을 비방한다고 설하고 있는 것은 남종의 종지인 무념의 법문을 잘못 이해하고, 또 남에게 잘못된 법문을 전수하게 될 것을 염려하여 설한 것이다.

『단경』에서 혜능이 설한 무념을 남종의 종지로 강조하면서 자기가 설하는 그 무념의 법문이 잘못 오해될까봐 노파심에서 "百物을 사념하지 않고, 사념하는 생각을 모두 제거하려고 하지 말라!"고 당부하는 일절은 무념 법문의 올바른 실천 수행법을 정법의 안목으로 이해할 수 있어야 한다고 강조한 것이다.

남종의 선사상으로 '무념'의 법문을 설할지라도 사람들이 이 법문을 바로 이해하지 못하고 여법하게 실천수행하지 못한다면 쓸데없는 말이 된다. 특히 북종의 선법을 점교(漸敎)라고 배척하면서 새롭게 돈오(頓悟) 법문의 기치를 세운 남종선의 종지가 무념인데, 사실 이 무념설을 올바르게 파악하지 못하면 남종선의 선사상을 제대로 수행하지 못하는 것이다. 따라서 여기서 먼저 『단경』에서 설하는 무념설을 경전이나 선적을 통하여 사상적인 근거와 실천 수행법을 살펴보자.

사실 '無念'이라는 말은 남종선에서 처음 제시한 법문이 아니다. '무념'

은 중생심의 번뇌 망념을 텅 비운 진여무념(眞如無念)이다. 진여무념의 경지를 깨달아 체득하는 수행은 자아의식과 의식의 대상경계를 텅 비운 아공(我空)·법공(法空)·일체개공(一切皆空)의 반야지혜이다.

『유마경』보살행품에 "대정진으로 마군을 꺾고, 항상 무념(無念) 실상(實相)으로 지혜의 수행을 구한다.(T.14 - 554 中)"라고 설하며, 또 입불이법문품(入不二法門品)에는 다음과 같이 설한다.

> 선숙보살이 말했다. "마음의 움직임과 망념은 둘이 되니, 부동의 마음은 무념(無念)이니, 무념은 곧 무분별이다. 이 무념법을 통달하면 불이법문을 깨달아 체득하는 것이다. (善宿菩薩曰 是動是念爲二. 不動則無念 無念則無分別, 通達此者 是爲入不二法門(T.14 - 550 下)"

즉 무념의 경지는 무분별(無分別)이며, 무분별은 무집착과 같은 뜻으로 그 어느 쪽에도 치우치지 않는 진여본심의 경지이다. 또『화수경(華手經)』제1권에 "비구들이 다른 사람의 집에 들어갈 때 세간의 법에 오염되지 않는 것이 마치 허공의 달이 망념이 없는 무념의 경지와 같이 우리들도 번뇌 망념에 오염되는 일이 없다.(比丘入他家 不染世入法, 亦如月無念, 我等無所染(T.16 - 128 下)"라고 설한다.

여기서 무념을 허공의 달[月]에 비유하고 있는데, 일체의 만상을 모두 다 비추고 있지만 어느 한 경계나 대상에 집착되지 않는 비구 수행자의 실천을 무념의 법으로 설하고 있다.

『대승기신론』에도 다음과 같이 설한다.

> 소위, 심성은 항상 번뇌 망념이 없는 무념(無念)이기 때문에 이것을 불변(不變)이라고 한다. 일법계에 도달하지 못했기 때문에 마음에 상응

치 못하여 홀연히 망념이 일어나는 것을 무명(無明)이라고 한다. (所謂 心性常 無念故 名爲不變 以不達一法界故 心不相應 忽然念起 名爲無明(T.32 - 577 下)

또 『기신론』에는 경전[修多羅]의 법문을 인용하여 "만약 중생이 능히 무념의 경지를 관하여 깨닫는 자는 곧 불지(佛智)에 향하게 되는 것이다.(T.32 - 576 中)"라고 설하고 있는 것처럼, 여러 곳에서 무념의 법문을 설하고 있다. 『기신론』은 선수행의 지침서로서 동산법문의 일행삼매(一行三昧), 북종의 이념(離念), 남종의 무념(無念) 등 선의 실천사상으로 인용하고 있다.

이상 경전에서 설한 무념설을 선불교의 실천으로 응용하여 새로운 무념의 선사상을 최초로 주장한 사람은 하택신회이다. 사실 신회의 어록엔 수처에 無念·無住·無縛의 법문을 설한다. 『신회어록』의 『단어』에 다음과 같이 설한다.

여러분은 자기 몸 가운데[自身中] 불성을 구족하고 있으면서 분명히 깨닫지 못하고 있다. …(略)… 지금 여러분들이 알고 있는 것은 모두 타인의 설법에 의거해서 몸 가운데[身中] 불성이 있다는 것을 알고 있는 것이다. 아직 분명히 깨달아 친견하지 못하고 있다. 만약 중생심의 조작과 작의(作意)가 없고, 망념(妄念)이 일어나지 않는다면 이것이 바로 무념(無念)의 경지이다.[39]

『대승기신론』에서는 우리들 심성은 본래 자성청정심이며, 이것은 심

───────────────
39) 『신회화상유집』, p.246.

해(深海)의 물과 같이 적정하며 '무념'이라고 강조하고 있다. 중생이 무념의 경지를 관하여 깨닫는 자는 불지(佛智)에 향하게 된다는 『기신론』의 설법은 신회의 『단어』에도 인용하고 있는데, 남종선에서 강조한 염불기(念不起)의 무념설과 돈오견성설의 실천적인 근거가 되고 있다.[40]

『기신론』에서는 '불지(佛智)에 향한다'고 설했는데, 신회는 『기신론』을 인용하여 마명(馬鳴)보살이 '만약 중생이 무념을 관한다면 그는 곧 佛智를 깨달아 체득할 것'이라고 설한다고 단언하고 있는 것은 확고한 無念의 법문과 頓悟見性을 제시하고 있기 때문이다.

『보리달마남종정시비론』에 다음과 같이 설한다.

무념이란 어떤 경지입니까?

말하자면 유(有)나 무(無)를 분별하지 않고, 선과 악을 분별하지 않고, 변제(邊際)가 있고 없다는 것[有無]을 분별하지 않으며, 한량(限量)이 있고 없다는 것[有無]을 분별하지 않는 것이다. 보리도 의식하지 않고, 보리를 생각[念]하는 것도 아니다. 열반을 의식하지 않고, 열반을 생각[念]하는 것도 아니다. 이것이 무념의 경지이다. 무념은 즉 반야바라밀이며, 반야바라밀이란 바로 일행삼매(一行三昧)이다.

여러분! 만약 수도인이 마음에 망념이 일어나면 곧바로 그 망념을 자각(覺照)하라.[41] 망심을 일어나는 일이 없다면 자각(覺照)하는 일 또

---

40) 신회의 『단어』에 '馬鳴云 若有衆生 觀無念者 則爲佛智'라고 한다. 『신회화상유집』(247쪽)에 내용을 조금씩 바꾸어서 인용하고 있는데, 이것은 선사상의 실천적인 입장에서 자주 있는 일이다. 즉, 경론에 맞는 해석이라기보다 신회의 실천사상에 경론의 구절들을 편의적으로 끌어들여 觀心釋으로 설하고 있다.

41) 여기 '覺照'라는 말은 좌선 시의 망념을 자각하는 의미로 『신회어록』의 다음과 같은 일단에 그 예가 보인다. "神足師問 眞如之體 以是本心 復無靑黃之相 如何得識.
答, 我心體空寂 不覺妄念起. 若覺妄念者 覺忘自俱滅. 此則識心者.
問, 雖有覺照 還同生滅 今說何法 得不生滅.
答, 心起故 遂有生滅起 心旣自除 無相可假說 覺照已滅 自無卽不生滅."(『신회화상유집』)

한 스스로 없어진다. 즉 이것이 무념이다. 무념은 하나의 대상경계도 없다. 만약 의식에 한 경계라도 있다면 곧 무념과는 상응되지 못한다. 여러분! 이와 같이 무념의 경지를 깨달은 자는 심심법계(甚深法界)를 깨달은 것이니 이것이 곧 일행삼매이다.[42]

무념은 유나 무, 선과 악, 보리나 열반 등 일체의 차별심과 분별심을 여읜 경지로서 심중에 어떠한 의식의 대상경계가 없는 반야바라밀의 지혜이다. 신회는 무념이 일행삼매라고 설한다. 그리고 후반의 설법은 종밀의 『도서』나 『승습도(承襲圖)』에 하택종의 선사상을 언급한 곳에 인용하고 있다.

종밀은 『도서』에는 "제상(諸相)이 공한 것을 깨달으면 마음은 저절로 무념이 된다. 번뇌 망념이 일어나면 번뇌 망념이 일어난 사실을 곧 깨닫도록 하라. 번뇌 망념이 일어난 사실을 깨달으면 번뇌 망념은 곧 없어진다[念起卽覺 覺之卽無]. 수행의 미묘한 관문[妙門]은 오직 여기에 있다. 때문에 비록 만행을 모두 닦는다 하더라도 오직 무념을 종지로 한다."[43] 라고 논한다.

---

42) 『신회화상유집』, pp.308~309.
  『남종정시비론』에는 "이런 까닭에 『소품반야경』에 선남자여! 반야바라밀이란 즉 諸法에 생각하는 것이 없는 것[無所念]이다. 우리들은 무념의 法中에 거주하며, 이처럼 金色身의 三十二相 대광명과 불가사의한 지혜 및 제불의 무상삼매와 무상지혜를 체득하여 모든 공덕을 다한다. 이러한 모든 공덕은 제불이 이를 설했다고 하더라도 모두 다 설할 수 없는데 어찌 하물며 성문이나 벽지불이 능히 알 수 있으리오."라고, "무념을 보는 자는 六根이 無染하며, 무념을 보는 자는 佛知見을 얻으며 무념을 보는 자는 실상이라고 부른다. 무념을 보는 자는 중도 第一義諦이며, 무념을 보는 자는 恒沙의 공덕이 일시에 구비되며, 무념을 보는 자는 능히 일체의 법을 만들고, 무념을 보는 자는 능히 일체의 법을 포섭할 수가 있다."(『신회화상유집』, p.123 p.309)"라고 설하고 있는 것처럼 반야바라밀이 무념, 무념이 일행삼매라고도 하고 있다. 이는 즉 남종선이 무념이라는 실천으로 반야바라밀, 일행삼매 등 모든 행을 다 섭수하고 있음을 말한다.
43) 『都序』 直顯心性宗(T.48 - 403上) 『承襲圖』와 普照의 『修心訣』, 『節要』에도 인용하고 있다.

여기 '염기즉각(念起卽覺) 각지즉무(覺之卽無)'는 신회가 '心若有念起
卽便覺照 起心旣滅 覺照自亡 卽是無念'이라고 설한 일단의 법문을 요약
한 말인데, 송대의 종색(宗賾)은 『좌선의(坐禪儀)』에 "일체의 선악을 모
두 사량하지 말라. 한 생각이 일어나면 곧 망념을 자각하라. 망념을 자각
하면 망념은 없어진다."[44]라고 좌선의 요술(要術)로써 설한다.

즉 무념은 망념뿐만이 아니라 망념이 일어난 줄 자각한 그 각성(覺醒)
도 남겨두지 않는 본래 청정한 진여본심을 말한다.

황벽의 『완릉록(宛陵錄)』에도 "그대가 지금 망념이 일어나는 것을 깨
달았을 때, 그 깨달음[覺]이 다름 아닌 바로 부처[佛]이다. 만약에 혹시
망념이 없다면 부처도 또한 없다."[45]라고 설하고 있는 것처럼 한 생각도
일어나지 않은 본래의 입장에서는 佛 또한 망념이 되며 집착의 대상이
되고 만다.

앞에 신회가 "무념은 하나의 경계도 없다. 만약 한 경계가 있다면 무
념과는 상응되지 못한다."고 하는 말은 이를 두고 한 말이다. 수행자가
추구해야 할 보리심이나 覺, 佛 등 일체의 어떠한 대상에도 속박하지 않
고 집착되지 않은 근원적인 진여본심의 입장을 말한다.

사실 좌선은 『이입사행론(二入四行論)』에서도 설하고 있는 것처럼 산
란된 중생심의 마음을 본래 진여본심의 상태로 되돌아가게 하는 마음의
훈련이다.[46] 마음이 산란하지 않다면 좌선의 수행도 필요 없는 것이며,

---

44) 종색의 『좌선의』에 "一切善惡 都莫思量. 念起卽覺 覺之卽失. 久久忘緣 自成一片此坐禪之
要術也."(『禪の語錄』16. p.153)
  『宗鏡錄』권38에도 "又一念心起 有二種覺 一約有心者 察一念纔起. 後念不續. 卽不成過.
所以禪門經云 不怕念起 唯慮覺遲. 又云 瞥起是病 不續是藥 以心生卽是罪生時故 是以初
心攝念爲先 是入道之階漸"(T.48 - 638 上)이라고 설함. 여기 『禪門經』은 『圓覺經』을 가리키
고 '又云' 이하는 『조당집』권6 동산장(2 - 56)의 말이다.
  이 일단은 또 보조의 『眞心直說』, 『修心訣』에도 인용되고 있다.
45) 황벽의 『宛陵錄』, "師云 如今覺忘起時 覺正是佛. 可中 若無妄念 佛亦無."(T.48 - 385下)

510

좌선하는 일이 오히려 집착이 되고 만다.

이와 같은 신회의 무념설은 뒤에 우두법융(牛頭法融)의 『심명(心銘)』에도 "한 생각이 일어나고, 한 생각이 멸함에 앞뒤의 차별이 없다. 후념이 일어나지 않으면 전념은 저절로 소멸한다.(T.51 - 457下)"라고 응용하고 있다.

또 『임제록』에도 "이미 일어난 망념을 쫓으려고 하지 말라. 아직 일어나지 않은 마음[無念無心]은 신경 쓸 필요가 없다. 이러하면 십년 수행한 것보다 뛰어나다.(T.47 - 500下)"고 설하고 있는 것처럼, 이미 일어난 망념에 집착하지 말고 지금 망념이 일어나지 않은 무념(無念; 無心)을 더 중시하라고 주의시키고 있다. 사실 이와 같이 좌선의 구체적인 실천이나 마음가짐은 신회의 무념설에서 비롯되어 중국 선종의 요체(要諦)로 전승되고 있음을 알 수 있다. 『신회어록』에는 무념에 대하여 다음과 같은 대화가 있다.

　　장연공(張燕公)이 질문했다. "선사는 항상 무념법을 설하여 사람들을 수학토록 하는데, 도대체 무념법이라는 것이 있습니까?"
　　신회 선사가 대답했다. "무념의 법은 있다고도 할 수 없고, 없다고도 할 수 없다."
　　질문, "어째서 무념은 있다고도 또한 없다고도 말할 수 없습니까?"
　　대답, "만약 무념이 있다고 말한다면 세간에서 있다고 말하는 것과 같은 것이 아니고, 만약 그것이 없다고 말한다면 세간에서 없다고 하는 것과 똑같은 것이 아니다. 그래서 무념은 있다 없다고 하는 종류가 아니다."

---

46) 돈황본 『二入四行論』(4795號本) 가운데 "緣法師曰, 一切經論 皆是起心法. 若起道心卽 巧爲生智餘事. 若心不起何用坐禪. 巧僞不生 何勞正念. 若不發菩提□求慧解. 事理俱盡"이라는 유명한 말이 보임.

질문, "이것을 무엇이라 불러야 합니까?"

대답, "무엇이라고도 부를 수가 없다."

질문, "그러면 무엇입니까?"

대답, "무엇이라고 말할 수가 없다. 그래서 무념은 설할 수가 없다 [不可說]. 지금의 언설(言說)은 질문에 대한 것이다. 만약 질문에 대답하지 않는다면 결국 언설은 없는 것이다. 예를 들어 명경과 같이 만약 대상의 사물이 없으면 결국 거울엔 형상이 나타나지 않는다. 지금 형상을 비춘다고 말하는 것은 대상의 사물이 있기 때문에 그 모양이 나타나는 것이다."

질문, "만약 대상의 사물이 없으면 비춥니까? 비추지 않습니까?"

대답, "지금 비춘다고 말하는 것은 대상의 사물이 있고 없고 관계없이 언제나 비추고 있다."

질문, "이미 형상이 없고 또 언설도 없으며, 일체의 有無 모두를 세우지 않는데, 지금 비춘다고 하는 것은 도대체 무엇을 비춘다는 것입니까?"

대답, "지금 비춘다고 하는 것은 거울이 맑기 때문에 거울 자체의 본성이 비추고 있는 것이다. 중생의 마음이 청정하기 때문에 자연히 대지혜의 빛이 무여(無餘)의 세계[寂靜한 佛의 世界]를 비추고 있는 것이다." (이하 생략)[47]

신회는 無念을 거울에 비유하고 있다. 중국 선종에서 진여본성의 지혜작용을 거울에 비유하여 설한 법문도 신회가 최초이다. 거울의 비유는 돈황본 『단경』에서 신수나 혜능의 심게(心偈) 및 『역대법보기』 등에서의 무상의 무념설에도 널리 응용되고 있다.

명경(明鏡) 앞에 대상이 나타나면 거울은 사물의 형상을 그대로 여실

---

47) 『신회화상유집』, p.115, p.443.

하게 비춰주고 있으며 또한 대상이 없어도 명경 자신의 본성이 비추는 작용을 구비하고 있기 때문에 대상경계의 사물이 있고 없고 관계없이 비추고 있다는 사실을 진여본성의 無念에다 비유하고 있다. 즉, 진여자성이 청정한 무념의 경지에서는 자연히 제불의 지혜광명을 비추고 있는 것이다.

신회는 이러한 무념의 지혜를 自然智(知), 眞知, 無師智, 무애지(無碍智) 등으로 하고, "무념체상(無念體上)에 스스로 眞知가 있다." "무주체상(無住體上)에 本智가 있다." "공적체상(空寂體上)에 반야가 있다."라고 설했다.[48] 특히 신회의 『돈오무생반야송(頓悟無生般若頌)』에서 다음과 같이 설한다.

무념(無念)을 종지로 하고, 무작(無作)을 근본으로 하며, 진공을 본체[體]로 삼고, 묘유(妙有)를 작용[用]으로 한다. 대개 진여 무념은 중생심의 상념(想念)으로서 능히 알 수 있는 것이 아니다. (無念爲宗 無作爲本 眞空爲體, 妙有爲用, 夫眞如無念 非想念而 能知.)(T.51 - 458 中. 『神會和尙遺集』, 193쪽)

신회의 선사상은 무념으로 정리된다. 여기에 주의할 점은 '夫眞如無念, 非想念而能知'라는 일절인데 진여의 무념은 중생심으로 분별해서 알 수 있는 경지가 아니라 진여본심의 반야지혜로 알 수 있다[知는 知의

---

48) 60卷本『화엄경』卷35 보왕여래성기품에 "復次佛子 如來智慧 無處不至 何以故. 無有衆生 無衆生身 如來智慧 不具足者. 但衆生顚倒 不知如來智. 遠離顚倒 起一切智 無師智 無碍智"(T.9 - 623下. T.9 - 627 上)라고 설하고 있는 것처럼『화엄경』의 말. 그리고 自然智 無師智 는『法華經』비유품(T.9 - 13中)의 말.『신회어록』의 수처에 강조하고 있다.『신회화상유집』, p.101, p.124, p.237, p.440 등 참조.
징관의『연의초(演義鈔)』권21(T.36 - 164下) 권34(T.36 - 261下). 종밀의『원각경대소초(圓覺經大疏鈔)』3의 下(Z.14 - 279 d). 권2의 下(Z.14 - 257d) 등에서도 신회의 말을 인용하고 있다.

법문을 제시하고 있다.

신회가 설하는 '知'가 단순히 견문각지(見聞覺知)로 인식하는 중생심의 知가 아니라 眞如無念의 반야지혜이며, 제불여래의 佛知見이다. 이 '知'로써 三學一體를 통합하고 있고, 知見, 돈오견성(頓悟見性) 등 남종선의 독자적인 선사상을 건립하고 있다. 그래서 징관과 종밀이 신회 선사가 설한 '知之一字 衆妙之門'[49]이라는 말을 인용하며, 신회의 南宗禪을 평가하고 있는 것이다.

사실 돈황본 『단경』에서 설하는 '무념위종(無念爲宗)'은 앞의 신회의 『돈오무생반야송』에서 설한 것처럼 신회가 최초로 제시한 법문이다. 『신회어록』에서도 강조하는 말인데, 『단경』의 근거자료로 간주되는 사도왕(嗣道王)과의 무념에 대한 일단을 살펴보자.

사도왕이 질문했다. "무념의 법은 범부가 닦는 수행법입니까? 성인이 닦는 수행법입니까? 만약 이것이 성인이 닦는 수행법이라면 어째서 범부에게 무념법을 수행하라고 권합니까?"

신회 화상이 대답했다. "무념의 법은 바로 성인의 수행법이다. 범부가 무념법을 닦으면 곧 즉시로 범부가 아니다."

질문, "무(無)란 어떤 법이 없다는 것이며, 념(念)이란 어떤 법을 념하는 것입니까?"

대답, "無란 두 가지 차별법[二法]이 없다는 것이며, 念이란 오직 진여를 자각[念]하는 것이다."

---

49) 징관, 『화엄경소』 제15권 (T.35 - 612 中. 下)에 최초로 보인다. 종밀의 『원각경대소초』 卷上의 3에 "又荷澤云 知之一字 衆妙之門"(Z.14 - 130 c), 『원각경대소초』의 上(Z.14 - 213 c, d). 『도서』(T.48 - 405 中) 등에도 언급하고 있다. 그러나 현존하는 사회의 어록에서는 이 말을 찾아볼 수가 없는 것으로 봐서 신회 문하의 전승이 아닌가 생각된다.
拙論, 『초기 중국선종에 있어서 돈점의 문제』(『보조사상』 제4집, 1990. 10) 참조.

질문, "자각하는 것과 진여와는 어떤 차별이 있습니까?"

대답, "차별이 없다."

질문, "이미 무차별이라면 왜 眞如를 자각하라고 말씀하십니까?"

대답, "지금 말하는 자각은 진여의 지혜작용[用]이요, 진여는 자각의 본체[體]이다. 이런 의미에서 無念을 제시하여 종지로 한다. 만약 무념을 깨닫는 자는 보고, 듣고, 각지[見聞覺知]하더라도 항상 공적한 것이다."50)

무념을 종지로 한다고 설한 신회의 법문은 『단어(壇語)』에 다음과 같이 보인다.

단지 스스로 본체가 적정하고 공하며 무소유인 사실을 (스스로) 알고, 또한 집착[住着]하지도 않고 허공과 마찬가지로 일체의 모든 곳에 편만(遍滿)되어 있는 이것이 다름 아닌 제불의 진여법신이다. 진여란 바로 무념의 본체이다. 이런 의미에서 무념을 종지로 제시하고 있는 것이다. 만약 무념을 깨닫는 자가 있으면 (그 사람은) 비록 견문각지(見聞覺知)할지라도 언제나 공적(空寂)하며, 거기에 戒定慧 三學이 일시에 똑같이 만행이 구비되어 여래의 지견(知見)과 똑같이 광대하고 심원하게 된다. 어떤 것이 심원인가? 견성을 하지 못했기에 심원한 것이라고 말하는 것이지, 만약 견성했다면 심원도 없다.51)

제법 긴 인용문이 되었지만 『단경』의 무념설을 이해하는 데 꼭 필요한 일단이며 무념설의 근본사상이 이 법문에 있다. 특히 "무념의 념(念)은, 즉 진여를 자각[念]하는 것"이라는 일절은 신회의 『돈오무생반야송』52)에

---

50) 『신회화상유집』 pp.129~130.
51) 앞의 책, 241쪽.

도 요약되어 있고, 징관의 『연의초』 34권(T.36 - 261 下), 보조지눌의 『단경발문(壇經跋文)』 등에도 언급하고 있다.

여기서 좀 번거롭긴 하지만 이상 『신회어록』의 인용문과 앞에서 제시한 돈황본 『육조단경』의 일단을 원문을 대조하여 신회의 무념설과 『단경』에서 혜능이 설법한 무념법문의 사상적인 원류와 그 특성 등을 비교하면서 살펴보기로 하자.

신회의 『壇語』

但自知本體寂靜, 空無所有, 亦無住著, 等同虛空, 無處不遍, 卽是諸佛眞如身. 眞如是無念之體. 以是義故, 立無念爲宗. 若見 無念者 雖具見聞覺知, 而常空寂.(下略) (胡適, 『神會和尙遺集』, 240쪽)

『神會語錄』

嗣道王問曰, 無念法者, 爲是凡夫修, 爲是聖人修. 若是成人修, 卽何故令勸凡夫, 修無念法.

答曰, 無念法者 是聖人法, 凡夫若修無念法者, 卽非凡夫也.

又問曰, 無者 無何法 是念者 念何法.

答曰, 無者 無有二法 念者 唯念眞如.

又問, 念者與眞如, 有何差別.

答, 亦無差別.

問, 旣無差別, 何故言念眞如.

答曰, 所言念者, 是眞如之用.

眞如者 卽是念之體. 以是義故, 立無念爲宗. 若言 無念者, 雖有見聞覺知 而常空寂. (『鈴木大拙全集』3, 261쪽, 『新會和尙遺集』129쪽)

---

52) 앞의 책, 193쪽.

516

敦煌本『六祖壇經』

(前略) 是以立無念爲宗. 卽緣迷人於境上有念, 念上便起邪見, 一切
塵勞妄念, 從此而上. 然此敎門, 立無念爲宗. 世人雖見, 不起於念. 若無
有念無念亦不立. 無者 無何事. 念者 念何物. 無者 離二相諸塵勞(念者,
唯念眞如本性). 眞如是念之體. 念是 眞如之用. 自性起念. 雖卽見聞覺
知, 不染萬境 而常自在. 維摩經云. 外能善分別諸法相, 內於第一義二不
動.(『慧能硏究』, 297쪽)

이상의 자료에서 우선 신회의 초기 어록인 『단어』의 설법과 『신회어
록』에서의 사도왕과의 문답에서 보이는 진여와 무념의 내용이 일치하고
있다는 사실을 알 수 있다. 또 하나는 『신회어록』과 『단경』의 대조에서
설하는 내용을 자세히 살펴볼 때 똑같은 입장이라는 점이다. 다만 문장
의 구성이 『신회어록』은 문답의 대화인데, 『단경』은 혜능의 설법으로 전
개하고 있다는 사실이다.

『신회어록』에서는 "念은 진여의 지혜작용[用]이고 진여는 이 念의 본
체[體]이기 때문에 이런 의미에서 무념을 제시하여 종지로 한다."고 '無
念爲宗'을 설하는 의미를 논리적으로 설명하고 있다. 그러나 『단경』에서
는 남종선의 슬로건인 '無念爲宗'을 주제로 먼저 서두에 제시하고 그 의
미를 법문으로 설하고 있다.

다시 말하면 『신회어록』에서는 사도왕이라는 사람이 어느 한때 신회
가 설하는 무념설에 대하여 의문을 가지고 그 무념의 의미를 알기 위해
서 질문한 말에 대답한 것이기에 전체적으로 논리적인 체계를 갖춘 것
이 아닌 대화의 기록이다. 그러나 『단경』에서는 무념위종이라는 주제가
남종선의 선사상을 대표하는 주제이며, 남종의 조사인 육조 혜능의 법문

으로 체계 있게 설법하고 있다는 점이다.

　이상의 대조에서도 알 수 있는 것처럼 『신회어록』에는 보이지 않는 논리 정연한 무념의 설법이 『단경』엔 『유마경』 등의 새로운 자료를 첨가하여 한층 더 사상적인 근거와 논리적인 체계로서 편집된 것이다. 예를 들면 『단경』에 "이런 까닭에 무념을 세워서 종지로 하는 것이다. 즉 미혹한 사람은 경계에 따라서 생각[有念]을 일으키며, 그러한 생각[有念]에서 곧 사견을 일으키므로 일체의 진로(塵勞)와 망념이 이로부터 일어난다. 그러나 이 교문에서는 무념을 세워 종지로 하고 있다. 세인이 사견을 여의고 망념을 일으키지 않으며 만약 有念이 없다면 無念 또한 내세울 필요가 없는 것이다."라고 설하는 법문도 『신회어록』에서 찾아볼 수 없는 것이다. 『단경』에서 첨가된 무념의 법문이다.

　여기에는 無念에 대한 '有念'이라는 새로운 개념을 내세워서 무념위종이란 무념의 본질을 한층 더 분명하게 밝히고 있다. 유념은 말할 필요도 없이 무념의 반대 개념이므로 '번뇌 망념이 있는 것', 혹은 '번뇌 망념을 일으키는 중생심' 등의 의미로 해석할 수 있다. 이 말은 즉 개념화되고 기성화된 고정 관념과 차별 분별심에 의한 단견(斷見)과 상견(常見) 등을 말한다.

　무념은 일체의 대상경계나 사물에 속박되거나 개념화된 고정관념을 타파하고 인간의 근원적인 진여본심에서 반야의 지혜로 전인격을 구현하는 선사상이다. 즉, 개념화된 사고에서 어떤 사물을 보는 것을 여기서 유념이라고 하고 있는데, 무념은 기성의 개념화된 고정관념에 속박되어 자기를 객체화시키지 말고, 그러한 사고가 나오는 중생심의 근원인 진여본심에서 일체의 사물을 주체가 되어 파악하도록 가르치고 있는 것이다.

　다시 말하면 어떠한 사상[概念]으로서 인간을 파악하는 것이 아니라 인간이 각자의 근원적인 청정심에서 사상을 창조할 것을 주장하는 것이 무념이나 무심이라는 선사상의 근본이다. 따라서 무념엔 어떠한 고정관념[有念]이 허용될 수 없다. 무념을 종지로 한다고 하여 무념을 버리지 않는다면 무념은 '유념'이 되고 만다. 이러한 실천구조가 대승의 반야바라밀이며 공의 실천구조인 것이다.

그래서 『단경』에서는 "세상사람[世人]이 사견을 여의고 망념이 일어나지 않는다면, 만약 有念이 없다면, 無念 또한 내세울 필요가 없는 것이다."라고 설한 것이다. '若無有念, 無念亦不立'이라는 주장은 『신회어록』에서 찾아볼 수 없는 말인데, 사실 이 일절은 앞의 신회의 대화에서는 찾아볼 수가 없는 말로서 보다 적극적이고 철저한 무념의 사상적인 발전을 읽어볼 수 있다. 이 일절은 신회의 무념설을 계승하여 자파의 선사상으로 재편한 사천 보당종 무주(無住, 714~774)의 설법에 최초로 보이는 말이다. 즉 『역대법보기』에 무주 선사는 다음과 같이 설한다.

무주 화상이 설법했다. "일체중생은 본래 청정하고, 본래 원만한 진여본성을 구족하고 있다. 중생이 망념이 있기[有念] 때문에 임시방편으로 무념(無念)을 설한 것이다. 유념(有念)이 만약 없다면 무념 역시 제시할 필요가 없다. (和上云, 一切衆生 本來淸淨 本來圓滿 (略) 爲衆生 有念 仮說無念 有念若無 無念不自.)(T.51 - 186 上)

"중생이 有念이기 때문에 방편으로 無念의 법문을 설한 것이다. 유념이 만약 없다면 무념 또한 설할 필요가 없는 것이다."[53]라고 설하고 있는 것처럼 무념의 법문은 유념의 심병을 치유하기 위한 방편법문이며,

---

53) 『역대법보기』 無住의 설법에는 '有念若無 無念不自'의 주장이 수처에 보인다.(T.51 - 189 下, 191 中, 192 上·中, 195 中)

유념의 심병을 치유한 사람에게 무념의 처방약도 필요가 없다. 그것은 일체중생이 본래 청정한 진여무념(眞如無念)이기 때문이다.

『단경』에서 '若無有念, 無念亦不立'이라는 설법은 『역대법보기』 무주의 설법을 응용하여 새롭게 첨가한 것임을 알 수 있다. 즉 『단경』의 편자는 무주 선사의 설법에서 단순히 "중생유념이기에 방편으로 무념을 설한다."라고 설하는 일단을 응용하여, "어리석은 사람이 경계상의 유념으로 念上에 사견을 일으키니 일체의 진로(塵勞)와 망념이 이로부터 생긴다……."라고 한층 더 구체적이고 논리적으로 유념의 본질을 설하고 있는 점에서 파악할 수 있다.

그리고 무주의 설법이 간단하고 단순히 유념에 대한 무념을 주장한 것으로 설하고 있는 데 반하여 『단경』에서는 남종의 교문에서 '무념위종'을 종지로 세운다는 입장을 밝히고 있는 점은 너무나 체계적인 설법임과 동시에 종파에 경도(傾倒)되어 있음을 느끼게 하고 있다. 자파의 선사상이 뛰어남을 강조하려는 의식이 강하게 저변에 작용되고 있음을 읽을 수 있다.

그리고 또 『단경』에는 무념과 진여의 관계를 체용(體用)의 논리로 설하고 있는 곳에도 『신회어록』에서 볼 수 없는 『유마경』 불국품의 일단을 인용하여 경전의 권위와 말씀으로 확신시키려고 하고 있다.

이처럼 『단경』에서 설한 혜능의 무념설은 『신회어록』의 대화를 소재로 하여 무념의 설법과 『유마경』 불국품의 일단을 첨가하여 새롭게 '무념위종'이라는 남종선의 종지와 남종의 조사[祖], 혜능의 설법으로 재편한 것임을 알 수 있다.

돈황본 『단경』의 소재는 이 일단뿐만 아니라, 유명한 혜능의 황매구법(黃梅求法)과 불성문답(佛性問答)을 비롯하여 신회의 어록에서 많이 응용하고 있는데, 이 점은 다른 기회에 논하기로 하고, 『단경』의 무념설을 좀 더 구체적으로 살펴보자.

　먼저 무념이란 말을 분석하여 "無라고 하는 것은 어떤 것이 없다고 하며, 念이라고 하는 것은 어떤 물건을 念한다는 것인가?"라는 문제를 제기하고 있다. 원래 이 일단은 『신회어록』에서는 사도왕의 질문이다. 『단경』에서는 이러한 무념의 본질적인 내용이 무엇인가를 혜능이 스스로 문제를 제시한 뒤에 스스로 "無라고 함은 二相으로 분별하는 모든 번뇌 망념[諸塵勞]을 여의는 것이고, 念한다는 것은 오직 진여본성을 자각[念]하는 것이라고 설한다.

　이 말도 신회가 사도왕에게 대답한 말에 조금 더 구체적인 말을 덧붙이고 있는데, 내용이나 의미에는 변함이 없다. 『단경』에서 설하는 무념은 '二相으로 분별하는 모든 번뇌 망념을 여의고 오직 진여 본성을 자각[念]하는 것'이라고 설했다.

　二相이란 자아의식으로 주관과 객관, 나와 남을 분별하는 차별심을 말하는데, 이러한 상대적인 분별심으로 발생하는 모든 중생심의 邪見이 번뇌 망념의 塵勞이다. 앞에서 논한 것처럼 "대상경계를 분별하는 망념[有念]이 있으면 망념 상[念上]에 邪見이 일체의 진로와 망념을 일으킨다."라고 설하는 혜능의 설법은 '二相諸塵勞'의 구체적인 설명인 것이다.

　무념은 이러한 主·客, 善·惡, 美·醜, 强·弱, 長·短 등 일체의 상대적이고 차별적인 고정관념[有念]으로부터 발생하는 사견, 편견과 번뇌 망념을 여의고 본래의 청정한 진여본성을 자각[念]하는 것이다. 즉 다시 말하면 진여본성의 지혜가 무념의 경지인데, 여기서는 무념이라는 말을 주장할 필요도 없는 것이다.

　『신회어록』에서 사도왕이 "그러면 자각[念]하는 것과 진여와는 어떤 차별이 있느냐?"는 물음에, 신회는 '무차별'이라고 대답하고 있는 것은 이러한 사실을 말한다. 이어서 사도왕이 "이미 무차별이라면 왜 진여를 자각(念)하라고 말하느냐?"는 질문에 신회는 진여와 진여를 자각[念]하는 것을 진여의 본체[體]와 진여의 지혜작용[用] 관계로 설명하고 있다.

여기선 『단경』의 설법을 중심으로 살펴보자. "진여는 다름 아닌 자각[念]의 본체이며, 자각은 바로 진여의 지혜작용이다. 자성이 자각을 일으켜 비록 見聞覺知하지만, 일체의 대상경계[萬境]에 오염되지 않고 항상 무애자재하다."

신회의 『돈오무생반야송』에도 '진공위체(眞空爲體) 묘유위용(妙有爲用)'이라고 읊고 있는 것처럼 眞空妙有의 세계를 진여의 본체와 지혜작용으로 나누어 體用의 논리로 설하고 있다. 사실 이러한 체용의 논리는 중국 불교의 독창으로 승조(僧肇)로부터 비롯된 것인데, 중국적인 실재관과 현실긍정사상의 토대 위에서 이루어진 것이다.[54]

즉, 체용의 논리는 현실을 절대시하는 사고이며, 현실을 있는 그대로 파악하려는 입장에서 자기의 근거를 자립적으로 충족하고자 하는 것이다. 특히 인간적인 삶의 현실이 체용의 상태에서 존재하는 것처럼 『단경』에서 眞如나 法性을 體로 간주하는 것은 존재의 근거를 형성하는 일이다.

중국 선종에 있어서도 북종선을 비롯하여 이러한 체용의 논리로써 각 파의 선사상을 다양하게 전개하고 있다. 여기서 잠시 선종 각파의 선사상적인 입장을 중국 선종사상사적인 시각에서 정리해 보면, 북종선은 진여의 체와 용을 평등하게 보고 있다.

즉, 북종은 천태종의 지관과 방편법문의 설법처럼 전통적인 불교의 실

---

54) 體用의 사상과 근원을 논한 연구로는 島田慶次 『體用の歷史に寄せて』(塚本博士頌壽紀念 「불교사학론집」 1961년), 平井俊榮, 「中國佛敎と體用思想」(『理想』 549호, 1979. 2), 同氏 『中國般若思想史の硏究』(일본, 춘추사, 1976년), 419쪽 등 참조.

천수행과 사상체계를 정확히 인정하고 있는 선사상을 전개했다. 그러나 신회의 남종선은 진여의 본체 가운데 진여의 지혜작용[用]을 수용하는 입장이다. 남종선은 진여 본체[體]에 중점을 두고 있다.

마조계의 홍주종에서는 '전체작용(全體作用)' 혹은 '대기대용(大機大用)'이라고 설하는 것처럼 진여의 지혜작용[用] 가운데 진여의 본체[體]를 포용하는 입장이다.

여기 『단경』에서 "진여는 바로 자각[念]의 본체[體], 자각[念]하는 것은 바로 진여의 지혜작용[用]"이라고 설하고, 본체인 진여자성이 자각[念]하는 지혜작용을 일으켜 외부의 모든 사물을 보고, 듣고, 각지(覺知)하지만 일체의 대상경계에 집착함이 없이 항상 자재하다고 설하는 것은 진여의 본체가 본래 무념이기 때문이다. 여기엔 진여본체와 자각[念]하는 지혜작용을 일으켜서 일체의 사물을 見聞覺知하는, 지혜작용하는 자각[念]의 관계가 주종적(主從的)이며, 이중적인 구조가 되고 있다는 사실을 알 수 있다.

이러한 진여와 자각[念]의 體와 用의 관계를 『단경』에서는 보다 분명히 이해하기 위해 『유마경』 불국품에서 "밖으로 능히 모든 법상을 잘 분별하면서도 안으로 진여의 근본[第一義]에서 마음의 움직임이 없다.(T.14-537 下)"라고 설한 경전의 법문으로 분명하게 입증시키고 있다. 사실 『유마경』의 이 법문은 진여와 자각[念], 체와 용의 관계를 더욱 분명히 해 주는 적절한 인용이라 할 수 있는데, 여기서 제일의(第一義)는 진여본심, 즉 진제(眞諦)를 말한다. 제일의가 진여 무념(無念)의 입장이라는 사실을 대변시키기 위해 이 일절을 인용한 것이다.

진여를 여의고 자각[念]이 있을 수 없는 것처럼, 진여본체를 떠나서 지혜작용이 있을 수 없다. 『유마경』의 일절도 밖으로 모든 대상경계를 다 수용하면서도 대상경계에 집착되지 않고, 진여본심[眞諦]의 근본에서 벗어나지 않는 지혜작용을 말한다.

이와 똑같은 법문으로 승조(僧肇)는 『불진공론(不眞空論)』에 "진제를 움직이지 않고 제법을 건립하는 근본처로 한다.(不動眞際 爲諸法立處)"는 『방광반야경』 제20권의 일절을 인용하여 설하며, 촉사이진(觸事而眞)의 법문을 새로운 논리로 전개시키고 있다.[55]

또한 『유마경』 제자품의 연좌에서 설하고 있는 "도법(道法)을 버리지 않고 범부의 일을 나타낸다.(T.14 - 539 下)"라고 설하는 법문도 모두 똑같이 진여본체를 여의지 않고 지혜작용을 실행하는 것이다. 뒤에 『임제록』에 "도중에 있지만 가사(家舍)를 여의지 않는다.(T.47 - 497 上)"라고 설하는 말도 똑같은 의미이다. 인생을 여행[旅人]으로 볼 때, 인생은 언제나 길의 도중에 있다. 그러나 본래의 자기면목을 깨달은 사람은 자기의 집[家舍]을 벗어날 수 없으며, 여행 중에도 언제나 자기의 집에 있는 것처럼 안심의 경지에서 살고 있는 안신입명(安身立命)을 의미하고 있다.

신회나 『단경』에서 설하는 진여무심(眞如無心)과 자각[念], 체용(體

---

55) 『조론(肇論)』不眞空論에 "故經云 甚奇. 世尊. 不動眞際 爲諸法立處. 非離眞而立處. 立處卽眞也. 然則道遠乎哉. 觸事而眞. 聖遠乎哉. 體之卽神."(T.45 - 153 上) 승조(僧肇)는 「般若無知論」에도 "放光云 不動等覺而建立諸法."(T.45 - 153 中), 또 「答 劉遺民書」(T.45 - 156 下)에도 인용하고 있는데, 『放光般若經』 권20의 원문은 다음과 같다. "是故 須菩提 是爲如來大士之所差特 不動於等覺法 爲諸法立處."(T.8 - 140 下) 이와 똑같은 내용으로 『대품반야경』 권25, 實際品에 "以不壞實際法 立衆生於實際中."(T.8 - 400 下)이라고 설한 일단이 있다. 특히 승조는 『반야경』의 사상을 중국적인 현실긍정의 사상인 觸事而眞으로 전개하여 중국불교의 새로운 사상적인 근거를 제시했다. 삼론, 천태, 선 등 隋唐諸宗에서는 승조의 觸事而眞을 인용해 독자적인 종지를 펼쳤다. 선종의 경우 마조의 '平常心是道'라는 조사선의 道의 정의가 승조의 『조론』에 의거하여 그가 "非離眞而有立處 立處卽眞 盡是自家體 若不然者 更是何人"이라는 새로운 사상 위에 주장된 것임을 잊어선 안 된다. 또한 이러한 마조의 '立處卽眞'을 한층 더 적극적으로 발전시켜 '隨處作主 立處皆眞'이라고 주장한 사람이 임제의현이다.

524

用) 관계도 이러한 대승사상의 실천구조를 응용하여 주장된 선사상이라는 사실이다. 특히 "진여자성이 자각[念]을 일으켜 견문각지(見聞覺知)하지만 만법의 대상경계에 오염되지 않고 항상 자유자재하다' 라는 말은 진여의 본체가 자각[念]하여 견문각지하고 있으므로 지혜작용인 자각[念]이 일체의 대상경계를 다 분별하지만 진여본체는 그러한 경계에 물들 까닭이 없다. 그러므로 항상 자재하다는 것이다.

이처럼 여기에는 앞에서도 지적한 것처럼 진여본체와 자각[念]의 지혜작용이 이중적인 주종관계, 즉 체 가운데 용을 포함시키고 있는 사상적인 구조임을 알 수 있다. 『금강경』에 "일체현성은 무위법으로 차별한다."라는 설법도 똑같이 진여의 체와 용, 즉 진공묘유(眞空妙有)의 지혜작용을 말한다. 그러면 『단경』 33단에 설하고 있는 혜능의 설법으로 초점을 옮겨서 이상의 무념설을 정리해 보자.

자성의 심지가 지혜로 관조하여 안팎이 명철하면 자기의 본심을 알 수 있다. 만약 본심을 알면 이것이 곧 해탈이다. 이미 해탈을 체득하면, 즉 이것이 반야삼매이며, 반야삼매를 깨달으면 곧 이것이 무념(無念)이다.

무엇을 무념이라 하는가? 무념의 법이란 일체법(一切法)을 대상으로 보지만 일체법에 집착하지 않는 것이며, 일체처(一切處)에 두루하지만, 일체처에 집착하지 않는 것이다. 항상 자성이 청정하여 육적(六賊; 眼耳·鼻·舌·身·意)을 육문(六門)에서 쫓아내고, 육진(六塵; 色·聲·香·味·觸·法) 가운데 있으면서도 육진을 싫어하지도 않고, 그것에 오염되지도 않으며, 가고 오는 일[去來]에 자유로운 것이 바로 반야삼매이며, 자유자재로 해탈하는 것은 무념행이다. 많은 사물[百物]을 생각하지 않거나 생각을 끊어 버리도록 해서는 안 된다. 이것은 대상경계에 속박[法縛]되는 것이며 변견(邊見)이다. 무념의 법을 깨달은 사람은 만법에 모두 통달하며, 무념의 법을 깨달은 사람은 제불의 경계를 본다. 무념돈법(無念頓法)을 깨달은 사람은 부처의 지위에 도달한다.

이상의 무념설은 사실 앞에서 살펴본 『단경』 19단의 설법을 다시 한번 정리하고 있는 것이라고 할 수 있다. 이 일단 역시 『신회어록』의 소재를 응용하여 혜능의 설법으로 재편한 것으로 볼 수 있다.[56]

여기서 설하는 자성 심지(心地)의 지혜관조 및 반야삼매에 대해선 이미 앞 절에서 논했으므로 여기선 생략하기로 하자. 그리고 '식자본심(識自本心)', 즉 자성의 본심을 아는(깨달음) 것은 『단경』 33단에서 설하는 남종의 돈오견성 법문인데 이 점에 대해서도 뒤에 돈오설을 논하는 곳에서 상론하기로 하고, 여기선 『단경』의 무념설을 정리해 보자.

일체의 사물을 견문각지하면서도 일체의 사물이나 경계, 그 어떤 대상에도 집착하지 않는 것이 무념이다. 또한 일체의 모든 곳에 두루 편만(遍滿)되어 있지만, 일체처 그 어느 한곳에도 집착되거나 속박되는 일이 없이 자유로운 경지이다. 이 말은 앞에서 논한 "진여자성이 사념을 일으켜 비록 견문각지하나 만법의 대상경계에 오염되지 않고 항상 자유자재하다."라는 법문과 똑같은 내용이다.

또 진여는 무념이기 때문에 망념이 일어나지 않고, 일체경계나 일체처 그 어디에서도 출입, 거래가 자유자재한 것이다. 이것을 반야삼매라고 하며, 무념행이라고도 설한다. 그러나 무념이라고 해서 이런 생각을 하지 못하게 하고 생각을 끊어 버리게 해서는 안 된다. 이것은 일체의 망념이나 생각을 없애려고 작위성에 떨어지는 것이기에 법박(法縛)이며, 변견(邊見)이 되는 것이지 올바른 무념의 실천은 아니라고 주의하고 있

---

56) 각주 43) 참조. 『신회화상유집』, 123쪽, 308쪽~309쪽의 무념설 등을 요약한 것임.

는 점도『단경』의 19단에서 설한 법문을 다시 한 번 상기시키고 있다.

무념은 글자대로 생각을 없애는 것이 아니라 한 생각이라도 망념이 없고 어느 한 곳에도 걸리어 집착되고 오염되지 않는 진여본심을 말한다. 즉 인간의 차별심이 일어나기 이전의 세계인 각자의 근원적인 자기본성의 세계에 되돌아가서 그 본래의 청정한 진여불성으로 자기의 창조적인 삶의 길을 제시한 남종선의 실천사상이 무념설인 것이다.

이상『단경』의 무념설을 중심으로 살펴본 것처럼 사실 무념설은 신회에 의해서 최초로 주장된 남종선의 사상이다. 중국 선사상을 논할 때 정말 신회라는 존재에 대한 위대함을 항상 느끼고 있는데, 이밖에도 그가 설한 돈오(頓悟), 견성(見性), 지견(知見), 지(知)의 철학, 반야바라밀, 좌선의 정의 등 소위 남종선의 선사상으로 주목되는 법문은 거의 모두 신회의 설법으로 제시하고 있는 것이다.

육조 혜능과 회양(懷讓), 마조(馬祖)로 이어지는 조사선의 계보와 정통의식의 선입관 때문에 양심적이고 객관적인 초기 선종사와 선사상사의 연구를 소홀히 해 온 것이 아닌가? 이러한 여러 문제점을 포함하여 새로운 선사상의 연구가 다각적으로 전개되어야 할 것이다. 신회의 평가 역시 시대별로 선종 각파에서도 다양하게 연구되겠지만 적어도 선사상의 발전에서 호적(胡適)이 '신선학(新禪學)의 건립자'라고 평가하고 있는 것처럼 중국 선종의 금자탑을 세운 인물임엔 틀림없다.

여기서 논한 무념설의 경우만 해도 사천 보당종의 무주 선사의 법문과 돈황본『단경』, 징관의 저술에 많이 전승되었으며, 종밀은 '무념위종'은 남종의 제7조 하택 대사의 주장이라고 처처에서 강조하고 있다.[57]

---

57) 각주 49), 50) 참조. 종밀의『원각경대소초(圓覺經大疎鈔)』卷3의 下에 '무념위종'에 대한 釋義에 말하기를 "言 無念爲宗者 旣悟此法 本寂本知 理須稱本用心 不可遂起妄念 但無妄念 卽是修行. 故此一門宗於無念."(Z.14 - 279 d)

또한 마조의 제자로 되어 있는 대주혜해(大珠慧海)의 『돈오요문』에
그대로 전승되고 있다. 특히 『돈오요문』에는 신회의 『현종기(顯宗記)』나
『단어』에서 인용한 문장이 18군데나 지적되고 있는 것처럼 신회의 사상
을 가장 많이 받아들이고 있다.58)

마조 문하에서 돈오와 무념위종을 강조하는 유일한 인물이 대주혜해
인 점도 아울러 주목해야 할 것이다. 이러한 『단경』 이후의 무념의 사상
적인 자세한 전개는 다음 기회에 미루기로 하고 잠시 절을 바꾸어 혜능
이 설한 무상(無相)과 무주(無住)의 법문을 살펴보자.

2. 무상(無相)의 선사상

『단경』에서 혜능은 '무념위종(無念爲宗)'에 이어 '무상위체(無相爲體)'
를 설하고 있다. "무엇을 무상이라고 하는가? 무상은 형상[相] 가운데서
형상[相]을 여읜 것이다."라고 정의를 내린 뒤 또 다음과 같이 설한다.

여러분! 밖으로 일체의 형상을 여읜 것이 바로 무상(無相)이다. 다만
스스로 형상을 여읜다면 본성의 근본(根本; 體)은 청정한 것이다.

여기 무상이나 무주의 선사상은 특히 『금강경』의 법문에 의거하여 반
야바라밀의 실천으로 강조되고 있는 것임은 이미 앞에서 논한 바와 같
다. 특히 돈황본 『단경』에는 수제(首題)에서도 '수무상계(授無相戒)'라고

---

58) 平野宗淨, 『돈오요문』(일본, 筑摩書房, 『禪の語錄』 6, 1970년)의 해설(224쪽) 참조.
예를 들면 『돈오요문』에서 주장하는 '무념위종'을 보자.
"問, 此頓悟門 以何爲宗旨 以何爲旨 以何爲體 以何爲宗.
答, 無念爲宗 妄心不起爲旨 以淸淨爲體 以智爲用."

밝히고 있는 것처럼 『단경』이 남종의 보살계인 무상계[無相心地戒]를 일반 도속에게 수여하면서 설한 설법집이다. 제목에서 무상계라고 하는 내용은 『단경』의 22단의 '자성삼귀의(自性三歸依)'와 23단의 '사홍서원', 24단의 '무상참회법(無相懺悔法)', 25단의 '수무상삼귀의계(授無相三歸依戒)' 등을 말한다.

(22단) 여러분! 모두 각자 내가 설한 법문을 잘 듣도록 하라! 그대들에게 무상계(無相戒)를 수계하도록 하리라. 모두 다함께 내(혜능)가 설한 법문을 복창하도록 하라! 여러분들이 각자 자기 색신에 구족한 삼신불(三身佛)을 친견(親見)하도록 하리라.

자기 색신에 구족한 청정 법신불(法身佛)에 귀의합니다.

자기 색신에 구족한 천백억 화신불(化身佛)에 귀의합니다.

자기 색신에 구족한 이 몸의 원만 보신불(報身佛)에 귀의합니다.

(이상 삼신불을 세 번 복창함)

"여러분! 모두 각자 스스로 무상계를 받도록 하라. 모두 함께 나를 따라 외우도록 하라. 여러분들에게 각자의 삼신불을 보도록 하리라." 하면서 자기 색신의 청정법신불, 천백억화신불, 원만보신불에 귀의한다고 삼창하게 하고 있다. 이어서 사홍서원, 무상참회, 무상삼귀의의 순으로 무상계 수계의식이 진행되고 있는데 여기에서 주의해야 할 것은 "여러분! 모두 나[慧能]를 따라서 외우도록 하라!"고 서두를 붙이고서 스스로 삼귀의 등을 외운 뒤 마칠 때마다 '이상을 삼창(三唱)함'이라고 주기하고 있는 점이다.

이처럼 무상계는 자오자수(自悟自修)로서 자서수계(自誓受戒), 자기 스스로 맹세하는 것으로 스스로 보살계를 받는 지극히 간단한 본질적인 대승보살계의 수계의식을 말한다. 『단경』의 작자가 이처럼 대승보살계의 수계의식의 형식을 취하여 혜능의 설법으로 엮고 있는 것은 당시 일반적으로 선종 각파에서 널리 유행하고 있는 수보살계의(授菩薩戒儀)의 설법에 따른 것임을 알 수 있다.

특히 수당대의 중국불교에서는 『범망경』의 주석과 수보살계의 의식이 상당히 많이 거행되었으며, 선종의 사조(四祖) 도신(道信, 580~651)도 『보살계법』 일본(一本의 저술이 있었다고 한다.[59] 또 북종선의 『대승무생방편문(大乘無生方便門)』이나 신회의 『남양화상돈교해탈선문직료성단경(南陽和上頓敎解脫禪門直了性壇經)』도 선종에 있어서 수보살계의의 설법의 형태를 전해주고 있으며 『역대법보기』와 종밀의 『원각경대소초』 등에는 정중무상 선사가 일반도속들에게 보살계의 수계설법을 자주 실행한 사실을 전해주고 있다.[60]

돈황본 『단경』이 이러한 당시의 선종에서 실행된 수계 설법의 전통을 계승하고 있음은 물론이지만, 단순한 전통의 전승에 그치지 않고, 그 사상과 정신을 아주 새롭게 하여 새로운 남종돈교의 무상심지의 보살계로서 설법하고 있는 점이다. 무상심지계(無上心地戒)란 순수하게 각자가 근원적인 마음에서 스스로 서약하고 스스로 계를 받는 자율적인 대승계의 의식이다.

실제 자성의 근본적인 입장에서 自誓自受[61]하지 않고 타율적인 수계란

---

59) 예를 들면 천태종의 天台智顗의 『菩薩戒義疏』 2권이 있고 화엄종의 현수법장은 『梵網經菩薩戒本疏』 6권이 있다. 도신의 『菩薩戒法』 一本은 『楞伽師資記』 도신장(T.85 - 1286 下)에서 전하고 있는 것.

60) 자세한 점은 앞의 논문, 「돈황본 『육조단경』과 심지법문」(정성본)과 『정중무상선사연구(淨衆無相禪師硏究)』(鏡海法印, 申正午 박사 華甲紀念, 『佛敎思想論叢』 1991, 10, 동간행위원회) 참조.

61) 自誓自受는 『범망경』 제23 輕戒(T.24 - 1006 下), 『점찰선악업보경』 上(T.17 - 904 下), 『보살영락업보경(菩薩瓔珞本業經)』 卷下(T.24 - 1020 下), 『유가사지론(瑜伽師地論)』 卷

형식으로 흘러버리기 쉬운 것이며, 무한의 자기향상과 인격완성을 지향하는 수행자는 종교상에서 볼 때 그다지 큰 의미는 없는 것이라고 말하지 않을 수 없다. 『단경』의 이러한 무상계의 사상적인 근거는 역시 『금강경』의 다음과 같은 법문이다.

　　대개 모든 형상[相]이 있는 것은 모두 허망한 것이다. 만약 모든 대상경계의 형상[諸相]이 진실한 실상이 아닌 줄 알면 곧 여래를 친견하게 되리라.(凡所有相 皆是虛妄 若見諸相非相 卽見如來)(T.8 - 749 上).
　　만약 형색[色]으로 진여의 자아를 친견하려고 하거나, 음성으로 진여의 자아를 찾으려고 한다면, 이 사람은 사도(邪道)를 수행하는 자이니 여래의 지혜를 깨달아 체득할 수가 없다.(若以色見我 以音聲求我 是人 行邪道 不能見如來)(T.8 - 752 上).

　　앞에서도 언급한 것처럼 돈황본 『단경』은 제목을 비롯하여 반야바라밀 無念, 無相, 無住 등의 사상적인 배경은 『금강경』의 법문이다. 혜능과 불법과의 인연도 남해에서 『금강경』의 일절을 듣고 깨달음을 체득한 것이며, 또 황매산의 홍인 문하에서도 신수와 혜능의 심게(心偈) 이야기에 홍인이 신수의 心偈를 읽고 『금강경』의 '凡所有相 皆是虛妄'이라는 게송으로 남쪽 복도의 회랑(南廊下)에 『능가경』 변상도를 그릴 계획을 포기하고 있다. 또한 35단에는 '무상멸죄송(無相滅罪頌)'이라는 법문을 설하고 있다.[62]
　　『단경』 19단의 혜능의 설법으로 "무상은 상에 있어서 상을 여읜 것이다."라고 하면서 "밖으로 일체의 상을 여읜 것이 무상이다. 능히 상을 여

　　53(T.30 - 589 下) 등에 언급되어 있다.
　62) 拙論,「돈황본 『육조단경』의 선사상(1)」(『백련불교론집』1, 1991년, 138쪽, 각주 14) 참조.

원다면 우리들 본성의 근본[體]은 청정한 것이다."라고 설한 무상의 의미는 아마도 신회의 어록에서 채용한 것이 아닌가? 즉 신회의 『단어』에 다음과 같이 설한다.

　일체의 중생은 본래 무상(無相)의 경지이다. 지금 형상[相]이라고 하는 것은 모든 중생심의 망심을 말하는 것이다. 만약 마음에 형상[相]이 없으면 곧 이것은 불심이다. 그러나 만약 마음이 일어나지 않게 한다면 이것은 의식적인 선정[識定]이며 역시 법견(法見)이지 자성의 선정[自性定]이라고는 할 수 없다.[63]

　여기에 형상[相]이란 중생의 망심(妄心)을 말하며, 망심으로 인식하는 형상[相]이 없으면 곧 이것이 불심(佛心)이라고 설하는 것은 『단경』에서 일체의 형상을 여읜다면 우리들의 본성은 청정한 것이라고 설한 말과 똑같은 내용이다.

　또한 여기 『단어』에서 그러나 "만약 마음이 일어나지 않도록 한다면 이것은 의식적인 선정[識定]인 것이며, 법견(法見)이며, 자성의 선정[自性定]이라고 할 수 없다."는 일단은 사실 북종의 선법을 조작과 작의성의 습선(習禪)으로 비판한 말이다.

　신회는 북종선의 교설을 "마음을 응집시켜 선정[定]에 들게 하고, 마음의 작용을 멈추어 청정한 본성을 간(看)하게 하며, 마음을 일으켜 밖을 비추게 하고, 마음을 수습하여 안으로 증득하게 하라. (凝心入定, 住

---

　63) 『신회화상유집』, 246쪽. 이와 똑같은 내용이 『신회어록』에 다음과 같이 보인다.
　　"然此法門 直指契要 不仮繁文. 但一切衆生 心本無相. 所言相者 並是妄心. 何者是忘所作意住心. 取空取淨 乃至起心求證菩提涅槃 並屬虛妄. 但莫作意 心自無物卽無物心 自性空寂. 空寂體上 自有本智 謂知(能)以爲照用. 故般若經云 應無所住 而生其心 應無所住 本寂之體 而生其心 本智之用. 但莫作意 自當悟入 努力努力."(『신회화상유집』, 102쪽)

心看淨 起心外照 攝心內證)"라고 요약하여 기회가 있을 때마다 작의성(作意性; 作爲禪)이라고 비난하고 있다.[64]

남종의 선정설은 『단경』의 좌선의 정의(20단)에 자세히 설하고 있는 것처럼 북종선처럼 작의성으로서 망심을 퇴치하려는 번뇌 제거의 습선(習禪)이 아니라 본래 일체의 망념이 없는 근원적인 진여자성인 무념(無念), 무상(無相), 무주(無住)의 진심을 깨닫는 것이다. 그래서 마음에 망심이 없는 본래 진여본성을 무상, 무념이라고 설한다.

또 『신회어록』에서도 無念, 無相, 無住의 법문을 설하고 있는데 이와 똑같은 내용을 다음과 같이 설하고 있다.

나의 이 법문은 곧바로 진실을 직지(直指)하여 핵심의 요지[樞要]에 계합하도록 하기에 번거로운 문자를 가차(假借)하지 않는다. 오직 일체 중생의 마음은 본래 무상한 것이다. 형상[相]이라고 말하는 것은 모두 중생의 망심(妄心)이다. 무엇을 망심이라고 하는가? 작의(作意)로서 마음을 멈추고[住心] 공을 취하고 청정을 취하며, 내지 마음을 일으켜 보리·열반을 깨닫기를 구한다면 이 모두 허망에 속하는 것이다. 단지 작의성이 없다면 마음에 저절로 (대상인) 사물이 없다. 사물이 없는 마음은 자성이 공적하다. 공적의 체상에 스스로 본지가 있어 능히 이 지(知)가 지혜로 비추는 작용[照用]을 한다. 그러므로 『금강경』에 "반드시 집착하는 곳 없이 그 마음을 지혜로 작용해야 한다.(應無所住 而生其心)"라고 설했다. 응무소주(應無所住)는 진여본심[本寂]의 본체[體]요, 이생기심(而生其心)은 진여본심[本智]의 지혜작용이다. 단지 중생

---

64) 『신회어록』에 "若有坐者 疑心入定 住心看淨 起心外照 攝心內證者 此(是)障菩提. 未與菩提相應. 何由可得解脫 不在坐裏 若以坐爲是 舍利弗宴坐林間 不應被維摩詰訶. 訶云 不於三界觀(現)身意 是爲宴坐. 不見心相 名爲正惠."(『신회화상유집』, 133쪽) 자세한 것은 拙論, 「초기 중국선종에 있어서 돈점의 문제」(『보조사상』 제4집, 1990년, 10쪽) 참조.

심의 작의(作意)가 없으면 저절로 깨달아 체득[悟入]하게 되리니 노력하고 노력하라!65)

『금강경』의 서문에 "금강경은 무상을 종지로 삼고 무주를 체로 하며 묘유(妙有)를 용으로 한다."66)고 시작하고 있는 것처럼 무상과 무주는 『금강경』의 근본사상이라고 할 수 있다. 여기의 『신회어록』에서 설하는 무상, 무주 역시 이 『금강경』의 정신에 의거하여 남종의 실천사상으로 제시하고 있는 것이며, 『단경』은 이러한 신회의 법문을 새롭게 재편한 것이라고 하겠다.

『단경』이나 『신회어록』 등 중국 선종에서는 일체중생의 마음이 본래청정 본래무상하다고 처처에 설하고 있다. 이처럼 자성청정심은 선종의 사상적인 근거이다. 『열반경』이나 『단경』에서 인용하고 있는 『범망경』, 『유마경』 등이 남종의 사상적인 배경이 되고 있는데, 사실 이러한 자성이나 불성청정의 확신이 중국 선종의 출발점이며, 자각의 종교로서의 본질이라고 하겠다.

일체중생의 마음이 본래무상하다고 설한 말은 일체개공의 입장을 다른 말로 표현한 것으로 볼 수 있다. 그리고 여기엔 일체의 어떤 형상이나 대상 경계의 사물에도 집착하지 않고, 중생심의 조작과 작의성이 없는 진여본심의 청정한 지혜로 자유로운 삶을 창조하고 건립하도록 설한 법문이다.

신회의 설법에는 항상 북종선의 교설을 의식하고 있다. "작의로써 마음의 흐름을 멈추게 하여 공을 취하고 정을 취하려 하고 마음을 일으켜 보리·열반의 증득을 구하는 것은 모든 허망인 것이다."라고 설하는 말은 앞에서 언급한 북종선의 사구비판(四句批判)과 똑같은 내용이다. 작의성

---

65) 『신회화상유집』, p.102. 原文은 각주 64) 참조.
66) 『혜능연구』, 419쪽.

이 없다면 마음에 저절로 한 물건도 없는 것이 무상이며, 이것을 신회는 자성이 공적한 경지라고 설한다.

그래서 이러한 자성이 공적한 본래의 입장에서 공적체상에 본지(本智)가 있어 이 본지가 일체의 모든 사물을 비추고 작용하는 것이라고 하는 지(知)의 철학을 주장하고 있다. 신회는 이 공적심을 무념·무상·무주와 똑같이 보고 있으며, 앞에서 언급한 것처럼 "무념체상(無念體上)에 진지(眞知)가 있다", "무주체상에 본지(本智)가 있다"라고도 주장하고 있다.67) 그리고 여기에 『금강경』의 '응무소주(應無所住)'를 본래공적한 체(體)로, '이생기심(而生其心)'을 본지(本智)의 작용으로 해석하고 있는 점은 신회의 독자적인 관심석이라고 하겠다.

특히 『금강경』의 '응무소주 이생기심'은 신회에 의해서 처음으로 응용되어 남종선의 '무주'의 선사상으로 발전시키고 있다. 『단경』의 무주설은 이러한 남종선의 선사상으로 요약된 것이라고 할 수 있으며, 후대 송대에 재편된 선종사서나 『단경』등에서는 혜능이 처음 남해에서 어떤 객승으로부터 『금강경』의 '응무소주 이생기심'이라는 한 구절을 듣고 깨쳤다고까지 발전시키고 있다. 여기에서는 돈황본 『단경』의 무주설을 중심으로 살펴보기로 하자.

3. 무주(無住)의 선사상

『단경』에서 무념(無念), 무상(無相)의 법문에 이어서 "무주(無住)를 근본으로 한다[爲本]."라고 다음과 같이 설한다.

---

67) 拙論, 「돈황본 『육조단경』의 선사상(1)」(『백련불교론집』 1, 1991) 143쪽, 각주 24) 참조.

무주(無住)란 사람의 본성이 한 생각에도 머무르지 않는 것을 말한다. 전념(前念)과 금념(今念), 후념(後念)으로 일념 일념[念念]이 서로 이어져 단절되지 않는 것이다. 만약 한 생각이 단절되면 법신은 곧 색신을 여의게 된다. 한 생각 한 생각 할 때마다 일체의 법(法; 存在)에 대하여 머무름이 없는 것이다. 만약 한 생각이라도 머무르면 염념이 곧 머무르게 될지니 이를 계박(繫縛)이라고 한다. 일체의 경계(境界; 法)에 대해서 한 생각이 머무르지 아니하면 이를 곧 무박(無縛)이라고 한다. 그러므로 무주로써 근본을 삼는 것이다.

"무주(無住)를 근본으로 한다[爲本]."라는 말은 원래 『유마경』 관중생품(T.14 - 547 下)에서 설한 법문이다. 무주란 마음이 어느 한 곳에 머무르거나 집착하지 않고 근원적인 본래의 청정심을 여법하고 여실하게 실행하는 것이다. 그래서 무주심을 선의 수행에서 근본으로 한다고 설한다.
여기에 전념(前念), 금념(今念), 후념(後念)으로 일념 일념[念念]이 상속한다는 것은 원래 『화엄경』 보현행원품이나 『기신론』 등에도 설하는 법문이지만,[68] 『신회어록』에도 다음과 같은 문답이 보인다.

회적 선사(懷迪禪師)가 질문했다. "일심 일심(一心一心)에 적멸을 취하고, 일념 일념(一念一念)에 불법의 흐름에 든다는 것은 어찌 생각을 움직이는 것이라고 하지 않습니까?"
화상이 대답했다. "보살은 보리의 도를 향해서 그 마음은 한 생각 한 생각이라도 머무름이 없고, 마치 등의 불꽃과 불꽃이 끊어지지 않고 서

---

68) 40卷本 『화엄경』 권40에 "我此禮敬無有窮盡. 念念相續. 無有間斷 身語意業 無有疲厭"(T.10 - 844 下). 『대승기신론』에 "又心起者 武有初相可知 而言知初相者 卽爲無念 是故一切衆生 不名爲覺. 以從來念念相續 未曾離念故. 說無始無明."(T.32 - 576 中).

로 이어져 자연히 상속되는 것과 같이 등이 불꽃을 만드는 것이 아니다. 왜냐하면 모든 보살이 보리를 향해 발심할 때 일념 일념[念念]이 상속(相續)하여 단절되는 일(間斷)이 없기 때문이다."[69]

염념상속(念念相續)하여 한 생각이라도 단절됨이 없다는 것은 일념 일념으로 발심하는 염념보리심(念念菩提心)과 같은 말인데, 어떠한 경계에도 집착하지 않는 무주심(無住心)으로 진여본심이 깨달음의 지혜로 작용한다는 사실인데, 신회는 보살의 보리심으로 설하고 있다.

그런데 『단경』에서 "만약 일념이 단절되면 법신(法身)은 곧 이 색신(色身)을 여의게 된다."라고 설한 말은 법신(法身; 心)과 색신(色身; 肉體)을 이원화하고 있는 견해를 나타내고 있는 것으로 조사선의 선사상의 입장에서 볼 때 문제가 되는 점이다. 이와 똑같은 내용이 『단경』 22단에 다음과 같이 설한다.

찰나의 일념 일념이 무상하지만 항상 지금의 일념으로 선행(善行)을 하는 것을 보신(報身)이라고 한다. 진여법신[法身]이 사량(思量)하는 지혜를 따르는 것이 곧 화신이며, 일념 일념이 선행을 실천하는 것이 곧 보신(報身)이다. 자기 스스로 불법의 대의를 자각하여 정법의 안목을 구족하고, 스스로 발심하여 수행하는 것을 귀의(歸依)라고 한다. 육체의 피부는 바로 색신(色身)이며, 색신은 바로 집[舍宅]과 같기 때문에 귀의할 곳(대상)이라고 할 수 없다. 단지 자기 색신에 구족된 삼신불(三身佛)을 깨달아야 불법의 대의(大意)를 알 수가 있다. (從法身思量 卽是化身 念念善 卽是報身 自悟自修 卽名歸依也 皮肉是色身 色身是舍宅 不言歸依也. 但悟三身 卽識大意.)

69) 『신회화상유집』, 136쪽.

또 『단경』 37단에도 다음과 같이 설한다.

　　혜능 대사가 설했다. 대중 여러분! 잘 듣도록 하라. 세상 사람들의 색신(色身)은 성(城)과 같고, 눈·귀·코·혀는 마치 성문(城門)과 같다. 밖으로는 눈·귀·코·혀·몸의 다섯 문[五門]이 있고 안으로는 의식의 문(門)이 있다. 마음은 곧 토지(土地)요, 본성(本性)은 곧 왕과 같다. 본성이 있으면 왕이 있고, 본성이 떠나가면 왕은 없다. 본성이 있어야 몸과 마음이 있을 수 있으며 본성이 떠나면 몸과 마음은 파괴된다. 부처는 자기 본성의 지혜가 부처인 것이니, 몸 밖을 향해서 부처를 구하려고 하지 말라. 자기 본성이 미혹하면 부처가 곧 중생이요, 자기 본성을 깨달으면 중생이 곧 부처이다. (心卽是地 性卽是王. 性在王在 性去王無. 性在身心存 性去身心壞. 佛是自性作 莫向身外求. 自性迷 佛卽是衆生 自性悟 衆生卽是佛.)

　　이 일단은 『종경록(宗鏡錄)』 제97권(T.48‐940 上)에 혜능의 설법으로 인용되고 있는데, 색신(色身; 肉身)을 성(城)으로 본성을 왕(王)으로 비유하고, 본성[性]과 육신[身]을 이원화하여 설하고 있는 『단경』의 법문은 『전등록』 제28권에서 남양혜충이 선니외도(先尼外道)의 주장과 같은 것이라고 비판한 내용이다. 혜충의 남방종지 비판은 문제는 『단경』의 성립 문제에서 논했으므로[70] 여기서는 생략하고 무주의 법문을 살펴보자.

　　『단경』에 한 생각이라도 대상경계에 집착하면 계박(繫縛)이라고 하고, 집착하지 않으면 무박(無縛)이라고 설한 것처럼, 속박이 없는 무박(無縛)이 무주심이다. 진여일심의 마음을 지금 여기, 자기 본분사의 일에서

　70) 정성본, 「돈황본 『육조단경』의 성립과 諸問題」 참조.

지혜로 작용하는 것이 무주(無住), 무상(無相), 무박(無縛)이다.

『금강경』에서 "반드시 대상경계에 집착하지 않는 진여일심으로 방편
지혜를 실행하라.(應無所住 而生其心)"라고 설한 법문이나『유마경』관
중생품에서 "무주심을 근본으로 한다.(無住爲本)" 혹은 "무주의 근본인
진여일심에서 일체법(一切法)을 방편의 지혜로 건립한다.(無住本上 立一
切法)"71)라고 설한 법문을 남종선의 사상적인 근거로 하고 있다.

『유마경』보살품에 "대상경계를 관찰하지 않는 것(不觀)이 바로 깨달
음[菩提]이다. 일체의 반연[諸緣]을 여의었기 때문에."라고 설한 유명한
법문도 있다. 대상경계를 관찰하는 일은 필연적으로 마음을 조작하여 응
집시키게 되며, 조작하지 않는 마음이 무주심(無住心)이다.

따라서 "깨달음(보리)은 고정된 거주처[住處]가 없다, 그래서 의식의
대상경계에서 얻은 것이란 있을 수도 없다.(無所得)"라고도 설하며, "마
음을 안으로도 머무르게(住) 하지 말고 또 밖으로도 머무르게 하지 않는
것이 연좌(宴坐)"라고 설한 말도 일체의 대상경계에도 집착하거나 속박
됨이 없는 공(空)의 실천이 무주(無住)의 선사상이다.

또한 무주는 마음을 어디에도 머무르게 하지 않고 마음을 어떤 대상
에 고정하지 않게 하므로 고정하지 않는 것에도 고정하지 않는 것이기
에 일체시, 일체처 어디에서고 자유로운 것이다.『유마경』에 "무주의 근
본에서 일체의 법을 건립한다."는 말은 이러한 사실을 의미하는 것으로
언제나 본래의 자심(自心)에서 전개하므로 모든 일이 전부 새롭게 창조
가 되는 것을 말한다.

『이입사행론(二入四行論)』에도 "마음은 주(住)에도 집착[住]하지 않

---

71) 『유마경』觀衆生品에 문수사리와 유마와의 문답으로 "又問, 顚倒想孰爲本. 答曰, 無住爲本.
又問, 無住孰爲本. 答曰, 無住則無本 문수사리 從無住本立一切法"(T.14 - 547 下)이라는 일
절에 의함.

고, 부주(不住)에도 집착[住]하지 않고, 여법(如法)에 집착[住]하는 것을 법(法)에 집착[住]하는 것이라고 한다."고 설하고 있으며, 또 "무주(無住)에 주(住)하는 것을 주(住)라고 한다."[72]고 설한 법문도 똑같은 말이다. 이와 같은 내용이 신회의 『단어』에서 다음과 같이 설한다.

> 예를 들면, 새[鳥]가 허공을 나는 것과 같다. 만약 새가 허공에 머무른다면 반드시 추락할 염려가 있는 것이다. 수행자가 무주의 마음을 배워서 만약 마음을 대상경계[法]에 집착[住]하게 한다면, 즉 이 것은 주착(住著)이 되며, 해탈할 수 없다. 경에 말씀하시길 "다른 병은 없고, 오직 공(空)에 집착하는 공병(空病)이 있을 뿐이다. 空病 역시 실체가 없이 空한 것이며, 공에 집착하는 것[所空] 또한 空한 것이다."[73]

무주를 허공에 나는 새에다 비유한 일단이다. 나는 새가 허공에 머무르거나 집착해서는 안 되는 것처럼 수행자가 무주심을 배워서 마음을 텅 비워 일체법이나 대상경계에 집착하지 않도록 해야 한다. 또한 허공과 같이 비운다고 하여 空에 집착해서도 안 된다는 이야기를 『유마경』 문수사리문질품(文殊師利問疾品)[74]에서 설한 空病을 인용하여 설하고 있다.

空病은 空見이라고도 하는데, 『중론』 관행품에 "제불이 공의 법문[空法]을 설한 것은 여러 삿된 견해[諸見]을 타파하기 위한 것이다. 그런데 또 空이라는 방편법문에 집착한다면 제불도 제도할 수 없다."[75]는 일절

---

72) 柳田聖山, 『二入四行論』(일본, 筑摩書房, 『禪の語錄』1, 1969. 3), 75쪽, 95쪽, 136쪽 등 참조..
73) 『신회화상유집』, 235쪽, 236쪽.
74) 『維摩經』 문수사리문질품에 "我及涅槃 此二皆空 以何爲空 但以名字故空. 如此二法 無決定性 得是平等. 無有餘空 唯有空病. 空病亦空 是有疾菩薩. 以無所受而受諸受. 未具佛法亦不滅受而取證也."(T. 14 - 545 上).

을 인용하여 설하고 있다.

『중론』의 게송은 달마의 『이입사행론』과 길장(吉藏)의 『三論玄義』 (T.45 - 7 上), 지의의 『마하지관』(T.46 - 38 下, 41 上) 등에 인용되어 空病이라는 용어로 널리 알려지고 있다.

이러한 경전의 무주심을 남종선의 실천으로 완성시킨 사람은 역시 신회이다. 종밀의 『원각경대소초』권1의 下에 "무주심이라는 것은 하택 대사의 심의이다(Z.14 - 229 b)"라고 설하고 있는 것처럼 신회는 여러 곳[處處]에 무주심과 『금강경』의 '應無所住 而生其心'의 법문을 인용하여 독자적인 선의 실천수행법으로 해석[觀心釋]하여 설법하고 있다. 잠시 『신회어록』의 다음과 같은 일단에 주목해 보자.

질문: "마음에 시비(是非)가 있습니까?"
대답: "없다."
질문: "마음에 거래(去來)가 있습니까?"
대답: "없다."
질문: "마음에 푸른색[靑], 황색[黃], 붉은 색[赤], 흰색[白]의 색깔이 있습니까?"
대답: "없다."
질문: "마음은 거주처가 있습니까?"
대답: "마음은 고정된 거주처가 없다."
질문: "화상은 마음이 무주(無住)라고 설했습니다만, 마음이 무주(無住)인 줄 아십니까?"
대답: "안다."

---

75) 『이입사행론』 58쪽, 『중론』의 본문은 "大聖說空法 爲離諸見故 若復見有空 諸佛所不化"(T.30 - 18 下)이다.

질문: "정말 아십니까?"

대답: "알고 말고."

질문: "지금 무주처(無住處)에 지(知)를 세워서 무엇합니까?"

대답: "무주는 적정(寂靜)의 경지이다. 적정의 본체[體]는 곧 선정[定]이다. 적정(寂靜)의 본체[體] 위에 자연지(自然智)가 있어 능히 본래 적정한 본체를 아는 것을 지혜[慧]라고 한다. 이것이 곧 정혜(定慧)가 동등한 것이다. 경에 "적정의 체상(體上)에 지혜의 비추는 작용[照]을 일으킨다."라고 하는 법문은 이와 같은 의미이다. 무주심은 知를 여의지 않고, 知는 무주를 여의지 않는다. 마음이 무주인 것을 아는 것이 知이며, 또다시 다른 知란 없다. 『열반경』에 "선정[定]이 많고 지혜[慧]가 적으면 무명이 증장하고, 지혜[慧]가 많고 선정[定]이 적으면 사견(邪見)이 증장한다. 정(定)과 혜(慧)가 동등한 자는 확실히 불성을 깨닫고 친견하게 된다."라고 설한다.

지금 무주처에 知를 세운다고 했다. 마음이 공적한 사실을 아는 것이 곧 이 知의 작용[用處]이다. 『법화경』에 "곧 여기서[卽座] 여래의 지견(知見)과 같이 광대하고 심원하게 된다."라고 설한 것처럼 마음작용은 끝[邊際]이 없으며 제불과 같이 광대하고, 마음작용은 깊이에 한량이 없으며[無限], 제불과 같이 심원하여 아무런 차별이 없다. 일체 보살이 깊고 깊은 반야바라밀다를 수행하는 것을 관찰하는 제불은 보살들의 병처(病處)가 무엇인지 살펴보고 있다. 『반야경』에 "보살은 이와 같이 청정심을 일으켜 반드시 형색[色]에 집착[住]하는 마음을 일으켜서는 안 되며, 또한 소리나 향기·맛·촉감·의식의 대상경계에 집착하는 마음을 일으켜서도 안 된다. 반드시 집착하는 곳 없이 그 진여본심으로 방편지혜를 실행해야 한다.(應無所住 而生其心) 집착하는 대상이 없다.(無所住)"고 하는 말은 지금 그대들의 무주심이

바로 그것이다. 그 무주심의 마음을 일으킨다[而生其心]는 것은 마음
[眞如本心]이 무주인 것을 아는 이것[知]이다.76)

　　상당히 긴 인용문인데, 신회는 마음의 '무주'와 무주의 본체상에 근본
지가 있다고 하는 반야 지의 철학으로 삼학(三學)이 일체(一體)라고 설
하는 일단이다.
　　그런데 여기에 '무주(無住)는 적정이다'라고 하며 적정의 본체상[體上]
에 자연지(自然智)가 있어 본래 적정한 진여본체를 아는 것을 혜(慧)라
고도 설하고 있는 것처럼, 신회의 지(知)는 『법화경』 등에서 설하는 자
연지(自然智; 如來智), 근본지(根本智)를 끌어들여 근원적인 본래의 무
주심이 지혜로 작용한다는 사실을 설한다.
　　앞에서 언급한 '무념체상에 본지가 있다'라고 설한 말도 똑같은 입
장인데, 신회의 知의 철학은 다른 기회로 미루고 여기서는 끝에 인용
한 『금강경』의 일단에 주의해 보자.
　　여기 인용한 말은 『금강경』 화엄정토분(莊嚴淨土分)의 말인데, 초기
선종에서 이 말에 최초로 주목한 사람이 신회인 점을 밝혀둔다. 물론 신
회는 북종의 『능가경』에 대항하는 입장에서 『금강경』을 선양하면서 이
법문을 여러 곳에 인용하여 독자적인 선사상으로 제시하여 설하고 있다.
신회가 '무소주'란 바로 여러분의 무주심이요, '이생기심'이란 마음이 무
주인 그 사실을 아는 것이라고 하고 있는 것처럼 知의 철학으로 독자적
인 해석[觀心釋]을 하고 있다.
　　이 말은 앞에서 인용한 『신회어록』의 "應無所住는 본적(本寂)의 당체
[體]요, 而生其心은 본지(本智)의 작용[用]이니, 다만 작의성이 없으면

76) 『신회화상유집』, 238쪽.

저절로 깨달아 체득[悟入]하게 된다."77)라고 설하는 것처럼 체와 용으로도 해석[觀心釋]하여 작의성이 없는 무주심을 강조하고 있다.

신회는 이와 똑같은 내용의 법문을 『단어』에 다음과 같이 설하고도 있다.

묘시랑(苗侍郎; 苗晉卿)이 질문했다. "어떻게 수도해야 해탈을 체득할 수 있습니까?"

대답: "무주심을 체득하면 즉시 해탈할 수 있습니다."

시랑이 질문했다. "도대체 어떤 것이 무주심의 경지입니까?"

대답: "『금강경』에 자세히 설하고 있습니다."

다시 질문했다. "『금강경』에 어떻게 설하고 있습니까?"

대답: "『금강경』에 '수보리여! 제보살 마하살은 반드시 이와 같이 청정심을 일으켜야 한다. 대상경계의 형색[色]에 집착[住]하는 마음을 일으키지도 말고, 소리[聲]·향기[香]·맛[味]·촉감[觸]·의식[法]의 대상경계[法]에 집착[住]하는 마음을 일으키지도 말아야 한다. 반드시 집착[住]하는 대상경계가 없이 그 진여본심의 마음을 일으켜야 한다.'라고 설했습니다. 단지 무주심을 깨달으면 즉시 해탈을 체득할 수 있습니다."

시랑이 질문했다. "무주(無住)는 어떻게 무주의 경지라는 사실을 보고, 알 수 있습니까?"

대답: "무주의 본체상[體上]에 스스로 본지(本智)가 있으니, 本智가 능히 알며, 항상 本智가 그 마음을 일으키게 합니다."78)

남종선의 참선수행은 無住, 無念, 無相의 실천이 바로 해탈이다. 다시

---

77) 앞의 책, 102쪽.
78) 앞의 책, 124쪽.

말하면 반야바라밀의 실천이 해탈이며 보살행인 것이다. 신회가 종래의 북종선을 그렇게 격심하게 비판한 것은 번뇌 퇴치의 명상과 좌선 사유의 선정에 치우쳐 있는 정박심(定縛心)을 비난한 것이다.

불법 수행의 본질이 결코 좌선과 명상의 선정을 실천하는 경지에 치우쳐[傾倒] 있는 것이 아니라 無念, 無住의 진여본심의 자연지, 근본지에서 방편의 지혜를 실행하는 마음작용을 전개해야 한다는 것이다.

신회의 남종선은 종래 좌선 명상의 차원에서 강조하는 선불교를 제불여래의 본원력과 반야지혜의 종교를 건립하고, 반야바라밀[禪]의 실천으로 새롭게 전개해야 한다는 입장이었다. 앞에서도 누누이 언급한 것처럼 『단경』의 설법은 이러한 신회의 주장을 소재로 하여 멋지게 요약하고 발전시켜 새롭게 남종의 조사 육조 혜능의 설법으로 재편한 것이다.

무주의 법문 역시 신회가 설한 無念, 無相, 無住의 법문을 재정리한 것인데, 일체의 대상경계에 한 생각도 집착하지 않는 진여본심의 입장을 무주라고 하는 『단경』의 정의는 바로 반야바라밀의 실천인 것이다.

특히 『금강경』의 '應無所住 而生其心'은 신회의 설법에서 출발하여 선불교의 기본 사상이 되었다. 돈황에서 발견된 북종선의 『돈오대승정리결(頓悟大乘正理決)』(S.2672. 4646쪽 號本)이나 『돈오진종금강반야달피안법문요결(頓悟眞宗金剛般若達彼岸法門要決)』(2799쪽, S.5533號本), 『혜달화상돈오대승비밀심계선문법(惠達和上頓悟大乘秘密心契禪門法)』(致, 86號本) 등에 응용되면서 선종에 널리 주목되고 있음을 알 수 있다.(이 점에 대해선 뒤에 돈오사상에서 재고하기로 한다.)

또한 혜능과 『금강경』과의 인연도 신회의 『금강경』 선양에서 비롯되어, 석정본 『신회어록』의 동토(東土) 육대조사전에는 『금강경』의 법문을 서로 전할 것[相傳]을 강조하고 있다. 혜능이 오조 홍인으로부터 『금강경』에 의거한 법을 전해 받은 이야기와 광주에서 나무를 팔 때 한 객승으로부터『금강경』의 일절을 듣고 깨달았다고 하고 말도 신회의 법문에서 발전된 것이다.

혜능이 출가하기 전에 광주에서 어떤 객승이 읊은『금강경』의 '應無所住 而生其心'이라는 법문을 듣고 발심하게 되었다는 이야기는 덕이본(德異本)『육조단경』에서 강조하고 있는데, 근거자료를 살펴볼 때, 송대에 편집된『천성광등록(天聖廣燈錄)』제7권 혜능장(Z.135 - 323 c)에 최초로 보이는 이야기이다.

이상 돈황본『단경』에서 설한 혜능의 법문을 통해서 반야바라밀과 無念, 無相, 無住 등『금강경』에 근거를 둔 남종선의 선사상을 살펴보았다.

『단경』에서 설한 사상적인 배경은 두 개의 기둥으로 구성되어 있다고 할 수 있다. 하나는『열반경』,『범망경』,『대승기신론』등의 불성사상을 토대로 하여 이루어진 돈오견성설과 앞에서 살펴본『금강경』,『유마경』등의 반야사상이다. 이처럼 불성사상과 반야사상의 결합을 새롭게 종합시킨 것이『단경』에서 설법한 '좌선의 정의'라는 법문인데. 이 문제는 다음 기회로 미룬다.

역주 해설 정성본(鄭性本)

경남 거창 출생. 속리산 법주사로 출가. 법주사 강원 및 동국대학교 불교대학 졸업. 일본 아이치가쿠인(愛知學園) 대학 대학원 석사학위. 일본 고마자와(駒澤) 대학에서 석사. 문학박사 학위. 동국대학교 불교문화대학 교수 역임. 현재 동국대학교 명예 교수. 현재 재단법인 한국선문화연구원(韓國禪文化研究院) 원장 및 이사장.

저서 및 논문

『중국 선종의 성립사 연구』, 『신라 선종의 연구』, 『선종 전등설의 연구』, 『禪과 茶道』, 『금강경 강설』, 『반야심경』, 『간화선의 이론과 실제』, 『선의 역사와 사상』, 『임제어록』, 『무문관』, 『벽암록』, 『선의 풍토』, 『平常心是道』, 『正法眼藏』, 『선과 淨土』, 『선의 지혜』, 『선의 생활』, 『좌선수행법』, 『선불교의 이해』, 『염불수행』, 『선시의 이해』, 『대승기신론』 (전2권), 『선불교 개설』 등 다수가 있다.

돈황본 육조단경 (증보판)

초 판 1쇄 발행 │ 2003년 5월 30일
증보판 1쇄 발행 │ 2020년 6월 22일

역주 해설 │ 정성본ⓒ

펴낸이 │ 윤재승
펴낸곳 │ 민족사
기획편집팀 │ 사기순, 최윤영
영업관리팀 │ 김세정
출판등록 │ 1980년 5월 9일 제1-149호
주소 │ 서울 종로구 삼봉로 81 두산위브파빌리온 1131호
전화 │ 02)732-2403, 2404   팩스 │ 02)739-7565
홈페이지 │ www.minjoksa.org
페이스북 │ www.facebook.com/minjoksa
이메일 │ minjoksabook@naver.com

ISBN   979-11-89269-49-4 (03220)